Prof. Dr. Bernd Halfar | Andrea Borger
unter Mitarbeit von Annette Schuck

Kirchenmanagement

Die Deutsche Nationalbibliothek verzeichnet diese Publikation in der Deutschen Nationalbibliografie; detaillierte bibliografische Daten sind im Internet über http://www.d-nb.de abrufbar.

ISBN 978-3-8329-2904-6

1. Auflage 2007

Vorwort

„Kirchen-Management“: Uns gefällt dieser Titel auch nicht sonderlich. Aber irgendwann während der Diskussion unserer Erfahrungen mit dem Dekanatsentwicklungsprojekt „E.i.N. Evangelisch in Nürnberg“ ist er aus dem Gebüsch gesprungen und hat sich als orientierender und tragender Begriff herauskristallisiert.

Gutes Management fragt nach den Fundamenten, auf denen eine Organisation ruht, nach den Kräften der Erneuerung, die in ihr stecken und nach der Herkunft und Zukunft zumindest im Sinn von Firmengründung und langfristigen Marktchancen. Die Herkunft der Kirche ist ebenso von und bei Gott wie ihre Zukunft. Ihre Fundamente kann niemand ohne heilsgeschichtliches Bewusstsein verstehen und ihre dynamischen Kräfte sind nicht denkbar ohne den Heiligen Geist. Gutes Kirchen-Management kann nur betreiben, wer das glaubt und diesen Glauben in der „Gemeinschaft der Heiligen“ lebt. An gutem Kirchen-Management können nur solche mitwirken, die das sehen, respektieren und so interessant finden, dass es sich lohnt, eine oft mühsame Vermittlungsarbeit zwischen professionellem Management und Kirche zu leisten.

Die in der Praxis erfahrenen Schwierigkeiten und Widerstände haben uns zu den eher grundsätzlichen Überlegungen in den ersten vier Kapiteln geführt. Gegenüber den Verdachtsmomenten, die mit dem Schlagwort von einer „Ökonomisierung der Kirche“ einhergehen, möchten wir gern aus einer eher hoffnungsvollen Grundhaltung heraus verstehen, warum gerade jetzt das Thema Kirchen-Management aufkommt, mit welchen historischen Themen und welchen aktuellen Entwicklungen kirchlicher Organisation es verknüpft ist. Der produktive Ort von Kirchen-Management ist u.E. im Überschneidungsbereich kritischer und selbstkritischer Ansätze der kirchlich Engagierten, der Praktischen Theologie und der Management-Experten zu finden. Wir wünschen uns und haben uns als Leserinnen und Leser vorgestellt: Kirchlich Interessierte, die sich (auch aufgrund ihrer eigenen professionellen Hintergründe) ihre Gedanken machen über kirchliche Organisationsfragen, und kirchliche Insider, die sich hoffentlich verstanden und manchmal vielleicht auch (und dann hoffentlich liebevoll) ertappt fühlen mögen.

Die Freuden und die bescheidenen Erfolge der praktischen Arbeit haben uns dazu geführt, in den Kapiteln 5-8 unsere Modelle und praktischen Vorschläge vorzustellen, wobei wir der Reihe wunderbarer Literatur zur kirchlichen Organisationsentwicklung keine weitere Wortmeldung hinzufügen möchten, vielmehr darauf aufbauen und das auch an einigen Stellen durch Literaturhinweise kenntlich machen. Wir haben uns in der Darstellung auf solche Elemente von Prozessgestaltung konzentriert, die nach unserer Kenntnis der Lage neu sind und es verdienen würden, weiter erprobt und weiter entwickelt zu werden. Denen, die an kirchlichen Reformen innerlich und äußerlich arbeiten, möchten wir durch unsere Gedanken Anregungen und Unterstützung geben.

Die „Balanced Church Card“ (BCC), die wir als Instrument strategischer Kirchenentwicklung verstehen, eignet sich sowohl für Ehren- und Hauptamtliche als Steuerungsinstrument wie als heuristisches und systematisierendes Modell für ganz unterschiedliche Anwendungsbereiche. Der für uns primär interessante und u.E. auch besonders fruchtbare Ort für die BCC sind kirchliche Entwicklungsprojekte.

Zu danken haben wir vielen, mit denen wir in den letzten Jahren in Nürnberg zusammengearbeitet haben. Nennen möchten wir: Die Nürnberger Dekane Michael Bammessel, Detlev Bierbaum, Wolfgang Butz, Dr. Rainer Oechslen und Christian Schmidt. Max-Josef

Schuster danken wir für fachliche Gespräche zur Situation in der katholischen Gemeindeberatung, Pfarrerin Barbara Hauck, Pfarrerin Susanne Thorwart, Pfarrer Dr. Gerhart Herold und Pfarrer Dr. Jürgen Lorz für wertvolle Rückmeldungen zum Manuskript in unterschiedliche Stadien. Dank an Rudolf Waldmann, Dr. Kai Koppel und Frau Nevin Elban für technische Hilfe bei der Manuskripterstellung sowie an Stefan Löwenhaupt und Dr. Klaus Schellberg von der xit GmbH für methodische Modellbauten.

Eichstätt, München, Nürnberg
im Frühjahr 2007

Andrea Borger Bernd Halfar

In diesem Buch stehen hunderte Sätze, in denen katholische und evangelische, männliche und weibliche Formen durcheinander gemischt werden. Uns erscheint dieser Stil sprachlich angemessen und inhaltlich akzeptabel.

Inhalt

Teil B
Strategisches Kirchenmanagement mit der Balanced Church Card 99

Teil A
Kirchenmanagement in theologischer und soziologischer Perspektive

Kapitel 1 „Es ist noch nicht erschienen, was wir sein werden“: Die Kirchen auf dem Weg zu einer neuen Organisationsgestalt

Die beiden großen christlichen Kirchen in Deutschland befinden sich derzeit – wie viele andere Organisationen auch – in einem deutlich spürbaren Umbruch[1]. Die darin liegenden interessanten und ermutigenden Perspektiven werden von den bekannten Schwierigkeiten bisher zu sehr übertönt. Wenn sich die kirchlich Verantwortlichen stärker auf die aussichtsreichen Perspektiven konzentrieren würden, könnten sie notwendige Veränderungen möglicherweise offensiver, gezielter und gelassener gestalten.

1.1 Auf der Suche nach neuen Wegen

1.1.1 Stimmungen im Tal

In den Warteschlangen der Speisesäle kirchlicher Akademien kündet das Gemurmel von neuen Sparbeschlüssen, Personalabbau, zwangsfusionierten Kirchengemeinden, Kirchenaustritten, zu verkaufenden Kirchengebäuden, Sozialabbau und leeren Gottesdiensten. Nur wenig übertrieben: Es wirkt wie Fastenzeit ohne Ostern. Die Aussichten sind düster. In den grau getönten Bildern fehlen Farbtupfer, nahezu ohne Variation wird das Standardmotiv am gemeinsamen großen Wandgemälde ergänzt: Finanznot trifft Säkularisierung auf einer schiefen Ebene. Alles Mögliche kommt ins Rutschen.

Die in jeder Hinsicht wohlhabenden[2] großen christlichen Kirchen in Deutschland ringen mühevoll darum, ihre Perspektiven zu verändern. Den jüngsten und kräftigsten Anlauf dazu hat im Jahr 2006 der Rat der Evangelischen Kirche in Deutschland unternommen[3].

Im Kampf mit den schmerzhaften Veränderungen hat oft der ruhige Blick auf die ausbaufähige Haben-Seite[4] ein allzu geringes Gewicht: Insgesamt fünf Millionen Menschen gehen jeden Sonntag in einen christlichen Gottesdienst. Man darf, vielleicht seit vielen Jahrhunderten zum ersten Mal, hinzufügen: und alle kommen gerne und bewusst und ohne Zwang. Gehört noch Mut dazu, am Sonntag nicht mehr in die Kirche zu gehen? Weniger als je zuvor wird die Kirche (im allgemeinen, und von unrühmlichen Ausnahmen abgesehen) als Produktionsstätte von verschnürten Persönlichkeiten, sexuellen Störungen, psychotischen Krankheitsbildern und verängstigten Menschen beschrieben. Kinder erfahren von einem liebenden Gott.

Und ist es nicht ein historischer Quantensprung, dass die christlichen Kirchen, geradezu selbstverständlich, nicht mehr mit den Herrschenden, den Reichen, den Mächtigen und Un-

1 Bündig zu den wichtigsten Symptomen: Schmitz-Peiffer (1998: 224): „Weiterhin steigende Kirchenaustritte, mangelnder Gottesdienstbesuch und finanzielle Engpässe“ und Ebertz (1997: 21): Bei „26,8 Millionen Katholiken und 26,7 Millionen Protestanten im Jahr 2000 ... kehrten seit 1995 mehr als zwei Millionen Menschen den beiden großen Kirchen in Deutschland den Rücken, überwiegend übrigens aus den jüngeren Generationen, eher Bildungs- und Einkommensstarke, immer noch mehr Männer als Frauen. Letztere holen inzwischen aber auf“. Die Kircheneintritte liegen bei ca. 10% der Austritte (vgl. ebd.)

2 Über die objektiv glänzende Situation der katholischen Weltkirche, besonders des deutschen Katholizismus vgl. Lütz (1998: 110)

3 Vgl. Kirchenamt der Evangelischen Kirche in Deutschland (2006)

4 Vgl. die 50 Thesen „Kirche hat Chancen“ bei Ebertz (2003: 188 ff.)

terdrückern assoziiert werden, sondern mit den Perspektiven der Notleidenden, der Unterdrückten und Ausgebeuteten? Ist es übertrieben, die wichtigsten Ansätze zu einem fairen Welthandel durch christliche Initiativgruppen zu erklären? Welches Bild ist den Zeitgenossen näher: Die waffensegnende Kirche oder die mit aller ihrer Macht gegen den Kriegsausbruch agierende Kirche? Die Kirchen sind in humanitären Fragen hierzulande derzeit so wenig korrumpierbar wie kaum eine andere Institution oder gesellschaftliche Gruppierung. Wer will, findet in ihnen Bündnispartner und persönliche Möglichkeiten, ein Mehr an mitmenschlicher Solidarität im eigenen Leben zu entwickeln. Die Kirchen reden nicht nur, sie tun auch etwas.

In gewisser Weise waren die Kirchen noch nie so authentisch wie heute – authentisch im Sinne von Übereinstimmung zwischen Verkündigung, Liturgie, politischem Engagement und Nächstenliebe. Gerade weil sie aufhören, grundsätzlich unangreifbare Institutionen zu sein, sind sie prinzipiell und potenziell auch tatsächlich den Menschen näher.

Woher kommen die Sorge, die Skepsis, die defensive Haltung in der Kirche? Warum fällt es offensichtlich so schwer, die neuen Spielregeln zu akzeptieren, wonach die Bälle der Kirche – zugegebenermaßen teilweise mit viel Effet – zugespielt werden, und die Kirche nicht mehr wie gewohnt aus einer gesicherten Deckung heraus die Steilvorlagen in die Gesellschaft spielt? Warum zucken Christen verunsichert zusammen, wenn sich der gesellschaftliche Dialog über den Glauben entklerikalisiert? Warum bringen sie nicht mit viel mehr Energie, selbstbewusst und begeistert gute Theologie in die öffentlichen Debatten über Kopftuchfragen, Werteverzicht oder die Deutungen zum 11. September 2001 ein? Nötig wäre das durchaus[5]!

Haben die Kirchen nur teil an einer gesamtgesellschaftlich mutlosen Stimmung, die sich allen Ruck-Reden zum Trotz bislang nicht aufhellen will? Sind wir in einer Phase des Übergangs, die bei den meisten noch nichts anderes zulässt als traurige Verweigerung und angstvolles Wegschauen[6]?

1.1.2 Kirchenmanagement als Aufbruchssignal

Pioniergeist lässt sich nicht verordnen, und kaum etwas ist peinlicher als die Aufforderung zu fröhlicher Zuversicht. Aber Zeiten des Übergangs enthalten immer beides: Das Rückwärtsschauende, noch Gebundene – und die Ausrichtung auf neue Möglichkeiten. Letztere zu stärken ist unser Anliegen. Deswegen beschäftigen wir uns mit der Organisationsseite von Kirche. Viele Beobachtungen deuten darauf hin, dass auch und gerade sie beschwert. Die (welt-)gesellschaftlichen Umbrüche zerren an den Nerven, überfordern die Phantasie und Handlungsfähigkeit, aber dasselbe tun auch die weit verbreiteten Gefühle von Hilflosigkeit gegenüber der eigenen erodierenden Organisation[7]. Alternativen zur bisherigen Pra-

5 Dass das „Sonntagsblatt" (Nr. 27/2004: 1), eine evangelische Wochenzeitung für Bayern, als Aufmacher einen Artikel von Angela Merkel zur Kopftuchfrage bringt und deren Ausführungen noch nicht einmal theologisch kommentieren lässt, ist nur ein besonders krasses Beispiel für viele verpasste Chancen der Kirchen, sich mit niveauvoller Theologie ins öffentliche Gespräch zu bringen und damit ihre Aufgabe politischer Seelsorge ansprechend zu erfüllen. Erst einige Ausgaben später (Nr. 29/2004: 16) meldet sich ein Professor, landeskirchlicher Beauftragter für den interreligiösen Dialog und Islamfragen, per Leserbrief mit differenzierender Argumentation und Information.

6 Ähnlich fragt Lütz (1998: 111) nach einer möglichen Veränderung „der subjektiven Wirklichkeit einer als bleierne Last erlebten Kirchenkrise mit – je nach Gusto – dem Zusammensturz aller Werte bzw. der Entmutigung aller Hoffnungen".

xis sind schwer vorstellbar. Je klarer sie werden – oder zumindest ein Weg dahin –, desto mehr könnte die Verunsicherung einer neuen Gestaltungslust weichen.

Wir sind nach jahrelanger praktischer Arbeit im Bereich kirchlicher Organisationsentwicklung[8] davon überzeugt, dass die Kirchen derzeit vor der Herausforderung stehen, unternehmerischer zu werden[9]. Das ist u.E. keine vordergründige Anpassung an das sogenannte „ökonomische Paradigma“. Von ihrem Wesen her sind die Kirchen nicht an den bisher prägenden institutionellen Charakter gebunden. Die biblischen Geschichten haben insgesamt eine sehr geringe Tendenz, Kontinuität für das individuelle und gemeinschaftliche Leben zu garantieren. Eher ermutigen sie zum Handeln, indem sie von der ersten bis zur letzten Seite in einer Kaskade von Verheißungen die Treue Gottes zu seiner unvollkommenen Schöpfung bekräftigen. Die Bibel ist voller Einladungen und Aufforderungen an die Mitglieder des Volkes Gottes, unter diesem Horizont auch kompliziertere Lebenslagen in Angriff zu nehmen. In immer neuen, auch gewagten, ja unmöglich erscheinenden Aufbrüchen machen uns die Personen von Adam und Eva (wie geht's weiter außerhalb des Paradieses?) über Abraham und Sarah (in hohem Alter noch mal neu anfangen), David (als Mörder und Ehebrecher die Königswürde behalten) bis hin zu den Jüngerinnen und Jüngern Jesu (den Gekreuzigten als Messias bekennen) vor, wie das eine loszulassen, das andere zu bewahren und das nächste zu gewinnen ist. Sie brechen dabei auch ein, geraten auf Abwege, versagen, fangen neu an und bleiben lange Zeit auf dem Plan oder treten still zur Seite. Sollte sich dies alles nicht auch auf die Gestaltung der Organisation Kirche auswirken?

Überzeugend wirkt an den Kirchen, von außen betrachtet, die Übereinstimmung von Anspruch und Wirklichkeit, von Selbstaussage und tatsächlicher Ausstrahlung, Worten und persönlicher Haltung. Das ist nicht nur eine individuell zu lösende Aufgabe. Wir möchten in diesem Buch den Grundgedanken darlegen, vor allem aber praktisch werden lassen: Die Kirchen haben sehr tiefe eigene Gründe dafür, unternehmungslustig zu sein, ihre Identität und Authentizität im Kontakt mit Gott und den Menschen weiterzuentwickeln, sich in diesem Sinne um ihre Organisation zu kümmern und dabei unternehmerische Charakterzüge an sich selbst wieder stärker zu entdecken und auszubilden.

1.1.3 Horizont haben, Landschaft erkunden

„Es ist noch nicht erschienen, was wir sein werden.“[10] Das ist speziell für das Thema Kirchenmanagement ein guter Ausgangspunkt. Denn der fachtheologisch so genannte „eschatologische Vorbehalt“ stellt ein zugleich beruhigendes und bewegendes Merkmal christlichen Selbstverständnisses dar.

„Es ist noch nicht erschienen, was wir sein werden“ – wir sind, heißt das, (und bleiben) unvollkommen, genauso wie die Menschen vor und nach uns. Und gleichzeitig: Wir haben als Anhaltspunkt für unser Handeln eine Vorstellung davon, wie wir gemeint sind – eine innere

7 Ähnlich Wegner (2003a: 275): „Es ist die Unzufriedenheit mit der kirchlichen ‚Performance' insgesamt und eine in weiten Bereichen vorhandene ‚Misserfolgsorientierung', ja Resignation, was die Möglichkeiten und die Reichweite des christlichen Glaubens in der Gesellschaft anbetrifft. Trotz weitgehender Stabilität als Großorganisation lassen sich Anzeichen von Auszehrung und Abnutzung, Unbestimmtheit, diffuser Zeitgeistorientierung und vor allem die Zurücknahme und Relativierung von Geltungsansprüchen beobachten“.

8 Einsatzort war das Dekanatsentwicklungsprojekt „Evangelisch in Nürnberg (E.i.N.)“; Vgl.: Borger (2001) und Bammessel / Borger (2005)

9 So auch z.B. Zulehner (2003: 62 ff.): Breitgefächerte praktische Beispiele kirchlich unternehmerischen Handelns bei Geyer (2000: 143 f.)

10 1. Joh 3,2: „Meine Lieben, wir sind nun Gottes Kinder; und es ist noch nicht erschienen, was wir sein werden.“

Ahnung, ein Bild, einen Schatten[11] und Vorschein dessen, was wir sein könnten, eine utopische Energie, die aus dem Gottvertrauen und aus der Orientierung an biblischen Bildern und Botschaften erwächst. Diese doppelte Mitgift einer inneren Selbstbegrenzung und Freiheit zu kühnen Entwürfen steht für Individuen genauso zur Verfügung wie für Gruppen, Organisationen und Institutionen, also auch für die Kirchen[12]. Das Vollkommene an uns als Einzelnen, an den menschlichen Gemeinschaften und an der gesamten Schöpfung wirklich werden zu lassen, ist Gott vorbehalten[13]. Den einen großen Wurf, rundum überzeugende und überzeugte Glaubensgemeinschaften zu sein, werden die Kirchen nicht schaffen – und trotzdem können wir davon träumen und uns daran ausrichten[14] und dadurch vieles Menschenmögliche bewegen und verändern.

„Es ist noch nicht erschienen, was wir sein werden" – das ist deswegen ein guter Grundsatz für Kirchen-Management, weil er vom Anspruch auf Perfektion und Dauer entlastet und umso mehr dazu helfen kann, die Form von Kirche zu gestalten, die gerade heute angemessen ist. Wenn es gut geht, gelingen den Kirchen – d.h. denen, die sie gestalten – dabei Annäherungen an das Vollkommene, das kommen wird. Man sollte nicht meinen, dass Kirchenmanagement ein Allheilmittel ist. Aber wir sind davon überzeugt, dass es dazu helfen kann, die Kirchen in den nächsten Jahren authentischer werden zu lassen.

Eines ist von diesem geistigen Ausgangspunkt her nicht vorgesehen: Dass sich die Kirchen und ihre Vertreter als Opfer von gesellschaftlichen Veränderungen und geschichtlichen Situationen sehen. Den Platz, an dem wir heute stehen, hat sich niemand ausgesucht. Aber das ist auch kein so furchtbar unbequemer und düsterer Platz, verglichen z.B. mit dem vor 70 Jahren, oder verglichen mit den Kirchen in anderen Ländern – in China oder im Irak, im Kongo oder in Mittelamerika. Kirchenaustritte und finanzieller Abbau sind weder lebensgefährlich noch ein fremdes Fatum, sondern ein Teil der gegenwärtigen Kirchen-Geschichte[15], der die einen so und die anderen anders betrifft[16].

Es ist Sache der kirchlich Engagierten, mit Interesse, mit seelischer und intellektueller Kraft die gesellschaftlichen Veränderungen zu verstehen, um daraus Folgerungen ziehen zu können. Sie können es auch lassen und wie eh und je auf der Basis uralter, substanzieller Rituale, die der Kirche zu eigen sind, deren Auftrag erfüllen, solange es eben geht. Gottesdienste wurden und werden zu allen Zeiten und in allen Lebenslagen gefeiert; die Sakramente werden unter allen Umständen verteilt. Es gibt Zeiten und Umstände allgemeiner wie persönlicher Art, die Rückzug und stark herabgesetzte Kommunikation mit sich bringen – wie bei Jona im Fischbauch. Die Kirche kann auf Veränderungen um sie herum reagieren – so oder

11 Vgl. 1.Kor 13,12: „Wir sehen jetzt wie durch einen Spiegel ein dunkles Bild, dann aber von Angesicht zu Angesicht. Jetzt erkenne ich stückweise, dann aber werde ich erkennen, wie ich erkannt bin."

12 Perels (1990: 39 f.) macht für die protestantischen Kirchen eine gegenteilige Psycho-Logik auf: Die „(e)schatologische Scheu" sei dafür verantwortlich, dass die Organisation Kirche innovationsträge ist.

13 Vgl. Oechslen (2000: 50 und ebd.: 55); hier das Zitat von Röm 12,2: „'Und lasst euch nicht gleichschalten mit dem Gefüge dieser Weltzeit, sondern lasst euch verändern, lasst neu werden eure Sinne, dass ihr beurteilen könnt, was Gottes Wille ist: das Gute, das Gott Wohlgefällige, das Vollkommene.'"

14 Vgl. Philipper 3,12 im Blick auf die Bedeutung der Auferstehung und des Todes Jesu Christi für das eigene Leben: „Nicht, dass ich's schon ergriffen habe oder schon vollkommen sei; ich jage ihm aber nach, ob ich's wohl ergreifen möchte, nachdem ich von Christus Jesus ergriffen bin."

15 Vgl. die von Wegner (2003a: 277) zitierte, weitergehende These Niklas Luhmanns aus dem Jahr 1972: „Austritte ... reagieren auf die internen Strukturen der Kirche und ihre ‚Programme'". Zulehner (2003: 16): „Die Kirche braucht ein Jammerverbot."

16 Eine Sonderaufgabe entsteht hierbei der Kirche als Arbeitgeberin, sich um Glaubwürdigkeit zu bemühen: Machtverhältnisse und Privilegien nicht zu verschleiern, aufgaben- und werteorientiert den Stellenabbau zu bewältigen.

so, durch Kommunikation und Veränderung oder durch Selbstabschluss und Selbstbehauptung; das ist allein ihre (wenn auch niemals ganz „freie“) Entscheidung. Sie ist nicht für das Ganze verantwortlich, sie ist nicht Gott, sie wird auch diesmal wieder Fehler machen, so oder so; und sie hat auch diesmal wieder viele Möglichkeiten, auf das, was passiert, zu reagieren.

„Kirchenmanagement“ ist eine unter diesen Möglichkeiten, die sich heute anbieten. Sich damit zu befassen, ist durch Beobachtungen motiviert, die wir in diesem und im nächsten Kapitel mitteilen. Die Kirchen stecken in einer Umbruchsituation. Und das, wofür sie (zumindest von außen gesehen) zuständig sind – Religion[17] – feiert ein vielgestaltiges, umstrittenes gesellschaftliches come back[18] mit weltpolitischem Bedeutungszusammenhang.[19] Die Religionssoziologie und daran orientierte Praktische Theologie liefern als vorgeschobene Beobachtungsposten für diese gegenwärtige Situation viele Informationen und Ausblicke.[20] Wir greifen aus dieser Fülle einige Stichworte heraus, um die Entwicklungsmöglichkeiten zu skizzieren, an denen sich aus unserer Sicht praktisches Kirchenmanagement auszurichten hat.

1.2 Schätze im Acker[21]

1.2.1 Traditionsabbruch

Das Leben wird immer weniger von selbstverständlichen *gemeinsamen* religiösen Alltagsbestandteilen getragen. Säkularisierung und Entkirchlichung, Emanzipation der Einzelnen vom Macht- und Deutungsanspruch großer Institutionen, so lauten die entwicklungsgeschichtlichen Schlagworte dazu. Der beklagte Traditionsabbruch in der religiösen Sozialisation wirkt bedrohlich, weil man sich nicht mehr auf ein festes Fundament verlassen kann. Doch in diesem Stressor liegt auch eine Erfolgsstory der Kirche: Gerade weil ihre jahrhundertelang zentrale Anschlussstelle „Konvention“ zunehmend verstopft ist, und die entsprechenden religiösen Milieus und Personentypen sich nicht mehr routiniert fortpflanzen, haben sich vielfältige neue Formen und eine demokratischere Kultur innerhalb der Kirchen entwickelt.

17 Der theologische Einwand, dass das Wort vom Kreuz nicht einfach als eine Religionsform unter anderen verstanden werden kann, vielmehr in gewissem Sinn die Krise jeder Religion ist, darf nicht vergessen werden. Aber er darf auch nicht daran hindern, das eigene Selbstverständnis um einen Perspektivenwechsel vorübergehend zu erweitern und sich als das zu betrachten, was man in den Augen der anderen ausschließlich ist: Eine Religion unter anderen möglichen.

18 Vgl. Nethöfel (1998: 63): „Alle Untersuchungen bestätigen, dass wir es nicht mit einer Krise der Religion, sondern der Kirchlichkeit zu tun haben. Das kirchliche Hauptprodukt Orientierung ist gefragt wie nie.“ Allerdings gilt auch der Hinweis von Ebertz (1997: 78): „Nicht wenige Zeitgenossen scheinen ihre ‚religiöse Nahrung‘ in der Tat an Quellen zu finden, wo kein Schild „Religion – hier zu haben!“ steht, wo aber dennoch Religiöses – funktional gesehen, an den Problemen der Weltorientierung, der Handlungsnormierung und der Ohnmachtsbewältigung orientierte Leistungen – zu haben ist und zumindest dazu verhilft, auch über Lebenswidrigkeiten hinwegzuhelfen und das Leben fortzuführen.“

19 Vgl. die „Kopftuchdebatte“ und die damit verbundene Frage einer neuen Verhältnisbestimmung zwischen „christlichen“ und „islamischen“ Ländern und Zivilisationen bzw. eines neuen Selbstverständnisses der „christlichen“ Länder und ihrer Geschichte im Blick auf interreligiöse Gesprächsfähigkeit und Toleranz.

20 Vgl. zum Folgenden z.B. Ebertz (2003: 15-78)

21 Vgl. Matthäus 13, 44: „Das Himmelreich ist gleich einem verborgenen Schatz im Acker, welchen ein Mensch fand und verbarg ihn; und in seiner Freude darüber geht er hin und verkauft alles, was er hat, und kauft den Acker.“

Auch in der Kirche hat Emanzipation stattgefunden. Traditionen, die lebenseinschränkend oder nichtssagend und belanglos für das eigene Leben wirken, sind in den letzten Jahrzehnten viel offener kritisiert, von den Gläubigen „boykottiert“[22] und von den haupt- und ehrenamtlich Engagierten stärker verändert worden als in früheren Zeiten. Viele neue, tragfähige und überzeugende Formen der Liturgie und der Pastoral sind entstanden, gerade durch die Frauen der Kirche, die sich – wenn auch mit der erheblichen Differenz in der Ämter-Frage – bei beiden großen Konfessionen mit mehr Selbstbewusstsein und mit eigenem theologischen Profil einbringen können. Die „andere“, zu Herzen gehende Morgen- oder Abendandacht bei einem Seminar der Erwachsenenbildung, das anerkannte, zeitgemäße spirituelle Profil eines evangelischen Erholungsheimes, die veränderte Beichtpraxis sind gelungene Beispiele dieser schöpferischen Wandlung. Darin steckt gute theologische Arbeit: Wache Empfindung für das Gegebene, für Menschen und ihr Erleben, Arbeit an zeitgemäßer Sprache.

Traditionsabbruch bedeutet nur im Extremfall, dass Menschen mit der christlichen Glaubenstradition überhaupt nichts mehr anfangen können. In weit überwiegendem Maß sind sie gesprächsoffen und dankbar für eine lebensnahe Pastoral[23]. Umgekehrt definieren die kirchlichen Kerngruppen immer weniger die ganze Kirche über Einheitsmoral und „fromme“ Lebensführung. In die innerkirchliche Debatte über die mangelnde Ernsthaftigkeit von „Taufscheinchristen“ ist Bewegung geraten; nur schlecht Informierte stimmen noch die Klage über kirchliche „Karteileichen“ an. Denn es hat sich mit Hilfe kirchensoziologischer Untersuchungen[24] weitgehend herumgesprochen, dass religiöse Biografien sehr unterschiedlich verlaufen, je nachdem, wie z.B. die familiäre Prägung aussieht, wie Menschen beeinflusst werden durch persönliche Begegnungen in Schule, Elternhaus, Gemeinde, durch Lektüre oder andere Sozialisationsinstanzen[25]. Immer selbstverständlicher wird auch bei den kirchlich Beheimateten eine offene, fragende Haltung, in der die Aktiven, Engagierten und Eingewurzelten sich für das Erleben der kirchlichen „Passantinnen“ interessieren, statt in der Haltung „Die sollen halt kommen!“ zu verharren[26]. Ein Gedanke, der auch die frü-

22 Die Beobachtung, dass sich die Besucherzahlen bei Gottesdiensten der röm.-katholischen Kirche einem seit langer Zeit niedrigen, aber konstanten Niveau wie in der evangelischen Kirche annähern – (vgl. Ebertz (2003: 22) zeigt, dass selbstbestimmtes Teilnahmeverhalten auch die Sonntagspflicht als Kernbereich katholischer Lebensordnung erreicht hat, wenngleich die katholische Besuchsfrequenz immer noch fast doppelt so hoch wie in der evangelischen Kirche ist.

23 So auch Ebertz (2003: 30): „Zeigen sich in der nachlassenden subjektiven Zustimmung zu traditionellen kirchlichen Norm- und Glaubenssätzen nicht auch Vermittlungschancen? Sind es vielleicht (nur) bestimmte, banale, verfestigte, analysierte Vorstellungsklischees (‚Hölle', ‚Gericht', ‚Vatergott') wenn Zustimmung verweigert wird ...? Dass Menschen Nähe und Distanz zu kirchenoffiziellen Normen in unterschiedlichen Mustern selbst bestimmen und zugleich nicht geneigt sind, die Kirchenmitgliedschaft aufzugeben: Kündigt sich daran wirklich ein Integrationsschwund an – oder nicht eher ein Wandel der kirchlichen Integrationsformen (von der normativen zur sozialen Integration).“

24 Vgl. z.B. die Literatur bei Wegner (2003a: 291). Grundlegend für den Bereich der Evangelischen Kirche in Deutschland (EKD) sind deren Mitgliedschaftsstudien aus den Jahren 1974 (Hild), 1984 (Hanselmann), 1997 (Engelhardt) und 2004. Vgl. dazu Wegner (2003a: 276-279). Im katholischen Bereich gibt es keine vergleichbaren großen Untersuchungen, aber Autoren wie Ebertz (2003) oder Zulehner referieren religions- und kirchensoziologische Daten auch für den Bereich der Deutschen Bischofskonferenz. Ein neuer Ansatz für die Erforschung katholischer Milieus findet sich bei SINUS (2006).

25 Das zeigen z.B. die beiden letzten der eben erwähnten großen EKD-Mitgliedschaftsuntersuchungen, die die Vielfalt volkskirchlicher Frömmigkeit und Glaubenssuche schon durch ihre Titel, mehr noch durch ihre Inhalte vermitteln: „Fremde Heimat Kirche“ (1997) und „Weltsichten. Kirchenbindung. Lebensstile“ (2004)

26 Für den evangelischen Bereich konstatiert z.B. Wegner (2003a: 274) ein „Umdenken ..., das deutlich auf ein zunehmendes Bewusstsein von Kirche als einer in der Gesellschaft handelnden Organisation schließen lässt, die sich stärker als bisher um ihre Mitglieder ‚kümmern' muss.“ Ähnlich argumentiert eine aktuelle Studie über „Kasualkatholiken“: Först/Kügler (2006)

her so genannten „Randgruppen" wie Homosexuelle einschließt, wird immer klarer und lebenspraktischer: Die Menschen, die an Christus glauben, sind verschieden, und sie sind – endlich ! – sehr verschieden. Zum christlichen Glauben „passt" nicht nur eine enggeführte Lebenslinie in einer schmalen Variationsbreite, sondern es gibt so viele Wege zu Gott wie es Menschen gibt.[27]

Diese Offenheit, diese Bereitschaft, im eigenen Bereich das Selbstverständliche des kirchlichen Lebens infrage zu stellen um derjenigen willen, die dazu sonst keinen Zugang finden können[28], ist für die Kirchen ein entscheidendes Zukunftspotenzial. Vielerorts ist den kirchlich Verantwortlichen bewusst, dass es in dieser Linie weitergehen sollte. „Lebensraumorientierte Seelsorge" nennen etwa die Verantwortlichen im katholischen Dekanat Mainz ihren Entwicklungsansatz, der an verschiedenen Orten die christliche Tradition neu mit der heutigen Alltagsrealität zu verbinden sucht[29]. Beide christlichen Volkskirchen bieten z.B. durch Brief- und online-Seelsorge, Radiogottesdienste und viele weitere mediale Formen der Pastoral den Menschen mit distanzierterem Teilnahmeverhalten hoch kultivierte Kontaktmöglichkeiten.[30] Das fängt beim Informationsverhalten an und geht über die Möglichkeit, nur für eine bestimmte Zeit in einer Gemeinde mitzuarbeiten, bis hin zur Pflege offener Kirchenräume, in denen Menschen auch außerhalb gottesdienstlicher Ordnungen beten können.

Vom theologischen Kirchenverständnis her ist es einerseits naheliegend, dass eine große Bandbreite von Bindungs- und Beteiligungsformen gegenüber der Kirche akzeptiert wird. Das alte Konzept einer Unterscheidung von sichtbarer und unsichtbarer Kirche[31] belegt alle Grenzziehungen und Definitionen von Zugehörigkeit mit einem Vorläufigkeitsvermerk, der zur Offenheit gegenüber „nicht ordentlichen" Mitgliedern anstiftet. Im protestantischen Selbstverständnis gibt es dazu einen kräftigen Impuls von der Rechtfertigungslehre her: Da die Gottesbeziehung nicht von „Werken" abhängt, kann prinzipiell auch keine besondere christliche Lebensführung als Maßstab gelten.[32] Andererseits entsteht dadurch ein Spannungsfeld von Erwartungen und neuen Aufgaben. Denn solcher biblisch begründeten[33] Weite und Akzeptanz steht der Anspruch gegenüber, dass sich im Leben und Handeln

27 Gut ausgeführt von Ratzinger (2002: 26-45)

28 So formulieren z.B. die kirchlichen Insider beim Rezeptionsprozess der „Leitlinien kirchlichen Lebens" innerhalb der VELKD (Vereinigte Evangelisch-Lutherische Kirche in Deutschland): „‚Wir wollen Volkskirche sein und sind doch Gemeindekirche!' Das ehrliche Eingeständnis ist nötig: Die Sehnsucht nach überschaubarem Handeln ist da. Doch geschlossene Lebensformen verhindern den Kontakt zu den Menschen. Wie gehen wir mit Menschen um, die nicht in unseren Mustern leben und ihr Christsein auch nicht in unseren Schemata formulieren? Bisher haben wir die missionarische Dimension christlichen Handelns immer auf den Gemeindeaufbau bezogen. Es ist an der Zeit, die missionarische Arbeit auch auf die Einzelperson zu beziehen." Stempin (1999: 223)

29 Vgl. www.los-mainz.de

30 Wegner (2003a: 278) sieht die Ausdifferenzierung kirchlicher Arbeit als „Modernisierungsschub", der, ausgelöst im evangelischen Bereich u.a. durch die erste EKD-Mitgliedschaftsstudie 1974, auch auf „das Problem der Umwandlung von zugeschriebener in erworbene Mitgliedschaft bei bestimmten Gruppen, wie den höher Gebildeten" antwortete.

31 Vgl. zur ecclesia (in)visibilis: Häring (1991: 123 ff.); Scobel (2002: 72-74); Roloff (2002: 31-40)

32 Vgl. Rössler (1978: 11 ff.): „Nicht allein im Glauben wird der Christ durch den Glauben gerechtfertigt, sondern auch im Leben." (S. 13) Zum katholischen Prinzip der Einheit in Vielfalt, das dem protestantische Prinzip der Solidarität unter gerechtfertigten Sündern benachbart ist, steuert Lütz (1978: 112 f.) Illustratives bei, z.B.: „Da verzichtete ein junger Mann auf Familie und Kinder, um voller Begeisterung der Armuts-Regel des heiligen Franz zu folgen. Und dennoch: Wenn er sich auch nur in Gedanken für eine bessere Art von Katholik hielt, als der Prämonstratenser in der gutdotierten Abtei wenige Kilometer entfernt, ohne Armutsgelübde und mit klostereigener Brauerei, dann war er nicht mehr katholisch. Gleiches galt für den hochgelehrten Jesuiten, der nicht etwa auf die frühen Zisterzienser herabblicken durfte, von denen ein Gutteil nicht lesen durfte."

33 Vgl. z.B. Matthäus 5, 43-48

der Christen zeige, was sie glauben[34]. Beim Verlust der sicheren, aber auch verfestigten konfessionellen und traditionellen kirchlichen Milieus früherer Jahrzehnte mag heute die pfingstliche Erinnerung helfen, dass der Heilige Geist neue Kristallisationspunkte der Gegenwart Gottes schafft, durch die der Glaube im Leben Einzelner und auch im gemeinsamen Leben deutlich wird.

Mit der Pluralität von Lebensformen und Bindungsverhalten gegenüber der kirchlichen Gemeinschaft umzugehen ohne Scheiterhaufen, ohne Index und ohne in einen modernen Relativismus abzurutschen, also gleichzeitig den Wahrheitsanspruch des Evangeliums durchzuhalten, Glaubensschätze zu bewahren und für den fragmentierten, modernen Menschen Glaubensgemeinschaft neu plausibel zu machen – das ist ein hoch attraktives Arbeitsprogramm für die Kirchen. Es könnte noch viel stärker als bisher eine neue Lust am Dialog, kräftigen Ehrgeiz für zeitgemäße Zeugenschaft und die Neugier auf eigene Verwandlung wecken.

1.2.2 Dialogfähigkeit

Die dabei geforderte Dialogfähigkeit hat bereits eine gute Basis[35], bei der uns vier Aspekte besonders wichtig erscheinen.

Erstens: Die christlichen Kirchen in Deutschland haben aufgrund ihrer Stellung innerhalb der Gesellschaft und aufgrund ihrer theologischen Tradition eine weite *Gesprächsfähigkeit* auch gegenüber gesellschaftlichen Eliten[36]. Das Evangelium ist nicht an der Aufklärung zerbrochen, ein methodologischer Atheismus (Karl Rahner) ist auch an kirchlichen Hochschulen Ausgangspunkt der Forschung, und der Glaube ist mit seinem aufgeklärt formulierten Wahrheitsanspruch auch für den Wahrheitsanspruch der Wissenschaft gesprächsfähig.

Zweitens: „Individualisierung" bedeutet auch, dass die Vermittlung des Glaubens nach Jahrzehnten eher traditionell und konventionell abgestützter Sprache immer mehr an die persönliche Authentizität christlichen Lebens geknüpft ist. Die Kirchen haben eine hohe Kultur des Individuums; sie haben viel tiefenpsychologisches und psychotherapeutisches know how in ihre seelsorgerliche Kompetenz integriert und sind daher auf ein Generalthema moderner Gesellschaften gut vorbereitet: Den Zwang zur selbstverantworteten *Individuation*. Im Unterschied zu milieugebundenen Gemeinschaftsformen können sie mit ihrem Konzept einer durch Gott gestifteten Gemeinschaft dabei eine eigene Perspektive der Geborgenheit eröffnen. Kirche kann sich verstehen und vermitteln als ein Ensemble von Menschen, die jenseits aller möglichen oder nicht mehr möglichen Bindungsformen in einem sehr tiefen Sinn um ihres Glaubens willen zusammen gehören, aufeinander angewiesen sind und miteinander wachsen sollen im Glauben – mitten im Leben, in seiner alltäglichen Banalität und mit den Abgründen, die sich dabei immer wieder auftun, auch mit den jubelnden Weiten.

34 Vgl. Rössler (1978: 12 ff.)

35 Skeptischer Fassbender (1998: 159): „Die offene Wunde eines angemessenen Verständnisses von Pluralität, einer dialogischen Wahrheitsfindung und des Umgangs mit Differenz will nicht heilen."

36 Fassbender (1998: 157) konstatiert dagegen im Bereich von gesellschaftspolitischen Orientierungsfragen „Schwerpunktsetzungen, die Zentralbereiche moderner, arbeitsteiliger Marktgesellschaft zu sehr ausgespart haben", gesteht allerdings (S. 158) auch zu, dass es sich hierbei um ein Kontaktproblem handeln könnte: „Die oft mangelhafte Einschätzung spiritueller Kompetenz der Kirchen durch „neue Eliten" muss als echte Anfrage an die „Präsentation" der Botschaft gesehen werden, nicht nur als Möglichkeit billiger Polemik gegen „Hedonismus" und „Postmoderne".

Drittens: Die entspannte *Konfessionalität.* Im Großen und Ganzen entschärft die gemeinsame christliche Perspektive die konfessionellen Unterschiede, die für die kirchlich Aktiven inzwischen eher interessant als störend, für die kirchlich weniger Aktiven eher uninteressant als störend sind[37]. Dass Evangelische aus Empörung über Äußerungen des Papstes austreten, wird aufgewogen durch die zunehmenden Möglichkeiten, die jeweils starken Seiten aneinander zu erleben – Einzelbeichte hier, Kirchenmusik da – und miteinander zu teilen, ohne dass das unwiderstehliche Bedürfnis aufkäme, vorhandene Differenzen zu schleifen[38]. Die selbstverständliche ökumenische Partnerschaft in vielen christlichen Initiativgruppen und Gemeinden wirkt überzeugend, weil sie der gemeinsamen Aufgabe entspricht, das christliche Profil in einer weltanschaulich und religiös immer pluraleren Gesellschaft zu vertreten. In einem geschichtlich so sehr durch konfessionelle Spaltung geprägten Land ist diese Entwicklung befreiend.

Viertens: Als positive Kehrseite dessen, dass die Zahl der Kirchenmitglieder rückläufig ist, die christlichen Wissensvorräte in der Gesellschaft verteidigt werden müssen und die kirchliche Präsenz in der Gesellschaft randständiger wird: Die weniger mächtige, *die anfechtbarere Kirche* ist zugänglicher als früher, sie ist einladender, unverkrampfter und freundlicher; sie tritt weniger hierarchisch auf; ihre Machtausübung ist viel stärker kontrolliert als bisher. Schwarze Pädagogik in kirchlichen Internaten gehört weitestgehend der Vergangenheit an. Für machtarrogantes Verhalten müssen sich Kirchenvertreter in der Regel zumindest einer kritischen Öffentlichkeit gegenüber legitimieren. Die gewachsene Fähigkeit zur Selbstkritik führt auch in Tabubereichen wie der Sexualität von Priestern zu öffentlichen Diskussionen. Dies alles macht die Kirche, deren Kernbotschaft die liebevolle, befreiende Annahme fehlbarer und selbstverstrickter Menschen durch Gott ist, glaubwürdiger und damit dialogfähiger[39].

1.2.3 Glaubenskraft

Wer christlich-kirchlich beheimatet ist, sollte sich klarmachen, dass die metaphysische Heimatlosigkeit in unserer Zeit und Gesellschaft eher ein Normalfall ist, und die religiöse Geborgenheit das Besondere. Vielleicht haben die kirchlich fest Eingebundenen noch zu wenig realisiert: Auch wenn die Kirchtürme so manches Stadtbild beherrschen, haben viele Menschen – und darunter viele, die Kirchenmitglieder sind! – keine klare Vorstellung mehr davon, worum es beim christlichen Glauben geht. In einer weltanschaulich pluralen, religiö-

37 Stempin (1999: 155) wirft z.B. im Blick auf die Lebensordnungsentwürfe der VELKD und der EKU die Frage auf, ob konfessionelle Unterschiede überhaupt noch relevant seien: „Wenn die Gemeindesituation bzw. die allgemeine religiöse Praxis zum Ausgangspunkt gewählt wird, wie dieses in den Lebensordnungsentwürfen von EKU und VELKD gemeinsam geschieht, ... kann man fragen, ob bei diesem Ansatzpunkt überhaupt noch zwei Lebensordnungen nebeneinander existieren müssen.“ Gegenüber der Frage nach „Lebens- und Aneignungsformen der christlichen Traditionen aus der Perspektive der Kirchenmitglieder“ erscheinen konfessionelle Besonderheiten als marginal.

38 Vgl. Ebertz (2003: 18): „Die Kirchen werden in Zukunft ... immer stärker durch einen gesellschaftlichen Druck zur konfessionellen Entdifferenzierung herausgefordert sein, ihm andererseits aber – und zwar aus vielfältigen Gründen – nicht völlig nachgeben können.“ Gegenüber dem „Megatrend“ Entkonfessionalisierung schlägt er (vgl. S. 19f.) vor, statt einer die Vielfalt vernichtenden Fusion Körperschaftsvereinbarungen ins Auge zu fassen, die gegenseitige Wertschätzung und Unterstützung befördern.

39 Ähnlich formuliert Thomé (1998: 22) sein Verständnis von „Kirchenmanagement also gerade nicht als eine Methode, ein Weg, die Heilheit, Ganzheit, Leistungsfähigkeit und Anpassungsfähigkeit einer Organisation zu sichern, die ihrem Wesen nach unganz, brüchig und offenständig ist.“ Denn: „Der Glaube ist ein Gegenmodell gegen jede Form von Ganzheitswahn, der die konstitutionelle Brüchigkeit und Unganzheit des Menschen wie auch seiner Institutionen beiseite zu schieben versucht.“ (S.23)

sen Dingen gegenüber eher unsicheren Gesellschaft ist das Leben in Gottes Nähe, das Leben im Horizont der biblischen Überlieferung, das Leben in der Freiheit von Christenmenschen und damit die Begründung mitmenschlicher Ethik für viele (manchmal eher heimlich-verschämt) sehr anziehend[40].

Alle, die bewusst Christen sind, haben für ihren Glauben biblische „Schlüsselgeschichten" oder -worte: Der verlorene Sohn. Der bittende Freund. Psalmen. Die Befreiung Israels aus Ägypten. Das Ährenraufen am Sabbat. Die Ehebrecherin. Prophetische Visionen von Frieden und Gerechtigkeit. Es ist eine wiederkehrende Erfahrung: Je öfter und länger Menschen mit der biblischen Überlieferung, mit dem christlichen Liedschatz und Gebetsfundus umgehen – mit den „Schlüsselworten" und auch mit den fremderen Teilen -, desto klarer und befreiender für ihr Leben werden die Grundlinien des christlichen Glaubens. Die Faszination und Freiheit, die aus diesen Worten und Geschichten strömt, sind der Schatz der Kirchen. Das ist ihr Eigenes. Das ist das Primäre. „Das Interessante an der Kirche ist Gott – nicht der verwechselbare Gott der civil religion. Der ist zum Sterben langweilig. ... Interessant ist der Gott der Bibel, der Gott Abrahams, Isaaks und Jakobs, der nicht verwechselbar ist mit dem allgemeinen Gottesbegriff dieser Welt."[41]

Es gibt, mit Worten eines evangelischen Dogmatikers ausgedrückt, vor allem Recht der kirchlichen Organisation „das grundlegende Recht des Evangeliums" und „entsprechend das Recht d(ies)er Menschen auf das Evangelium"[42]; das ganze Sein der Kirche beruht auf einem Anspruch Gottes, den Menschen hören und weitergeben. Welche andere Organisation kann sich auf etwas derart Kühnes gründen? Wirkt nicht inmitten der oft flachen Funktionslogik moderner Gesellschaften das Lob der Herrlichkeit Gottes wie ein leuchtender Edelstein im Sand, wie ein Springquell in der Wüste?

Der Glaube selbst ist nicht machbar. Aber die Fülle und Kraft der Glaubenszeugnisse vieler Jahrhunderte steht den Kirchen als geistiges Reservoir zur Verfügung. Auf der verhandelbaren Ebene sehen wir die christlichen Kirchen in der Konkurrenz mit anderen Sinn-Deutungen in einer sehr guten Startposition, wenn sie sich auf Dialoge und Anfragen offen einlassen, ihre Antworten neu und persönlich verantwortet sagen und sich dabei auf die eigenen Überlieferungsschätze stützen. In der Renaissance religiöser Sinnsuche haben sie anderen Akteuren viel Erfahrungswissen und einen schier unerschöpflichen Fundus früher bereits bewährter Erkenntnisse und Methoden voraus – nicht zuletzt auch als Widerlager für aktualistische Einseitigkeiten. Während die Mittelklasse in hektischer Betriebsamkeit von einer neuen zur nächsten Methode der Entschleunigung hastet, Millionen von Räucherkerzen dabei verglühen, und moderne Dividuen[43] aufmerksam auf der Suche nach Kopiervorlagen für das eigene ICH sind, kann sich die Kirche – wie beispielsweise boomende Pilgerwege, Rezeptbücher Hildegards von Bingen und „Kloster auf Zeit"-Angebote zeigen – nahezu störrisch an ihr eigenes, uraltes Programm halten. Jetzt, in der Optionsgesellschaft, in der zunächst alles gleich wichtig, und somit auch gleich unwichtig ist, können sich die Weisheit der Liturgie und Verlässlichkeit der Dogmatik ebenso erweisen wie die intellektuelle Eleganz der theologischen Kritik, die psychische Tragfähigkeit und emotionale

40 Vgl. Wegner (2003a: 278): „Die heutige Diskussion setzt ... am Problem der religiösen Funktionalität der Kirche selbst an." Ähnlich Fassbender (1998: 156): „Unthematische 'Spiritualität' und 'Sinnsuche' sind längst nicht mehr Aussteigerthemen oder Fragestellungen für bemitleidenswerte Randgruppen moderner Gesellschaften, deren religiöse Unbehaustheit ihrer Marginalität unmittelbar auf dem Fuß folgt: Sie sind ins Zentrum gesellschaftlicher Eliten vorgestoßen."

41 Oechslen (2000: 54)

42 Mildenberger (2002: 41 f.)

Wirkkraft spiritueller Überlieferungen christlichen Glaubens – und in all dem die Kraft, die das Evangelium ausstrahlt.

Auch wenn es in manchen Ohren nach Ironie klingen mag: Wir sehen – ernsthaft! – die großen christlichen Kirchen bei ihrer durch Mittelkürzungen beschleunigten Neuorganisation in einer sehr guten Startposition. Die in der kirchlichen Vergangenheit aufgeschichteten dogmatischen Zementierungen und institutionalisierten Panzerungen sind weitgehend abgetragen, oder doch zumindest intensiv angekratzt. Die Kirchen sind gegenüber anderen Teilsystemen der Gesellschaft in neuer Weise dialog- und anschlussfähig, weil und seitdem sie den Wahrheitsanspruch des Glaubens selbstreflexiv beobachtet. Ihre Intelligenz und Deutungskapazität macht die Kirchen für Menschen attraktiv, die sich intensiver mit „dem Wesentlichen" beschäftigen wollen. Und die anderen sind zumindest an Weihnachten da.

1.3 Aufgaben

1.3.1 Pluralität als positiven Stress schätzen

Der Tendenz zu einer „Verkirchlichung des Christentums"[44] können die kirchlich Verantwortlichen und Engagierten nur entgegenwirken, indem sie ihre eigene Kontaktfähigkeit nach „draußen" weiterentwickeln. So würde die Chance erhöht, dass das Christentum für die vielen kirchlich Nicht-Beheimateten auch die Gestalt von Personen gewinnt – und nicht nur die Gestalt einer fernen Institution. „Kirchliches Handeln ist Handeln für andere. In den modernsten Management-, Marketing- und Organisationsmethoden wird gelehrt, was die Kirche aus langer Erfahrung weiß, oder wissen sollte: Man überwindet eine Identitätskrise, indem man die neurotische Bindung an das Selbst aufgibt. Und dies geschieht, wenn man sich durch Außenbeziehungen neu zu definieren lernt. In der einen Welt heißt das: Wachsen im (totalen) Kundenkontakt. Das genaue Hinhören auf die Bedürfnisse des Kunden muss jede Verfahrens- und Organisationsroutine durchbrechen. Gemeint ist hier ein qualifiziertes, auch kritisches Hinhören, das ein langfristiges gemeinsames Wachstum ermöglicht."[45] Es erscheint unausweichlich für die Kirchen, sich dieser Forderung zu stellen – es sei denn, man will sich mit der Erstarrung von immer kleiner werdenden kirchlichen Restmilieus abfinden. Angesichts von Individualisierung und pluralen Lebenswelten ist es unübersehbar, dass ganze Menschengruppen derzeit stillschweigend, allein aufgrund kultureller Kommunikationsmuster, aus der Kirche herausgehalten werden[46].

43 Vgl. Thomé (1998a: 15 f.): „Es geht dem Evangelium um das eine Subjekt, um den einen Menschen, der gerade nicht aus multiplen Identitäten zusammengekittet ist, dessen Einheit vielmehr in sich unganz ist, brüchig und vielperspektivisch. Und ein solches Bild vom Menschen ist ein Gegenentwurf zu einer auf Ganzheitlichkeit, Ungebrochenheit, Gesichertheit ausgerichteten Tendenz, die Botschaft des Evangeliums ist ein Horizontentwurf, der gewissermaßen ‚quer' zu den möglichen Teilidentifikationen steht, die sich als säkulare Heilsversprechen allerorten ausbreiten. ... Wenn aber Glaube ein solcher fundamentaler Gegenentwurf gegen die Partikularität säkularer Heilsversprechen ist, dann muss seine Vermittlung gerade diejenige Grundverfassung des Menschen, die ihn als brüchig, unganz und haltbedürftig ausmacht, hervorheben und als sinnvoll lebbar ausweisen. Das aber kann nur dann gelingen, wenn Kirche ihr Anliegen und die Aussage ihrer Verkündigung als teilhabefähigen, immateriellen Sinnbereich innerhalb (und nicht außerhalb) einer pluralistisch-postmodernen Welt plausibel machen kann."

44 Vgl. Garhammer (1998: 52 f.)

45 Nethöfel (1998: 64)

46 Als Gerhard Schulzes „Erlebnisgesellschaft" erschienen ist, ging ein Aha-Raunen durch die kirchlichen Reihen; vgl. die Darstellung bei Hauschild (1998). Höhn (2001: 38) empfiehlt für eine großstädtische „Passantenpastoral", sich an „den städtischen Szenen" und ihren Trägern zu orientieren. Entsprechende Programme „müssen eher die Merkmale neugieriger Flaneure und Grenzgänger aufweisen, als sich durch soziale und ideologische Sesshaftigkeit auszeichnen." (ebd.)

Bei Haupt- und Ehrenamtlichen wächst das Bewusstsein davon, dass die Teilnahme am kirchlichen Leben oft abhängig ist von der gerade gegebenen Lebenssituation, von Bildungschancen und sozialen Milieus, die sich in den christlichen Gemeinden ausbilden, und dass aus diesen wie weiteren Gründen mit der (zeitweisen) Anonymität vieler Menschen, die zur Kirche gehören, gerechnet werden muss. Die „Kasualien" – Taufe, Kommunion, Konfirmation und Trauung, Beerdigung und neuere Formen lebensbegleitender Gottesdienste – erfahren im kirchlichen Handeln immer mehr Aufmerksamkeit, weil sie als punktuelle Kontakte die Beziehung zu Kirche und Glaube doch oft nachhaltig beeinflussen.

Allerdings: Je weiter sich ganze Bevölkerungsschichten kulturell, aber auch im Blick auf ihre religiöse Bildung vom kirchlichen Milieu entfernen, je schnelllebiger und vielfältiger Kommunikationsstile werden, desto abenteuerlicher wird im kirchlichen und gemeindlichen Arbeitsalltag das Thema Pluralität[47]. Manche Seiten dieses aktuellen volkskirchlichen Lebens sind für die kirchlich Engagierten de facto belastend und schwierig. Bei Firm- oder Konfirmationsgottesdiensten z.B. ist oft nicht ganz klar, ob die Teilnehmerinnen nun der schönen Fotos wegen oder zur Feier des gemeinsamen Glaubens gekommen sind. „Das Publikum wird von Jahr zu Jahr schlimmer", beseufzt im O-Ton ein Mesner die Entfremdung. In ganz alltäglichen Situationen wird heute eine zumindest in vielen Köpfen oder Herzen noch existierende gemeindliche „Normalität" gestört, weil z.B. Eltern ganz selbstverständlich die Taufe ihres Kindes anmelden, ohne selbst in der Kirche zu sein, dafür aber stolz dem katholischen Pfarrer eine evangelische Patin (oder umgekehrt: Dem evangelischen Pfarrer eine katholische Patin) vorstellen. „Ach Du liebe Zeit, ich bin ja schon froh, wenn ich überhaupt einen Paten kriege!" – dieser Ausspruch einer Geistlichen kennzeichnet eine gewandelte Normalität, die aber eben von den kirchlichen Insidern noch nicht als normal empfunden wird[48].

Das Herkömmliche, das gemeindliche und kirchliche „Normalprogramm", existiert zwar weiterhin, und die in oft generationenlanger Kirchentreue verankerten Mitglieder bewegen sich darin wie die Fische im Wasser. Dieser Grundstrom aber wird immer häufiger durchsetzt von kleinen Strudeln nicht-erwarteter, nicht-routinierter, ungewöhnlicher Kommunikationssituationen – einschließlich der Erfahrung, links liegen gelassen zu werden. Das Problem ist: Weder im Kirchenrecht noch im Selbstverständnis der Haupt- und Ehrenamtlichen und damit im Berufsprofil der Geistlichen wird dieser Wandel ernst genug genommen. Immer noch werden die konkreten, alltäglichen Erfahrungen mit kultureller Fremdheit „nebenbei" erledigt, statt dass sie ins Zentrum der Aufmerksamkeit rücken.

Denn von alleine geht das ja nicht, das Abenteuer Pluralität gewinnbringend für alle Seiten zu bestehen. Geduldige Übersetzungsarbeit zwischen den Denkwelten[49], Vermittlungs-

47 Wir beziehen uns auf Erfahrungen mit den christlichen Volkskirchen in Westdeutschland. Zur Situation in Ostdeutschland vgl. z.B. Wohlrab-Sahr (2000: 91): „In einer Weise, die über die Säkularisierungsprozesse in den westlichen Industriegesellschaften weit hinausgeht, scheint es der SED in der Zeit der DDR gelungen zu sein, Religion und religiöse Kommunikation als kulturelle Selbstverständlichkeit weitgehend zu beseitigen. ... Dadurch und durch die an vielen Stellen abbrechende Tradierung des Christentums über Prozesse religiöser Sozialisation sind in vieler Hinsicht die Anschlussstellen für religiöse Kommunikation außerhalb der Kirchen verschwunden."

48 Vgl. Hirschler (1998: 3): „Die stärkste Beunruhigung in unserer Zeit für einfache Christenmenschen in der Volkskirche geht vom Pluralismus aus. Es ist die stärkste Kränkung, weil wir täglich sehen, dass man auch ganz anders leben kann."

49 Wie schwierig es ist, gerade für die sogenannten treuen Kirchenfernen eine aktuelle Orientierung und einen inhaltlichen Grundriss des christlichen Glaubens zu vermitteln, das zeigt Schwöbel (2003: 68-71) u.a. anhand der Leitsätze der badischen Kirche, die bei näherer Betrachtung und theologischer Analyse weder vollständig noch für heutige Menschen verständlich sind.

fähigkeit und die dazu nötige fachtheologische Kompetenz, geistliche Kraft und Konfliktfähigkeit nach „innen“ – das sind die Potenziale, die Ehren- und Hauptamtliche im Gespräch mit – eben! – heute „ganz normalen“ Gemeindegliedern brauchen.

Da ist eine Frauengruppe, die selbstbewusst Einlass verlangt in die machtvoll kirchliche Tradition symbolisierende Kathedrale einer Großstadt, um dort Frauenspiritualität in aller Freiheit zu rehabilitieren und neu zu entdecken. Eine Zeit lang halten das die Ortsansässigen aus, dann aber werden ihnen die vielen Diskussionen über Frauenblut und weibliche Gottes-Namen zu anstrengend. Oder: Eine Gemeinde entwickelt ein musikalisch und künstlerisch getragenes Gottesdienstprogramm zu neuen Zeiten, gewinnt dadurch aus der Altersgruppe der 30- bis 50-Jährigen im Laufe von zwei Jahren ein kleines neues Stammpublikum – nicht ohne dabei einen erheblichen innergemeindlichen Konflikt aushalten und durcharbeiten zu müssen. Oder: Eine Kirchenleitung veröffentlicht wunderbare Leitlinien zur Auswahl der Musik bei Kasualgottesdiensten[50] – aber wer sorgt dafür, dass die darin enthaltenen Qualitätsansprüche durchgehalten und die Konflikte um Mendelssohns Hochzeitsmarsch, Lieder von Peter, Paul & Mary oder „Die Drei von der Tankstelle“ theologisch und seelsorgerlich sauber durchgestanden werden?

Wenn die Kirchen nicht doch an ihrer eigenen Milieuverengung ersticken sollen[51], müssen sie ihre Kommunikationschancen gegenüber den „locker Verbundenen“ konsequenter wahren; und das bedeutet eine Verschiebung in der Aufmerksamkeit und der zeitlichen Beanspruchung weg von der so genannten „Kerngemeinde“, den hoch Verbundenen, treuen, Tradition verkörpernden Mitgliedern.

1.3.2 „Bedürfnisorientierung“ recht verstehen

Denn die heutige volkskirchliche Situation beschert allen Beteiligten – den innerhalb und den außerhalb der Kirchen Stehenden – Kommunikationschancen und Möglichkeiten der Selbsterkenntnis, wie sie in dieser Weise noch nie zuvor gegeben waren[52]. Die Aufgabe, innerhalb der Kirchen noch bewusster, offener und v.a. systematischer mit Individualisierung und Pluralität umzugehen, ist, orientiert man sich an der gesellschaftlichen Realität, unabweisbar und irreversibel.

Ohne eine (im günstigen Fall produktive) Spannung ist die individuell und gemeinsam verantwortete Neuauslegung kirchlicher Traditionen und die Verständigung über bestehende Grenzen hinweg wohl nicht zu haben. Die Kirchen haben auch die Aufgabe, religiöse Bedürfnisse zu bilden und zu formen[53].

---

50 Vgl. Kirchliches Amtsblatt Nr. 9/2004, S. 195 f.

51 Wegner (2003a: 287) berichtet mit Bezug auf Peter Höhmann über „Tendenzen zur Schließung des kirchlichen Milieus“ im Bereich der EKD.

52 So gibt z.B. Thomé (1998a: 12-14) mit seiner kleinen Analyse zum Coke-Konzept ein schönes Beispiel dafür, wozu die theologische Urteilskraft in einer solchen Gesprächslage herausgefordert wird. Die „fundamentale Inkompatibilität von Glaube und Erfrischungsgetränk“ (S. 12) führt nicht zu vordergründigen Selbstunterscheidungen, sondern zum Auffinden eines tiefer gelagerten Vergleichspunktes, der eine Chance eröffnet, das Evangelium auf neue Weise zu kommunizieren – hier die Frage, wie vom Evangelium her die für Zeitgenossinnen charakteristische „Teilidentifikation“ mit Gemeinschaftsangeboten zu deuten sei, auf die sich erfolgreiche Marketingstrategien stützen.

53 Vgl. Wegner (2003a: 288): „Selbst wirtschaftliche Organisationen tendieren zu einer Entkopplung von Kundenverhalten und Organisation, indem sie versuchen, das Kundenverhalten zu prägen. Werbung zielt nicht auf die Erfüllung der Wünsche des Kunden, sondern weckt sie.“ „Jede Organisation zielt darauf ab, selbst die Bedürfnisse zu erzeugen die sie dann befriedigen will. Auf diese Weise gewinnt sie Autonomie. Was dies für die Kirche bedeuten könnte, gilt es noch auszuarbeiten.“ Wegner (2003: 411 – Anmerkung 15)

Es macht nach Jahrzehnten der Emanzipation heute durchaus oft wieder Sinn, der Weisheit und Tiefe alter, sperriger Formen (z.B. in der Liturgie) die Treue zu halten und sich nicht zu sehr am Wunsch nach eingängiger, leicht verständlicher Formensprache zu orientieren.

Gegenüber der Herrschaft von Konventionen ist die heutige Situation eher dadurch gekennzeichnet, dass, wann und wo immer etwas Neues gefunden und schöpferisch gestaltet wird, die Vermarktung prompt erfolgt. Das heißt, das schöpferische Element hat sich nicht mehr in mühsamer Arbeit gegen verkrustete Traditionen durchzusetzen, sondern muss eher vor der Beliebigkeit, Bedeutungslosigkeit und Korrumpierbarkeit eines „anything goes" behütet werden. *Die* heutige kritische Frage ist die nach Qualität und Tiefe und einer Reifung, die nur da gelingen kann, wo sich der Anspruch des Individuums auseinandersetzt mit den Erfahrungen und Sichtweisen der Generationen vor ihm – und mit der dabei erreichten inhaltlichen und formalen Qualität. Das durchgängige Problem, das sich im Bereich der Kunst wie dem der individuellen Moral oder der politischen Handelns – und eben auch im Bereich des religiösen Lebens – stellt, ist die Frage: Woran machen wir unsere Werte fest? Was gilt? Was hat Qualität? Worauf kann ich mich abstützen? Woran kann ich mich orientieren? Das Verhältnis zwischen Tradition und Subjekt wird in der weiteren Entwicklung eine ebenso entscheidende Rolle spielen wie bisher. Die Kirchen brauchen hier den Mut, es auszuhalten, wenn sie in den Verdacht vormoderner Haltungen geraten. Sie müssen die ihnen heute gebotene Mitgliederorientierung verbinden mit einer konsequenten Treue zur Tradition.

In der Diskussion um die Bedürfnisorientierung ist der entscheidende Gesichtspunkt, dass, wie bei fast allen anderen menschlichen Bedürfnissen, so auch bei der religiösen Kommunikation ein Bedürfnis erst nach und nach entsteht und Gestalt gewinnt. „Erst die Teilnahme an ihr (d.h. der religiösen Kommunikation) ruft religiöse Bedürfnisse wach – und erst eine beständige Teilnahme stabilisiert entsprechende Bedürfnisse. Aber was noch gravierender ist: Religiöse Erfahrung transzendiert nicht nur meine Bedürfnisse, distanziert mich von ihnen und lässt mich mit ihnen „umgehen", d.h. mich selbst bestimmen, sondern meine Bedürftigkeit überhaupt. ... Es geht um die „Organisation von Bedürfnissen", wenn man so reden kann: ihre Wahrnehmung, Bewertung, Prägung, Weckung – d.h. ihrer Bildung zu Interessen. Nur so verhilft die Kirche zur wirklicher Wahrnehmung von Freiheit."[54]

Das heißt: Wenn sie nicht ganz bewusst ihre eigene Kompetenz ins Spiel bringen und bereit sind, selber auch anstößige und unbequeme Positionen einzunehmen, werden die Kirchen leider für viele Menschen uninteressant (bleiben)[55]. Die Rede von einer „Rückführung auf die eigene Kernkompetenz" ist allerdings irreführend und daher zu Recht kritisiert worden. Sie suggeriert nämlich eine mögliche *Rück*wendung zu einem eindeutigen „Leistungskatalog" der Kirchen, die es aufgrund des gesellschaftlichen und innerkirchlichen Wandels nicht geben kann. Statt „back to the fifties" ist heute eine authentische Darstellung christlicher Identität in den vielerlei Formen gefragt, in denen sich kirchliches Leben in der modernen Gesellschaft abspielt. Es darf z.B. nicht sein, dass kirchliche oder diakonisch-caritative Einrichtungen immer noch von sich sagen: „Unsere Klienten wissen gar nicht, dass das ein kirchliches Haus ist!", und dass diejenigen, die so sprechen, das gar nicht als Armutszeugnis, sondern als Zeichen von Professionalität sehen. Heute muss sich emanzipatorische Pro-

54 Wegner (2003: 409)

55 Vgl. dazu auch den Erfahrungsbericht aus einem erfolgreichen Jugendgottesdienstprojekt bei Baldenius (2004: 855): „Niedrigschwelligkeit wäre authentisch mit einem Bischof sicher schwer zu machen. Ich habe das Gefühl, dass sie nicht erwartet oder auch nur gesucht wird. Die Jugendlichen wollen sich positionieren und erwarten das Gleiche auch von der Kirche. Schwarzbrot ist angesagt."

fessionalität weniger gegen klerikale Bevormundung richten als gegen eine Identitätsdiffusion aufgrund der Gleichförmigkeit und monetären Verengung real existierender Marktlogik[56].

Dabei sind die einzelnen Personen wichtig – und zwar als einzelne, so wie sie sind, und nicht als genormte oder ideal gedachte Konventionschristen! Das ergibt (z.B. als Aus- und Weiterbildungsziel für die Hauptamtlichen) einen schönen Fokus in der kirchlichen Aufgabenfülle: Die Personen, die den Glauben – die besondere christliche, auch die besondere konfessionelle Lebensperspektive – darstellen und vermitteln, müssen ein klares Selbstbewusstsein haben bzw. entwickeln: Eigene, authentische Positionen, die sie dialogfähig machen. Sie brauchen dafür Unterstützung und Spielräume[57].

Nach einer alten Weisheit verändert der Missionsvorgang den Missionar genauso wie die zu Missionierenden[58]. Sich darauf einzulassen und sich dabei am Evangelium zu orientieren ist fruchtbarer als sich über die Legitimität der Bedürfnisse von Kirchenmitgliedern zu streiten. Die kirchlich Verantwortlichen können nach unseren Erfahrungen im bewussten Umgang mit denen, die im kirchlichen Leben mehr oder weniger „fern“ stehen, zweierlei lernen: Wenn sie auf die spirituelle Tiefe und Kraft ihrer Überlieferungen trauen, müssen sie keine Verunsicherung durch selbstbewusste Religionsinteressierte fürchten. Und: Zentral ist die Unterscheidung, wo die Kirchen ihre alten Lebens- und Sprachformen bewahren, und wo sie sie (auch gegen die Einwände von Besitzstandsdenken und Gewohnheits-Erwartungen) verändern sollten.

1.3.3 Unternehmerischer werden

Die Kirche braucht für den Umgang mit Pluralität neue Organisationsformen und eine andere Organisationskultur. Damit müsste ein Ausgleich und Umschwung einhergehen: Weg von einer Kommunikation, die in möglichst großer Breite die alten und neuen kirchlichen Konventionen abbildet, und hin zu einer vielgestaltigeren, intensiv auf bestimmte Kommunikationschancen an jeweils spezifischen Orten hin ausgerichteten kirchlichen Arbeit.

Wenn ich als Hauptamtliche mit einem traditionellen Aufgabenkanon zugedeckt werde, kann ich nicht – oder nur um den Preis struktureller Selbstüberforderung – auf nicht vorhersehbare und eingeplante „Störungen“ von als normal angenommenen Abläufen eingehen. Wenn eine besonders schwierige Vermittlungssituation in der Schule auftritt, wenn eine normale Amtshandlung regelmäßig mehr Gespräche erfordert als früher üblich, weil z.B. bei der Taufvorbereitung eine komplexe Familiensituation zu berücksichtigen ist, wenn die

56 Thomé (1998a: 17) fasst dies als „die Frage, wie in einem gesellschaftlichen Kontext, der ‚Wert‘ an ‚Ertrag‘ misst, das Substantielle des Glaubens, das mit der Ertrags-Kategorie nicht zu fassen ist, plausibel gemacht und als tragfähige Alternative gegenüber Ertrags-Wert vermittelt werden kann.“

57 Gegenüber der „Not eines diffusen Pfarrerbildes und ... Gemeinheit, jungen Theologinnen und Theologen nicht die optimale Ausbildung zukommen zu lassen, die eigentlich möglich wäre“, formuliert Abromeit (2001: 10) unter dem Titel „Spirituelles Gemeindemanagement“ Standards, die für eine künftige Neuausrichtung des Pfarrberufs wichtig sein könnten. Kennzeichnend für dieses Konzept ist, dass Management-Training mit einer lebenslangen spirituellen Selbstreflexion und offenen Suchbewegung verbunden wird (ebd.: 11)

58 Auch wenn es sehr gründlich ekklesiologisch durchreflektiert und als ein Brückenschlag zwischen Betriebswirtschaft und Theologie gemeint ist, hat im Vergleich zum Stichwort einer kontextuellen Orientierung das „Konzept einer auftragsbestimmten Bedürfnisorientierung“ die Schwierigkeit an sich, dass (wie immer auch vermittelt) die kirchlich Aktiven, Engagierten und Verantwortlichen als diejenigen zu stehen kommen, die die Bedürfnisse „der Anderen“ zu berücksichtigen haben. Das entspricht im Unterschied zum Stichwort „Kontext“ nicht der Tatsache, dass ALLE von den gesellschaftlichen Veränderungen betroffen sind, die eine Veränderung kirchlicher Praxis herausfordern. Famos (2003: 386)

Haupt- und Ehrenamtlichen einer Gemeinde sich darauf einigen müssen, in welche Richtung sie ihr Tätigkeiten unter verschiedenen Alternativen weiterentwickeln wollen, kostet das mehr Zeit als wenn eine selbstverständliche Praxis unhinterfragt ausgeübt werden kann.

Gelingende Kommunikation und gelingende Konfliktlösung im Zeichenhaften und Exemplarischen der Wahrnehmung einer Situation und der Begegnung zwischen einzelnen Menschen sollten als organisierendes Prinzip, als Erfolgsmaßstab und Qualitätsbeschreibung kirchlicher Arbeit ein größeres Gewicht bekommen. Dies erfordert ein Umdenken und Umsteuern größeren Stils. Organisationsformen kirchlicher Arbeit müssten flexibler und gleichzeitig konsequenter zielgerichtet werden.

Bereits jetzt werden in der alltäglichen Arbeit viele Ehren- und Hauptamtliche dieser kirchlichen Differenzierungsaufgabe in der modernen Gesellschaft durch einen hohen Grad an persönlicher Authentizität gerecht. Ein Zeichen dafür ist die Vielfalt der konzeptionellen Entwürfe für Liturgie, Gemeindegruppen, kirchlichen Unterricht oder Erwachsenenbildung. Ebenso finden sich schon viele Ansätze, das bunte kirchliche Leben zu bündeln, zumindest nach innen überschaubarer und einigermaßen koordiniert erscheinen zu lassen[59].

An vielen Orten in kirchlichen Gemeinden und Einrichtungen muss neu buchstabiert werden, was Mitgliederorientierung, Umgang mit Pluralität und Authentizität bedeutet. Gegenüber den eher großräumig angelegten Versuchen, die faktische oder drohende Entfremdung vieler Mitglieder durch Kommunikationskampagnen zu ändern, könnte der kleinräumigere und konkretere Ansatz in Gemeinden, Einrichtungen und Dekanaten oder bei bestimmten Zielgruppen den Vorteil haben, dass man hier näher beieinander ist und die Kommunikation keine Einbahnstraße darstellt. Den Traditionsabbruch in der Kirche selber ankommen zu lassen, heißt: An vielen einzelnen kirchlichen Orten die Frage zu stellen und zu beantworten: „Was wollen und was können *wir* hier im Sinne des kirchlichen Auftrags genau leisten?“

Radikalangriffe auf jahrhundertelang bewährte liturgische Grundformen oder Missachtung der tragenden gemeindlichen Gruppen sind nicht produktiv. Aber die Bleigewichte der Quantität und des Besitzstandsdenkens müssen weg[60].

---

59 Vgl. als ein Beispiel unter vielen kirchenleitenden Systematisierungen die acht Aufgaben im Konzept „Kirche mit Zukunft“ der Evangelischen Kirche von Westfalen (2000: 13 ff.)

60 In ihrer Habilitationsschrift entwickelt Uta Pohl-Patalong ein „Modell kirchlicher Orte“, in dessen Rahmen ein sogenannter vereinskirchlicher Bereich und ein sogenannter Bereich inhaltlicher Arbeit jeweils eigenen Funktionen gehorchend unterschiedlich organisiert werden. Dieses Modell liefert plausible gedankliche Ansätze für die hier benannten Grundfragen von Kirchenentwicklung: Die Beantwortung von Pluralität im Wohnortbezug, das veränderte Teilnahmeverhalten, die veränderten Rollen von Ehrenamtlichen, die Arbeitsbeziehungen von Haupt- und Ehrenamtlichen, ein zunehmendes Scheitern am Anspruch flächendeckender kirchlicher Zielgruppenarbeit, die Zentralstellung des Gottesdienstes, ein funktionales Verständnis der kirchlichen Berufe einschließlich der geistlichen. Für eine Verwirklichung dieses interessanten und zukunftsweisenden Modells könnten folgende Fragen wichtig sein: Wie lassen sich die vereinskirchlichen Arbeitsbereiche konsequent in die Hände von Ehrenamtlichen legen und wiederum die notwendige Unterstützung für diese Ehrenamtlichen organisieren? Welche Ansatzpunkte gibt es für eine Schwerpunktbildung im Sinne der kirchlichen Arbeitsbereiche? Welche übergeordnete räumliche Größe könnte den Bezugsrahmen darstellen und wer definiert sie? Was bedeutet das für die Neuorganisation gottesdienstlichen Lebens? Vgl.: Pohl-Patalong (2003: 228-250)

Kapitel 2 „An ihren Früchten sollt ihr sie erkennen“: Schwachstellen der Organisation

Perspektivenwechsel: Aus organisationssoziologischem Blickwinkel gehören zu den derzeitigen Schwachstellen der großen christlichen Kirchen vor allem ihre Unübersichtlichkeit, fehlender Durchblick beim Ressourceneinsatz, eine defensiv-diffuse Führungskultur und ein besonderes Muster von widerständiger Kommunikationsstrategie in Veränderungsprozessen der Organisation bis hin zur Veränderungsresistenz. Für *ein* Organisationsproblem fehlen der Kirche die methodische Apparatur und das kulturelle Rezept fast völlig: für die Wirksamkeit und Verbindlichkeit ihrer Leitung und Steuerung.

2.1 Man sieht den Wald vor Bäumen nicht

2.1.1 An den Grenzen des Wachstums

Wenn wir nun den Blick auf das organisatorische Volumen der beiden großen christlichen Kirchen in Deutschland richten, so wirkt die Kirche wie ein üppiger, fruchtbarer Garten. Je nach methodischem Ansatz der Immobilienbewertung wird der Wert des Gartens auf 350 – 500 Mrd. Euro geschätzt. 1.3 Millionen hauptamtliche Gärtner und Gärtnerinnen sind fleißig und außerordentlich beschäftigt.[1] Sie säen und pflanzen unentwegt, aber sie beschneiden nicht, sie roden nicht, sie legen keine Beete und Plantagen an; alte Wege sind häufig im Dickicht überwuchert, und so ist ein dichter Dschungel entstanden.

Immer wieder wurden weitere, auch neuartige Pflanzen gesetzt, der Garten wurde immer wunderbarer, exotischer und größer, die Nutzer- und Besucherzahl stieg von Jahr zu Jahr, die Wasserreserven erschienen unerschöpflich, – und Vorstellungen einer systematischen, streng-geometrischen Gartenarchitektur kamen aus der Mode.

Voller Erstaunen registriert die Kirche nun in Zeiten des Wassermangels, dass die meisten der Gartenteile unter Naturschutz stehen, dass die Gärtner langfristige Verträge haben, dass jeder Versuch, Pflanzen zu beschneiden von den Besuchern als Infamie angeklagt wird, und dass Hinweise auf ursprüngliche Architekturpläne als Dschungelfeindlichkeit diffamiert werden.

Die Kirche ist überall, und vielleicht gerade deshalb nicht mehr sichtbar. Städte und Dörfer in vielen Teilen Deutschlands sind christlich geprägt. 52 Mio. Menschen sind Mitglieder der christlichen Kirchen, die Kirchen sind der größte Arbeitgeber in Deutschland, die Kirchen sind, neben den Familien, der gesellschaftliche Sektor mit der größten ehrenamtlichen Wertschöpfung.

Stadtbilder und Dörfer werden durch Kirchenbauten und Friedhöfe geprägt, Stadtteile und Straßen sind nach ihren Kirchen benannt, der Jahresrhythmus orientiert sich am Kirchenjahr. Die Kirche betreibt den größten Teil aller Erziehungs-, Schwangerschafts-, Sucht-, Schuldner- und Familienberatungsstellen sowie der Kindergärten. Sie organisiert Akademien und Erwachsenenbildungsveranstaltungen; Familiendienste, Besuchsdienste, Altenheime, Altenclubs, Pflegedienste, Krankenhäuser, Kinder- und Jugendheime, Einrichtungen für behinderte und psychisch kranke Menschen sowie Hospize für sterbende Menschen. Die Kirche inve-

1 Siehe: Frerk (2002: 203-233); www.ekd.de; www.kath.de

stiert Geld und Zeit in eigene Schulen und Hochschulen, in Radiosender und Fernsehprogramme, in Tausende von Gemeindezeitungen, in Gemeindehäuser, Begegnungsstätten und Wärmestuben. In den Kirchengemeinden werden Kinder- und Jugendgruppen, Seniorenkreise, Eltern-Kind-Gruppen, Kirchenmusik und vieles andere organisiert.

Alle schätzen bei genauerer Hinsicht an der Kirche bestimmte Aspekte und nutzen kirchliche Angebote; selbst muslimische Eltern schicken ihre Kinder mehrheitlich in kirchliche Kindergärten, und doch schätzt (fast) niemand die Kirche als Ganzes. In Umfragen wird die Kirche miserabel beurteilt, sie weist von allen gesellschaftlichen Institutionen mit die schlechtesten Vertrauenswerte auf, taucht in Umfragen über „Faszination“ und „Vertrauen“ auf Augenhöhe mit der Arbeits- und Finanzverwaltung, und nicht mit Greenpeace, den Olympischen Spielen oder zumindest mit ihren eigenen Wohlfahrtsverbänden auf.[2] 11% der Befragten vertrauen noch der katholischen Kirche, immerhin noch 17% der evangelischen Kirche. Auch bei den Katholiken geben nur ein Viertel an, sie würden ihrer Kirche sehr vertrauen. Katholiken misstrauen ihrer eigenen Kirche sogar häufiger (24%) als der protestantischen Kirche (16%). Warum beurteilen die Menschen offensichtlich nicht die Teile der Kirche, die sie nutzen, sondern die Teile, die sie weitgehend nicht kennen? Ist klar, was Kirche ist, und was nicht Kirche ist?

Warum gelingt es den Menschen nicht, die tausend Puzzleteile zu einem schönen Kirchenbild zusammen zu fügen? Hat das kirchliche Wachstum in einer zunehmend säkularen Gesellschaft die Deutungskapazitäten überfordert? Die einzelne Pflanze ist schön, doch der Garten ist hässlich? Sieht man den Garten vor lauter Pflanzen nicht mehr?

Und warum fiel es der Kirche so schwer, nicht zu wachsen? Warum fiel die Münze immer auf die Wachstumsseite? Warum scheinen die aktuellen Sparentscheidungen der Kirche ähnlich unsystematisch und ungezielt vorgenommen zu werden wie die Wachstumsentscheidungen? Kann es sein, dass die Kirche sich weder in die eine noch in die andere Richtung strategisch gezielt entwickeln kann? Gibt es stattdessen so etwas wie eine kirchliche Evolutionslogik, also ein Wachstum und Schrumpfen, das eigentlich niemand geplant hat, und das sich gleichsam hinter dem Rücken der kirchlichen Akteure abspielt? Und kann (darf) man in diesen evolutiv bestimmten Vorgang vielleicht doch ein paar sinnvolle Richtungsimpulse einspeisen?[3]

2.1.2 Allesfresser und „meritorische Güter“: Die Wachstumsschaukel

Soziale Systeme sind auf Wachstumskurs geschaltet. Sie verhalten sich wie Heuschreckenschwärme, die so lange anwachsen, bis auch das letzte Feld kahl gefressen ist. Bearbeitet wird alles, was vom System in seiner Selektion der Umwelt als relevant erkannt wird. Als relevant erkannt wird alles, was vom System bearbeitet werden kann. Alles, was bearbeitet werden kann, gilt als relevant. Es ist geradezu der Clou in der Sicht der modernen Systemtheorie, dass Systeme eben nicht auf eine Umwelt durch Anpassungen reagieren, sondern ihre Umwelt selbst konstruieren. Das System produziert seine Umwelt, und nicht die Umwelt

2 Schlechter als die Kirchen stehen allerdings die politischen Parteien da. Siehe hierzu die Internetumfrage, die 2003 von McKinsey, dem ZDF, dem STERN und T-Online durchgeführt wurde. Hier zitiert nach SZ Nr.100 vom 02.05.2003

3 Damit wäre eine Gegenrichtung eingeschlagen zu der Tendenz in der Wachstumsphase der deutschen Großkirchen, die Wegner (2003: 406 f.) als ein Auseinandertreten von geistlichen Entscheidungen und Organisationsentwicklung beschreibt, das bis heute nicht bewältigt ist: „Der eigene Erfolg ist, wie dies in der Welt der Organisationen auch sonst der Fall ist, das entscheidende Hindernis für die Kirche, zu lernen.“ (S. 407)

das System.[4] Diese Herstellung von Umwelt geschieht durch Grenzziehungen; durch die Grenzziehung zu all dem, was das System nicht ist. Und das System ist all das nicht, was es nicht in seine operativen Ketten einbauen kann. Soziale Systeme finden deshalb kein inneres Argument für Verzicht, wenn Expansion möglich ist: Ihre Fühler sind ausgestreckt und sie orten immerzu bearbeitbares Material. Auch die „Organisation Kirche" wird als System durch eine evolutionäre Logik geprägt, in der offensichtlich Bremsen nicht eingebaut sind. Solange die Organisation über freie Ressourcen verfügt, sucht sie in ihrer Umwelt Material, das sie bearbeiten kann. Und die Suche war immer erfolgreich. Die Kirche öffnete sich neuen Themen, neuen Personengruppen, neuen Arbeitsformen. „Sich öffnen" ist sogar noch ein verharmlosender Begriff. Die Kirche ist strukturell offen für alle Menschen, für alle Anliegen, für alle Themen, für alles, was passiert. Ohne Verletzung ihres Missionsbefehls kann sich die Kirche nicht mal – so wie Odysseus – durch Selbstbeschränkung überlisten. Während andere Systeme zumindest noch in nicht anschlussfähigen Operationen rationale Anhaltspunkte dafür finden, dass das System eben jetzt nicht läuft, sind abgebrochene Operationen in der religiösen Kommunikation geradezu Wiederholungstasten für eine immer zu wiederholende kommunikative Operation. Solange das vermisste Schaf nicht bei der Herde ist, hört die Suche des Hirten nicht auf. Selbst wenn das Verhältnis zwischen Aufwand und Ertrag miserabel zu sein scheint, selbst wenn alle Regeln der ökonomischen Vernunft auf den Kopf gestellt werden, bleibt die Kirche in ihren diakonischen, seelsorgerlichen oder liturgischen Operationen unbeirrt. Wenn ein Schaf so wichtig ist wie die gesamte Herde, wenn man Nutzen nicht mehr addieren kann, und wenn auf der Aufwandsseite die investierte Ressource „Liebe" sich ausgerechnet dann multipliziert, wenn sie verausgabt wird, dann gibt es nur noch so etwas wie eine organisatorische Müdigkeit als Wachstumshemmer.

Auch das Sparen aktueller Ressourcen fällt der Kirche aus verschiedenen Gründen schwer. Bei der Organisation Kirche kann der Wachstumsmotor schon allein deshalb nicht abgestellt werden, weil die Kirche (fast) ausschließlich durch menschliche Handlungen operiert. Und Handlungen können nicht angespart werden, weil sie nicht lagerfähig sind. Zumindest das ehrenamtliche Engagement, das jetzt fließt, kann nicht zu einem späteren Zeitpunkt verbraucht werden. Aber auch die Ressourcen zur Finanzierung hauptamtlichen Engagements konnten in den fetten Zeiten nicht in die Rücklage genommen und angespart werden, weil es für Christen immer etwas Wichtiges, Zusätzliches zu tun gibt. In ihrem Missionsauftrag ist die Kirche nicht so ökonomisch rational getaktet, dass sie aktuelle Bedürfnisse zu Gunsten künftiger Bedürfnisse vernachlässigen könnte. Und auch theologisch lassen sich Entscheidungen im weiten Feld der „Nächsten-Fernsten-Ethik", ob zeitlich oder kulturell oder geographisch gemeint, nicht einfach ableiten. [5]

Für das chaotisch erscheinende Wachstum der Kirchen gibt es einen weiteren, speziell hier wirksamen Motor: Die Kirche „produziert" als eine Non-profit-Organisation seelsorgerliche, diakonische und liturgische Aktivitäten. Und zum Wesensmerkmal und Selbstverständnis in der Produktion dieser religiösen „Güter und Dienstleistungen" gehört ihr meritorischer Charakter.[6] „Meritorisch" nennt man in der Volkswirtschaft solche Leistungen, die vom Anbieter oder von politischen Enscheidungsgremien – unabhängig von der konkreten Nachfrage – besonders wertgeschätzt, d.h. vor jeder subjektiven Beurteilung durch andere für wertvoll gehalten werden und deswegen auch, soweit möglich, unabhängig von der

4 Warum und wie Systeme funktionieren: Luhmann (1984)

5 Zu möglichen Konsequenzen für die caritative Kirche siehe: Halfar (2004)

6 Zur Gütertheorie siehe Halfar (1999)

Zahlungsfähigkeit und Zahlungsbereitschaft der potenziellen Nutzer auf den dadurch „manipulierten Markt" gebracht werden. Gerade weil religiöse Angebote keinen Marktpreis zwischen Angebot und Nachfrage haben sollen, weil niemand von der Religion ausgeschlossen werden soll, fehlen natürlich systematisch aufgebaute Informationen über die individuellen Nutzeneinschätzungen einzelner kirchlicher Angebote. Individuelle Nutzeneinschätzungen zeigen sich sonst z.B. in gezahlten Preisen. Die Wichtigkeit meritorischer Güter – und so auch religiöser Angebote – lässt sich per definitionem durch den Grad ihrer Inanspruchnahme nicht messen; und das bedeutet weiterhin, dass die verschiedenen kirchlichen Angebote in ihrer Wichtigkeit, ihrem Nutzen ebenfalls nicht eigentlich durch den Grad ihrer Inanspruchnahme miteinander verglichen werden können. Für die Beurteilung der Wichtigkeit unterschiedlichster Angebote der Kirche, und insbesondere für den Vergleich dieser Angebote untereinander fehlen also der Kirche traditionell die Kriterien, auf die sie sich wirklich verlassen mag. Ob und welche Angebote die Kirche organisiert, ist traditionell vielmehr eine Werteentscheidung. Diese ist abgestützt auf zum Teil althergebrachten und bewährten Bildern davon, wie das Glaubensleben der Kirche auszusehen hat. Passionsandachten und Frühgottesdienste gehören nun mal dazu, auch wenn nur noch ganz wenige kommen.

Auch das deutsche System der Kirchenfinanzierung durch Steuerzahlungen entkoppelt in der Kirche finanzielle Ströme von Leistungsströmen, so dass die Kirche nicht mal auf der Makroebene verlässliche Informationen darüber hat, ob und inwieweit ihr „Angebotsmix" geschätzt wird.

Der meritorische Charakter von religiösen „Gütern und Dienstleistungen" blockiert auch das Interesse an systematischem Wissen über die „richtige Menge" an kirchlichem Output. Denn natürlich kann es, allgemein gesprochen, nicht zu viel Seelsorge geben, nicht zu viel Pflege, nicht zu viel Gottesdienst, nicht zu viel Spiritualität, nicht zu viel Gebet und nicht zu viel Nächstenliebe. Aber wie entscheidet die Kirche dann angesichts begrenzter Zeit- und Geldressourcen über das richtige „Mischungsverhältnis"? Bewusst und rational? Oder verschämt-unbewusst, rein gewohnheitsmäßig und eher zufällig? Es fehlt die „kirchliche Produktionsfunktion", das Wissen über den spezifisch-kirchlichen Zusammenhang zwischen Input und Ergebnis, zwischen Aufwand und Ertrag. Es fehlt das Wissen über „Grenznutzenverläufe" einzelner kirchlicher Angebote: Es gibt doch gute Gründe, warum man nicht rund um die Uhr jeden Tag in jeder Kirche Gottesdienste feiert und Jugendgruppen anleitet. Aber wie systematisch ist das kirchliche Wissen, was man in welcher Qualität in welcher Menge tun soll? Ab wann wird die Menge eines gut gemeinten Angebots fatal, weil ein wichtigeres, anderes Angebot deshalb blockiert wird? Wenn das ökonomische Instrumentarium für kirchliche (Nicht-) Wachstumsentscheidungen hilfreich sein soll, dann muss die Kirche einige Parameter vorgeben. Welche Dinge sind aus theologischer Sicht, zumindest ab einer gewissen Menge, gegenüber anderen Dingen etwas weniger wichtig oder etwas wichtiger?

Aber die Zumutung dieser Fragestellung, und damit die Schwierigkeit, eine Antwort zu finden, wird sofort spürbar: Was um Gottes Willen ist mehr oder weniger wert? Das eine tun, und das andere nicht lassen? Wie können Beschränkung und Konzentration in der Kirche zum Prinzip werden, wenn sie doch an ihren Früchten erkennbar bleiben soll? Kann man den Fruchtgehalt von Gottesdiensten, Kindergärten, Jugendarbeit, Seniorenbetreuung, Krankenhausseelsorge, Schule, Erwachsenenbildung, Sterbehilfe, Verkündigung, Partnerschaftsprojekten, Kirchenmusik, Öffentlichkeitsarbeit, Exercitien, Besuchsdiensten, Familienpastoral, Sakramenten, Kasualien, Predigten, Rüstzeiten, Gebetskreisen, Krabbelgruppen, Posaunenchören, Wallfahrten, Rosenkranzandachten und Evangelischer Hochschulgemeinde miteinander theologisch vergleichen? Nächstenliebe, so heißt das Motto. Aber welche Anliegen welcher Nächsten haben Vorrang? Ein Motor für die kirchliche expansive Wachstumslogik funktioniert mit diesem theologischen Treibstoff: Es gibt fast nichts, was die Kirche nicht für wichtig hält, weil sie überall dort sein will, wo die Menschen sind. Und die sind überall. Überall wo Menschen sind, wird gepflanzt. Die Kirche ist auf Dauerempfang geschaltet, Anschlussmöglichkeiten liegen immer parat: You are welcome.

2.1.3 Fehlende Selbstähnlichkeit als Modernisierungseffekt

Zu dem hier eingenommenen Blickwinkel, die Kirche als eine ausdifferenzierte Organisation zu sehen, die in sehr vielen gesellschaftlichen Feldern mit Organisationseinheiten präsent ist, die eher zufällig auftreten, wachsen und schrumpfen, weil sie in ihrer Wichtigkeit nicht unterschieden werden können, passt auch eine weitere Beobachtung. Diese massive Angebotsstruktur führt nicht zu einer ansonsten gesellschaftlich gängigen Wahrnehmung von Kirche als einer Art „Superorganisation“ mit Unterabteilungen, sondern geradezu zu einer paradoxen Möglichkeit, sich ein individualisiertes Kirchenbild herzustellen. Kirchliche Einrichtungen, Gebäude, Personen, Erlebnisse, Dienste, religiöse Handlungen und scheinbar religiöse Handlungen können geradezu nach beliebigen Schnittmustern zu Modellen gefertigt werden, die dann als Kirchenbild hergezeigt werden können. Je nach persönlichem Fragmentierungsgrad kann die intern differenzierte Kirche aus einem, einigen oder vielen Puzzleteilen zusammengesetzt werden. Manche schildern und erklären die Kirche anhand eines schlechten Erlebnisses mit einem Pfarrer, das vor 30 Jahren stattgefunden hat, andere schätzen die durch Ordensschwestern getragene Menschlichkeit kirchlicher Krankenhäuser, finden aber Orden absurd, und so „konkurrieren“ eine beliebige Anzahl beliebiger Kirchenbilder.

Ganz in der Logik eines fragmentierten Lebens bastelt man sich je nach Gusto, (Vor)Urteil und religiöser Sozialisation eine eigene Kirche und eine eigene Religiosität. Alle Schattierungen sind möglich. Vielleicht ist die Kirche in ihrer internen Ausdifferenzierung in tausendundein Angebote und deren spezielle Organisationsformen wie ein Wackelbild undeutlich geworden. Vielleicht ist die Kirche vor lauter Angst, den Anschluss an die Menschen zu verlieren, dem modernen Lebenssupermarkt zu ähnlich geworden, zu optional, zu freundlich, zu kundenorientiert. Kann überhaupt noch irgendein durchgängiges Merkmal die Selbstähnlichkeit von Kirche in dieser Erscheinungsflut herstellen?

Die Positionierungsstrategie des „Unternehmens Kirche“ leidet vermutlich nicht unter der Vielfalt ihrer Präsenz, sondern unter der mangelnden Selbstähnlichkeit ihrer Vielfalt. Die Parzellen der Kirche, ihre Kindergärten, Schulen, Krankenhäuser, Pflegedienste, Familienstätten, Gemeindekreise, Kirchengebäude, Orgelkonzerte oder Besuchsdienste werden von den Menschen nicht mehr als „fruchttragende Zweige“ des christlich-religiösen Systems wahrgenommen, sondern als Merkmal einer pluralen Angebotsstruktur. Alle in diesen Systemen sind freundlich, alle reden von Kundenorientierung, alle geben ihr Bestes, so auch die kirchlichen Dienste, Werke und Einrichtungen. In einer Dienstleistungsgesellschaft mit hohen Qualitätsstandards strahlt aber das Evangelium nicht in erster Linie durch Servicequalität aus.

Könnte Selbstähnlichkeit durch die Widerborstigkeit des Anliegens, durch die „Wacht am Nein einer instrumentellen Vernunft“ (Habermas) hergestellt werden? Aber es eignen sich nicht allzu viele für echte Märtyrerexistenzen, die sich deutlich von der Umwelt abheben.

Und kirchliche Stellungnahmen zu gesellschaftlichen Themen wirken nicht selten wie eine Moralbeilage, die man geduldig zulässt, die aber niemanden sonderlich interessiert.

Vor lauter Höflichkeit und Selbstunsicherheit vermeidet die Kirche, das einzig wirklich eigene Thema der Kirche, nämlich den Glauben, steil zu spielen. Am ehesten entsteht wohl Selbstähnlichkeit – ganz schlicht – durch die Präsenz von intelligenten Menschen, die zur Überraschung des Publikums ihren Glauben leben. Selbstähnlichkeit entsteht dann, wenn das Licht nicht unter den Scheffel gestellt wird. Die Frohe Botschaft wirkt am besten, wenn sie die Menschen konkret positiv irritiert. Zeigen die Kirchen in wünschenswerter und möglicher Deutlichkeit, dass es bei und in ihnen um den Glauben an den liebenden Gott geht?

„Organisationen, die sich am Markt vergleichbarer Organisationen halten wollen, stabilisieren sich typisch durch *Alleinstellungsmerkmale.* Sie müssen etwas Eigenes haben, etwas ganz Besonderes, das nur sie herstellen oder propagieren. Es gibt viele Autos, aber nur einen BMW oder Porsche oder Mercedes oder Opel, und man verwendet viel Mühe darauf, die Einzigartigkeit jener Produkte in der Werbung vorzuführen und den Köpfen einzuhämmern. Wenn es gleichgültig wäre, ob man diesen oder jenen Yoghurth kauft, gäbe es auf dem Markt keine Gewinnchancen. In der Nacht sind alle Katzen grau, und der Kater, der dennoch besondere Liebeschancen haben will, wird sich ein Licht umhängen müssen, damit man seine Schönheit und Einzigartigkeit sieht und nicht die irgendeines anderen Katers. Die Bibel hat, wem sage ich das, auch dazu Stellung genommen: Man soll sein Licht nicht unter den Scheffel stellen. Kurioserweise verzichten die Kirchen zunehmend darauf, ihre Alleinstellungsmerkmale zu präsentieren, die sie ja haben, seit altersher, in hoher Schärfe und Klarheit."[7]

Die Bibelstelle, auf die Peter Fuchs, ein engagiert katholischer Soziologe, hier anspielt, lautet:

> „Ihr seid das Licht der Welt. Eine Stadt, die auf einem Berge liegt, kann nicht verborgen sein. Man zündet auch nicht ein Licht an und stellt es unter den Scheffel, sondern auf den Leuchter; dann leuchtet es allen, die im Hause sind. So soll euer Licht leuchten vor den Leuten, dass sie eure guten Werke sehen und euren Vater, der in den Himmeln ist, preisen."[8]

Durch ihre an sich richtige Orientierung, in allen gesellschaftlichen Bereichen präsent sein zu wollen, hat die Kirche für ihre „Außenwahrnehmung" in Kauf genommen, nicht mehr zentral über ihren „USP"[9], ihr Proprium, nämlich den Glauben positioniert zu sein. Im Gegensatz zu Marketingstrategien beim Aufbau einer Industrie- oder Handelsmarke, die sich mühevoll um Alleinstellungsmerkmale, Zusatznutzen und Traditionen bemühen, wurde der Kirche fast alles geschenkt: eine alles überragende Botschaft, ein jahrhunderte lang ausgereiftes Wissen über Seelsorge, Liturgie, Ethik und Spiritualität, das „gebrauchsfertig" aufbereitet ist, ausgefeilte Angebote, vielfach bewunderte Gebäude, mit Johann Sebastian Bach, Albert Schweitzer, Mutter Theresa, Johannes XXIII., Hildegard von Bingen, Franz von Assisi oder Dietrich Bonhoeffer „Testimonials", die ohne jegliche PR-Anstrengung abstrahlen, und, last not least, mit dem Kreuz ein unverwechselbares, tief verankertes Zeichen.

So wie man den 3-er, 5-er, 6-er und 7-er BMW gleichzeitig als unterschiedlich und doch als BMW erkennt, so sollte auch die Kirche Sorge tragen, dass sie als ein Ensemble von Menschen, Einrichtungen, Gebäuden, Handlungen und Organisationen identisch sichtbar bleibt, und zwar als christliche Kirche, als Glaubensgemeinschaft.

7 Fuchs (2000: 16)

8 Mt 5,14-16 nach der Züricher Bibelübersetzung.

9 Unique Selling Point

Zwei Linien müssen hierbei gezogen werden: die Trennungslinie als Positionierung zu all dem in der Welt, was nicht christliche Kirche ist, und die intern verbindende Linie zwischen dem, was christliche Kirche ist. Noch einmal dazu Peter Fuchs:

„Die Kirchen müssen selbst bestimmen, was sie in der Welt anbieten und was nicht.“

Sie sollten sich darauf besinnen, dass sie eine harte Distinktion darstellen in der Welt, in der man sterben und ein metaphysisches Schicksal haben kann.

In den Kirchen muss sich finden, was sich sonst nirgends findet. Sie sind eigene Domänen, die sich nicht mit Dienstleistungsbetrieben vergleichen lassen. Domänen mit eigenen Zeithorizonten, eigenen Sinnofferten, mit Eigenem schlechthin, das durch Management nicht einmal tangiert werden dürfte.

Das gilt auch für das, was man die Ökumene nennt. Die Kirchen sind genau nicht: dasselbe. Sie sind verschieden, und sie müssen sich unterscheiden, damit Gründe vorliegen, die eine und nicht die andere zu wählen.“[10]

2.2 Mitgliederverhältnis und Entscheidungsproduktion

2.2.1 Kirchen-Organisation als Entlastung für die Mitglieder

Korrespondierend mit der behaupteten unterbelichteten Selbstähnlichkeit der Kirche verläuft auch ein organisationsinterner Trend, der es den Kirchenmitgliedern ermöglicht, ihr Verhältnis zu ihrer Kirche unabhängig von den Entscheidungen der Kirche zu gestalten. Die Kirche ist insofern eine merkwürdige Organisation, als ihre Entscheidungen die Entscheidungen ihrer Mitglieder in sehr toleranter Weise kaum vorstrukturieren. Zunächst wirken sich auch hier wieder allgemein beobachtbare Zusammenhänge aus: Organisationen haben Mitglieder, weil diese sich von der Mitgliedschaft etwas versprechen. Man organisiert seine Interessen, seine Überzeugungen, seine Identitäten. Aus solchen Gründen tritt man in eine Organisation ein, zahlt Beiträge und beteiligt sich mehr oder minder am Organisationsleben. Bei Organisationen tauchen im Blick auf ihre Mitglieder regelmäßig, je nach Organisationstypus in unterschiedlicher Ausprägung, einige Zentralprobleme auf. Bei der Organisation von Interessen entsteht z.B. das „Kollektivgutproblem“, das u.a. Parteien und Gewerkschaften gut kennen: Warum soll sich das einzelne Mitglied engagieren, wo es doch so viele Mitglieder gibt?[11] Je größer die Organisation, desto unsinniger ist das Engagement des Einzelnen. Hieraus entsteht die altbekannte Paradoxie, dass sich die Durchsetzungsfähigkeit organisierter Interessen umso mehr verschlechtert, je besser deren organisatorische Voraussetzungen im Sinne der Mitgliederzahl sind. [12]

Organisationen ermöglichen also die Stabilisierung von Systemen, ohne dass alle Organisationsmitglieder zwingend handeln müssen. Dieser Widerspruch zwischen kollektiver und individueller Rationalität ist auch bei Organisationen wie den Kirchen, die eher ein immaterielles Motiv der Mitgliedschaft besitzen, zunehmend von Bedeutung. Der Einzelne ist an der Existenz der Organisation Kirche (so wie z.B. an der Existenz einer bestimmten Partei oder eines Umweltschutzvereins) interessiert und zahlt deswegen seinen „Beitrag“, er

10 Fuchs (2000: 19)

11 Wissenschaftlich ernsthaft in der Kollektivguttheorie erörtert, ähnlich interessant von Goucho Marx behandelt: „Ich würde nie in einen Verein eintreten, der mich aufnimmt.“ Die Logik ist klar: ein Verein, für den ein Neumitglied von Interesse ist, erwartet mehr Nutzen vom Neumitglied als dieses vom Verein bekommt.

12 Hierzu: Michels (1925), Olson (1968), Halfar (1987: 43-127)

schätzt die christliche Kirche mehr oder minder, akzeptiert ihre Existenzberechtigung, aber akzeptiert nicht ihre Relevanz für das eigene Leben. Der Einzelne delegiert seine religiösen Potenziale an die Organisation Kirche, damit diese das religiöse System in Schwung hält, und handelt selber bestenfalls optional und punktuell in seinem Leben religiös. Man kann diesen stellvertretenden Charakter der kirchlichen Organisation konkret so beschreiben: Gerade weil viele Mitglieder der Kirche ihr religiöses Handlungskontingent beschränken (ca. 5 Taufen, 5 Kommunions- bzw. Konfirmations- und Firmfeiern, 5 Hochzeiten, 5 Beerdigungen – davon jeweils eine eigene, sowie insgesamt ca. 100 Gottesdienste an Ostern und Weihnachten), sind sie auf stabile Organisationsstrukturen angewiesen. Religionssoziologisch gesprochen: Die kirchliche Organisation leistet eine Art „Hintergrunderfüllung" (Schelsky) und entlastet die einzelnen von der religiösen Praxis, zu der sie doch eigentlich gerade anstiften will. In diesem Konstruktionsprinzip liegt wahrscheinlich auch ein Grund dafür, warum es für den Einzelnen interessant ist, in einer Organisation Mitglied zu bleiben, die man nicht sonderlich schätzt: Durch Austritt aus der Kirche würden sich auch die Optionen auf gelegentliches religiöses Handeln erheblich reduzieren. [13]

Es ist ein unangenehmer und zu internen Konsequenzen treibender Widerspruch, dass sich die Kirche selbst als Nachfolgegemeinschaft Christi sieht, und gleichzeitig keine Ansprüche an ihre Mitglieder stellt. Letztlich wird als Mitgliedschaftsgrund der Nicht-Austritt aus der Kirche akzeptiert. Schließlich trifft doch auch für die Kirchen zu: Organisationen haben genau deswegen das Prinzip freiwilliger Mitgliedschaft, weil sie andererseits ihren Mitgliedern zumuten, sich auf bestimmte Positionen festzulegen und andere dadurch auszuschließen. Die Kirche als Organisation aber setzt konsequent auf das Prinzip der Freiwilligkeit und hält trotzdem alle Optionen für alle stabil, ist also bei der Definition der einfachen Mitgliedsrollen merkwürdig unbestimmt.

Entscheidungen der Kirche sind für die Mitglieder fast nur von Interesse, wenn sie die Optionen der Mitglieder nicht vernichten, sondern im Umkehrschluss 1:1 bestätigen. Schon die Erinnerung an die eigene Kindheit zeigt den Bedeutungsverlust kirchlicher Entscheidungen für das Leben der Kirchenmitglieder. Ist es immer noch so, dass evangelische Christen am Karfreitagsabendmahl nur teilnehmen, wenn sie vorher im Beichtgottesdienst waren? Und trägt man schwarzen Anzug? Gibt es für Katholiken irgendwelche Konsequenzen, wenn sie ihrer „Sonntagspflicht" nicht nachkommen? Spürt die „Mischehe" überhaupt noch die Voraussetzung, dass die gemeinsamen Kinder katholisch erzogen werden müssen? Es ist eindeutig: Die Entscheidungen der Kirche, egal ob theologischer, ethischer, moralischer oder sozialpolitischer Art, haben für die folgenden Entscheidungen der Kirchenmitglieder eine äußerst dünne Relevanz. Die Wahrscheinlichkeit, dass sich Möglichkeitsspielräume für Einzelne durch kirchliche Entscheidungen tatsächlich verändern, geht gegen Null. Welche Handlungsmöglichkeiten werden ausgeschlossen? Die Kirche kann Folgeentscheidungen ihrer Mitglieder durch Entscheidungen kaum noch beeinflussen; sie ist auf Argumentation angewiesen. Und so stellt sich die eigentlich komische Frage tatsächlich: wieso entscheidet die Kirche so viel, wenn sie doch gleichzeitig weiß, dass es niemanden tangiert? Reicht als Antwort der systemtheoretisch inspirierte Hinweis, dass Entscheidungen die Elemente einer Organisation bilden, und folgerichtig Organisationen Entscheidungen herstellen müssen?

13 Siehe: Luhmann (1982) und Luhmann (2000)

Auch die Organisation Kirche entscheidet, knüpft an Entscheidungen an, setzt durch Entscheidungen andere Entscheidungsräume frei und grenzt diese ein. Aber die Entscheidungen der Organisation Kirche bleiben letztlich auf die hauptamtliche Struktur der Organisation Kirche bezogen. So gesehen sind theologisch inspirierte Entscheidungen selbstreferentiell auf Entscheidungen der Organisation bezogen, aber diese Entscheidungen müssen von den Mitgliedern nicht inhaltlich akzeptiert werden. Mit zunehmender Emanzipation der Einzelnen von Autoritätsansprüchen verlieren die Entscheidungen der Organisation Kirche bei ihren Mitgliedern immer mehr an Bedeutung. Beim Glauben im Sinne der inneren Einstellung (ganz zu schweigen von der Glaubenspraxis) geht der Trend zur individuell selbstgebastelten, persönlich passgenauen und tendenziell gegenüber anderen unverbindlichen Glaubensvorstellung. Soweit solche mehr oder minder gelungenen individuellen Glaubenspakete nicht offiziell an die Organisation Kirche als Entscheidungsvorlagen gerichtet werden, spielen sie für die Organisation keine Rolle.

2.2.2 Funktionärswesen als Ersatzhandlung

Ob beim Abendmahl Traubensaft verwendet werden darf, ob Homosexuelle Priester werden dürfen, ob katholische Priester allen Christen die Kommunion geben dürfen, ob Kirchengemeinden von Laien geleitet werden dürfen, ob ein ökumenischer Gottesdienst auch Sonntags stattfinden darf, ob ein Kirchenvorstand die Arbeitsschwerpunkte einer Pfarrerin vorgeben darf, ob man zu Maria beten kann: solche und ähnliche Fragen werden innerhalb der Organisation Kirche nach legitimierten Verfahren und Instanzen entschieden. Selbst wenn die Gegenstände theologisch unstrittig sind, oder in einem tiefen Diskurs jahrzehntelang erörtert worden sind, oder durch intensive Glaubenserfahrungen inspiriert wurden, also selbst wenn der Wahrheitsanspruch einer Aussage überwältigend ist, muss eine Entscheidung in der Organisation Kirche in legitimierter Form getroffen werden. Um überhaupt zu wissen, welche Formen religiöser Kommunikation religiöse Kommunikation sind, und um zu wissen, wo überhaupt religiös induzierte Entscheidungen mit Anspruch auf Akzeptanz legitim getroffen werden können, ist die kirchliche Organisation durch entsprechende Stellen, Gremien und Verfahren strukturiert.[14]

Wenn der Glaube zum Gegenstand von Entscheidungen wird, so zeigt das, dass der Glaube in gewisser Weise entscheidbar ist. Insofern ist es nicht verwunderlich, wenn auch selbstbewusste Kirchenmitglieder über ihren Glauben und ihre Glaubenspraxis entscheiden. Man kann sich für eine strikte Orientierung an kirchlichen Glaubensentscheidungen ebenso entscheiden wie für eine „topologische Glaubensorganisation", in der man Bestandteile des kirchlichen Glaubens in den eigenen Glauben einbaut und andere weglässt. Und schließlich existiert noch die Möglichkeit, für sich gar kein Entscheidungsproblem in religiösen Fragen zu sehen.[15]

Da die Organisation Kirche offensichtlich das „Glaubensleben" ihrer Mitglieder nicht spezifizieren, durch Entscheidungen kontextieren kann, stellt sie sich organisatorisch wie theologisch darauf ein, dass ihr das nicht gelingt, und bezieht ihre Entscheidungen in erster Linie auf die Organisation. Kann aber eine Organisation dauerhaft lebendig bleiben, die ihre Entscheidungen mit gewisser Aussicht auf Wirkung im Prinzip nur noch an diejenigen Mitglieder richten kann, die sie bezahlt? Nur bei Hauptamtlichen besteht die hinreichend große

14 Vgl. Luhmann (1982: 299 ff.)

15 Vgl. Luhmann (1982: 305-309)

Wahrscheinlichkeit, dass Entscheidungen der Organisation Kirche weitere Entscheidungen der Mitglieder zumindest kontextuieren.

Doch wenn die Kirche keine Entscheidung treffen kann, die eine gute Chance nach sich zieht, dass sich zumindest viele Gläubige aktiv und lebendig damit auseinandersetzen, wenn also die Kirche durch ihre Entscheidungen nur noch Entscheidungen von Mitgliedern, die Organisationsämter innehaben, vorstrukturieren kann, wenn der Regulationsgrad kirchlicher Entscheidungen außerhalb des Planstellenreiches versickert, dann wird die Organisation zunehmend als „Amtskirche" wahrgenommen und nicht mehr als lebendige Gemeinschaft aller Gläubigen.

Die Kirche überträgt nun die Bearbeitung dieser Entfremdung wiederum in ihre organisatorischen Strukturen. Dies geschieht im Wesentlichen durch eine Demokratisierung und Laisierung der Entscheidungsverfahren.[16] Die Komplexität kirchlicher Entscheidungsprozesse wird bewusst gesteigert, wodurch im Luhmannschen Sinne eine Multiplikation des Organisationsfaktors vorgenommen und die Organisation an ihre eigenen Folgeprobleme ausgeliefert wird. Die Demokratisierung der kirchlichen Verfahren vermehrt die Organisation durch eine laufende Beschäftigung mit selbstgeschaffenen Fragestellungen. Diese pausenlose Produktion von Entscheidungen als Vorbereitung neuer Entscheidungen, auf die wiederum vorbereitete Entscheidungen folgen, saugt im kirchlichen Alltag so viel Energie und Aufmerksamkeit ab, dass im täglichen Handeln und Erleben die religiöse Kommunikation zunehmend marginalisiert wird.

Nun fällt der Kirche auf, dass die so produzierte Komplexität der Verfahren selbst zum Problem geworden ist[17]. Die Kirche verliert als demokratische Sitzungsmaschine an Attraktivität und so setzt sie auf Versuche der Organisationsentwicklung, der Ressourcenplanung und des Kirchenmanagements. Sie versucht die entstandene Komplexität zu reduzieren, sie versucht einen vereinfachenden Umgang mit ihrer Komplexität zu finden, und wird durch diese Entscheidungsverfahren, zumindest zeitweilig, noch komplexer. Es entstehen neue Arbeitskreise, neue Sitzungen, neue Tagesordnungen, neue Planstellen, neue Entscheidungsverfahren – bei Beibehaltung der alten Organisationsstruktur.

Als Ergebnis wird die Kirche intern demokratischer, diskursiver, entscheidungslastiger, und sie wird letztlich intern immer komplexer – aber deswegen nicht relevanter für ihre Mitglieder. Damit sich das ändert, sind u.E. neue Verfahrensweisen in der kirchlichen Gremienwelt erforderlich: Pfarrgemeinderäte, Dekanatsräte oder Synoden sollten viel stärker als bisher Orte der Strategie-Diskussion werden, Orte der Verständigung über Alternativen und Ausgangspunkte für Verabredungen, Rückmeldungen, Reflexionen, Streit und Kontroversen. Wenn Landessynoden und Diözesanräte in Mammutsitzungen nur noch die kirchlichen Haushalte abstimmen müssen, aber inhaltlich damit verbundene Weichenstellungen wegen Zeitmangel kaum noch diskutieren können, dann bleiben die entscheidenden Aufgaben auf der Strecke. Die demokratischen Gremien in der Kirche müssen in die Lage

---

16 Vgl. hierzu z.B. das eindrucksvolle Organigramm einer evangelischen Kirchengemeinde bei Perels (1990: 33-35). Zu den innovationshemmenden Faktoren in einer Kirchengemeinde zählt er (vgl. ebd.: 43) das Beharrungsvermögen der Kirchenmitglieder, die Verwässerung innovativer Ideen durch die Mechanismen der innerkirchlichen demokratischen Willensbildung und des Interessenausgleichs, ein vorgegebenes Leistungsprogramm und die Scheu vor Kosten und Risiken bei innovativem Handeln.

17 Vergleiche ebenfalls zum evangelischen Bereich das Urteil von Menne (1998: 167): „Alltag ist vieler Orts eine exzessiv verwaltete Beliebigkeit... Der Leib Christi erstickt im Gestrüpp von Strukturen, in einem wuchernden Dschungel von Gremien, deren Hierarchie sich in einer insofern nur scheinbar ‚basisdemokratischen' Kirche längst heillos verselbstständigt hat."

versetzt werden, sich intensiv mit strategischen Entwicklungen der Kirche auseinanderzusetzen, die sie dann auch zu entscheiden haben. Gesucht werden Steuerungsinstrumente, welche Gremien nicht mit dem organisatorischen Allerlei belasten, sondern ihnen die Möglichkeit geben, inhaltliche Weichenstellungen durch Entscheidungen so vorzunehmen, dass sich die Wahrnehmungen der Mitglieder tatsächlich eindeutig verändern.

2.3 Engagiert, aber unverbindlich: Zur Kultur gemeinsamer Entscheidungen in der Kirche

2.3.1 Die Steuerungsqualität kirchlicher Gremien: Eine empirische Illustration

In einer kleinen empirischen Studie haben wir die Entscheidungskultur einer evangelisch-lutherischen Stadtkirche untersucht. Hier wurden Mitglieder der Dekanatssynode, der Prodekanatssynoden, des Dekanatsauschusses und auch die Dekane befragt.

Im empirischen Material begegnet man immer wieder Hinweisen, welche die These stützen, dass die kirchliche Entscheidungsstruktur ihr Kernproblem nicht in der Rationalität der Entscheidungsvorbereitung, nicht in der Qualität des aufbereiteten Wissens, nicht in der Diskussionsqualität und Diskussionsfrequenz hat, sondern in der verbindlichen Formulierung und Überprüfung ihrer Entscheidungen.

In der kirchlichen Organisationsevolution hat sich offensichtlich sehr gut die Fähigkeit herausgebildet, Themen intelligent zu diskutieren, Meinungen in Gremien zu bilden und auch entsprechende Weichenstellungen in Entscheidungen zu überführen. In theoretischer Sprache formuliert: die Kirche hat den Komplexitätsaufbau und die Komplexitätsreduktion durch Entscheidung für eine Großorganisation nahezu perfektioniert. Umso erstaunlicher, dass sich in der Organisationsevolution parallel eine „kirchliche Gleichgültigkeit“ gegenüber der Frage herausbilden konnte, wie wirksam kirchliche Entscheidungen sind und mit welchem Verbindlichkeitsgrad man ihre Umsetzung erwarten darf. Sowohl bei der Selbstdefinition als auch bei der Fremddefinition hauptamtlicher Rollen in der Kirche stehen die eher hemdsärmligen Merkmale der „Zielorientierung“ und der „verbindlichen Umsetzung von Entscheidungen“ deutlich im Schatten einer „Entscheidungsorientierung“ und einer „Eleganz der Gremienarbeit“. Nach einer anstrengenden Gremienphase, vielen Papieren und Diskussionen ist die Freude über einen gemeinsamen Beschlusstext möglicherweise so groß, dass man zu einer Verwechslung von Organisationsentscheidung und Wirklichkeit bereit ist[18].

So zeigen auch unsere Befragungsresultate, dass die Synodalinnen im Großen und Ganzen mit der Vorbereitung und Strukturierung der Synode zufrieden sind. Irritierend dabei ist der Befund, dass sie sich nicht darüber einig zu sein scheinen, ob die getroffenen Beschlüsse der Synode auch tatsächlich eine Steuerungswirkung für die Kirche haben.

18 Die Grenzen inhaltlicher Leitungsfähigkeit von Gremien problematisiert mit etwas anderer Blickrichtung auch Stempin (1999: 220 f.) im Blick auf die Rezeption der „Leitlinien kirchlichen Lebens“ innerhalb der Vereinigten Evang.-Lutherischen Kirche in Deutschland (VELKD): „Der Kommunikationsrahmen und die Kommunikationsstruktur von Pfarrkonferenzen, Synodaltagungen und Kirchenvorstandssitzungen mit ihren geprägten Abläufen bieten nicht die geeigneten Gegebenheiten, um nachhaltig und weiterführend die Themen Lebensführung und Lebensordnung zu besprechen. Und genau dieses wurde bei diesem Anlass als Problem erkannt: Die strukturelle Verhinderung inhaltlicher Auseinandersetzung. Die von parlamentarischem Versammlungsstil geprägten Begegnungen lassen eine vertiefte Beschäftigung mit theologischen und geistlichen Fragen nicht zu.“

Die Ergebnisse zeigen eine weitgehend positiv beurteilte, gut funktionierende, gut vorbereitete Synode mit einem mehrheitlich als gut wahrgenommenen Entscheidungsmanagement. Aber welche Steuerungsrolle die Synode im Dekanat wirklich wahrnimmt, ist angesichts der folgenden Ergebnisse zweifelhaft: Nur knapp 13% sind der Auffassung, dass die Synode die Finanzsteuerung und die Personalsteuerung vornimmt, noch weniger sehen dies bei der Steuerung der Kirchenverwaltung, während wenigstens ein Drittel die Synode bei der Angebotssteuerung gut beurteilen.

Abb. 1: Beteiligung an Entwicklungssteuerung – Angebote der Kirche

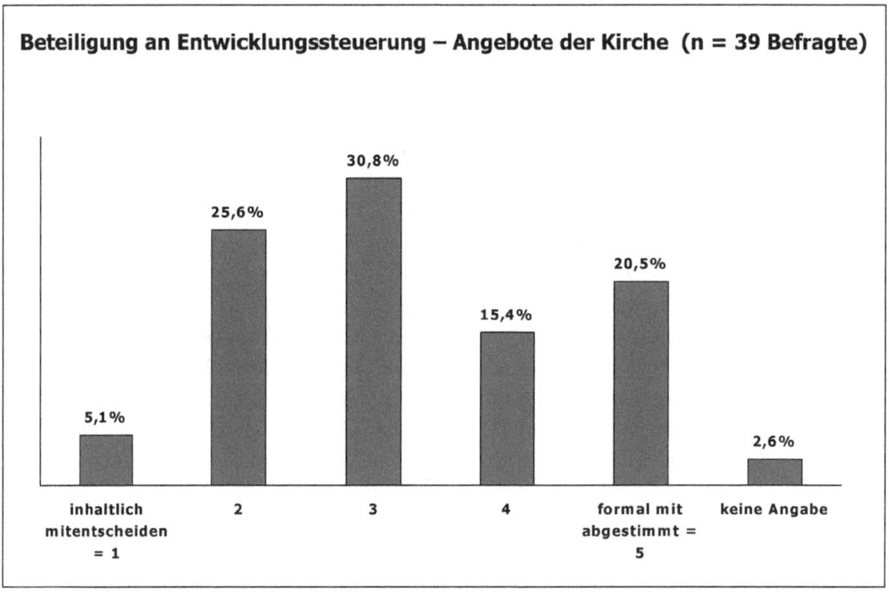

Quelle: xit 2001, n=39

Interessant ist dies auch deshalb, weil die satzungsmäßige Bedeutung der Synode nicht mit der Selbsteinschätzung der Steuerungsrelevanz übereinstimmt. Nur 35,9% der Synodenmitglieder sind der Auffassung, dass die Synode die wichtigsten Prozesse der Kirche steuert. In der Satzung der evangelisch-lutherischen Gesamtkirchengemeinde Nürnberg vom 30. Juni 2000 sind die Aufgaben der Dekanatssynode im §12 Absatz (1) jedenfalls so formuliert:

„Die Dekanatssynode soll ein Gesamtbild der für den Auftrag der Kirche und die kirchliche Arbeit in ihrem Bereich wichtigen Vorgänge gewinnen und über Aufgaben beschließen, die sich daraus für den Dekanatsbezirk ergeben. Sie soll sich in Bindung an Schrift und Bekenntnis mit Fragen der Lehre und des Lebens der Kirche befassen und dabei den Blick auf das Ganze der Kirche und ihren Dienst in der Öffentlichkeit richten."

Wenn die Selbsteinschätzung der Synode exemplarisch richtig ist – und sie ist in unserem empirischen Material immerhin mit der Fremdeinschätzung der Synode nahezu deckungsgleich – dann könnte dies ein deutlicher Hinweis auf die Existenz entscheidungsfreier Räume in der Kirche sein. Das würde zu Leitungspersonen passen, in deren Rollenverständnis die verbindliche und wirksamkeitsorientierte Umsetzung legitimierter Entscheidungen marginalisiert ist.

Abb. 2: Dekanatssynode steuert die wichtigsten Prozesse

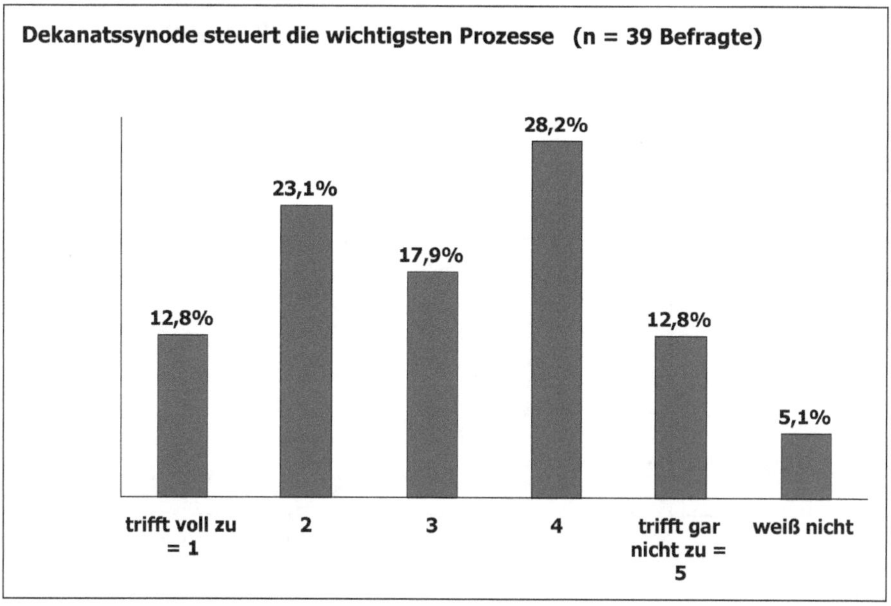

Quelle: xit 2001; n= 39

Besonders bedenklich erscheinen uns die Werte derjenigen, die zwar mit abgestimmt haben, aber dies nur „formal“ getan haben, d.h. an sich die inhaltliche Substanz der jeweiligen Entscheidung nicht nachvollzogen haben. Diese formalen Entscheider betragen bei finanziellen Dingen 41%, bei Verwaltungsfragen 36%, bei Personalfragen 43% und bei Angebotsfragen 20% der Synodenmitglieder.

Aber welches Geheimnis steckt möglicherweise hinter folgendem Widerspruch: die Synodalen sind zwar mehrheitlich nicht der Überzeugung, dass die Synode wichtige Bereiche der Kirche steuert, sie sind auch nicht der Meinung, dass sie selber mehrheitlich vernünftig abstimmen (können), aber gegenüber diesen schlechten Werten bei der Steuerungswirkung beurteilen sie die Entscheidungsqualität der Synode in den zentralen Feldern relativ gut:

Abb. 3: Beurteilung Entwicklungssteuerung – Finanzen

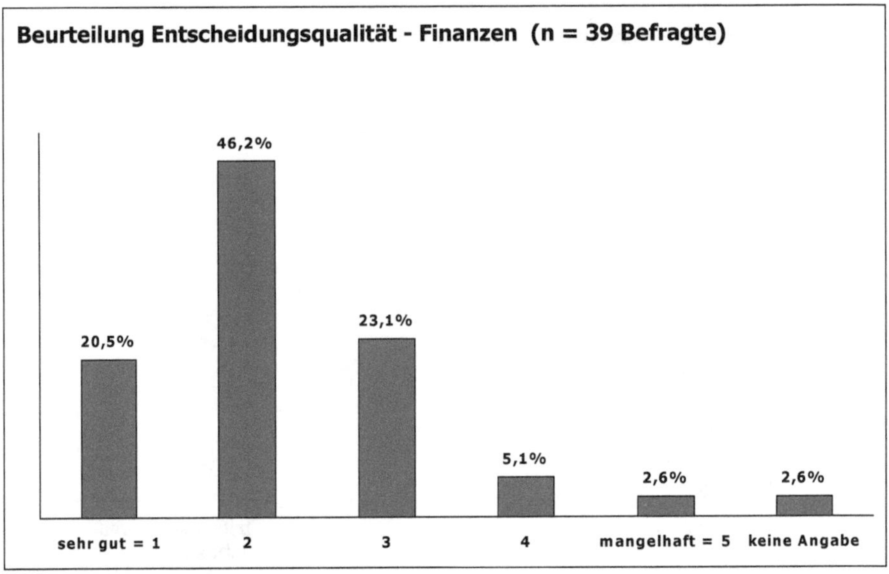

Beurteilung Entscheidungsqualität - Finanzen (n = 39 Befragte)

sehr gut = 1	2	3	4	mangelhaft = 5	keine Angabe
20,5%	46,2%	23,1%	5,1%	2,6%	2,6%

Quelle: xit 2001; n= 39

Offensichtlich erwarten die Synodalen und Synodalinnen trotz qualitätvoller Entscheidungsprozesse keine Steuerungswirkung – möglicherweise weil sie wissen, was außerhalb der Synodaltagungen in den Gemeinden und Einrichtungen los ist, und wodurch viel eher die kirchliche Entwicklung beeinflusst wird als durch ihre Entscheidungen. Wahrscheinlich handelt es sich um ein offenes Geheimnis. In Synodenbeschlüsse sind zwei Wirkungsschwächegaranten eingebaut, von denen zumindest einer meistens gut funktioniert, nämlich auf der einen Seite das Rollenverständnis der hauptamtlichen Leitungspersonen, und auf der anderen Seite das Autonomieverständnis der Einzelgemeinden, das ebenfalls in der Kirchenverfassung verankert ist und das in den letzten Jahrzehnten de facto für eine gemeinsame Willensbildung und vor allem für gemeinsame Praxis keinen Raum gelassen hat, sondern im Notfall wie ein undurchdringlicher Firewall alle Entscheidungen „von oben" abwehrt.

Wenn aber aufgrund dieser Rahmenbedingungen die Dekanatssynode, obwohl sie für die kirchliche Entwicklung im Dekanatsbezirk zuständig ist, nicht als das Gremium gilt, dem man zutraut, die wichtigsten Prozesse der Kirche zu steuern, wer ist es dann?

Offensichtlich sind die zentralen Steuerungsinstanzen der Dekanatsausschuss und die Fachausschüsse der Synode, die hinsichtlich ihrer Steuerungswirkung von den Synodalen positiver beurteilt werden als das übergeordnete Gremium. Ca. 90% sind der Auffassung, dass der Dekanatsausschuss die wichtigsten Prozesse lenkt. Im Fall der Synode selbst waren dies nur 36%.

Abb. 4: DA steuert die wichtigen Prozesse

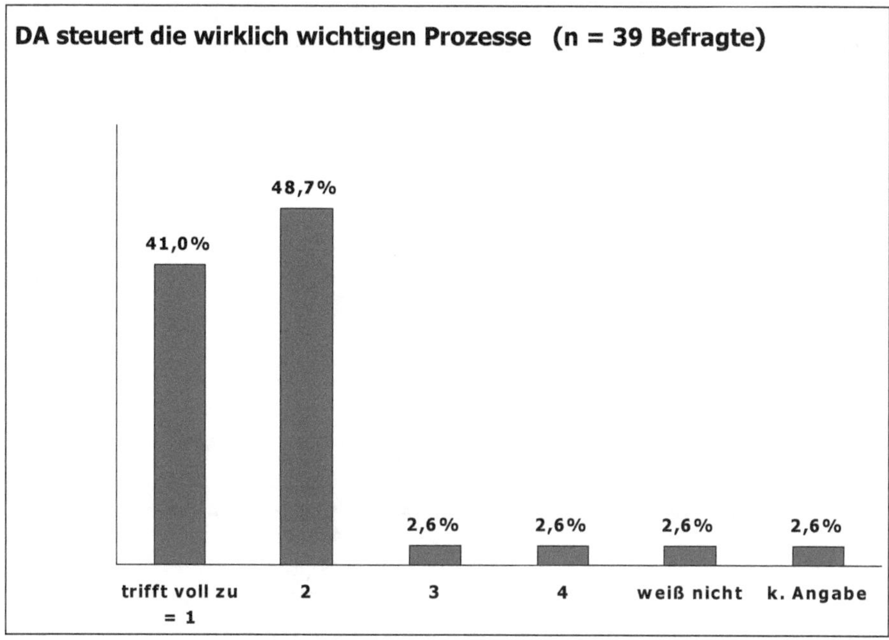

Quelle: xit 2001; n=39

Da nicht alle Dekanatssynodale gleichzeitig Mitglieder im Dekanatsausschuss und/oder einem Fachausschuss sind, könnte man die Abstufung als eine freundliche Vermutung gegenüber den Fachausschüssen abtun. Viel näher liegt allerdings der Schluss, dass, weil Dekanatsausschuss und Fachausschüsse konkretere Verhandlungsgegenstände mit ebenfalls konkreteren Ergebnissen und beobachtbaren Wirkungen haben, daraufhin die Steuerungsqualität als höher empfunden wird. Nur: Wer steuert das Ganze? Diese Frage ist auch mit der Feststellung, dass einzelne Fachausschüsse wirkungsvoll arbeiten, nicht beantwortet. Wenn aber schlussendlich die Antwort lautet: „Der Dekanatsausschuss“, dann muss die Frage folgen: Nach welchen Kriterien tut er das? Bzw.: Ist dann die Dekanatssynode überflüssig?

Ein weiterer Aspekt: Beide Gremien, also die Dekanatssynode und auch der Dekanatsausschuss, wurden zwar hinsichtlich ihrer Steuerungswirkung unterschiedlich beurteilt, aber sehr ähnlich bei der Wahrnehmung des Entscheidungscontrollings. Sowohl die Synode als auch der Dekanatsausschuss sind Beschlussgremien. Doch dem Dekanatsauschuss wird mehr Steuerungswirkung zugebilligt, offensichtlich deshalb, weil er präzisere Beschlüsse als die Synode treffen kann und muss. Und doch wird beiden Gremien ein gemeinsames Muster unterstellt, nämlich eine geringe Kenntnis über die Konsequenzen ihrer Beschlüsse. Was ist in der Umsetzungsphase passiert bzw. wurden die Beschlüsse überhaupt umgesetzt? Solche Informationen werden fast von der Hälfte der Befragten vermisst.

Abb. 5: Im Rückblick sind mir die Konsequenzen der Dekanatssynoden-Beschlüsse klar

Im Rückblick sind mir die Konsequenzen der Dekanatssynoden-Beschlüsse klar

trifft voll zu = 1	2	3	4	trifft gar nicht zu = 5	k. Angabe
25,6%	23,1%	33,3%	12,8%	2,6%	2,6%

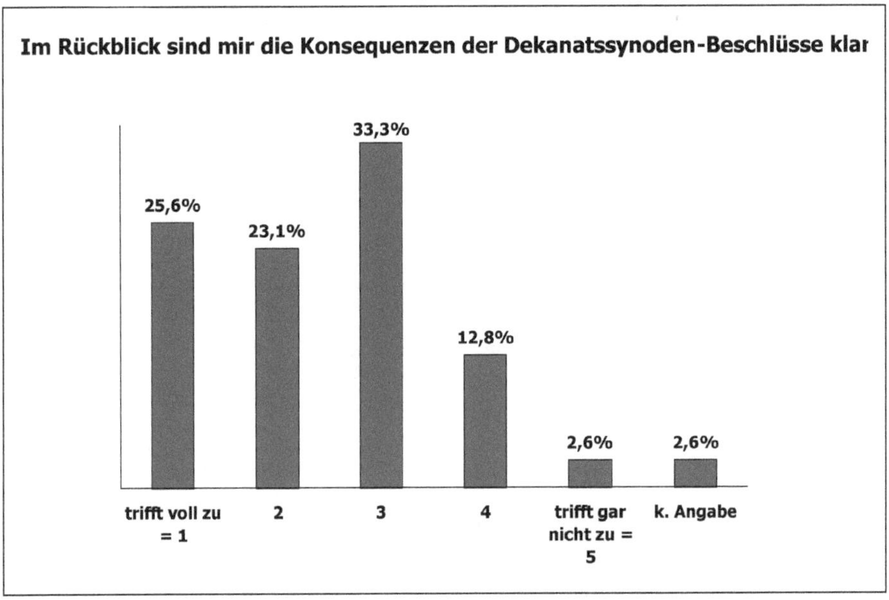

Quelle: xit 2001; n=39

2.3.2 Entscheidungsmuster: Konfliktaversion, Handlungsdruck, Dramatisierung

Probleme im kirchlichen Entscheidungsverhalten erklären sich also nur zu einem geringeren Teil aus methodischen Defiziten in der Entscheidungsorganisation: Es werden mit hoher Wahrscheinlichkeit vernünftige Entscheidungen getroffen. Das Besondere am kirchlichen Entscheidungsverhalten ist – und hier beginnen wir eine Polemik, von der sich ausschließen möge, wer will! –, die ausgeprägte Konfliktaversion im Entscheidungsverhalten und die kulturell geradezu geächtete Ergebniskontrolle von getroffenen Entscheidungen – für Freunde des Effizienzgedankens zumindest gewöhnungsbedürftig.

Nach der evolutionären Wachstumslogik der Kirche wächst in üppigen Zeiten ein dichter Dschungel. Doch auch in mageren Zeiten bleibt ein offensichtlich paradoxes kirchliches Entscheidungsmuster intakt. Genauso wie in Prosperitätsphasen eher nicht systematisch aufgebaut und strukturiert wird, sondern eben der Forderung nach Zusätzlichem eher nachgegeben wird, um Konflikte zu vermeiden, wird auch in Sparphasen zu selten systematisch begradigt. Auch hier scheint oft die geringste Konfliktdichte wichtigstes Kriterium bei Reduzierungen zu sein. Der Entscheidungsprozess selbst orientiert sich in seiner Geschwindigkeit, in seiner Konfliktbereitschaft und Stringenz am bürokratischen, inhaltlich eher desinteressierten und (daher?) konfliktaversen, langsam-bedenklichen Modell. Alle Ausgaben mit dem Merkmal von Fixkosten sind besonders heilig, variable Kosten sind etwas weniger heilig. Es herrscht die Logik der Administration und der Kameralistik, Fragen der Wirksamkeit und der Attraktivität von Kirche stechen im Entscheidungsspiel nicht solche Karten wie „Stellenplan", „Tarifvertrag", „Dienstrecht", „Mischfinanzierung", „Satzung", „Dienstordnung" oder „Synodengeschäftsordnung".

Die Kirche erscheint sich selber als so vielfältig, so kompliziert, dass eine strategische Orientierung, die für den kirchlichen Alltag Steuerungswirkung besitzt, nur schlecht vorstellbar ist. Es gibt viele Pläne, ausgemalte Visionen, doch auch kurzfristigen Handlungsdruck, Reaktionsnotwendigkeiten. Dieser Widerspruch verdichtet sich zu der Erfahrung, dass man nicht mit strategischen Konzepten, mit ehrgeizig formulierten Wirkungszielen führen kann, sondern nur mit den Inputgrößen „Geld, Personal, Raum“. Aus Seelsorgekonzepten wird dann eine Diskussion über Seelsorgerplanstellen, aus dem Konzept der „Offenen Kirche“ wird ein Haftpflichtproblem und gesellschaftliche Themen werden in eine Beauftragtenstruktur übersetzt.

Viele misslungene Steuerungsversuche werden durch das Beschwören der unüberwindbaren Megatrends „Säkularisierung – Individualisierung – Finanzkrise“ letztlich euphemisiert. Der Gedanke liegt nahe: Zur Vermeidung von Konflikten gerade bei der Debatte über negative Entwicklungen ist es nützlich, wenn das kirchliche Gremium über kein Entscheidungscontrolling verfügt, sondern den kritischen Zustand der Kirche als einen Tatbestand wahrnimmt, der nicht selbst produziert wurde, und somit auch nicht in eigener Verantwortung liegt. Etwas verräterisch klingen auch typische Vokabeln: Die Kirchengemeinden haben „Unkosten“; die Dekanate wiederum haben auch Unkosten, die auf die Kirchengemeinden umgelegt werden müssen. Unkosten klingen wie Unwetter, wie Unsummen, wie Ungeheuer; sie kommen wie ein Naturereignis über die Kirche. Gegen Unwetter, Ungeheuer und Unkosten kann man nichts machen, man erträgt sie als schicksalhaft. Deshalb gibt es auch kein Unkostenmanagement und keine Unkostenrechnung.

Die Kirche hat eine additive Logik ausgeprägt: man sattelt gerne drauf, schmilzt aber ungern ab. Indem in aller Regel eher ausgebaut, aber nicht gleichermaßen korrigierend abgebaut wird, organisiert man allerdings systematisch Überforderungen. Da neue Arbeitsfelder und Aufgaben theologisch immer begründet werden können, bereits verankerte Arbeitsfelder jedoch theologisch nur schwer abgelegt werden können, sind die haupt- und ehrenamtlich Tätigen tendenziell immer überlastet. Aber gerade weil aktive Christinnen und Christen sehr strapazierfähig sind, lässt sich immer jemand finden, der eine (neue) Aufgabe übernimmt. Und weil alle wissen, dass alle an sich überlastet sind, verbindet sich die Dankbarkeit für die Übernahme einer Aufgabe mit dem Verzicht auf den Beschluss präziser Zielerreichungsgrade und Kontrollmechanismen.

Die Kirche lässt sich ihre interne Konfliktscheu relativ viel Geld kosten. Mit anderen Worten: es gibt eine relativ hohe Zahlungsbereitschaft für möglichst reibungsfreie Ineffizienz. Da verlangt ein Bischof von seinem Caritasverband Einsparungen von mindestens 10%, und verspricht bei seinen Reisen allen kirchlichen Einrichtungen, die er besucht, dass sie konkret von den Kürzungen ausgenommen würden. Da werden große IT-Projekte gestartet und mit immensen Kosten in den Sand gesetzt, weil die beschließenden Gremien, um einen Konflikt zu vermeiden, kein entsprechendes Projektcontrolling installiert hatten. Da werden hunderttausende Euros in konfessionelle Medienprojekte gesteckt, die überkonfessionell einen positiven Deckungsbeitrag gehabt hätten, weil die ökumenische Konzeption mehr Konflikte mit dem Bischof bringt als die ausgelöste Zahlung; da werden Kooperations- und Fusionsprojekte zwischen Kirchengemeinden mit immensem Sitzungsaufwand verschleppt und verzögert, weil man Konflikte mit den um ihre Sekretariatsstellen kämpfenden Pfarrern vermeiden will: die Konfliktaversion ist im kirchlichen Alltag eines der höchsten Güter.

Da (fast) alle Anliegen und Aufgaben wichtig sind, muss es sich beim eigenen Arbeitsfeld um eine besonders wichtige Aufgabe handeln, wenn sich die Chancen auf Zuteilung kirchlicher Ressourcen verbessern lassen sollen. Der Beweis, dass das eigene Anliegen nicht nur wichtig, sondern besonders wichtig ist, gelingt am besten durch Dramatisierung. Dramatisierungen verlagern das Gewicht von der Wichtigkeit hin zur Dringlichkeit, und wirken als (Zer)Störungen für geplante, systematische Entwicklungsvorhaben. Selbst Gemeinden und Dekanate, Landeskirchen und Diözesen, die sich auf eine systematische Entwicklungsplanung eingelassen haben, werden durch Dramatisierungen spontan konditioniert, ändern ihre Tagesordnungen, ihre Schwerpunktsetzungen, ihre Aktionen. Besonders zuverlässig funktionieren Nachrichten über drohende Stellen- und Finanzkürzungen. Selbst schon im Gerüchtestadium mobilisiert das genetische Programm der kirchlichen Gremien Abwehrkräfte, um Begründungen für Bestandsschutz zu liefern, deren Charme auch davon lebt, dass das zu verschonende Arbeitsfeld noch nie auf seine Wirksamkeit untersucht worden ist. (Ende der Polemik.)

2.3.3 Fern greifbarer Ziele: Programmierte Wirkungslosigkeit

Zwischenfazit: Es werden viele und gute Entscheidungen getroffen, aber die Umsetzung und Wirkungen der Entscheidungen werden kaum verfolgt bzw. systematisch kontrolliert. Es herrscht ein starker Glaube daran, dass getroffene Entscheidungen auch Folgen haben. Entscheidungen in der Kirche haben deshalb gerne eine appellativen Charakter, weil man den alten, von der Sozialpsychologie längst als Schimäre aufgeklärten Zusammenhang zwischen Information, Einstellung und Handlung aufruft. Dieser Glaube an die Kraft der Entscheidung an sich ist auch schwer zu erschüttern. Authentische Berichte darüber, dass ein Dekanatsentwicklungsprojekt an der Unverbindlichkeit seiner Entscheidungen fast gescheitert ist, werden von einem benachbarten Dekanat, das Ähnliches vorhat, mit Bedauern zur Kenntnis genommen – und das Projekt dann ohne jegliche erkennbare Konsequenz 1:1 kopiert.

Diese freundliche Verantwortungsfreiheit kirchlicher Entscheidungen ist in der Entscheidungsproduktion häufig schon angelegt. Es wird sehr viel diskutiert in der Kirche, man diskutiert auch Gleiches an unterschiedlichen Orten und Ebenen, manche Themen kreisen in unendlichen Umlaufbahnen um die Tagesordnungen; und der Verdacht bleibt, dass eine Triebfeder dieser kollektiven Diskussionen durch die Sorge um die Übernahme personeller Verantwortung immer wieder aufgezogen wird, so dass die relative Unverbindlichkeit einer kollektiven Gremienverantwortung gerne auch mehrfach hergestellt wird.

Es ist vielleicht die Kenntnis der und das Vertrauen in die Kraft des Wortes, die kirchliche Gremien immer wieder anstiften, ihre Entscheidungen nicht zeitlich, finanziell und inhaltlich als Zielgrößen zu operationalisieren. Möglicherweise wird hier aber auch ein psychologischer Vorgang angeregt, nämlich das kirchliche Gewissen: „An dieser Stelle müssen wir etwas tun!“ durch eine Entscheidung, dass etwas getan werden soll, zu beruhigen. Die Dissonanz zwischen der erkannten Wichtigkeit und dem Gespür, dass die eigenen Mittel für eine konsequente Umsetzung nicht ausreichen, soll eben dadurch reduziert werden, dass man zumindest eine Entscheidung trifft. Eine solche kognitive Dissonanzreduktion ist in ihrer Wirkung nicht darauf angewiesen, dass die Entscheidung praktische Wirkungen hat. Insofern verzichtet die Kirche gerne auf präzise Zielstellungen und ist in der Folge von ihren Entscheidungen auch nie sonderlich enttäuscht, weil sie gar nicht so recht wissen will und kann, ob sie zufrieden sein kann oder nicht. Wenn die evangelische Kirche in Mittelfranken eine gut geplante Kommunikationskampagne „Treten Sie ein!“ beschließt, aufwändig organisiert, finanziert und durchführt, um Menschen dazu zu bewegen, wieder in die Kirche einzutreten, dann ist man von Vielem angenehm angetan, aber man sucht nach einer konkreten, quantifizierenden Zielstellung in der Projektbeschreibung vergeblich. [19]

In dieser systematischen Produktion von Unverbindlichkeit zeigt sich als Entscheidungsmuster wiederum die kirchentypische Konfliktscheu. Bei der Steuerung der kirchlichen Aufgaben und Prozesse werden schon potenzielle Konflikte ausgetrickst. So vermeiden kirchliche Gremien gerne den Konflikt, sich auf bestimmte Inhalte, bestimmte Aufgaben im Vergleich zu anderen Alternativen festzulegen.

Die Konfliktvermeidung durch mangelnde Schwerpunktsetzungen korrespondiert mit der Konfliktvermeidung durch mangelnde oder unpräzise Zielformulierungen. Durch den konsequenten Verzicht auf präzise Zielformulierungen vermeidet man Thematisierungen von möglichen Defiziten in der Leistungsfähigkeit und/oder Leistungsbereitschaft von Personen – allerdings auch gemeinsame Lernchancen. Bislang gilt die Konfliktfreiheit in der Kirche als so hohes Gut, dass alle sich gegenseitig unter den Verdacht einer enormen Leistungsbereitschaft und fachlichen Kompetenz stellen; dieser Konsens wird durch konsequenten Verzicht auf Leistungskontrollen gesichert.

Die Konfliktaversion in der Entscheidung und die Allergie gegenüber Entscheidungs- und Leistungskontrollen werden ausreichend bedient, wenn sich Beschlüsse weder zeitlich noch personell operationalisieren lassen. Aufgabenstellungen sind sehr häufig von Undeutlichkeit und Unverbindlichkeit gekennzeichnet; möglicherweise hängt das auch mit dem Anspruch eines hohen Freiheitsgrades in der kirchlichen Berufsausübung zusammen.

Nur scheinbar einfach lässt sich das beklagte Informationsloch zwischen Gremienbeschluss, Umsetzung und Ergebnis methodisch schließen: Durch operationalisierte Beschlüsse mit definierten Zeitkorridoren und personeller Verantwortung plus Entscheidungscontrolling und Entscheidungsbericht. Doch auch wenn Beschlüsse auf Wiedervorlage gelegt werden, so wird dann in der Regel über den Input, und eben nicht über den Output berichtet. Mit der Gremienentscheidung wird beschlossen, dass etwas wichtig ist, in der Folge wird bestenfalls berichtet, dass etwas gemacht wurde. Ob Ziele und zu welchem Grad erreicht worden sind, warum oder warum nicht, wird in den Entscheidungsgremien zumeist nicht reflektiert. Ja, welche Art von Ziel mit dieser oder jener Diskussion verfolgt wird, ist oft gar nicht deutlich.

Es fehlt daher ganz grundlegend an der Überzeugung und Übung, durch gemeinsam erarbeitete Ziele verbindlich zu steuern. Solange die Beziehung zwischen Entscheidung und Umsetzung dadurch von vornherein und systematisch unscharf gehalten wird, solange ist auch die Qualität der Leitungsorgane und Leitungspersonen in der Kirche nicht reflektierbar. Und exakt diese traditionelle Unverbindlichkeit, diese mit hohem methodischen Aufwand immer wieder aktivierte Undeutlichkeit von Verantwortung, die nicht überprüfbare Leistungsfähigkeit, gepaart mit hohem Terminstress, der wie ein Schutzschild wirkt, ist das vorherrschende Leitungsmodell der Kirche. Es scheint uns die Gretchenfrage zu sein: Sollen und wollen die dafür vorgesehenen Leitungsorgane und Leitungspersonen die kirchliche Entwicklung steuern – und wenn ja, in welcher Intensität und Verbindlichkeit? Die Steuerungsmedien Sprache und Geld sind in der Kirche üppig bis ausreichend ausgebildet, das dritte Medium aber, die Macht, ist ungeklärt. Das kann man gut oder schlecht finden – es hat jedenfalls enorme Auswirkung auf die Steuerungsfähigkeit.

19 Evang.-luth. Kirchenkeis Nürnberg (Hrsg.): „Treten Sie ein!" Eine Initiative des Evangelisch-Lutherischen Kirchenkreises Nürnberg im Oktober 2001. Dokumentation. Auswertung

2.4 Veränderungswiderstand: Beobachtungen zum kirchlichen Immunsystem

2.4.1 Die doppelte Wesensbestimmung als doppeltes Bremspedal

Die Kirche ist keine normale Organisation, obwohl sie auf den ersten Blick wie eine normale Organisation aussieht. Man sieht Gremien, Hauptamtliche, Hierarchien, Satzungen, Büros, Konferenzen, Haushaltspläne, Leitbilder, Mitglieder, Kaffeepausen, Anträge, Beschlüsse und jede Menge Formulare und bedrucktes Papier. Es wirkt so, als ob die Kirche, wie jede andere Organisation auch, Entscheidungen produziert, um eigene Ziele zu erreichen. Und auch die Organisation Kirche kümmert sich darum, ihre Entscheidungsproduktion zu verbessern, effizienter, schneller, transparenter, wirksamer oder demokratischer zu gestalten.

Alle Organisationen haben eine gewisse strukturelle Schwerkraft. Die Kirche ist, trotz (?) ihres Alters und ihrer Traditionen, im Vergleich mit Verbänden, Gewerkschaften oder Parteien eine quicklebendige, veränderungszugängliche Organisation. Und doch gibt es ein kirchentypisches Immunsystem, mit dessen Hilfe sie sinnvolle und weniger sinnvolle, und somit alle, Vorschläge in methodisch gleicher Art abschmettern kann. Dieses kirchentypische Immunsystem entfaltet seine Wirkung in erster Linie durch einen ständigen Wechsel der Argumentationsebenen.

Jeder Vorschlag zur wirtschaftlichen Effizienzverbesserung muss mit einem theologischen Gegenargument rechnen, und Vorschläge zur Verbesserung der Liturgie, Pastoral oder Diakonie werden sehr rasch durch Hinweise auf Stellenpläne und Haushaltstitel schachmatt gesetzt. Natürlich kann man auch theologisch auf theologische Argumente, und wirtschaftlich auf wirtschaftliche Argumente eingehen, aber solche konsistenten Argumentationsketten werden in der Kirche im Prinzip unterbrochen.

Denn einmal ist es ein Prinzip, dass nichts theologisch unbedeutend ist, und insofern ein latenter theologischer Reflexionsbedarf besteht. Und zum zweiten ist es eine alteingeübte Erfahrung, dass in der Kirche die Erfolgsaussicht, etwas zu verhindern oder zu verzögern, steigt, wenn man auf Vorschläge durch Perspektivenwechsel reagiert.

Besteht Skepsis gegenüber dem geistlich begründeten Konzept einer „Offenen Kirche" mit erweiterten Öffnungszeiten der Kirchengebäude, so ist es erfolgversprechender, an die begrenzte Mesnerarbeitszeit zu erinnern, als theologische Gegenargumente zu formulieren. Wer die Verbindlichkeit von Mitarbeiterjahresgesprächen und entsprechender kirchlicher Personalpolitik nicht mag, sollte nicht mit Aspekten des Personalmanagements sein Gegenkonzept begründen, sondern erst mal die Frage in den Raum stellen, ob Pfarrer/innen überhaupt – theologisch gesehen – Mitarbeiter/innen sind. Oder Vorgesetzte.

Wirtschaftlich höchst sinnvolle Kooperationen mit Nachbargemeinden bei der gemeinsamen Nutzung gemeinsamer Ressourcen lassen sich nicht durch eine wirtschaftliche Argumentation aushebeln, wenn man die lieb gewordene eigene ineffiziente Organisationsstruktur retten will, sondern besser durch den Hinweis auf die „eigene Gemeindeidentität". Was will man gegen Identität sagen? Wenn die Gemeindekooperation jedoch nicht ökonomisch motiviert eingefädelt wird, sondern aufgrund inhaltlicher (z.B. die Weiterentwicklung von Ökumene betreffender) Überlegungen, so lässt sich diese drohende Kooperation am elegantesten durch Hinweise auf mangelnde personelle Ressourcen blockieren.

Wenn jedoch inhaltliche Gegenargumente der einen oder anderen Sorte zu blass erscheinen, gibt es immer noch die Möglichkeit, die Zeitebenen zu wechseln. Man kann sich zum Beispiel auf einen jahrelangen Gemeindeentwicklungsprozess begeben, von dem die berechtigte Hoffnung ausgeht, dass er im kirchlichen Off enden wird.

Im Protokoll eines Pfarrgemeinderats findet sich der Satz des Pfarrers: „Das soll mal mein Nachfolger anpacken“. Dieser Satz bezieht sich darauf, dass der Pfarrer erhebliche Bedenken gegen den Anbau einer Toilette an den Kirchenraum hatte. Er wollte auf keinen Fall den Sakralraum durch eine Toilette diskreditieren, aber auch die Nöte der an Inkontinenz leidenden Gottesdienstbesucher nicht vernachlässigen. Die kirchliche Zeitlogik erlaubt es, auch dieses Problem zu verschieben. Das Protokoll stammt aus dem Jahr 1993, pensioniert wurde der Pfarrer 1999. Der im Jahre 2000 vorgenommene Einbau der Toilette verlief problemlos, nicht jedoch die zweimalige Diskussion im Pfarrgemeinderat darüber, ob und wo und wie entsprechende Hinweisschilder angebracht werden dürfen.

„Der sakrale Fehlschluss tabuisiert die Art und Weise, wie ich arbeite, weil ich in der Kirche arbeite. Dem weltlichen Ökonomismus, der den wirtschaftlichen Lauf der Dinge als gottgegeben hinnimmt, korrespondiert als ideologisches Ausrufezeichen hinter dem kirchlichen Status quo eine Theologie der Beharrung. Sie ist eine altehrwürdige, vielleicht die kirchliche Urhäresie. Wie der Teufel selbst, entbehrt sie nicht der komischen Züge. Man kann sie aber nur theologisch und man muss sie seelsorgerlich bekämpfen, weil man die Menschen ernstnehmen muss, die ihr verfallen sind.“ [20]

2.4.2 Schutzschild Langsamkeit

Im Umgang mit Zeit zeigt sich die zweite Chance, das kirchliche Entscheidungsverhalten zu prägen. Während Managern eine 30tägige, und Präsidenten und Ministern eine 100tägige „Schonfrist“ eingeräumt wird, wird einem für zehn Kirchengemeinden zuständigen Dekan, der bereits über ein Jahr im Amt ist, nur unter größten Bedenken zugemutet, mit den Gemeinden zeitnah über mögliche Kooperationen zu reden. Um überhaupt einen ersten Überblick zu bekommen, braucht man mindestens zwei Jahre, so die Einschätzung des zuständigen Gremiums.

Auf der Homepage einer Diözese findet sich der Link zu einer Arbeitsgruppe, die sich für die Umsetzung der Beschlüsse des vatikanischen Konzils engagiert. Die gute Nachricht hierbei: es geht um das letzte, also um das Zweite vatikanische Konzil, das erst vor 40 Jahren abgeschlossen wurde.

Die skizzierte Immunisierung durch Perspektivenwechsel und Entzeitlichung ist im wesentlichen ein Ergebnis der Kirchenevolution, in der sich immer wieder die Merkmale der Liebenswürdigkeit, des Verständnisses, der Nachsicht sowie die Orientierung am Schwächeren gegenüber dem Direkten, Starken, Schnellen, durchgesetzt haben. In paradoxer Anknüpfung an die Evolutionstheorie setzt sich traditionellerweise in der Kirche systematisch eher diejenige „Art“ als Erfolgsmuster durch, die eine geringe Erfolgsorientierung hat[21].

20 Nethöfel (1998: 61). Auch er beschreibt unterschiedliche Formen, die einen von ihm so genannten ‚sakralen Fehlschluss' auszeichnen (S. 60), mit dessen Hilfe sich kirchliche Organisationsentwicklung jederzeit torpedieren lässt.

21 Zur Erfolglosigkeit der Diözesansynoden und Pastoralforen in den letzten Jahren und den schwierigen Begleiterscheinungen speziell im katholischen Bereich siehe auch Zulehner (2003: 23): „Auf dem Boden einer meist ziemlich depressiven Analyse wurden auf hunderten von Seiten Beschlüsse und Empfehlungen gesammelt, die dann von den ‚Synodalen' bzw. ‚Delegierten' verabschiedet und anderen zur Durchführung überlassen wurden. Dieses ‚Verabschieden' ist zutiefst doppeldeutig."

Dieses eher unverbindliche, risikoaverse, konfliktscheue, langsame Muster wurde in der kirchlichen Organisationsevolution zum Wesensmerkmal, so dass sich anders gewebte, „straighte“, schnellere, fordernde Muster im kirchlichen Entscheidungsverhalten schlecht durchsetzen können, weil ihnen der Anfangsverdacht des „Kirchenfremden“ entgegenweht.

Die ausgeprägte Akzeptanzbereitschaft gegenüber Wirkungs- und Ergebnislosigkeit wird deshalb eigentlich so gut wie nie in der Kirche offen thematisiert. Man würde sonst so nah an die offenen Wunden der automatischen Kompetenzvermutung, der Konfliktaversion und der Verbindlichkeitsallergie geraten, dass die kirchliche Entscheidungsstruktur grundlegend diskutiert werden müsste. Und letztlich sind ja die Konsequenzen dieser Leitungskultur innerkirchlich nicht sehr unangenehm, ja geradezu anheimelnd; die Zeche zahlen schließlich die Menschen, für die dann die Zeit nicht reicht.

Letztlich ist ja die Währung, mit der die Kirche zahlt, die Zeit. Gerade weil man immer und immer wieder die Erfahrung gemacht hat, dass die Kirche sich langsam und bedächtig entwickelt, dass Projekte nach dem Motto „Eine Gemeinde macht sich auf den Weg“ erheblich länger dauern als die komplette Umstrukturierung von Siemens, sind in der Kirche geradezu lächerliche Zeithorizonte entstanden. Mit welcher Zähigkeit in der Kirche Langsamkeit verteidigt und organisiert wird, mit welcher beeindruckenden Konsequenz alle Prozesse am langsamsten Teil orientiert werden, mit welcher stoischen Ruhe selbst zeitlich extrem gestreckte Programme dann nochmals ausgedehnt werden, weil der Langsamste noch langsamer als gedacht ist, kann letztlich nicht mehr auf eine besonders sensible Methode der Organisationsentwicklung zurückgeführt werden, sondern im Kern auf ein systematisches Desinteresse an Wirkungen. Wirkungsorientierung bedeutet Stress, Wirkungsorientierung bedeutet Überprüfbarkeit und Ungemütlichkeit.

Die Kosten für diese freundliche Ineffizienz zahlt die Kirche gerne, weil eben nicht die durchschnittliche Marschgeschwindigkeit der Herde, sondern das letzte, verirrte Schaf das Tempo bestimmt. Als der neue Bischof, mit Elan und mit engem Terminkalender den Katholikenrat eines Dekanats trifft, um Weichenstellungen zu diskutieren, dauert die Vorstellungsrunde der Ratsmitglieder exakt so lange wie die geplante Besprechung. Enttäuscht, aber doch wiederum friedfertig der Kommentar eines Teilnehmers: „Vielleicht haben wir heute eine Chance verschenkt.“ Die Kirche organisiert sich eben nicht wie eine normale Organisation.

Die objektive und „gefühlte“ Zeit unterscheiden sich in der Kirche wahrscheinlich auch deshalb so eklatant, weil die in der Kirche Beschäftigten unglaublich engagiert sind, von Termin zu Termin hetzen, von Aufgabe zu Aufgabe, und sich ständig zwischen überlappenden Aufgaben entscheiden müssen. Alle, oder zumindest sehr viele, akzeptieren Stress und Belastung, und gehen bis an ihre Belastungsgrenzen. Vermieden wird nur eine Form des Stresses: die Überprüfbarkeit von Aufgaben und Wirkungen.

2.4.3 Kirchenevolution und Beratungsresistenz

An sich ist Fußball ein einfaches Spiel, das allerdings durch die Anwesenheit einer gegnerischen Mannschaft verkompliziert wird. Mit dieser feinen Einschätzung von Sartre könnte man auch das Spielfeld bei kirchlichen Reformprojekten analysieren. Man trifft auf viele, taktisch geprägte Argumentationszüge, um manche Veränderungen abzublocken und andere zu beschleunigen. Aber für den Beobachter, und komischerweise auch für den Teilnehmer, ist es aufgrund des Organisationscharakters der Kirche nie so recht klar, ob taktisch oder prinzipiell argumentiert wird. Aus der Argumentation jedenfalls lässt sich nur in den seltensten Fällen erkennen, ob es sich bei dem Argument um einen Trumpf, der ein Argument sticht, handelt oder um einen gezinkten Joker, der ganz bewusst aus einem anderen Spiel genommen wurde.

Dass die Spielregeln für kirchliche Entscheidungen so kompliziert sind, liegt nicht nur am organisatorischen Aufbau der Kirchen, an den historischen, dominant vererbten Besonderheiten, oder an einem besonders ausgeprägten strukturellen Konservativismus, der zweitausendjährige Organisationen möglicherweise bevorzugt auszeichnet, sondern daran, wir nehmen das Argument nochmals auf, dass die Kirche keine normale Organisation ist.

Die Kirche beschreibt sich selbst als unsichtbare und sichtbare Kirche, als Gemeinschaft der Gläubigen in der Nachfolge Christi und als Organisation mit Satzungen, Rechtsnormen, Personalvertretung und Kirchensteuer.

Doch nicht nur der Organisationscharakter als mystische Einheit beider Identitätsebenen ist theologisch bestimmt; auch große Teile der Organisationsstruktur und der Organisationsprozesse, die Begründungen der Ämter etwa oder die Verteilung der Kompetenzen, sind wiederum nicht beliebig nach organisatorischen Effizienzvermutungen gestaltbar. Die Unterscheidung des Heiligen vom Nicht-Heiligen an der Organisation Kirche lässt sich nicht dadurch einfangen, dass man die zweckrationale Organisation der Organisation als gestaltbare, und den Glauben, die Verkündigung, die Liturgie als beratungsfreie Zone deklariert. Es ist nicht möglich, sich in der Beratung auf offensichtlich „theologiefreie“ Organisationsmerkmale zu beschränken, weil selbst diese festlegende Auswahl des „Theologiefreien“ theologisch gestützt sein muss. Und weil diese Unterscheidung eben auch theologisch nicht klar ist[22], entsteht ein prinzipielles und notwendiges Dilemma, dass theologische und nichttheologische Argumente ständig aufeinanderprallen bzw. sich aufheben.

Sämtliche, klassischen Felder der Organisationsberatung sind theologisch vermint:

- Controlling,
- Zielformulierungen,
- Besprechungswesen,
- Kostenrechnung,
- Aufgabenverteilung,
- Personalführung,
- Prozessmanagement:

Überall können grundsätzlich und sakral eingekleidete Abwehrhaltungen erwartet werden. Vielleicht verursacht das Motiv einer – vielfach sicher unbewussten – sakralen Überhöhung

22 Vgl. etwa Nethöfel (1998: 60): „Prophetischer Geist wendet sich von Anfang an gegen einen spezifisch kirchlichen Konservatismus, der sich als Sakralisierung ausdrückt ... Denn von Anfang an musste die Kirche durch Akte demonstrativer Weltlichkeit bei ihrer Sache gehalten werden, weil die zeichenhaften Änderungen der Vorgängergeneration nach einiger Zeit wieder für die Sache selbst gehalten wurden. Der alte Klerus trug antike Beamtentracht. Sie wurde erst sakral, als sie durch die Völkerwanderungsmoden im Alltag langsam skurril wurde. Um diese Sakralisierung des Nebensächlichen zu durchbrechen, predigte Luther demonstrativ in der ‚Schaube‘, der weltlichen Professorentracht seiner Zeit. Daraus wurde der Talar, über dessen Farbe und Beffchengarnierung einige evangelische Christinnen und Christen heute streiten, als ob Jesu Verkündigung daran hinge.“

des organisatorischen Status quo auch den Provinzialismus und manchmal geradezu grotesken Zwang, alles vor Ort selber erfinden zu müssen[23].

Denn in der Kirche ist ein ständiges thematisches Flirren, ein permanentes Oszillieren zwischen der Gemeinschaft der Heiligen und dem Kirchenverwaltungsamt. Und häufig spürt man sie parallel: die Logik des Kirchenverwaltungsamtes und die Präsenz des guten Geistes, die aber nur selten zu gemeinsamen Innovationen kommen.

Vorschläge zur Verbesserung der kirchlichen Organisation werden gerne gehört, und mittlerweile fast standardisiert mit dem Pauluswort beantwortet: „ Prüfet alles, und das Gute behaltet!“. Doch wie, nach welchen Kriterien werden die Vorschläge geprüft? Wie bringt die Kirche in ihrer Prüfung den Zusammenhang zwischen Glauben und Management zustande? Durch ein theologisches Vorwort zu einem Finanzgutachten?

„Prüfet“ bedeutet, sich mit Alternativen zur Organisation auseinander zu setzen. Beratung ist das Verfahren, in dem die Organisation lernt, dass sie anders sein könnte. Auf welcher Grundlage aber steht dieser Lernvorgang? Hat die Theologie neben dem Bremspedal auch einen Beschleunigungsfuß und ein Lenkrad?[24]

23 Vgl. Nethöfel (1998: 62): „Für viele Probleme der Lokalgemeinden liegen erprobte Managementlösungen der Caritas gleich nebenan – und scheinen doch Lichtjahre entfernt zu sein. Dasselbe gilt für den interkonfessionellen Erfahrungsaustausch, denn umgekehrt zeigt sich sofort: Wo die kirchlichen Kernaufgaben professionell angegangen werden, ist die ökumenische Kooperation selbstverständlich.“

24 Andersrum, aber ähnlich die Frage von Johannes XXIII., ob die Kirchenleitung sowohl für jene mit dem Fuß auf dem Gaspedal wie für jene mit dem Fuß auf der Bremse zu gestalten sei. Allen (2005: 270)

Kapitel 3 Zulassungsbeschränkungen im Weinberg des Herrn? Management-Wissen als Chance für die Organisation Kirche

Warum tun sich die Kirchen schwer, ihr Organisationshandeln durch Nutzung von Managementwissen entschieden zu verbessern? Und was spricht dafür, es trotzdem zu tun? Eine reflektierte Arbeitsbeziehung von Kirche und Management kann dazu beitragen, das Verhältnis zwischen der geistlich-immateriellen und der organisatorisch-materiellen Wesensbestimmung von Kirche unter aktuellen Bedingungen produktiv zu erneuern. Dadurch könnten die Grundlagen für ein wirksameres, aktiv gestaltendes Organisationshandeln verbessert werden.

3.1 Die Management-Irritation

3.1.1 Hilft Unternehmensberatung der Kirche?

Die Kirchen gelten als letztes Abenteuer der Unternehmensberatung, nicht zuletzt deswegen, weil es sehr widersprüchliche Signale im Blick auf ihre Kooperationswilligkeit und -fähigkeit gibt. Die Brücken zwischen den Welten „Kirche“ und „Management“[1] sind noch schwankend und lückenhaft, auch wenn sich zunehmend – gerade auf Seiten der Kirche – Fürsprecher und Vermittlerinnen finden[2]. Die in den letzten beiden Kapiteln beschriebene Situation legt nahe, dass die Kirche sich gezielt des Sachverstandes derer bedient, die in der klaren Strukturierung von Organisationen viel Wissen und Erfahrung haben. Aber die Voraussetzungen dafür sind ähnlich umstritten, wie das in den 60er und 70er Jahren des letzten Jahrhunderts war, als sich die kirchliche Seelsorgepraxis mit Hilfe der psychoanalytischen und psychotherapeutischen Wissenschaft und Praxis weiterentwickelt hat. Wozu ist Unternehmensberatung gut? Was hat Management in der Kirche verloren?

Die Gefühle sind zwiespältig. Viele Theologen, denen neben ihren klassischen Berufsfeldern administrative Aufgaben in oft erheblichem Umfang zugewachsen sind, betrachten tendenziell ihre eigenen Verwaltungen als notwendiges Übel und suchen im eigenen Zuständigkeitsbereich, soweit möglich, an die Stelle höchstmöglicher professioneller Standards die

1 Wir gebrauchen „Management“ hier als weiten Sammelbegriff für unterschiedliche theoretische und praktische Konzepte, die an der Gestaltung von Organisationen ausgerichtet sind, zählen also nicht nur die Managementansätze im engeren Sinne wie z.B. Personalführungskonzepte dazu, sondern auch BWL-Theorie insgesamt, Modelle zur Organisationsentwicklung und Gedankengänge aus der (Organisations)soziologie. Ähnlich weiträumig definiert Galler (2004: 91), bezogen auf die Praxis, „Management ... als das Gestalten, Lenken und Entwickeln unserer wirtschaftlichen und sozialen Organisationen“.

2 Vgl. z.B. die von dem an der Kirchlichen Hochschule Bethel/Bielefeld lehrenden Praktischen Theologen Prof. Alfred Jäger herausgegebene Reihe „LLG – Leiten. Lenken. Gestalten. – Theologie und Ökonomie“; In Bayern gehören Herbert Lindner und Günter Breitenbach zu den Pionieren im Brückenbau zwischen Management und Theologie. Famos (2003: 385) beobachtet, dass „seit Mitte der 90er Jahre ein wachsender Strom von Untersuchungen“ Managementmodelle aus dem Nonprofit-Bereich für die Kirche zu rezipieren sucht. Einige Veröffentlichungen und Projekte in diesem Bereich nennt auch Herbst (2001: 86). Im Zusammenhang dieses Buches ist die Nuance nicht ganz unwichtig, dass das Dekanatsentwicklungsprojekt „Evangelisch in Nürnberg (E.i.N.)“ weder „evangelisches Nürnberg-Programm“ heißt, noch dass es sich als „einen fränkischen Nachahmer“ des evangelischen München-Programms zutreffend charakterisieren lässt (so Herbst ebd.). E.i.N. ist in der Prozessgestaltung (vgl. Borger 2001) wie im Konzept und Ergebnis (vgl. Bammessel u.a. 2002, Bammessel/ Borger 2005) sicher nicht nur in fränkischen Augen vom evangelischen Münchenprogramm deutlich unterscheidbar.

freundliche Atmosphäre kirchlichen Miteinanders zu setzen. Das ist verständlich und sogar sympathisch, genauso wie die umgekehrte Problem-Variante verständlich ist, dass Geistliche zu beflissenen Dilettanten im Verwaltungsbereich werden, denen niemand raten darf, weil sie alles lieber selber entdecken bzw. schon entdeckt haben. Auch manche Leitungs- und Schlüsselstellen der Organisation Kirche sind mit Personen besetzt, die aufgrund ihrer primären beruflichen Sozialisation zu den Managementaufgaben, die sie de facto haben, nur schwer Zugang finden. Und so kommt es wiederum vor, dass auf den verschiedensten Ebenen kirchlicher Organisation einzelne Personen eine unverhältnismäßig große eigene Macht aufbauen können, weil ihre Vorgesetzten sie aufgrund fehlenden Sachverstandes nicht wirksam kontrollieren können, oder weil sie das schon aufgrund ihres Selbstverständnisses gar nicht tun wollen. Dass Management zum „Massenberuf"[3] geworden ist, wird allerdings auch außerhalb der Kirche, z.B. in den Pflegeberufen oft übersehen.

Andererseits haben die Kirchen in den letzten 30 Jahren bereits interne Vermittlungsstellen entwickelt, durch die auch über den Verwaltungsbereich hinaus das Wissen aus Organisationssoziologie, Betriebswirtschaft und Organisationsentwicklung zuerst punktuell, dann immer breiter für die Praxis in Gemeinden, Einrichtungen und Ämtern fruchtbar gemacht werden konnte. Im Bereich der kirchlichen Erwachsenenbildung werden professionelle Techniken der Unternehmensführung rezipiert und gelehrt, z.B. für die kompetente Gesprächsführung in Gremien und Gruppen, für befriedigendes Sitzungsmanagement, gelingende Teamarbeit und eine ebenso menschenfreundliche wie effiziente Büroorganisation. Professionelle Personalführung und Personalentwicklung werden seit einigen Jahren im Bereich der EKD in vielen Landeskirchen groß geschrieben, kybernetische Trainings für Leitungspersonen werden obligatorisch und teilweise auch als Management- und Führungstraining in Zusammenarbeit mit Unternehmensberatungen durchgeführt. Mit der „Gemeindeberatung", die es auf katholischer wie auf evangelischer Seite in Deutschland, in der Schweiz und in Österreich gibt, sorgt eine Art innerkirchlicher Unternehmensberatung[4] für den Wissenstransfer und den Kontakt zwischen Kirche und Management.

Meist wird Gemeindeberatung nebenberuflich ausgeübt von Pfarrerinnen, Diakoninnen, Sozial- und Religionspädagoginnen, Pastoral- und Gemeindereferentinnen, die aufgrund kircheninterner Konzepte berufsbegleitend ausgebildet werden und dann auf Anforderung hin in die Gemeinden und andere kirchliche Einrichtungen kommen. Dort führen sie mit den Leitungsgremien – den Pfarrgemeinderäten oder Kirchenvorständen, Presbyterien oder Kuratorien – Gemeindeanalysen durch, entwickeln Leitbilder, bereinigen Arbeitsstrukturen und helfen die Kommunikation zu klären. Ausbildung und Beratungskonzept sind konfessionell und landeskirchlich etwas unterschiedlich, aber immer in einem bewusst kirchlichen Stil gehalten, der besonders von theologischen, sozialpädagogischen und psychologischen Ansätzen geprägt wird.

Auch im Bereich der Öffentlichkeitsarbeit bedienen sich die Kirchen schon seit einiger Zeit der professionellen Kenntnisse aus der Wirtschaftswelt, auch hier gibt es kircheneigene bzw. kirchennahe Vermittlungsstellen wie das GEP (Gemeinschaftswerk Evangelischer Publizistik) oder die katholische MDG (Mediendienstleistungsgesellschaft). Es gibt kirchlich

3 Galler (2004: 92)

4 Vgl. zur theoretischen Seite z.B. Breitenbach (1994), Lindner (1994 und 2000: Die 2. und völlig neu bearbeitete Auflage von 2000 zeigt – und benennt im Vorwort – den Einfluss, den für den Autor die Begegnung mit professioneller Unternehmensberatung für die Weiterentwicklung seiner Ansätze hatte); Gemeindeberatung stellen Berg / Schmidt (1995) profund dar.

verankerte Unternehmensberatungen, Werbeagenturen entwerfen im Auftrag von Kirchenleitungen Kinospots und Plakatreihen, und die Entwicklung von Logos als Teil einer „Corporate Identity“ gehört für viele Gemeinden und kirchliche Einrichtungen bereits zur Normalität, auch wenn nicht alle diese Entwicklung gut finden. Seit einigen Jahren ist kirchliche Öffentlichkeitsarbeit zumindest im Bereich der evangelischen Landeskirchen ein prüfungsrelevanter Teil der Theologen-Ausbildung. Die Internetseiten kirchlicher Gemeinden und Einrichtungen sind im katholischen wie im evangelischen Bereich inzwischen oft sehr professionell, liebevoll und durchdacht gestaltet.

3.1.2 Faszination und Kulturcrash

Nun tauchen aber in jüngerer Zeit nicht nur in Einrichtungen von Diakonie und Caritas, an deren „wirtschaftsnahe“ Strukturen man sich bereits gewöhnt hatte, und nicht nur in Finanzabteilungen, sondern auch auf der Ebene der Kirchengemeinden, Dekanate, Diözesen und Landeskirchen „echte“, d.h. nicht-kirchliche externe Unternehmensberatungen auf, die sich umfassend zum Kirchenmanagement äußern.

Vorreiter und Paradebeispiel in der Diskussion ist die Zusammenarbeit des Evangelisch-lutherischen Dekanates München mit der großen Unternehmensberatungsfirma McKinsey & Co.[5]. Letztere hat 1996 eine unentgeltliche (sogenannte „Pro bono“-) Beratung durchgeführt und damit das „Evangelische München-Programm“ (eMp) auf den Weg gebracht.

> „Plötzlich standen überall Flipcharts mit einer minutiös vorbereiteten Tagesordnung für jede Sitzung und jedes Gespräch. Bestandsaufnahmen wurden gemacht, Zeitpläne erstellt, Ziele formuliert und Aufgaben verteilt. ... Was wir am Abend nach einem anstrengenden Arbeitstag skizzieren konnten, wurde via Internet in das McKinsey Office von Los Angeles, Tokyo oder Sydney geschickt und dort zu Grafiken und Diagrammen ausgearbeitet, die wir am nächsten Morgen unseren verblüfften Dekanen vorlegen konnten. Damals kursierte unter uns Theologen ein neuer Vers für unser Abendgebet: ‚Die Erde rollt dem Tag entgegen; / wir ruhen aus in dieser Nacht / und danken dir, wenn wir uns legen, / dass ein McKinsey immer wacht.‘ Die ‚Mackies‘ legten ein Tempo vor, dass wir gar keine Zeit mehr für die geliebten und folgenlosen Grundsatzdiskussionen hatten. Wir hatten alle Mühe, mitzukommen. Doch die Mühe hat sich gelohnt. Jetzt, an andere Geschwindigkeiten gewöhnt, haben wir alle Mühe, geduldig zu bleiben. Wir sind noch dabei es zu lernen und zu akzeptieren, dass eine Änderung der Arbeitskultur in der Kirche wohl zwischen zehn und zwanzig Jahre braucht, es sei denn, dass die ökonomischen Zwänge uns Beine machen.“[6]

Diejenigen, die als innerkirchliche Adressatinnen solche Berichte lasen, ließen sich nur vereinzelt von der darin spürbaren Begeisterung anstecken. Die überwiegende Mehrheit blieb abwartend, und manche sahen sogleich die Berater in der kulturimperialen Geste der mainstream-Modernisierer kommen, die der Kirche ihre Widerständigkeit gegenüber dem Zeitgeist samt den darin wirksamen „Mächten und Gewalten“ austreiben wollten. Dieser Verdacht war prägend für die Debatte, auch wenn so manche unter den teils gefürchteten, teils verspotteten Hilfskräften aus der Welt der Unternehmenslenkung ausdrücklich nach der besonderen Art fragten, in der sich die Kirchen – ihrem besonderen Auftrag entsprechend

5 Menne (2004: 352) stellt allerdings richtig, dass bereits Jahre zuvor der Kölner Stadtkirchenverband mit der Kommunikationskampagne „misch dich ein“ als Eisbrecher gewirkt hat

6 Löhr (1999: 3)

– verstehen, auf dem „religiösen Markt“ bewegen und entwickeln wollen[7]. Viele von ihnen sind kirchlich interessiert oder sogar in kirchlichen Ehrenämtern engagiert.

Die Projektbeteiligten aus Unternehmensberatung und Kirche haben – in München wie andernorts – immer wieder betont gesagt, was sie aneinander schätzen. Die einen, die „Macher“, finden den Sinnhorizont des Unternehmens Kirche aufregend, die geistige Tiefe und Menschlichkeit. Sie finden die „Botschaft klasse“ und die „Produkte einmalig“. Die anderen sind begeistert, weil ihnen endlich jemand zeigen kann, wie in den bürokratisch verfestigten und dennoch überbordenden kirchlichen Alltagswust moderne, sachliche Strukturen einziehen können, wie dadurch sinnvolle Veränderungen schwungvoller und effektiver auf den Weg gebracht werden können.

Die leibhaftige Begegnung von Kirche und kühlem Management hat viele, die die erste Phase des eMp oder andere frühe „Experimente“ dieser Art miterlebt haben, fasziniert; dabei haben die Unterschiede in der Mentalität, der Arbeitsgeschwindigkeit, der Kultur und – vielleicht – der Lebenshaltung insgesamt eine große Rolle gespielt. Schon damals sahen viele in dieser Begegnung weitreichende Chancen für die Wahrnehmung des kirchlichen Auftrags.[8] Andere standen beobachtend dabei und sprachen von einem „Kulturcrash“, der ganz offensichtlich nicht ganz geringe Abwehrreaktionen in den kirchlichen Reihen hervorrufe – und sie sollten Recht behalten.

Die Umsetzung der eMp-Vorschläge, die 1996 erstmals veröffentlicht und von der Münchner Dekanatssynode angenommen, 1998 in leicht überarbeiteter Form erneut veröffentlicht wurden, gestaltete sich nach einem schnellen und optimistischen Start in den Folgejahren immer schwieriger[9]. 2000 kam es zur Krise; die Projektleitung beendete ihre Arbeit, und damit war das Projekt selbst zunächst am Ende. Im Jahr 2001 startete das eMp mit neuer Leitung in seine zweite Phase und, damit verbunden, änderte sich die programmatische Ausrichtung. Statt eines geschlossenen Maßnahmenpaketes, das den Gemeinden zuvor anempfohlen wurde, wurde nun (in größerer Flexibilität der Anwendungsmöglichkeiten) der dem Konzept zugrunde liegende Gedanke wieder mehr in den Vordergrund gestellt, die „Kirchenfernen“ deutlicher ins Blickfeld der Gemeinde- und Kirchenentwicklung zu rükken. Aber auch diese Modifikation konnte nicht verhindern, dass das eMp – bis heute national und international ein viel beachtetes Experiment! – wie ein Fremdkörper wieder abgestoßen wurde: Im Februar 2004 beschloss die Dekanatssynode, das Projekt ohne abschließende Evaluation zwei Jahre früher als geplant zu beenden.

Das Dekanatsentwicklungsprogramm „Evangelisch in Nürnberg“ (E.i.N.), das den Erfahrungshintergrund und die Motivation für dieses Buch geliefert hat, konnte eher im Stillen und dadurch geschützter gedeihen. Aber auch hier gab es wie andernorts bei protestantischen wie katholischen Reformprojekten Widerstände und Lernprozesse, die mit dem ei-

7 Der McKinsey-Berater Thomas von Mitschke-Collande z.B. fordert in der SZ vom 17.9.2004, sich beim Übergang „von der Volkskirche zu einer missionarischen Kirche im Volk“ nicht aufs bloße Geld-Sparen zu fixieren: „Sparen heißt, Zeit zu kaufen, um Visionen zu entwickeln, um langfristig tragfähige Lösungen zu entwikkeln.“

8 Menne (1998: 174) spricht im Blick auf die Kommunikationskampagne des Kölner Stadtkirchenverbandes von einem „Windstoß, der eine bis dahin nur einen Spalt breit geöffnete Tür endgültig aufriss – die Tür zu einem Raum, den die Kirche erst 1992 wirklich mit beiden Füßen betrat: das Terrain, wo es um Management der Geschicke des ‚Unternehmens Kirche‘ geht und um Kommunikation als Generator von Dialog, um Brückenschläge zwischen Institution und Mitgliedern, um die Stabilisierung eines immer brüchiger werdenden Beziehungsgeflechtes zwischen Kirche und Welt, um Personalentwicklung also in einem sehr umfassenden Sinne.“

9 Vgl. zum folgenden Absatz Herold (2004) und Menne (2004)

gentümlichen und (noch) nicht selbstverständlich regulierten Verhältnis von Kirche und Management zu tun haben[10].

Manche dieser Widerstände und Lernprozesse haben Hintergründe, die zum Teil durchaus vergleichbar mit beliebigen anderen Organisationen und also ganz prosaisch sind, wie z.B. die Machtinteressen einzelner Personen oder Berufsgruppen in Zeiten des Wandels. Pfarrerinnen und Pfarrer lassen sich z.B. in der Regel nicht gern in die Karten schauen, wenn es um das Zeitmanagement in einem Beruf geht, zu dessen Vorzügen die enorme Freiheit gehört.

Zum Teil wirken sich dabei aber auch Dinge widerständig aus, die weit zurückreichen in die Entwicklungsgeschichte von Kirche als Organisation und tief hinab in die theologischen und spirituellen Schichten kirchlichen Selbstverständnisses. Im Kern geht es dabei um die Frage, wie sehr und wodurch genau sich Kirche von „der Welt", und zumal von der Welt der Wirtschaft unterscheiden muss, um Kirche zu bleiben – und wie das, was an der Kirche selbst „weltlich" ist, mit ihrem geistlichen Wesen in Verbindung gebracht wird.

Deswegen ist es grundsätzlich noch umstritten, ob Managementdenken und Managementinstrumente in den nächsten Jahren einen guten Beitrag dazu leisten können, dass sich die Kirchen ihrem Auftrag und den gegenwärtigen Herausforderungen entsprechend neu organisieren. Das Abenteuer kirchlicher Unternehmensberatung ist noch nicht an sein Ende gekommen.

3.1.3 Balken und Splitter[11]

Welche Methoden und Strukturen, welcher Arbeitsstil sind der Kirche aus theologischer und geistlicher Sicht angemessen? Welche neuen Organisationsformen bieten sich aus welchen Gründen an? Unter welchen Bedingungen wollen kirchlich Verantwortliche solche neuen Formen adaptieren? Das können sachliche, konstruktive, kritische Fragen sein. Als solche gehören sie in die vorderste Reihe einer Agenda zum Thema Kirche und Management, und als solche müssen sie laufend mitgedacht werden und sollten als methoden- wie aufgabenkritisches Instrument immer zur Hand sein.

Leider werden sie oft als rein rhetorische Fragen gestellt, die einer Abwehr von Zusammenarbeit dienen und die Kommunikation planmäßig auflaufen lassen. Unausgesprochen wirkt dabei der Ideologieverdacht gegenüber allem, was als Management daherkommt. Und er wirkt so, dass die dadurch entstehende eigene ideologische Verhärtung meist gar nicht mehr wahrgenommen wird.

In den letzten Jahren ist die öffentliche Diskussion über die Arbeitsbeziehungen zwischen Kirche und Unternehmensberatung eher negativ oder zumindest über die Maßen skeptisch gefärbt. Darin spiegeln sich die innerkirchlichen Widerstände; gleichzeitig werden sie dadurch verstärkt. Die mediale Berichterstattung hat zwei Schwerpunkte: Entweder es geht um kurzfristiges Krisenmanagement angesichts desaströser kirchlicher Finanzlöcher wie etwa im Fall der Berliner Diözese, die kürzlich mit einem 130-Millionen-Defizit aufwartete[12]; in solchen Fällen versteht sich die geringe Begeisterung von der Situation her. Anders – und das ist der zweite Schwerpunkt –, wo Aufeinandertreffen von Kirche und Unternehmens-

10 Zum katholischen Bereich vgl. etwa die Schwierigkeiten bei der Umsetzung des Passauer Pastoralplanes, von Zulehner (2003: 190 ff.) beschrieben.

11 Vgl. Matthäus 7,3 ff. und siehe zu diesem Abschnitt weiter unten den Gliederungspunkt 4.2.1

beratung in seiner grundsätzlichen Bedeutung diskutiert und kommentiert wird. In einer Artikelserie in der „Süddeutschen Zeitung" im Jahr 2002 z.B. haben die Autoren v.a. Zweifel benannt, Widerstände aufgegriffen und Legitimationen gesucht. Kaum jemand fand sich, der die sich bietenden Möglichkeiten freudig begrüßt, mit guten Beispielen belegt oder gar selbstverständlich mit positiven Perspektiven verbunden hätte.

Auch wenn es in der deutschen praktisch-theologischen Fachliteratur beider großen Konfessionen gut durchdachte, in kirchlicher Alltagspraxis verankerte Beispiele gibt[13], hat die Zusammenarbeit zwischen Kirche und Management-Experten bzw. die Rezeption von Management-Wissen hierzulande im mainstream der öffentlichen und innerkirchlichen Meinung immer noch eher etwas Anrüchiges. Allenfalls für die höheren Ebenen von Kirchenleitung wird es als einigermaßen zweckdienlich gesehen – aber das passt dann für viele gefühlsmäßig ganz gut zu dem ohnehin zweifelhaften Bild von Vertretern einer „Amtskirche", die in ihrem grundsätzlich unsympathischen Charakter jetzt eben vom Hierarchie- und Behördenvertreter zum „Nadelstreifentheologen"[14] wechseln.

Einige stoßen im Namen der Theologie Warnrufe von geradezu kirchenkampf-ähnlicher Dringlichkeit aus. Besonders gegenüber dem „Evangelischen München Programm" wurde schnell ein Ausverkauf christlicher Identität befürchtet. Wer, so ein Einwand, als Unternehmensberatungsfirma für Massenentlassungen verantwortlich sei, dürfe keinen Fuß in eine Organisation setzen, der der Schutz der Schwachen besonders am Herzen liegt.

Der Verdacht dabei ist, die Kirche beuge sich, wenn sie Management-Techniken adaptiert, fremden Gesetzen, ohne es recht zu merken – noch dazu solchen aus der Welt der Wirtschaft, die im Sinne einer scharfen und überschaubaren Abgrenzung von Kirche und Welt manchen als Inbegriff struktureller Sünde gilt. Der Warnruf lautet: Passt auf, dass ihr nicht die Sache der Kirche verratet, passt auf, dass ihr nicht, indem ihr euch aus fremden Quellen zu nähren versucht, ein zersetzendes Gift in euch aufnehmt, passt auf, dass ihr nicht letztlich Götzendienst betreibt!

Diese Haltung hat viel mit Vorurteilen, besonders auf Seiten der Kirchenleute zu tun. Ganz sicher haben die Vorurteile ihr Recht und ihre Gründe[15]. Aber in ihnen drückt sich auch

12 Artikelüberschriften überregionaler Zeitungen: „Katholische Kirche verkauft 100 Gotteshäuser" – (Welt, 21.11.2003), „Seelsorger und Sanierer" (FAZ, 13.8.2005), „Der Herr hats gegeben.." (WamS, 4.12.2005); „Auf Pump gelebt" (SZ, 6./7.3.2004); „Leere Kirchen, leere Kassen" (FAS, 19.1.2003); „Der Letzte bläst die Kerzen aus" (SZ, 18.3.2003); „Die Vermögensverwalter Gottes" (Welt, 25.11.2003); „Sparkommissare im Talar" (SZ, 31.7.2003); „Die Kirchen und das Kürzen" (SZ, 22.8.2003)

13 Vgl. z.B: Abromeit u.a. (2001), Lindner (2000), Klostermann (1997), Mertes (2000). Hilberath/Nitsche (2002) präsentieren als Anlage ein „Synoptisches Aufmerksamkeitspapier", in dem in sorgfältiger Unterscheidung der Ebenen theologisch-ekklesiologische Grundaussagen mit Organisationszielen verknüpft werden. Letztere sind im Vergleich zur hier vorgestellten Balanced Church Card nicht vollständig operationalisiert, dafür sind die theologischen Grundsätze ausführlicher dargestellt.

14 Nürnberger (2002: 57)

15 Vgl. Galler (2004: 91): „Ein ganzes Jahrzehnt der Fehlentwicklungen im Management hat diesem Berufsstand schweren Schaden zugefügt. ... So ist heute ‚Manager' nicht nur zum Synonym für Macht und Einfluss geworden, sondern in manchen Kreisen auch zu einer etwas dubiosen, schillernden Figur im Dunstkreis von Machtmissbrauch und Selbstbereicherung. ... Wir brauchen eine Rehabilitierung von Management. Das sind wir den Menschen schuldig, die in den Organisationen in zahlreichen Führungsfunktionen ihre Pflicht mit großem Erfolg tun."; Hilmer/Donaldson (1997: 323): „Gutes Management ist zu komplex, als dass es in ein vorgefertigtes Programm oder eine Universalrezeptur gepresst werden könnte. Der gute Manager muss Kopf und Herz haben. Sein Kopf sagt ihm, welche fundierten Konzepte sich eignen und wie er sie sorgfältig auf die jeweilige Situation anpassen muss, wobei er sich auf gründliche Überlegungen stützt und die notwendigen Daten gewissenhaft erfasst und verarbeitet. Sein Herz sagt ihm, dass er sein Handeln auf die Menschen abstimmen muss, mit denen er zusammenarbeitet und für deren Arbeit er verantwortlich ist. Jedes Unternehmen, jede Gruppe von Menschen, jeder Markt ist anders. Erfolg kommt nicht als Fertigprodukt – er muss erarbeitet werden."

eine ganz anders gelagerte Problematik aus, dass nämlich die Organisationsgestalt der Kirche gerade von ihren eigenen Profis, den Theologen, viel zu wenig beachtet, ja geradezu lieblos vernachlässigt wird. Die theologische Traditionsbildung hat hier offensichtlich eine Tendenz zur Auf- und Abspaltung produziert, zumindest aber nicht überwunden.

Das Niveau der theologischen Diskussion über kirchliche Organisationsfragen mutet bisweilen merkwürdig an[16]. Immer wieder werden leicht lösbare Fragen zu grundsätzlich unlösbaren Problemen stilisiert. Zum Beispiel: Natürlich funktioniert die Kirche nicht „wie andere Geschäfte auch“[17], das lässt sich auch unter betriebswirtschaftlichen Gesichtspunkten in jedem Handbuch für Nonprofit-Unternehmen nachlesen und ist in der theologischen Diskussion bereits seit vielen Jahren gängig: „Wo Preis und Gewinn als Regulativ entfallen, stellt sich die Grundfrage des Wirtschaftens eher verschärft: Werden die zur Verfügung stehenden Möglichkeiten und Mittel so eingesetzt, dass sie den Zielen der Organisation wirklich dienen und sind die gebotenen Leistungen so gestaltet, dass sie am Markt bestehen können, weil sie den Bedürfnissen der Menschen entsprechen? Die kirchlichen Mitarbeitern und insbesondere Theologen naheliegende Abwehr solcher Überlegungen ... wird ... dort produktiv, wo sie Denkvoraussetzungen überprüft. “[18]

Natürlich ist eindimensionaler „Jargon“[19], gleich welcher Tonart, gemessen an den eigentlich unerlässlichen theologischen Differenzierungen oft ärgerlich. Natürlich wird zu recht von Theologinnen eine andere Sprache erwartet als von Betriebswirtschaftlerinnen – auch wenn es um kirchliche Organisationsfragen geht. Dabei sind nicht einzelne Wörter und Begriffe entscheidend, sondern die Frage, ob die grundlegenden Unterscheidungen (v.a. die von Kirche als Glaubensgemeinschaft und Kirche als Organisation) gewahrt bleiben – und: Ob die Zusammenhänge zwischen diesen beiden Ebenen überzeugend hergestellt werden. Das ist allerdings eine arge Zumutung für „eine theologische Reflexion, die sich in eigensinnigen Konstruktionen und Welten bewegt und mit Lust die Frage nach der ökonomischen und der organisationspraktischen Umsetzbarkeit ihrer Postulate ausblendet – auf der anderen Seite aber den Kirchenleitungen bestenfalls reinen Pragmatismus, häufig aber herrschaftliche Ignoranz und Schlimmeres vorwirft.“[20]

Wenn aber Fachtheologen, die um Aufklärung der Lage gebeten werden, theologisch zentrale Unterscheidungen vernachlässigen bzw. auf der Basis oft falscher Annahmen oder gar massiver Unterstellungen theologische Sätze völlig verdreht in die kirchenorganisatorische Praxis übersetzen[21], wenn dies nicht nur in Einzelfällen, sondern epidemisch geschieht, stellt sich die Frage: Wozu? Wem nützt das? Wollen die Autoren sich wichtig machen? Sind ihnen die Fragen kirchlichen Organisationshandelns keine größeren gedanklichen Anstrengungen und sorgfältigen Argumentationen wert? Möchten sie ihr Feindbild Kirchenleitung nicht verlieren und sich auf die richtige Seite „der“ kirchlichen Basis stellen? Es ist jedenfalls ziemlich erschütternd, wie wenig – nimmt man die SZ-Serie zum Maßstab – der wissenschaftlichen Theologie bisweilen an klärenden, weiterführenden und im guten Wortsinn kritischen, unterscheidenden Gedanken zu kirchlichen Praxisfragen einfällt. Weder der sys-

16 Ähnlich auch Dietzfelbinger (2002: 85 f.)

17 Scobel (2002: 73)

18 Breitenbach (1994: 198)

19 Scobel (2002: 72)

20 Wegner (2003: 403)

21 Ein besonders beliebtes Spielfeld dafür ist der Bereich kirchlicher Personalführung, vgl. z.B. Roloff (2002: 33 f.); Möller (2002: 65), Nürnberger (2002: 56 f.); dazu korrigierend Friedrich (2002: 61-64)

tematische Theologe, noch der Vertreter der Praktischen Theologie hatten viel mehr anzubieten als Verrisse.[22].

Statt bedenkenlos Machtzuschreibungen an McKinsey vorzunehmen[23], ist es schön, wenn das Verhältnis zwischen Kirche und Management im Sinne einer präzisen, sorgfältigen theologischen Religionskritik geklärt wird. Dazu gehört neben der Benennung kapitalistischer Ideologie[24] eine zugleich sorgfältige und phantasievolle Arbeit an Entsprechungen im Detail, ohne Angst davor, dass dadurch die kirchliche Identität verloren geht. Doch davon sind viele weit entfernt. Das sachliche Anliegen, kirchliche Organisation zu verbessern und dabei in der Begegnung unterschiedlicher Arbeits- und Lebenskulturen in Kirche und Management voneinander zu lernen, löst insgesamt wenig Sympathien aus. Es ist und bleibt bislang eher die Sache von Einzelnen und entfaltet keine Breitenwirkung.

3.2 Organisatorische als theologische Fragen

3.2.1 Organisiert der Glaube die Kirche?

Scheinbar eindeutige Formen christlichen Lebens sind nach allgemeinem Empfinden solche, in denen es unmittelbar um christlich-religiöse Inhalte geht: Gebet und Caritas, christliche Erziehung und Bildung, Seelsorge und Glaubensgespräche. Abgesehen von der Frage, wie viele der getauften Christen solche Lebensformen punktuell oder regelmäßig pflegen, ist es für unseren Zusammenhang hilfreich, sich einmal möglichst radikal alternative Formen vorzustellen: Es wäre ja auch denkbar, dass sich die christliche Gemeinde zum Gottesdienst am Sonntag in kleineren Gruppen in der Wohnung eines der Gemeindeglieder trifft – so wie ganz am Anfang der Geschichte der Christen und so wie in Ländern, in denen die Christen verfolgte Minderheiten sind. Es wäre auch denkbar, dass nach dem Sonntagsgottesdienst die ganze Gemeinde für den Rest des Tages zusammenbleibt und sich praktischer Hilfe für andere widmet. Es wäre ebenso denkbar, dass es keine besoldeten Pfarrerinnen und Pastoralreferentinnen, keine Priester und Jugendreferenten gibt, sondern das gesamte Gemeindeleben ehrenamtlich getragen wird.

Was es heißt, als „Gemeinschaft der Heiligen" (3. Artikel des Apostolischen Glaubensbekenntnisses) zu leben, als „Volk Gottes", gegründet im Zeugnis der Bibel, wie das konkret aussieht, in welchen sozialen Formen es sich ereignet, und wie diese organisiert sind – das ist im besten Sinne des Wortes fragwürdig. Fest stehen zunächst nur die Urdaten christlicher Kirche: Die Verkündigung des Evangeliums, die Taufe und die Feier des Abendmahls. Vieles weitere ist bzw. war einmal offen. Jede Gestaltung von Kirche baut auf einer Fülle von Entscheidungen früherer Generationen auf, passt die daraus entstandenen Formen neuen Entwicklungen an und richtet sich in den gegebenen Verhältnissen der jeweiligen Zeit ein, übernimmt so die nahe liegenden Lebensformen und schöpft dabei aus dem Strom biblischer Lebensbilder und ihrer Deutungen.

Schon in den biblischen Überlieferungen gibt es unterschiedliche Formen, in denen das Volk Gottes – im Alten wie im Neuen Testament – das eigene Zusammenleben gestaltet. Und zu dieser Pluralität der religiösen Lebensformen und ihrer Entwicklung kommt es –

22 Der abgewogenere Beitrag von Matthias Schreiber macht umso ratloser gegenüber solcherart fachtheologischer Lust am Verschweigen gängiger Differenzierungen

23 Scobel (2002: 73) spricht von einer „Übernahme der Kirchenführung durch Berater"

24 Vgl. Amery (2002: 75 ff.)

auch das dokumentieren die biblischen Schriften – manchmal durch erheblichen Streit. Es ist nicht selbstverständlich, dass z.B. im Alten Testament die Institution des Königtums mit den Glaubensüberzeugungen Israels verbunden wird; das war im Gegenteil heftig umkämpft, und der große religiöse Führer Samuel hat lange Zeit mit aller Kraft dagegen gearbeitet (vgl. 1.Sam 8-12). Entscheidungen sind gefallen an vielen Stellen der Geschichte des Bundesvolkes Israel und später der christlichen Gemeinden – Entscheidungen, die gut begründet wurden, aber im Prinzip auch hinterfragbar sind und immer wieder hinterfragt werden. Die bis heute wohl schicksalhafteste Entscheidung der christlichen Kirchengeschichte z.B. hat – zumindest vordergründig gesehen – ein Mann ganz alleine getroffen; er hieß Konstantin. Dass das Christentum Staatsreligion wurde, ist ihm wahrlich nicht an der Wiege gesungen worden, ebenso wenig, dass es einmal ein Außenamt der EKD, einen Vatikanstaat und Motorrad-Gottesdienste geben wird.

Viele aus der „Gemeinschaft der Heiligen" berufen sich, wenn ihre christliche Lebensform oder die Sozialgestalt ihrer kirchlichen Gemeinschaft angefragt wird, in letzter Instanz auf die Bibel. Damit haben sie meist ebenso recht wie es umgekehrt prinzipiell keinen sakrosankten Besitzstand irgendeiner organisatorischen Gestalt von Kirche geben kann. Vielmehr haben einzelne Personen, Gruppen, Gemeinden und Kirchen ein jeweils spezifisches geschichtliches Erbe – die Heilige Schrift und wie sie im Kontext dieser konkreten Gruppe über Jahrhunderte hinweg ausgelegt und mit Leben gefüllt wurde. Und es gibt gegenwärtige Herausforderungen, die eine Weiterentwicklung dieses Erbes verlangen.

Dass der Glaube die Kirche organisiert, ist also eine nur relativ richtige Aussage. Weil sie für ihren Glauben nach Lebensformen gesucht haben, haben viele Generationen in immer neuen Anläufen die vielfältige Sozialgestalt der Kirche herausgebildet und weiterentwickelt. In dieser Geschichte sind allerdings, der menschlichen Natur entsprechend, auch andere Motive wirksam: Machtinteressen, Anpassungsdruck, Reichtum oder Armut, Gewohnheit, Politik. Und so übersetzt die Kirche (jede Kirche), so gut oder so schlecht sie kann, ihren Glauben, ihre Botschaft und ihre theologischen Selbstaussagen immer wieder neu, mit Worten und in der Sprache des Handelns und durch die Strukturen, die sie sich gibt – auch dann, wenn die Verantwortlichen keine bewussten Entscheidungen treffen, sondern einfach so weitermachen wie bisher und den status quo beibehalten. Auch das beinhaltet aussagekräftige Entscheidungen.

3.2.2 Inneres Wesen und äußere Gestalt

„'Saxa loquuntur', die Steine sprechen, die Bilder, die Architektur, der Standort des Gotteshauses am Marktplatz oder draußen am Ortsrand. Auch die Institution spricht ihre Sprache dadurch, wie sie Menschen begegnet und nach welchen Regeln man Menschen in ihr behandelt. Die Institution spricht durch Titel, Mentalitäten, die sich in ihr ausgeprägt haben, durch Formulare und Türschilder."[25]

Weil das so ist – weil die Kirchen auch durch ihre äußere Gestalt „sprechen", und weil diese fragwürdig ist, löst die äußere Gestalt von Kirche auch immer wieder neu die Frage nach ihrem Glauben aus. Sieht man der Kirche an, was sie glaubt und verkündigt? Ist es in ihrer „Unternehmenskultur" spürbar? Zu allen Zeiten haben Reformbewegungen, aus denen z.B. im Mittelalter die Orden hervorgegangen sind oder in unserer Zeit neuere Formen von

25 Peetz (2000: 57)

kommunitärem Leben, im Rückgriff auf die biblischen Überlieferungen teilweise radikale Alternativen zu bestehenden Formen kirchlichen Lebens formuliert und gestattet.

> „Was dabei auf dem Spiel steht, ist das eine Produkt, das jedes Unternehmen letztlich auf dem Markt anbietet: Glaubwürdigkeit. Die Diskrepanz zwischen den Zielen kirchlichen Handelns und deren Umsetzung im Alltag wirkt über ihr öffentliches Erscheinungsbild auf ihr Selbstverständnis zurück und damit auf das, was sie tatsächlich ist. Denn Gott will sich in ihr aus ‚lebendigen Steinen (...) ein geistliches Haus aufbauen' (1 Petr 2,5)."[26]

Es ist immer bewusst gewesen, dass es eine Entsprechung, eine Analogie zwischen christlichem Glauben und der äußeren Gestalt von christlicher Kirche geben muss, und das wird immer eine kritische und dynamische Beziehung, eine spannungs- und konfliktreiche Analogie sein, die nie zum Stillstand kommt. Das christliche Armutsideal, die prophetischen Worte über wahre und falsche Hirten, das Gebot der Barmherzigkeit, die Sehnsucht nach vertiefter Spiritualität im Alltag, der Anspruch auf herrschaftsfreies Miteinander in der Nachfolge Jesu – diese und andere zentrale Glaubensinhalte stellen kirchliche Organisation permanent in Frage. Die Lebensorientierungen der Bibel – von den Zehn Geboten über die Bergpredigt bis hin zu prophetischen Texten des Alten und Neuen Testaments – fordern Entscheidungen und immer neue Anläufe, das eigene Handeln und auch die Organisationsgestalt der Kirche in eine aussagekräftige Entsprechung zum Heilshandeln Gottes zu bringen.

> „Kirchen sind Unternehmen, weil und solange sie in dieser Welt sind. Sie partizipieren an der Knappheitsordnung dieser Welt (ihrer ‚Ökonomie'), die Gott, nach Maß, Zahl und Gewicht geordnet' hat (Weish 11,20). Das Rückmeldeverhältnis von Angebot und Nachfrage ist ihnen vorgegeben als Schöpfungsverhältnis und Gesetz. Es ist ihnen aber auch aufgegeben, als Gestaltungsaufgabe und als Hintergrund einer Verheißung. Denn Kirchen sind nicht aus dieser Welt, sondern sie repräsentieren in ihr mit deren Woher und Wohin auch ihr Wozu. Kirchen sind in ihren externen und internen Beziehungen auf dem Markt, aber sie orientieren dort (und wenn es gutgeht: diesen) hin auf das Umsonst der Gnade Gottes, d.h. auf die große Alternative zum Markt, wie die Welt ihn meist versteht."[27]

Der Überschuss an Erwartung und Anspruch gegenüber der Kirche als Organisation erwächst ihr in erster Linie aus ihrer Glaubenstradition. Die Grundspannung zwischen dem Glauben und einer vorfindlichen Gestalt der Kirche bildet eine wesentliche Triebfeder für theologisches Denken und Handeln. Daher haben diejenigen Recht, die gegenüber der Zusammenarbeit von Kirche und Unternehmensberatung steil theologisch argumentieren. Allerdings könnten theologische Gesichtspunkte statt zu einer Abwehr auch zu einem kritisch-erwartungsvollen Dialog führen.

Die theologische Tradition der römisch-katholischen Kirche nimmt relativ deutliche Verknüpfungen zwischen Glaubensinhalten und organisatorischer Gestalt der Kirche vor und spricht dabei immer wieder von einer unauflösbaren Einheit aus weltlichen und geistlichen, ja mystischen Bedeutungen[28]. Das gibt jeder Neugestaltung einen relativ festen Rahmen vor. Wenn die organisatorischen Formen von Kirche grundsätzlich nicht einfach als „Menschenwerk", als geschichtlich bedingte, wandelbare Größen gesehen werden, sondern auch als ein Werk des Heiligen Geistes, ist der Respekt vor ihnen notwendigerweise groß, auch wenn die Wandelbarkeit äußerer Formen zum Selbstverständnis gehört.

---

26 Nethöfel (1998: 63)

27 Nethöfel (1998: 58)

28 Vgl. dazu die Ausführungen von Mertes (2000: 31 ff). Theologisch interessant ist, dass dies in Anlehnung an die altkirchlichen christologischen Formeln („ungetrennt und unvermischt") formuliert werden kann (ebd., Anm.50)

Die protestantischen Kirchen sehen dagegen aus theologischen und geschichtlichen Gründen in der Gestalt ihrer Kirche, solange eine „ordentliche" Wortverkündigung und Sakramentsverwaltung gewährleistet ist, eher eine pragmatisch und von der christlichen Ethik her zu lösende Aufgabe[29]. Kirche ist Nachfolgegemeinschaft und hat die Erkennbarkeit ihrer Form grundsätzlich immer wieder neu zu hinterfragen und zu gewährleisten („ecclesia semper reformanda"). So lassen sich die protestantischen Kirchen schneller und leichter, wenn auch nicht ohne kritisches theologisches Bewusstsein zum Wandel herausfordern. Darin liegt begründet, dass sie insgesamt „moderner" wirken und an wichtigen Stellen – Beispiel Frauenordination – geschichtliche Veränderungen schneller integriert haben. Andererseits wird z.B. die „klassische Unterbestimmtheit des lutherischen Kirchenbegriffs"[30] (d.h. die geringeren inhaltlich-theologischen Vorgaben für bestimmte Rollen, Kompetenzen und hierarchische Muster) auch als Manko empfunden. Unter diesem Blickwinkel hat die Einrichtung des landesherrlichen Kirchenregimentes zur Zeit der Reformation die Frage nach der evangeliumsgemäßen Gestalt der Kirche eher dauerhaft suspendiert als gelöst, und die seither fehlenden Kriterien für eine angemessene Sozialgestalt der Kirche führen entweder zur vorschnellen Anpassung an gegebene Machtverhältnisse und Modeerscheinungen, zum schlichten Beharren auf lieben Gewohnheiten oder unter direktem Rückgriff auf biblische Begründungen zu bisweilen lang andauerndem theologischen Streit.

3.2.3 Die Aufgabe: Glaubwürdigkeit

Dass die Kirchen *„mit ihrer Botschaft wie mit ihrer Ordnung"*[31] das Evangelium bezeugen, hat die Barmer Theologische Erklärung 1934 aus aktuellem Anlass in eher defensivem Sinn formuliert. Protestantische Theologen haben sich in einer extremen historischen Lage der äußeren Formen von Kirche als eines Bekenntnisgutes angenommen, um die äußere und innere Gleichschaltung der Kirchen in Nazideutschland, das Führerprinzip und alle damit verbundenen Abhängigkeiten der Kirchen vom totalitären Staat abzuwehren. Heute ist der Anlass, sich um die Angebotsstruktur, die Ordnungen, die Kommunikations- und Leitungsformen von Kirche zu kümmern, ein ganz und gar anderer: Die Ahnung nämlich, dass Mitgliederschwund und Traditionsabbruch, dass die viel besprochene „Krise der Volkskirche" hierzulande auch mit Realitätsverlusten, Kontaktschwäche und Selbstbezogenheit der großen christlichen Kirchen und der in ihnen dominierenden Gruppen zu tun haben.

Heute sind die kirchlich Beheimateten und Verantwortlichen dadurch herausgefordert, dass gerade die altehrwürdige Organisation der Kirche oftmals ein Hindernis zu sein scheint für ihre Botschaft[32]. Ratzinger formuliert das so: „Und so ist die Kirche für viele heute zum Haupthindernis des Glaubens geworden. Sie vermögen nur noch das menschliche Machtstreben, das kleinliche Theater derer in ihr zu sehen, die mit ihrer Behauptung,

29 Vgl. Wegner (2003: 412): „In dieser Hinsicht ist die Zuspitzung des protestantischen Kirchenverständnisses im Gegenüber zum Katholizismus, die Schleiermacher in seiner Glaubenslehre von 1821 vornimmt, nach wie vor höchst instruktiv: ,Vorläufig möge man den Gegensatz so fassen, dass der Protestantismus das Verhältnis des Einzelnen zur Kirche abhängig macht von seinem Verhältnis zu Christus, der Katholizismus aber umgekehrt das Verhältnis des Einzelnen zu Christus abhängig macht von seinem Verhältnis zur Kirche.'"

30 Oechslen (2000: 42)

31 Zitiert aus: Evang. Gesangbuch für die evang.- luth. Kirchen in Bayern und Thüringen, S. 1579, Hervorhebung durch die Verf.

32 Vgl. für den katholischen Bereich z.B. Siegfried Klostermann, der „die Bemühungen um das Selbstverständnis kirchlicher Trägerschaft" (1997: 19 f.) skizziert und einen eigenen Ansatz kirchlicher Unternehmensethik entwickelt.

das amtliche Christentum zu verwalten, dem wahren Geist des Christentums am meisten im Wege zu stehen scheinen."[33] Schlechte Organisation macht schlechte Laune, sie behindert, belastet, produziert Doppelbotschaften und legt sich somit der Verkündigungsaufgabe in den Weg. „Und es ist unverantwortlich, in kirchlichen Bereichen, in denen Gewinne für Bedürftige erwirtschaftet werden sollen, unfreiwillig unprofitabel zu sein. Fehlende Gewinnerzielungsabsicht legitimiert weder obrigkeitliches Gehabe, noch schlampigen Service, weder Muffeligkeit noch Ineffizienz. Wenn Freiwilligkeit im kirchlichen Bereich als Entschuldigung für mangelnde Professionalität angeführt wird, wird sie mißbraucht als Feigenblatt für miese Organisation."[34] Unabhängig von der sehr verschiedenen historischen Lage und unabhängig von konfessionellen Unterschieden erinnert die 3. Barmer These daran, dass das Wort Fleisch und die Glaubensgemeinschaft konkrete, fassbare, befragbare, kritisierbare, veränderbare, entwicklungsfähige Organisation wurde. Und es ist eben leider so: Viele kleine, lästige, oft rein technisch anmutende, knifflige Alltagsfragen ergeben in der Summe die Organisationsgestalt von Kirche.[35]

> „Die Kirche handelte wider besseres Wissen, prüfte sie die Erfahrungen der Wirtschaftswissenschaften nicht auch im eigenen Laden. ... Mich jedenfalls interessiert die gesicherte Antwort einer Unternehmensberatungsfirma durchaus, welchen Sinn es haben soll, dass eine Landeskirchengrenze das Ruhrgebiet zerteilt. Religionslehrer begegnen heute in der Regel mehr Kindern und Jugendlichen als die Pfarrer in den Kirchengemeinden. Da kann die qualifizierte Beantwortung der Frage wie sie in ihrer Arbeit noch besser unterstützt werden können, schnell spielentscheidend werden. Auch wer den Terminkalender eines Bischofs kennt, der sich oft strenger zeigt als die Knute des Pharao, sehnt sich nach sachkundigen Vorschlägen für die Abschaffung von Doppelstrukturen."[36]

So sorgfältig, wie Pfarrerinnen ihre Predigten vorbereiten, sollten die verantwortlichen Ehren- und Hauptamtlichen in der Kirche auch die Formen von Leitung und Zusammenarbeit, das öffentliche Erscheinungsbild und die kirchlichen Veranstaltungen daraufhin bedenken, was sich darin im Einzelnen und insgesamt ausdrückt und wie es sich auswirkt. Dabei zählt nicht, wie es gemeint ist, sondern vor allem, wie es ankommt. Wie klar und leicht kann sich ein Kirchenmitglied der eigenen Einschätzung nach informieren über seine bzw. ihre Kirche, über aktuelle kirchliche Themen, über Veranstaltungen und Mitwirkungsmöglichkeiten? Wie gut sieht sich ein kirchlicher Mitarbeiter durch seine Vorgesetzte unterstützt? Wie viele Menschen, die nicht zum engeren Kreis einer Gemeinde gehören, können für den Gottesdienstbesuch gewonnen werden? Da helfen keine biblischen oder theologischen Sätze, wie es sein sollte oder könnte; da müssen sich die Verantwortlichen entscheiden für die eine oder andere Konsequenz, die sie aus ihrem theologischen Selbstverständnis ziehen: Wollen wir Techno-Gottesdienste oder nicht? Wollen wir sie so oder anders gestalten? Leisten wir uns professionelle Öffentlichkeitsarbeit (die etwas kostet) oder nicht? Suchen wir neue Wege in der Personalführung oder nicht – und wenn ja, welche?

Zu prüfen ist also nicht die Unternehmensberatung durch die Geistlichen, nicht die Betriebswirtschaft durch die Theologie, sondern zu prüfen ist mit allen Mitteln – mit gründlicher Theorie und mit Erfahrungswissen, mit allen verfügbaren Kenntnissen und insofern

33 Ratzinger (1968: 282 f.)

34 Nethöfel (1998: 61)

35 Deswegen erinnert. Ebertz (2003: 9) in ähnlichem Zusammenhang zu Recht an den von Paulus (Philipper 2,5 ff.) zitierten frühchristlichen Hymnus: „Ein jeglicher sei gesinnt wie Jesus Christus auch war: welcher, ob er wohl in göttlicher Gestalt war, nahm er's nicht als einen Raub, Gott gleich zu sein, sondern entäußerte sich selbst und nahm Knechtsgestalt an ..."

36 Schreiber (2002: 81)

in der Form eines offenen Gespräches unterschiedlicher Disziplinen, zu dem die Theologie seit alters fähig und wesensmäßig herausgefordert ist, zu prüfen ist, ob die jeweilige Organisation einer kirchlichen Gemeinschaft auftragsgemäß ist, d.h. ob sie mit den verfügbaren Mitteln einer menschlichen Organisation das Evangelium heute in bestmöglicher Weise unter die Leute bringt und an sich selber erfahrbar macht.

> „Es ist nun leider so, dass viele der Defizite, die ins Auge fallen, wenn man die Kirche mit gut geführten ‚weltlichen' Unternehmen vergleicht, eine lange und schlechte kirchliche Tradition haben. Blickt man aber unvoreingenommen auf die reiche kirchliche Vergangenheit, so ist ebenso unübersehbar, dass dies auch für die Ideale wie für die Praxis vorbildlichen Führungsverhaltens gilt. Im Unternehmen Kirche ist der Erfolg also untrennbar verbunden mit einer Selbstorientierung in Auseinandersetzung mit der eigenen Vergangenheit. Und dies gilt besonders in der gegenwärtigen Krisensituation." [37]

Es können also die ganz alten Potenziale der Kirche sein, oder auch die neueren Möglichkeiten des Zugangs zur biblischen Überlieferung. Es können die alten Managementrezepte sein oder neue, die gerade auch im Gespräch mit den kirchlichen Insidern zu entwickeln wären – auf jeden Fall sollte es ein gemeinsamer Lernprozess sein, in dem die Kräfte von beiden Seiten eingebracht werden.[38] Die Kirche hat ihrer sichtbaren Gestalt nach schon immer davon gelebt, dass Menschen ihre Fähigkeiten und Kulturtechniken in sie eingebracht haben, und sie war schon immer zugleich „machbar" und „nicht machbar". Es gibt keinen Grund dafür, betriebswirtschaftliches Fachwissen und organisationssoziologische Blickwinkel vom Bemühen um eine angemessene und effektive Organisationsgestalt der Kirche auszuschließen.

3.3 Management im Horizont der Kirche

3.3.1 Management in Kirche und Theologie: Eine Herbergssuche

„Die Betriebswirtschaftslehre als neue Kooperationsdisziplin der Praktischen Theologie"[39] zu betrachten, fällt vielen kirchlich Engagierten und vielen Theologen zwar noch schwer, aber genau das ist u.E. die richtige Verortung. Schon vor etlichen Jahren hat Breitenbach ein „neues Licht auf die breit geführte Diskussion um Recht und Grenze bürokratischer Organisation"[40] in der Kirche geworfen, indem er die soziologische Unterscheidung zwischen sozialer Organisation und formaler Organisation aufgenommen hat. „Auch Kirchengemeinden sind soziale Organisationen und haben eine formale Organisation. Diese begegnet in ausgeprägter Gestalt in der Verwaltung. Die Frage ist nicht, ob diese nötig ist, sondern nach welchen Prinzipien sie organisiert wird. Und nach welchen Prinzipien sie mit den anderen Organisationselementen kommuniziert und kooperiert."[41] Was für die bürokratische Organisation gilt, kann leicht auf das heute stärker wirksame Modell betriebswirtschaftlich orientierter Organisation übertragen werden. Es gilt zu beschreiben, was Management leistet und was es nicht leisten kann, es gilt, verschiedene Modelle und Methoden kritisch auf ihre Wirksamkeit hin zu überprüfen, Fragen des Menschen- und Weltbildes offen und in-

---

37 Nethöfel (1998: 63)

38 Ähnlich Fassbender (1998: 158) für den Marketingbereich: „Einer (vermutlich notwendigen) Auseinandersetzung muss logisch der Dialog vorausgehen, um überhaupt ein richtiges Verständnis des möglicherweise Trennenden zu finden."

39 Abromeit u.a. (2001: 6)

40 Breitenbach (1994: 194)

41 Breitenbach (1994: 195)

teressiert zu verhandeln. Und insgesamt gilt es eine achtungsvolle Haltung gegenüber dem einzunehmen, was Management-Traditionen für die Gestaltung kirchlichen Lebens anzubieten haben.

Bei einem so gearteten konstruktiven Dialog kann eine alte Argumentationsform helfen: Das Organisationshandeln von Kirche, die vielen Entscheidungen, die über gleich bleibende oder neue Veranstaltungsformen, Unterrichtsweisen und Verteilungsverhältnisse der verfügbaren Arbeitszeit von Hauptamtlichen getroffen werden – alle diese Entscheidungen lassen sich diskutieren im Sinne einer Analogie, einer Entsprechung.[42] In traditioneller theologischer Terminologie geht es hier um das Verhältnis von Glaube und Werken, es geht also keineswegs um das Heilsnotwendige, aber immerhin, in der Terminologie lutherischer Theologie gesprochen, um die „iustitia civilis" von Kirchenleuten, das meint ihre gegenüber den Menschen verpflichtenden und so auch im zwischenmenschlichen Gespräch klärbaren Aufgaben. Wenn die Kirchen und die wirtschaftsethischen theologischen Institute sich über ökonomisches und organisationspraktisches Handeln in christlicher Verantwortung bei andern Organisationen Gedanken machen, müssten sie das auch noch systematischer als bisher auf ihre eigene Organisation beziehen können. Insofern könnte die Wirtschaftsethik als eine Nachbardisziplin zum Kirchen-Management verstanden werden, das seinen eigenen Ort innerhalb der Praktischen Theologie bekommen müsste in einer weiterführenden Ergänzung dessen, was bisher Gemeindeaufbau, Pastoraltheologie und Kybernetik leisten.[43]

Prinzipiell sind auch die „rein organisatorischen", die verwaltungstechnischen Fragen in den großen Zusammenhang der Gemeinschaft zu stellen, deren Wesen und Kern der Glaube an Jesus Christus ist, wie er in der Heiligen Schrift bezeugt wird. Es gibt in der Kirche keine theologiefreien Zonen. Eine programmatische Beschränkung der Zusammenarbeit von Kirche und Management auf den Verwaltungsbereich[44] wird dem inneren Zusammenhang zwischen Wesen und Gestalt ebenso wenig gerecht wie der Tatsache, dass „Management" mehr umfasst als rationale Verwaltungstechniken. Wo Reformvorhaben in und gegenüber kirchlichen Gemeinschaften eine tiefe geistliche Reichweite haben und wo sie sich „nur" auf organisatorische Aspekte von Kirche erstrecken, ist immer erst durch genaueres Hinschauen und oft erst durch größeren, auch zeitlichen Abstand zu beurteilen. Auch scheinbar selbstverständliche, zweckrationale Verfahren können Begleiterscheinungen und Voraussetzungen haben, die aus theologischen Gründen unerwünscht (oder gar doppelt erwünscht) sind. Ein Mitarbeiterjahresgespräch mag zuerst wie eine bloße Effektivierungsmaßnahme der Personalführung erscheinen, kann und muss aber auch im Zusammenhang der geistlichen Gemeinschaft gesehen und i.S. dieser analogen Beziehung gestaltet werden.

42 Schwarz (1993: 76f.) entfaltet auf der Basis seiner Verhältnisbestimmung zwischen Theologie und Praxis („Was aber ist der wirkliche Gegenbegriff zu „theologisch"? doch nicht „praktisch", sondern „untheologisch"!" – die auch unserem Ansatz zugrunde liegende Zuversicht, „daß wir durch unsere Arbeit im institutionell-organisatorischen Bereich, sehr wohl beeinflussen können, ob und inwieweit Gemeinde Ereignis werden kann." (ebd.: 300, im Original kursiv) Eine zentrale theologische Voraussetzung dabei ist die der realen Wirksamkeit des Heiligen Geistes, vgl. Schwarz (1993: 81 ff.). Eine sprachliche Vor- und Einordnung der Kirche als Glaubensgemeinschaft findet sich in folgender Fragestellung: „Wie kann Kirche als teilhabefähiger, immaterieller Sinnbereich heute plausibel gemacht und sinnvoll kommuniziert werden; welche Strukturen sind für diese Leistungen notwendig, und aus welchen Ressourcen kann Kirche bei dieser Aufgabe schöpfen?" Thomé (1998: 7)

43 Zur noch unterentwickelten Verhältnisbestimmung zwischen praktischer Theologie und Sozial- und Wirtschaftswissenschaften vgl. Garhammer (1998: 49 ff.) Cla Reto Famos spricht in Anlehnung an Gert Otto von einer neuen, der „ökonomischen Reflexionsperspektive in der praktischen Theologie" (2003: 385). Sie habe über die Kybernetik hinaus „in allen Fächern der praktischen Theologie ihre Bedeutung" (2003: 386).

44 Diese Tendenz z.B. bei Dietzfelbinger (2002: 98 f.)

Auch scheinbar selbstverständliche Zielsetzungen der Organisation (wie z.B. eine größtmögliche Zahl von Gottesdienstbesuchen im traditionellen Kirchenraum zur traditionellen Zeit) müssen empirisch und theologisch hinterfragbar sein.

Kirchlich Engagierte und Beschäftigte schwanken auch heute noch manchmal zwischen Begeisterung und wütender Ablehnung, wenn es um den „Import" – man könnte auch sagen: um die Nutzung – betriebswirtschaftlicher Methoden und Erfahrungen geht, um modernes Informationsmanagement, um Aufgabenplanung oder gar Erfolgskontrolle. Zwischen froher Erwartung (nicht nur in Situationen handfester Finanzkrisen) und reservierter Haltung liegt inzwischen allerdings eher die skeptische Frage im Trend: „Was bringt uns das?".

Genau das kann die Zusammenarbeit zwischen Kirche und Management bringen: Dass die Entsprechungen zwischen Glaubensgemeinschaft und Organisation, zwischen Geist und Institution genauer und konsequenter durchdacht und gestaltet werden.

In strittigen gemeindepraktischen und kirchenpolitischen Fragen könnte man dazu konkret von den Effekten her diskutieren und urteilen. „Entscheidungen über die Organisationsentwicklung der Kirche können nicht unter Absehung von dem, was Menschen faktisch-empirisch wollen, getroffen werden. Die Konstruktionen, die in der Theologie von Menschen angefertigt werden, scheren sich nach wie vor zu wenig um diese vorhandenen Wirklichkeiten. Angewendet auf kirchliche Praxis erzeugen sie deswegen oftmals Ideologien."[45]. Natürlich ist es unsachgemäß, von abstrakten, aus fremden Kontexten geholten Kriterien für „Effizienz" über kirchliche Organisationsfragen urteilen zu wollen. Der Streit um Entsprechungen muss inhaltlich geführt werden: Welche Art von Kirche ist den kirchlich Verantwortlichen vor- und aufgegeben – und welche prägen sie mit bestimmten Handlungen oder Unterlassungen?[46] Welche Art von Effizienz ist gemeint? Mitgliederorientierung und Authentizität z.B., die wir als Orientierungspunkte derzeit für sinnvoll halten, lassen sich überprüfen. Sie können auf allen kirchlichen Handlungsfeldern aus dem Status bloßer Anspruchsbegriffe überführt werden in konkrete und überprüfbare Handlungsziele; sie können daraufhin konsequent umgesetzt und im Grad ihrer Umsetzung überprüft werden, z.B. indem die Kirchenmitglieder zu bestimmten inhaltlichen Qualitäten – Zugänglichkeit der Kirchenräume, Informationsfluss und Transparenz, gottesdienstliches Angebot – von Zeit zu Zeit in fachlich solider Weise befragt werden. In diesem Sinn könnte also Kirchen-Management einen klaren und selbstverständlichen Ort innerhalb der Praktischen Theologie bekommen, ohne die bis heute oft übliche Verengung des Themas „Kybernetik" auf pa-

45 Wegner (2003: 409)

46 Vgl. Breitenbach (1994: 198 f.): „Lernen von der Wirtschaft? – Wirtschaften lernen! ... Kirchliche Arbeit ist dort effektiv, wo sie sich an ihrem Auftrag orientiert und von daher ihre Handlungsziele begründet." Vgl. dazu auch Geyer (2000: 143) in Rückbezug auf Jan Hermelink und Dietrich Rössler: „Diese letzte Differenz zu allem Machbaren und Planbaren – die, nicht nur, aber auch angesichts eines kategorischen Pragmatismus und einer Selbstdurchsetzungstendenz betriebswirtschaftlicher Methodik, immer wieder neu bewusst, neu erkämpft und auch bewährt werden muss – ermöglicht in ihrer Folge auch die Freiheit zur Setzung und Überprüfung von vorletzten Zielen in jenem ‚Zusammenhang von Tätigkeiten, die sich insgesamt als Handeln im Auftrag der Kirche verstehen', und zwar mit den zu Gebote stehenden Mitteln unterschiedlicher Provenienz." Zur Verbesserung der Entscheidungsgrundlagen „müssen weitere Instrumente, wie die empirischen Methoden der Bedürfnisabklärung in Zukunft auch institutionell in der Kirche verankert werden." Famos (2003: 401) Vielen Kirchenreform-Konzepten liegt der methodische Dreischritt „Sehen – Urteilen – Handeln" zugrunde, der inzwischen, z.B. bei Hartmann (2002: 70 f.), als klassisch bezeichnet wird. Das Modell stammt aus der Befreiungstheologie und ist deswegen interessant, weil u.a. dadurch gegenüber einer einseitigen geisteswissenschaftlichen Orientierung das sozialwissenschaftliche Prinzip der gesellschaftlichen Wirklichkeit in Theologie und Kirche Eingang gefunden hat. „Ziel ist eine neue Pastoralkonzeption, die auf der Glaubenstradition, der kirchlichen und gesellschaftlichen Wirklichkeit" beruht. Hartmann (2002: 70).

storaltheologische Fragen.[47] Das Gespräch zwischen Kirche und professionellem Management würde dann nicht nur ab und zu die einen zu Wort kommen lassen, wenn den anderen leider momentan gar nichts mehr einfällt (wenn es um Finanzlöcher geht, schweigt die Theologie vernehmlich).

Gemeinsamer Bezugspunkt ist dann in umfassendem Sinn: Der Auftrag der Kirche, der sich aus den verschiedenen Blickwinkeln unterschiedlich angehen lässt. „Der Außenkontakt, der Kontakt mit Managementtechniken überhaupt wird in der Kirche häufig durch die Furcht vor Identitätsverlust verhindert – ... Aber professionelle Berater fragen als erstes nach den Zielen der Organisation, in die sie gerufen werden. Im Bereich der Kirche sind sie häufig über eine Führungs-Unkultur bestürzt, und als erstes fällt auf, daß im Unternehmen Kirche nicht bewusst mit Unternehmenszielen umgegangen wird."[48]

3.3.2 Externe Beratung als gewollte Irritation: Vielleicht ein Segen

Trotzdem ist zu klären, ob die Kirche sich nicht von vornherein auf einen Holzweg begibt, wenn sie ihre Entwicklung mit externer Beratung verknüpft. Ist es nicht praktischer, eigene Beratungspotenziale kirchenintern auf- und auszubauen mit Personen, die den kirchlichen Alltag kennen, den Stallgeruch besitzen, den Gremiensound deuten können und daher vertrauenswürdig sind?

Sicherlich gibt es praktische Gründe für interne Beratung und praktische Gründe für externe Beratung. Externe Berater sind häufig zumindest konfliktfähiger und für unangenehme Entscheidungen als Sündenbock geeignet[49], interne Berater sind in der Regel preiswerter und verständnisvoller.

Wichtig ist hier das Verständnis von Beratung. Beratung ist bzw. sollte nach unserem Verständnis hauptsächlich und in erster Linie sein: Nicht Supervision, nicht Coaching, nicht Begleitung, nicht Moderation, nicht die Verdoppelung der Leitung, sondern systematische und legitimierte Irritation und in zweiter Linie eine Kraft, die zur produktiven Integration solcher Irritationen beiträgt. „Ideen, die wirklich fortschrittsorientiert sind, sind selten das Ergebnis linear angelegter Denkvorgänge, sondern kommen weit häufiger zustande in Prozessen assoziativen Seitwärtsdenkens"[50]

Management-Beraterinnen zeigen Alternativen zu den Operationen der Organisation auf. Beratung ist das Verfahren, in dem die Organisation lernen kann, dass sie anders sein könnte. Letztlich produziert die Beratung für die Organisation eine kognitive Dissonanz: „So bin ich – so könnte ich sein." Die notwendige Beruhigung gegenüber dieser Beunruhigung ge-

47 Jan Hermelink (1998) z.B. nimmt den Gesprächsfaden im pastoraltheologischen Kontext auf. Das beinhaltet eine auf operatives Management verkürzte Perspektive und außerdem die Gefahr, ein klerikales Kirchenbild zu transportieren. Vgl. dazu Breitenbach (1994: 27 ff.). Er konstatiert für die Kybernetik eine vergleichsweise geringe praktisch-theologische Theoriebildung und unklare Zusammenhänge. Dies lässt sich auch in letzter Zeit noch z.B. da beobachten, wo die Grenzen zwischen allgemeiner Unternehmensethik, speziell kirchlicher Unternehmensethik und Kybernetik unscharf bleiben wie bei Dietzfelbinger/Teuffel (2002). Im Sinne von strategischem Management gehört Kirchen-Management in die Nachbarschaft der Gemeindeaufbau-Konzepte, die bisher wiederum meistens wenig mit den Steuerungs- und Umsetzungsfragen der Kybernetik verknüpft sind.

48 Nethöfel (1998: 62)

49 Vgl. Fassbender (1998: 164): „ein unvoreingenommener externer Berater... kann ... möglicherweise besser das echte Proprium vom bloßen „Besitzstand" unterscheiden. Nicht eingebunden in die Mikropolitik einer Organisation fällt es leichter, auch die weniger angenehmen Dinge auszusprechen."

50 Noppeney (1998: 200)

schieht dadurch, dass die Organisation eine Beratung für latent verrückt erklären kann. Die Organisation sucht einerseits kreative Alternativen zu sich selbst; aber nur dann, wenn diese nicht zwingend sind, sondern erst mal ein Gedankenspiel bleiben können. Damit – und nur damit – können solche Vorschläge mutig sein, ohne sofort konfliktreich wirken zu müssen. Und genau deshalb müssen Berater als Berater erkennbar sein, als Leute, die das Recht haben, echte Alternativen aufzublenden, weil sie nicht zum „Kirchenapparat" gehören – und weil sie gleichzeitig relativierbar bleiben, als Leute, die man nicht zwingend ernst nehmen muss, weil sie extern sind und vom Internen zu wenig wissen, oder weil sie Theoretikerinnen sind, oder weil sie technokratische Büttel sind, oder weil sie Blender sind, und natürlich weil sie als Nicht-Theologen das Proprium nicht verstehen.

Insofern schließen moderne externe Kirchenberater an die Tradition des Hofnarren an sowie an die vorausgehende Tradition der mittelalterlichen Narrenfeste.[51] Hier durfte – ausnahmsweise – als Narretei auch die göttliche Ordnung auf den Kopf gestellt werden. Nur an den Narrentagen, und nur klar als Narretei codiert, blitzte ein Gedanke auf, der im mittelalterlichen Alltag niemals gedacht werden konnte: es könnte ja auch alles ganz anders sein. Der Subdiakon könnte Papst sein, und ein Esel ein Priester, und ein Priester ein Esel. Damit der Narrencharakter unverfälscht blieb, wurden die Alternativen zur kirchlichen Ordnung besonders drastisch dargestellt.

Im Zivilisationsprozess der Neuzeit wurde auch die Narretei zivilisierter und kontrollierter. Der Narr war nunmehr als Narr durch den Narrenstab, Narrenkappe und den Narrenspiegel erkennbar. Das Gewand ist in den mittelalterlichen Schandfarben gelb und grün gefärbt. Der Narr sagt die tollsten Dinge, er bringt alle zum Lachen, wenn er witzig die Welt auf den Kopf stellt. Aber es war immer klar: er ist ein Narr. Kein Wunder, dass insbesondere kleinwüchsige, verwachsene Menschen für die Narrenrolle besonders geeignet waren. Man musste die Alternative nicht ernst nehmen.

Aus diesem streunenden Narren entwickelte sich die Tradition des Hofnarren mit offizieller Genehmigung, dummes Zeug reden zu dürfen. Möglichst geistreich und witzig wurden dem Herrscher Alternativen erzählt, so dass sich aus den Narren als Narren verkleidete Berater entwickelten, die, außerhalb der Hierarchie angesiedelt, mit erheblichem Einfluss, teilweise akademisch geschult, das Privileg und die Pflicht besaßen, die Herrschaft irritieren zu dürfen. Je weniger aber das Närrische zum Kern der Narrenrede gehörte, je klarer wurde, dass es sich beim Narr um den Hofintellektuellen handelt, desto mehr nahm auch der Spaß bei den Zuhörern ab. (Maria Theresia hat dann die Hofnarren per Dekret abgeschafft.)

> „Man hätte schon im Mittelalter aus den Figuren des Bettlerbischofs und Narrenkönigs schließen können, dass auch jeder echte Bischof und jeder echte König eine Konstruktion ist. Aber man hat es nicht geschlossen. Die Narretei war die Lizenz zur folgenlosen Rede, denn die kirchliche und weltliche Ordnung hatte keine ernsthaft denkbare Alternative, und insofern konnte man, einmal im Jahr, herzhaft über das Gegenteil lachen lassen."[52]

Doch mit der Entwicklung der Moderne, mit der Reformation, kann die Kommunikation von Alternativen nicht mehr vermieden werden. Die Kommunikation von Alternativen selbst wird also modernisiert. Moderne Organisationen kaufen sich systematische Analysen und die Kommunikation von Alternativen, allerdings (wie ehedem bei Hofe) unter Ausblendung fundamental störender Alternativen. Die Berater legen die Narrenkappe endgültig ab, bleiben aber nur dann wirksam, wenn sie unter der nunmehr seriösen Kleidung

51 Siehe: Fuchs (2002 + 2002a)

52 Fuchs (2000a: 8 ff.)

schelmisch noch anderes verbergen als Besserwisserei gegenüber leitenden Personen ihrer Klientenorganisation. Zu Recht werden Berater als betrügerisch empfunden, die im Grunde nur das in der Organisation vorhandene Wissen aufpolieren oder schicker verpacken. Erwartet werden erkennbar neue Blickwinkel.

Auch die Kirche sucht begründete Hinweise darauf, dass es Alternativen zur Organisation der kirchlichen Organisation gibt, ohne jedoch Alternativen zur Kirche selbst hören zu wollen. Insofern könnten wir Management-Beratung in der Kirche verstehen als eingekaufte Irritation mit Bestandssicherungsgarantie. Die kirchlich Verantwortlichen könnten einen weiteren Grund haben, das Wagnis solcher Beratungsprojekte einzugehen. Ähnlich wie die mittelalterlichen Stifter von Altären durch ihre Abbildung einen Anteil am Raum des Heiligen gewonnen haben und sich diese Motivlage im modernen Fundraising wiederholt, könnte umgekehrt heute der Kirche daran gelegen sein, sich durch die Zusammenarbeit mit Unternehmensberatungen, in der es vordergründig um Hilfe für die kirchliche Organisation geht, auch die Teilhabe an einer gedanklichen und sozialen Welt zu erschließen.[53] Anders gesagt: Auch wenn sich die positiven Effekte einer Kirchenberatung nicht in Euro, Cent und Gottesdienstbesucherzahlen nachweisen lassen, so kann doch nach allen bisherigen Erfahrungen zumindest von einem erheblichen Lernpotenzial im Blick auf die Fragen der eigenen Identität, der Vermittlungsfähigkeit und Zukunftsfähigkeit ausgegangen werden.

3.3.3 Die zentrale Alternative: Höhere Wirkkraft von Entscheidungen

Um die generelle Perspektive zu verdeutlichen, mit der externe Unternehmensberatung der Kirche heute unter die Arme greifen müsste, kommen wir auf ein Zentralproblem kirchlicher Organisation zurück, nämlich dass immer mehr Entscheidungen der kirchlichen Organisation im Leben der Gläubigen immer weniger bewirken. Die Kirchen treffen durch wenige Mitglieder, die Organisationsämter innehaben, viele Entscheidungen, die für die große Mehrzahl der Mitglieder kaum Relevanz haben. Das heißt: Neben anderen Ursachen wird genau an dieser oft übersehenen Stelle die dramatische Lücke produziert zwischen einer lebensfernen „Amtskirche“ bzw. einem „kirchlichen Restmilieu“ und einer lebensnahen Gemeinschaft, an der möglichst alle Gläubigen irgendeine Chance und ein Interesse zu partizipieren haben. Statt dieses Phänomen theologisch zu würdigen und praktisch als „Hausaufgabe“ anzunehmen, scheint die Kirche es zwar als sehr misslich zu empfinden, ohne dass sie aber allen fachlichen Ehrgeiz für seine Bearbeitung mobilisiert.

Kirchenmanagement-Beratung sollte daher eine neue Art von Entscheidungsproduktion als zentrale Alternative der Organisation aufzeigen. Externe Beratung muss dafür allerdings einige Merkmale mitbringen, die im Feld professioneller Unternehmensberatung auch nicht selbstverständlich sind: Sie muss einen längeren Weg mitgehen können, sie muss selbstreflexiv gegenüber den eigenen Methoden und Denkvoraussetzungen sein und sie muss ein nachvollziehbares Preis-Leistungs-Verhältnis aufweisen. In einer eher mittelfristigen Perspektive ist darauf zu setzen, dass sich ein Wissens- und Erfahrungszuwachs auch innerkirchlich weitergeben lässt. „Professionelle und bezahlte Hilfe von außen läßt sich so auf das notwendige Maß reduzieren. Sie sollte ihrerseits danach beurteilt werden, wie weit sie imstande ist, innerhalb und außerhalb der kirchlichen Organisation solche Netzwerke zu aktivieren und Hilfe zur Selbsthilfe zu sein.“[54]

53 Vgl. Thomé (1998a: 11)

54 Nethöfel (1998: 65)

Bei den kirchlich Verantwortlichen und Engagierten ist eine zentrale Voraussetzung, dass sie ihre Kirche wirklich als eine Organisation annehmen und konsequent gestalten und dass sie die Wirkkraft ihrer Entscheidungen erhöhen wollen[55], dass sie also die auf langer Tradition beruhende idealistische Trennung von Kern und Schale überwinden und zu einer geistlich inspirierten, theologisch fundierten, kreativ-innovativen Organisationsgestalt von Kirche finden wollen, statt die Organisationsgestalt als ungeliebtes materielles Anhängsel und bloßes Vehikel für die geistliche Botschaft mitzuschleppen oder sie mittels sakraler Fehlschlüsse gegenüber Veränderungsanforderungen zu immunisieren.[56]

Folgende Überlegung dient als Ausgangspunkt für eine Entwicklung strategischen Kirchenmanagements: Die Kluft zwischen Institution bzw. Organisation und Mitgliedern ist nur dadurch zu schließen, dass die Organisation in erheblich größerem Umfang solche Entscheidungen bearbeitet, die auch für Kirchenmitglieder interessant sind, und die anderen zunehmend beiseite lässt – oder: Dass sie Themen genau in der Art und Weise bearbeitet und kommuniziert, die sie für eine größere Gruppe von Kirchenmitgliedern interessant macht. Die Präambel zur EU-Verfassung, die religiöse Kindererziehung, die Gestaltung von Gottesdiensten, – es gibt genug Themen, die für das Glaubensleben und die Alltagsorientierung von Kirchenmitgliedern hochinteressant sind. Aber: Man vergleiche mit einem solchen brainstorming die Tagesordnungen kirchlicher Gremien – und man führe sich vor Augen, was von den dort evtl. sogar in ansprechender Weise behandelten Lebensthemen bei den Gläubigen ankommt!

Allzu oft verpuffen lebensnahe innovative Ansätze. Und das liegt u.E. daran, dass die Kraft fehlt, um von den vielen möglichen Arbeitsvorhaben diejenigen auszuwählen und konsequent zu verfolgen, die am wichtigsten sind, am interessantesten für die Kirchenmitglieder. Das Bamberger Pastoralgespräch, eines von vielen Kirchenreformprojekten der letzten Jahre, an dem sich zahlreich Personen in der Hoffnung auf wirksame kirchenreformerische Impulse beteiligt haben[57], hatte ein Konvolut mit 183 Einzelanträgen zum Ergebnis, von denen 9 vom damaligen Bischof abgelehnt, 31 an die Deutsche Bischofskonferenz weitergeleitet und 117 an ein Umsetzungsgremium weitergereicht wurden[58]. Schon angesichts dieser Verfahrenswege sind konkrete und überprüfbare Wirkungen nicht zu erwarten gewesen, auch wenn einzelne Impulse in den Gemeinden aufgenommen wurden. Nach dem Bischofswechsel im Jahr 2003 sah dann sowieso wieder alles noch einmal anders aus. Nicht der Inhalt dieser in gemeinsamer, kreativer Anstrengung erarbeiteten Vorschläge ist das Problem – die Form verhindert, dass sie sich produktiv auswirken.

Wozu Kirchen-Management? Wozu Unternehmensberatung für die Kirchen? Alle möglichen Hilfsmittel und alle erreichbaren Alternativen sollten vor allem dazu verwendet wer-

55 Perels (1991: 9-12) macht darauf aufmerksam, dass (was in unserer Diskussion häufig übersehen wird, aber interessant ist im Blick auf die Verhältnisbestimmung von Glaubensgemeinschaft und Organisation) gerade theologisch fundamentalistische kirchliche Gruppen oft intensiv mit Managementmethoden arbeiten.

56 Die in diesem Zusammenhang angedeuteten innertheologischen Diskussionsfragen etwa (und jeweils sehr spezifisch) im Blick auf katholische oder protestantische Ekklesiologie sind zahlreich und auch nicht alle neu. Vgl. nur noch einmal die von Schwarz (1993: 301) treffend und unterhaltsam dargestellten Selbstwidersprüche in der (protestantischen) Gemeindeaufbau-Diskussion, die in der Feststellung gipfelt, „daß hier immer wieder die gleichen Klischees traktiert werden, ohne daß man sagen könnte, es habe auch nur den geringsten Diskussionsfortschritt gegeben – geschweige denn, man hätte diese Frage endlich gelöst. ... Also sollten wir besser davon ausgehen, daß auch in den nächsten Jahrzehnten noch viele Bücher zu dieser Frage geschrieben werden" – hoffentlich fruchtbarer als von Schwarz prophezeit.

57 Vgl. Geschäftsstelle für das Bamberger Pastoralgespräch (1998)

58 Vgl. Geschäftsstelle für das Bamberger Pastoralgespräch (2000)

den, dass die Kirchen den Mitgliederbezug ihrer Entscheidungsprozesse verbessern und mit größerer Leichtigkeit und größerer Deutlichkeit gut durchdachte Schwerpunkte setzen – und zwar in allen Bereichen und auf allen Ebenen. Dies erfordert neben konzeptioneller Klarheit vor allem Entschiedenheit: Die Bereitschaft und die Fähigkeit zum zielorientierten Vorgehen. Es erfordert, bündig gesagt, die Fähigkeit zu strategischem Management.

Kapitel 4 „Der Schatz in irdenen Gefäßen“[1] Ansatzpunkte für ein verändertes Organisationshandeln

Wenn die Kirchen angesichts schwindender Traditionsbindung und rückläufiger Mittel ihren Mitgliederbezug stärken und klare Schwerpunkte setzen wollen, müssen sie strategische Entscheidungs- und Steuerungsfähigkeit lernen. Ihre Fähigkeit zu gezieltem Handeln hängt u.a. ab von aktiver und wirkungsvoller Leitung, von einem neuen Ressourcenbewusstsein sowie von der Entwicklung spezifischer Erfolgsmuster und höherer Verbindlichkeit unter den Mitarbeitenden.

4.1 Warum strategische Steuerung?

4.1.1 Schwerpunkte setzen?

Die Kirchen müssen ihre Aktivitäten einschränken. Finanzlöcher und drastische Personalkürzungen zwingen dazu. Einige deutsche Diözesen verhängen Ausbildungs- und Einstellungsstops für Pastoralreferentinnen und Pastoralreferenten, evangelische Landeskirchen stellen ganze Arbeitszweige ein, und für viele ist es nur noch eine Frage der Zeit, wann auch in den kirchlich wohlhabenden Regionen die ersten Kirchengebäude aufgegeben werden müssen.

Unabhängig von den finanziellen Einbrüchen sind Schwerpunktsetzung und zeichenhaftes Handeln aus zwei Gründen gefordert: Zum einen, um die Spannung zwischen einer kulturellen Pluralität bei den Kirchenmitgliedern und dem noch vielfach konventionell – traditionsgeleitet geprägten kirchlichen Leben sowie verfestigten kirchlichen Milieus bearbeiten zu können; zum anderen wegen der innerkirchlich entstandenen Vielfalt kirchlicher Arbeitsformen, die oft als unkoordiniertes und eigenbrötlerisches Nebeneinander auf der Basis unproduktiven Kirchturm- und Konkurrenzdenkens gelebt wird.

In der Praxis gehen manche die viel zitierte Schwerpunktsetzung[2] (zumindest zunächst) hoffnungsvoll-rustikal an, etwa mit der Auffassung: Für die Kirchen bietet eine Zeit des Umbruchs die Chance, Ballast abzuwerfen. Aber wenn konkrete Arbeitsfelder in den Blick kommen, geht die Leichtigkeit in der Entscheidungsfindung oft schnell wieder verloren: Ist die gemeindliche oder übergemeindliche Zielgruppenarbeit wirklich passe´? War der beruflich gesicherte Laienapostolat nur eine vorübergehende Schönwetter-Einrichtung? Sind für die Gläubigen Planstellen wichtiger als Kirchengebäude?

1 Vgl. 2. Korinther 4,7

2 Vgl. Schwöbel (2003: 172) im Resumee zu ihrer Untersuchung der Strukturplanungen zweier ostdeutscher und zweier westdeutscher evangelischer Landeskirchen: „ ...sehen alle Kirchen, dass ihr inhaltliches Profil in Wort und Tat schärfere Konturen benötigt.“ Für die ostdeutschen Kirchen vgl. Wohlrab-Sahr (2000: 27 f. und 91 ff).: Sie benennt in Übereinstimmung mit westdeutschen Kirchenerfahrungen die zentrale „Erfahrung der Überforderung“ (im Original kursiv), die auch bei ihr ein „Plädoyer für eine stärkere Schwerpunktsetzung aufgrund von Kompetenzen, Ressourcen und Interessen vor Ort“ auslöst. Da Überforderungsgefühle auch in unserem Erfahrungszusammenhang einer der zentralen diagnostischen Punkte ist, wenn auch objektiv mit noch durchaus komfortableren Hintergründen als in ostdeutschen Landeskirchen, könnten möglicherweise unsere methodischen Ideen auch im ostdeutschen Kontext brauchbar sein. Auch die zu starke Binnenorientierung von Gemeinden und anderen kirchlichen Einrichtungen mag sich im Charakter und im Grad, nicht aber im Grundsatz zwischen ostdeutschen und westdeutschen Kirchen unterscheiden.

In etwas anderer Weise bietet die Rede vom „Gesundschrumpfen“ ein Bild, dessen orientierende Kraft sich aus bestimmten Lebensbereichen erschließt, man denke z.B. an Fettleibigkeit, an mit Spielzeug überfrachtete Kinderzimmer oder an Gärten, in denen die einen Pflanzen den anderen Licht und Luft wegnehmen. Könnte die harte Realität sinkender Einnahmen am Ende sogar zu befreienden Veränderungen im kirchlichen Arbeitsalltag führen?

Die inhaltlichen Kriterien sind meist recht unklar. Auch vor den Kürzungswellen ist das schon interessant und auch beunruhigend gewesen, jetzt aber wird es allenthalben zur unabweisbaren Frage: „Nach welchen Kriterien entscheiden wir eigentlich? Wie setzen wir theologisch begründet Prioritäten? Geht das überhaupt? Es muss doch gehen – es kann doch nicht sein, dass wir in Zeiten der Mittelkürzungen unsere geistliche Identität verlieren und nur irgendwie ‚pragmatisch‘, d.h. nach allen möglichen zufälligen Rahmenbedingungen entscheiden?!“

Der Begriff „Kernaufgaben“ wird seit einiger Zeit gern als ein Hebel angesetzt, ohne jedoch wirkliche Lösung zu ermöglichen. Das liegt daran, dass dieser Begriff in mancher Hinsicht eher verschleiernd als klärend ist. Der „Kern“ kirchlicher Arbeit – das Hören auf die „Gute Nachricht“ und ihre Weitergabe – hat sehr viele Ausdrucksformen. Bietet eine Bildungsreise mit Andacht in einem Kirchlein am Wegrand per se weniger geistliche Möglichkeiten als ein konventioneller Sonntagsgottesdienst oder eine Tagesveranstaltung für Betriebsrätinnen, bei der kritische Arbeitssituationen auch biblisch gedeutet und seelsorgerlich aufgehellt werden? Wieso ist das eine wertvoller als das andere? Vertreter anderer Professionen, wie z.B. Politiker, bitten immer wieder um erhöhte Vorsicht beim Versuch, Schale und Kern zu trennen – manchmal vielleicht deswegen, weil sie eher an der Schale als am Kern interessiert sind.

Wenn aber – wie beschrieben – die Möglichkeiten von und Erwartungen an Christen und ihre Kirchen so berechtigt, so hoch und so breit gefächert sind – wie kann es dann gelingen, Schwerpunkte zu setzen?

4.1.2 Was ist „das Gute“?

„Prüfet alles, und das Gute behaltet“[3]. Anhaltspunkte dabei geben Aufgabenbeschreibungen, mit deren Hilfe das Feld kirchlicher Aktivitäten im Ganzen aufgespannt wird, z.B. anhand der Grunddimensionen Gottesdienst (leiturgia), öffentliches Zeugnis (martyria), Gemeinschaft (koinonia) und Hilfe für die Schwachen (diakonia). Das Bewusstsein, dass die Kirchen auf keine dieser Lebens- und Wesensäußerungen ganz verzichten können, bildet eine strukturelle Vorgabe[4]. In ähnlicher Weise kann für eine kirchliche Aufgabenkritik die Tatsache richtungweisend sein, dass sich christliches Leben in drei Grundformen verfasst: In die Form der sozialen Bewegung, in die Form der Institution und in die Form des selbstverantworteten individuellen Lebens[5]. Alle drei Lebensformen sind wichtig, bedürfen der Pflege und Unterstützung durch die kirchlichen Ressourcen.

Schon diese beiden Ansatzpunkte verdeutlichen, dass kirchliches Leben außerhalb sektenhafter Kleingruppierungen eine Komplexität aufweist, die als Ganzes nicht zu steuern ist. Die gute Nachricht dazu lautet: Niemand muss dieses Ganze steuern. Der Kirche als wan-

3 1. Thess. 5,21

4 Vgl. z.B. Evangelische Kirche von Westfalen (2000: 12 f.). Die vier „Grunddimensionen“ werden dort im Folgenden in acht „Grundaufgaben“ entfaltet.

5 Vgl. Breitenbach (1994: 101 f.)

derndem Gottesvolk entspricht eher eine Praxis als teil-geordneter Organisation mit vielfältigen Entscheidungszentren auf unterschiedlichen Ebenen. Sicher liegt es auch in der Unübersichtlichkeit der Struktur begründet, dass kirchliche Steuerung derzeit eigentlich nur unmittelbar einleuchtend erscheint, wenn es um das finanzielle Überleben geht. Einleuchtend heißt: Nach plausiblen inhaltlichen Kriterien vollzogen, die nach innen wie nach außen überzeugen.

„Prüfet alles, und das Gute behaltet!" Mit diesem gern zitierten Leitsatz fangen also die Probleme erst so richtig an: Wer prüft? Wie? Auf welcher Grundlage? Mit welchen Konsequenzen? Kürzen landeskirchliche oder Diözesan-Leitungen die Stellenpläne aufgrund inhaltlicher Überlegungen zur Kirchenentwicklung? Oder kürzen sie pauschal i.S. der Budgetierung und überlassen die inhaltliche Neugestaltung den kleineren Einheiten? Auf welcher Informationsbasis und mit welchem Handlungsspielraum wiederum gestalten die Dekanate, Einrichtungen und Gemeinden ihr Profil? Wenn es stimmt, dass die großen christlichen Kirchen in Deutschland auch aus inhaltlichen Gründen vor der Aufgabe stehen, Schwerpunkte zu setzen, dann ist diese Frage, wie die Verantwortlichen über Prioritäten und Posterioritäten gut begründet entscheiden können, eine theoretische und praktische Schlüsselstelle – eigentlich ganz unabhängig von allen akuten Kürzungszwängen und ihnen sachlich vorgeordnet.

Folgende Stichworte können noch einmal zusammenfassend verdeutlichen, welche Rolle die bewusste Schwerpunktsetzung im kirchlichen Leben der nächsten Jahre spielen kann:

- Qualifizierung im Sinne der eigenen Stärken und der speziellen Kommunikationschancen eines kirchlichen Ortes;
- Auflockerung der Grenzen, die durch kirchlich verfestigte Milieus entstanden sind;
- Bewusste Gestaltung von „Einheit in der Vielfalt", verbunden mit
- bewusster Annahme des Fragmentarischen, Vorübergehenden als Signatur von Identität in modernen Gesellschaften;
- Abbau von Überlastung und Überfrachtung.

4.1.3 Zielorientierung als Prinzip der Veränderung

Entschiedene Schwerpunktsetzungen müssen inhaltlichen Kriterien folgen, und dies lässt sich am besten lernen durch die reflektierte Übernahme einer Grundmethode namens: Zielorientiertes Vorgehen[6]. Nun sind „Ziele" in der Kirche kein Fremdwort – nur: Sie haben keine oder zu geringe Steuerungswirkung. Und das unterscheidet sie von den Zielen, die im Rahmen von strategischem Management entwickelt und bearbeitet werden. Bisher spielt in der kirchlichen Entscheidungsproduktion Zielorientierung im Vollsinn strategischer Leitung eine marginale Rolle[7]– ausgenommen vielleicht die kirchliche Bildungsarbeit. Das lässt sich auch an der Zufälligkeit ablesen, in der leitende Gremien ihre Themen und Aufgabenstellungen organisieren.

Die entscheidende Frage lautet nun: Wie kommen leitende Personen und Gremien zu tragfähigen Zielen, die in der Überfülle kirchlicher Aufgaben Orientierung, Prioritätensetzung, Begrenzung und interessante Entwicklungsperspektiven vermitteln?

6 Vgl. z.B. Doppler/Lauterburg (2005: 151). Der „1. Grundsatz: Zielorientiertes Management"

7 Theoretisch hat beispielsweise schon Josuttis (1988: 90) vor über 25 Jahren Zielorientierung als strukturierendes Prinzip vorgeschlagen – allerdings individuell für die Geistlichen. Siehe auch Kap 2.3

Unser zentraler Gedanke, den wir in die Diskussion einbringen wollen, lautet: Für die bestehende Organisation Kirche und ihre formellen Machtstrukturen ist insgesamt eine neue Art von Steuerung zu entwickeln, bei der die jeweils Verantwortlichen klare Richtungsentscheidungen treffen, sie in Steuerungsgrößen übersetzen und dafür sorgen, dass diese eine hohe Verbindlichkeit entfalten.[8] Und dies verändert kirchliche Praxis; es verändert also die Organisation und ihren Charakter insgesamt.

„Schwerpunktsetzung“ als begrifflicher Ausgangspunkt vermittelt dem gegenüber noch ein Bild nur partikularer Veränderung. Der Abschied von einer flächendeckenden Versorgungskirche ist schon beinahe zur Formel gereift. Aber die dazu gehörenden Konsequenzen – z.B.: den Aufgabenkanon für die Hauptamtlichen neu zu definieren, oder: sich viel stärker an Rückmeldungen der Kirchenmitglieder zu orientieren[9], oder: das Selbstverständnis und die Arbeitsweise der (ehrenamtlichen) Leitung von kirchlichen Organisationseinheiten auf diese Situation hin auszurichten – solche praktischen Konsequenzen stehen noch aus. Kirchliche Reformprojekte haben immer wieder diese Grenze erreicht, von der an ohne tiefgreifende Änderungen in der Struktur und in der Kultur von Kirche keine wünschenswerten einzelnen Ziele erreichbar sind. Im Abgesang auf das Evangelische München-Programm meldet sich die einschlägige Erfahrung aus einer ganz anderen Landeskirche zu Wort[10], und die Befürchtungen zur Umsetzung des Passauer Pastoralplans[11] werden auch im Bistum Bamberg verstanden. Alle solche untereinander verwandten Kommentare[12] geraten in die Nähe einer beinahe verbitterten Phantasie: Eine Kirchenleitung lässt sich mit Bedacht auf das Wagnis ein, sich mit Hilfe einer Unternehmensberatung neu auszurichten – aber das wird wieder scheitern, weil diesmal die Unternehmensberatung aus Schaden klug geworden ist und rechtzeitig die fehlenden Voraussetzungen auf Seiten der Kirchenleitung konstatiert.[13]

Der Übergang zwischen Krisenmanagement und einer lernenden Organisation ist fließend. Bei den aufgrund von Mittelkürzungen vorgenommenen Anpassungsprozessen ist instinktiv oft die Vorstellung leitend, man müsse sich jetzt durch eine schwierige Phase durchgraben, um dann wieder in der alten Stabilität und Ruhe zu landen. Die weiterführende und u.E. angemessene Aussicht ist allerdings, dass jetzt, im Unterschied zu den letzten Jahrzehn-

8 Manche Reformprojekte suchen bewusst die Nische, um innovative Ansätze kirchlicher Organisation auf den Weg zu bringen. Sie initiieren Lernprozesse über kleine, qualifizierte Projekte und suchen in ihrer Projektkonzeption, also der konkreten Umsetzung ihrer Reformanliegen, nicht in der Breite Einlass bei den bestehenden Gremien und Entscheidungsstrukturen, z.B. das Modell „Zwischenräume“ im katholischen Dekanat Mainz, vgl. Ebertz (o.J.). Sicher ist so ein Avantgarde- oder „Sauerteig-Modell“ auch ein wirksamer Ansatz von Organisationsentwicklung. Wir verstehen unseren Vorschlag demgegenüber als Ergänzung und nicht als Alternative. Die inhaltlichen Orientierungspunkte sind bei den kirchlichen Reformprojekten jeweils sehr ähnlich und stimmen mit unseren Überlegungen (s.o. Kap.1) häufig in vielen Punkten überein.

9 Vgl. Wegner (2003: 408): „Die theologische Dogmatik müßte dann konsequent in eine experimentelle Haltung umgeschrieben werden, die dem Test der Nachfrage durch die „Kunden“ ausgesetzt würde.“ Er referiert hier etwas unbehaglich eine bereits ältere Idee von Niklas Luhmann

10 Vgl. Menne (2004)

11 Vgl. Zulehner (2003: 24 ff.)

12 Im Stil einer fiktiven Rückschau auf das Jahr 2000 schreibt Schmitz-Peiffer (1998: 224) 1998 über die „damaligen“ internen kritischen Punkte: „Alle ansatzweisen Reformbemühungen innerhalb der Kirche scheiterten bisher an den historisch gewachsenen Strukturen und Einstellungen. Dazu kam die mangelnde Bereitschaft, Entscheidungen auch im Aushalten sich ergebender Konflikte durchzustehen. Nicht nur Außenstehende hatten den Eindruck, daß man sich mit ‚kosmetischen Reparaturen‘ zufrieden gab. Parolen wie ‚Aussitzen‘, ‚Augen zu und durch...‘ hatten Hochkonjunktur. Vielfach wurden ernsthafte Anfragen auch mit der Gegenfrage beantwortet: ‚Haben Sie denn kein Gottvertrauen mehr?‘“

13 Vgl. ebd.: 224-229

ten, eine ernsthafte Nötigung entsteht, die Kirchen durch ihre eigenen Mitglieder und deren Interessen verändern zu lassen[14] und „sich selbst unter Wahrung des eigenen Auftrages auf der Ebene der gesellschaftlichen Organisationen zu begreifen – nicht mehr als eine staatsanaloge Einrichtung.“[15] Die dem strategischen Management zugrunde liegenden Ziele müssen in theologisch verantworteter Weise die Mitgliederinteressen reflektieren.

Auf der Basis einer polyzentrischen Entscheidungsstruktur sollten also die jeweils Zuständigen für ihre Entscheidungsbereiche entschlossen steuernde Verantwortung übernehmen. Das ist die erste Bedingung.

Die andere Grundbedingung für strategische Kirchenentwicklung besteht darin, in der Praxis eine neue Art von Zielorientierung einzuüben – mit allen dazu gehörigen Konsequenzen. In der strategischen Steuerung dienen Ziele als treibende Kraft für die Entwicklung und Stabilisierung bestimmter Qualitäten. Sie geben damit auch die Agenda für die interne Umgestaltung einer Organisation vor, wo dies zur Erreichung bestimmter Ziele nötig ist. Techniken in der Kirchen-Verwaltung, professionelle Standards, Regeln, Bürokratien, Rollen, Stellenpläne müssen konsequent auf die inhaltlichen Zielsetzungen hin ausgerichtet werden. Die diffuse Bewirtschaftung aller nur irgendwie möglichen Arbeitsfelder tritt hinter der entschlossenen Wahrnehmung exemplarischer Arbeit zurück. „Damit aber ziehen Denk- und Verhaltensstile moderner Organisationen in die Kirche ein: Sie muss ihre Leistungsangebote spezifizieren, Leistungserbringung kontrollieren und evaluieren. Fragen der Effizienz kirchlicher Arbeit stellen sich.“[16]

Die dritte Grundbedingung lautet: Für diejenigen Personen und Gruppen in der Kirche, die an der bewussten Gestaltung von Kirche beteiligt sind oder sein könnten, muss das strategische Kirchenmanagement als Teil der praktischen Theologie geeignetes Handwerkszeug bereitstellen, damit sie ihre Entscheidungen fundierter und zielgerichteter als bisher treffen und wirkungsvoller als bisher umsetzen können.

4.1.4 Was ist wie viel wert?

Ein besonderer Aspekt ist der zielgerichtetere Umgang mit Ressourcen, durch den die ideellen und materiellen Aspekte kirchlicher Entwicklung auch in Zeiten zurückgehender Mittel zusammengehalten werden. Im Abwägen unterschiedlicher Wichtigkeiten spielt der Überblick über die zur Verfügung stehenden Mittel und die relative Gewichtung dieser Mittel eine bisher nicht gekannte Rolle. Die jeweils Verantwortlichen müssen sich darauf einstellen und Ressourcenfragen in die Planungsprozesse zur Kirchenentwicklung methodisch besser als bisher integrieren[17]. Je mehr Ziele ein kirchlich verantwortliches Gremium sich vornimmt, desto unwahrscheinlicher werden konkrete Veränderungen – zumindest dann, wenn keine Ressourcenentscheidungen damit verknüpft sind. Und weil bei vielen kirchlichen Entscheidungen keine Klarheit über die damit verbundenen Aufwendungen an Zeit

14 Vgl. Wegner (2003: 407): „Natürlich hat dies (d.h. die mangelnde Mitgliederorientierung der Kirchen, die Verf.) auf den ersten Blick mit der privilegierten Finanzierungssituation der Kirchen in Deutschland zu tun, die durch die Kirchensteuer lange Zeit weitgehend davon befreit waren, mit ihren Mitgliedern zu kommunizieren.“ Vgl. Zulehner (2003: 13 ff.): „Es ist eine grandiose Selbsttäuschung zu meinen, man könne beides zugleich haben: das Beharren auf die in Krise geratene Kirchengestalt und zugleich die Offenheit für einen Aufbruch in eine lebendige Kirchenzukunft hinein. ...! ... Wenn die Kirche hier zulande bleibt wie sie ist, wird sie nicht mehr lange bleiben.“

15 Wegner (2003a: 274)

16 Vgl. Hermlink (1997), zitiert bei Wegner (2003a: 289)

und Geld besteht, können die dabei verhandelten schönen Ziele umso leichter bejaht werden – und wirkungsloser bleiben als vielleicht nötig wäre.

Die vielerorts nötige Neuverteilung von Arbeitsfeldern unter Hauptamtlichen im Zusammenhang mit Stellenkürzungen bzw. die chronische Überlastung von Hauptamtlichen durch ein unter der Hand wachsendes Aufgabenspektrum können zum natürlichen Ausgangspunkt integrierter, strategischer Planung werden. Die Analyse der bisherigen Arbeitszeitverteilung, die Diskussion vorliegender Normgrößen und die Entscheidung über inhaltliche Schwerpunkte[18] werden dabei durch einen Prozess zusammengehalten, der seinen Anfangs- und Endpunkt in der Frage hat: Wofür genau wollen wir da sein? Was sollen die Menschen (welche Menschen genau?) von uns haben? Und: Gelingt uns das so, wie gedacht?

In ähnlicher Weise ist eine größere Transparenz in der Zuweisung von Finanzmitteln an bestimmte Arbeitsbereiche erforderlich. Für viele, die haupt- oder ehrenamtlich in Gemeinden und Einrichtungen Verantwortung tragen, ist der Durchblick in Haushaltsfragen nicht ganz einfach. Dass es keine wirkliche Kostenrechnung in der Kirche gibt, entspricht einer traditionsgeleiteten Organisation: Solange sowieso klar ist, was zu tun ist, gibt es kein Abwägen von Mitteln und Einsatz. Sobald aber inhaltliche Alternativen aufscheinen, oder sobald aufgrund von Mittelkürzungen Alternativen zwingend werden, muss jede Entscheidung die beiden Seiten aufeinander beziehen. Wieviel kostet eigentlich – die hauptamtliche Arbeitszeit eingerechnet – die subsidiäre Trägerschaft von kirchlichen Kindergärten? Und was sind die realen Kosten einer Beerdigung, einer Trauung, eines Konfirmanden-Jahrgangs?

Bei den Immobilien ist der fehlende Durchblick noch auffälliger und gravierender als bei den Finanzmitteln. Ebenso wie bei der Ressource Arbeitszeit geht es auch bei den Immobilien darum, die Rationalität von Zukunftsentscheidungen sicher zu stellen. Kirchlich Verantwortliche müssen gerade in Zeiten zum Teil dramatisch knapper werdender Mittel solche Entscheidungen grundsätzlich auf zwei Ebenen treffen: Einmal auf der inhaltlichen, der geistlichen Ebene: Wofür sollen die Mittel in besonderer Weise eingesetzt werden bzw. wo ziehen wir sie ab? Zum anderen ist die Voraussetzung dafür, solche Entscheidungen treffen zu können der „Durchblick" auf der materiellen Ebene: Wieviele Mittel haben wir insgesamt und wie wollen wir sie aufteilen?

Hier muss – und das lässt sich am Beispiel des Immobilienmanagements im evangelisch – lutherischen Dekanat Nürnberg gut zeigen[19] – oft eine Informationsbasis erst geschaffen werden, die es nicht gibt, weil solche Entscheidungsfragen im kirchlichen Arbeitsalltag der

---

17 Vgl. Breitenbach (1994: 199): „Die Effektivität kirchlicher Arbeit ist daran zu überprüfen, ob für eine Maßnahme in einem hermeneutischen Prozess Ziele begründet gesetzt wurden, ob bei der Durchführung diese Ziele im Blick waren und inwieweit die ins Auge gefassten Ziele bei der Durchführung der Maßnahme erreicht werden konnten. Entscheidend ist nun, dem ein sachgemäßes Verständnis des Umgang mit den ‚Produktionsmitteln' zuzuordnen: Ressourcen sind nicht einfach Mittel zum Zweck. (Anmerkung 121: Ziele, Inhalte, Methoden und Mittel hängen nicht nur bei Lernprozessen zusammen und voneinander ab. Methoden und Mittel sind also daraufhin zu befragen, ob sie auf Ziele bezogen eingesetzt werden, welche Ziele mit welche Methoden korrelieren und welche Ziele durch Methoden und Medien implizit transportiert werden). Wer nach der Effizienz fragt, fragt nach dem sinnvollen Einsatz der Kräfte und Gaben der Mitarbeiter/innen, nach der Sachgemäßheit der verwendeten Methoden und nach der Angemessenheit der Strukturen und nach dem haushalterischen Umgang mit den vorhandenen Ressourcen an Gebäuden, Finanzen, Sachmitteln."

18 Vgl. unter 6.4.1 und siehe: „Teamplan" unter www.evangelischekirche.de/seiten/prodekanat_downloads.htlm

19 Die Beschreibung bezieht sich auf die Situation im Jahr 2004. Im Bereich Immobilienmanagement gibt es in jüngster Zeit einige Ansätze zur strategischer Steuerung.

letzten Jahrzehnte überhaupt keine Rolle gespielt haben. Die Gemeinden im Dekanat Nürnberg besitzen insgesamt ca. 300 Immobilien: Kirchen, Gemeindehäuser, Kindergärten, Grundstücke, Wohnhäuser mit Mietwohnungen. Die Gesamtkirchengemeinde (das ist der verwaltungstechnisch begründete Zusammenschluss aller Gemeinden) besitzt ca. 60 Objekte. Aus dem Bauhaushalt der Gesamtkirchengemeinde wird die Instandhaltung aller Gebäude, auch der im gemeindlichen Besitz befindlichen, bestritten. Im Jahr 2004 hat nach den landeskirchlich vorgenommenen Kürzungen der Etat dafür nur noch ca. 500.000 Euro umfasst, aber allein für den Gebäudeunterhalt, d.h. die notwendigen erhaltenden Reparaturen wurden bisher jährlich 2,5 Mio. benötigt. Die dadurch erforderliche drastische Reduzierung des Immobilienbestandes wird nicht nur erschwert durch die unterschiedliche Zuständigkeit zwischen Gesamtkirchengemeinde und einzelnen Gemeinden, sie wird bei näherer Betrachtung vor allem dadurch erschwert, dass keinerlei Informationen vorliegen über den baulich-technischen Zustand dieser ca. 360 Objekte, ganz zu schweigen von Informationen über wirtschaftliche Aspekte, wie z.B. die Rentabilität von Vermietungen bei Wohnhäusern. Es gibt also keinerlei Grundlage für eine Berechnung der kurz- und mittel- und langfristig notwendigen Investitionen, um Gebäude instand halten oder modernisieren zu können. Diese Situation ist nicht nur für kirchliche Einrichtungen typisch. Sie spiegelt ein Versäumnis der Wachstumsjahre wider, das auch im öffentlichen Bereich vielfach zu beobachten ist: Man hat den Bestand an Gebäuden und damit den zu pflegenden und zu bewirtschaftenden umbauten Raum in erheblichem Umfang vermehrt, hat aber die Verwaltung und das Management dieses Besitztums nicht gleichzeitig aufgebaut und professionalisiert. Das bedeutet: In Zeiten zurückgehender Mittel wächst zum Teil in wirklich dramatischer Weise der Entscheidungsdruck – und gleichzeitig eröffnen sich Informationslücken und Defizite in der Organisationsstruktur, die nur um den Preis erheblicher Investitionen in Analyse geschlossen werden können.

4.1.5 Ressourcenbewusstsein entwickeln

Die grundsätzliche Alternative – um beim Beispiel der Immobilien zu bleiben – besteht darin, die in naher Zukunft vielerorts notwendige Veräußerung von Gebäuden dem Zufall zu überlassen und in einem eher chaotischen Prozess von Einzelentscheidungen der Gemeinden, Einrichtungen und der Gesamtkirchengemeinde mit den dazu gehörigen Kämpfen zu überlassen, oder eben in ein systematisches Immobilienmanagement zu investieren.

Wenn sich die Kirche dieses Geld für eine betriebswirtschaftliche, technische und pastorale Analyse des Immobilienbestandes spart, investiert sie möglicherweise an falscher Stelle, gemessen an den Erfordernissen der Gemeindeentwicklung, aber auch gemessen an schlichten Rentabilitätskriterien. Gebäude stellen im Leben von Gemeinden Fixpunkte dar für die Geschichte vieler einzelner Menschen und ganzer Stadtteile, für Emotionen und für kollektive Identität. Eine Kirche zu verkaufen ist möglicherweise an vielen Stellen in den nächsten Jahren und Jahrzehnten aus finanziellen Erwägungen heraus ganz unabweisbar, aber es ist auf der anderen Seite eine große emotionale Hürde. Die Vogel-Strauß-Politik, welche viele gemeindlich Verantwortlichen bisher noch betreiben können, weil ja die Gesamtkirchengemeinde für die Instandhaltung der Gebäude zuständig gewesen ist, muss hier zunächst durch sorgfältige Informationspolitik aufgegeben und durch eine mittelfristig angelegte Umsteuerung und die Einführung entsprechender Planungsprozesse in die aktive, zielgerichtete Immobilienbetreuung der Gemeinde überführt werden. Andererseits erfordert kirchliche Entwicklung gerade in Zeiten entschiedener Reduktion eine Orientierung nicht nur an bestehenden Gemeindegrenzen, sondern häufig auch eine Orientierung am regionalen Raum, z.B. eines Stadtteils oder eines Verbundes mehrerer Dörfer mit der Leitfrage, welche Immobilien in diesem Raum gemeinsam und in welcher Form genutzt werden können und müssen. Insofern sind die Analysen und Sachinformationen von vornherein mit inhaltlich-strategischen Fragen der Kirchenentwicklung und mit einem dafür nötigen Konzept der Kommunikation und Entscheidungsfindung verbunden.

Insgesamt beinhaltet strategisches Kirchenmanagement die schrittweise und fallweise Definition von „kirchlicher Produktion", also die Entwicklung von Standards für das, was als im kirchlichen Sinne „effizient" gelten darf[20]. Dabei sollte neben der Verbesserung einzelner Funktionszusammenhänge (wie z.B. dem Immobilienmanagement)[21] vor allem der innere Zusammenhang zwischen einzelnen inhaltlichen Zielen und dem geistlichen Auftrag insgesamt sowie der daraus abgeleiteten Gesamtidentität einer kirchlichen Organisationseinheit[22] maßgeblich sein. Und dieser Zusammenhang muss sich letztlich auch in der Höhe der für bestimmte Arbeitsbereiche aufgewendeten Mittel niederschlagen.

4.2 Neue kirchliche Verhaltensnormen

4.2.1 „Wollen hätten wir schon mögen, aber dürfen haben wir uns nicht getraut" [23]

Schwerpunkte zu setzen mit Hilfe einer strategischen Zielorientierung – das muss als Gestaltungsprinzip erst gelernt werden, und zwar gegen den Widerstand bestehender, gegenläufiger Organisationsprinzipien. Sie manifestieren sich in rechtlichen und bürokratischen Hürden[24], sind aber am wirkungsvollsten geschützt durch ihre Verankerung in inneren, auch moralisch aufgeladenen Haltungen. Der althergebrachte Organisationscharakter der großen Kirchen ist behördenähnlich. Wer die Kirche als Lebens- und Arbeitsfeld betritt, spürt auch heute noch – obwohl hier bereits erhebliche Veränderungen stattgefunden haben – die dazu gehörige eigenartige Betriebskultur: Die Macht der Traditionsleitung („Das

20 Wir sind damit zumindest für die Zukunft weniger pessimistisch als Wegner (2003: 410, auch Anmerkung 11), der nicht nur bezweifelt, dass sich höhere Effizienz bei der Organisationsentwicklung von Kirche so einfach messen lässt, sondern deswegen das Etikett Effizienz kurzerhand als ein bloßes Signal zur Seite stellt, mit dem Kirche ihre eigene Modernität darzulegen bestrebt sei. Zu den Fragen von Messbarkeit siehe Kap. 4.2 und Kap. 5.

21 Vgl. Nethöfel (1998: 61): „Obenan auf der Agenda kirchlicher Managementaufgaben sollte ein lockeres, aber umfassendes ‚Benchmarking' stehen: Wie gut und wie überhaupt machen es die anderen? Es gibt keine theologische Rechtfertigung dafür, in der Kirche dasselbe schlechter zu machen als ‚die Welt'. Es muß uns beschämen, wenn ‚draußen' letztlich Belangloses besser verwaltet, Sinnloses besser kommuniziert, Schlechtes effizienter produziert und besser verkauft wird, wenn Vorgesetzte und Mitarbeiterinnen und Mitarbeiter dort menschlicher miteinander umgehen und wenn Gemeindemitglieder ‚auf dem Markt' besser gehört werden als in ihrer Kirche, wenn sie ihre Bedürfnisse äußern."

22 In diesem Sinne umkreist Perels (1990: 39) das Problem von Erfolg und Effizienzmaßstäben: „Es soll ein Mehr an „göttlicher Lebensqualität" für die Menschen erreicht werden. Das muss der Sinn und das Ziel von Effizienzsteigerung sein. Die Menschen sollen im christlichen Sinn selber effizienter leben, sie sollen lebendiger leben."

23 Frei nach Karl Valentin

24 Eine kleine Anschauung dafür liefert auf Seiten der evangelischen Landeskirchen der Darmstädter Modellversuch, mit dem mehr Kooperation zwischen einzelnen Gemeinden und ein deutlicheres gemeinsames Erscheinungsbild befördert werden soll. Dafür wurde 1997 ein eigener Artikel in die Kirchenordnung aufgenommen, der es ermöglichte, dass „für die Dauer von längstens fünf Jahren von den Vorschriften der Artikel 21,22,24,25,28,29,30 und 31 der Kirchenordnung abgewichen werden kann." (Artikel 69 a der Kirchenordnung, zitiert nach: Synode der Evangelischen Kirche in Hessen und Nassau, Drucksache Nr. 84/02, S.1)

haben wir schon immer so gemacht."), die Traditionen informeller Machtausübung („Ja, haben Sie denn schon mit xy darüber gesprochen? Ja, an dem geht natürlich kein Weg vorbei!"), eine Mentalität demonstrativer Bescheidenheit, verbunden mit hohen, oft idealistisch gespannten (Selbst-)Ansprüchen und Erwartungen, die selten ganz offen ausgesprochen, nüchtern hinterfragt und realistisch eingekreist werden.[25] Dieser Mentalität entspricht eine protestantischerseits eher heimliche bzw. katholischerseits hierarchisch abgeschottete Machtausübung Einzelner, während die offene gemeinsame Willensbildung oft ebenso schwierig ist wie in jeder anderen, auf Geschwisterkonkurrenz gebauten patriarchalen Großfamilie. Über solche und ähnliche Aspekte eines – hier natürlich grob typisierten – kirchlichen „Betriebsklimas"[26] vermittelt sich die Norm eines „passiven Organisationshandelns"[27].

Gut begründete Entscheidungen über ordnende Ziele setzen voraus, dass es im Feld des immer schon Üblichen und des unbestimmt Möglichen attraktive Ziele gibt, für die zu streiten sich lohnt. Es besteht ein erheblicher Unterschied zwischen dem subjektiven Gefühl, etwas zu wollen, und einer geklärten Haltung, etwas gemeinsam erreichen zu wollen. „Man muss immer wissen, was man will, damit man was erreicht. Aber die Kirchenvorstände weigern sich, zwischen x und y zu entscheiden; sie sagen ganz einfach: ‚Wir wollen beides'! Und ich glaube fast, sie wollen gar nicht herausfinden, was sie wirklich wollen." So kommentierte einer der Nürnberger Dekane den – ganz und gar fehlgeschlagenen – Versuch, Gemeinden zur Schwerpunktsetzung im Bereich seelsorgerlicher Arbeit zu bewegen. Einzelne und Gruppen brauchen für Schwerpunktziele ein gewisses Maß an Wachheit, ja: an Ehrgeiz; sie brauchen den Willen, bestimmte Ziele zu erreichen, in ganz bestimmtem Sinne erfolgreich zu sein. Und das ist im kirchlichen Bereich eher verpönt.

„Wollen wir etwas erreichen? Dürfen wir etwas erreichen wollen? Was machen wir, wenn wir bei näherer Betrachtung merken, dass jeder unter „Seelsorge" etwas anderes versteht?" Neugier und Entdeckerlust gegenüber solchen Fragen sind als Antrieb für gezielte Kirchenentwicklung notwendig. Leider werden bislang eher die leitungsabstinenten Haltungen kirchlicher Leitungspersonen durch eine – theologisch motivierte? kirchenkulturell bedingte? – Scheu vor aktivem Organisationshandeln genährt und gestützt.

„Die Übernahme von Management-Tools könnte ... durchaus einer neuen Säkularisierungswelle den Weg bahnen, denn wirtschaftliche Konzepte haben durch ihr Abzielen auf klare Zielerreichung eine Zeitstruktur, die herkömmlicher, religiöser Kommunikation völlig entgegengesetzt ist. Man hat eigentlich keine Zeit zum Hören. In der klassischen, staatsanalogen Auffassung von Kirche war das dadurch anders, dass im Prinzip nachrangig gehandelt wurde: auf Anfrage – nicht um ein selbst gesetztes Ziel zu erreichen, aber wie dem auch sei: Auf jeden Fall ist es eine offene Frage, wie sich Spiritualität unter diesen Bedingungen entwickeln wird. Niemand wird behaupten können, unsere Kirche wäre darauf vorbereitet."[28]

Die Furcht vieler besonnener Theologen scheint es zu sein, dass kirchliches Organisationshandeln, sobald es durch klare Zielorientierung offensiv und aktiv wird, in den Bereich säkularer Motive „abrutscht" und die innere Verbindung zum geistlichen Wesen und Auftrag

25 Wie eine betriebswirtschaftliche Perspektive z.B. die Spannungsverhältnisse ausleuchten kann, in denen sich eine Pfarrerin innerhalb der kirchlichen Dienstgemeinschaft befindet, zeigt Hermelink (1998: 557 ff.)

26 Siehe dazu auch Kap 2

27 Die instruktive Unterscheidung von aktivem und passivem Organisationshandeln bei Wegner (2003: 411 ff.)

28 Wegner (2003: 410), Anmerkung 10

verliert[29]: „Das Spezifikum kirchlicher Organisation und kirchlicher Leitung besteht gerade darin, dass Organisation und Leitung lediglich über „äußere“ Merkmale entscheiden können, um die ‚innere geistliche Kommunikation' möglich zu machen, die sich jedoch als solche jeder Festlegung und Steuerung entzieht. Beides fällt nicht zusammen.“[30]

Natürlich ist das Bewusstsein der doppelten Wesenbestimmung von Kirche als geistlicher Gemeinschaft einerseits und Organisation andererseits für kirchenleitendes Handeln konstitutiv. Aber es erscheint gerade deswegen nicht als sinnvoll, für kirchenleitendes Handeln zu unterscheiden „zwischen geistlichen Entscheidungen, die nur unter ganz besonderen Bedingungen zulässig sind und anderen, die jederzeit möglich sind“[31], denn dadurch wird die Differenz zwischen den äußeren Merkmalen und der inneren, geistlichen Kommunikation unter der Hand zu einer Trennung. Wenn sie aber als Differenz zwischen dem, was kirchliches Leitungshandeln beeinflussen kann (den Grad an Informiertheit von Kirchenmitgliedern, z.B.), und dem, was es nicht beeinflussen kann (den Glauben der einzelnen, z.B.), stehen bleibt, dann wird es auch möglich, nach den Beziehungen zwischen beiden Ebenen zu fragen. Wie übersetzen z.B. kirchenleitende Menschen die eigenen Glaubenserfahrungen in Werte, an denen sie ihr Leitungshandeln orientieren? Welche äußeren Bedingungen dürfen für Menschen auf ihrem Glaubensweg zumindest als hilfreich gelten? Und dann leuchtet es durchaus nicht ein, warum ein aktives, zielorientiertes Organisationshandeln gegenüber den alten Formen des passiven Organisationshandelns in höherem Maße die Gefahr mit sich bringen soll, „dass die Grundunterscheidung von inneren und äußerem Handeln in der Kirche“[32] verloren ginge. Vor Fehlentscheidungen und unfruchtbaren Handlungen kann sich natürlich letztlich niemand absichern. Je bewusster und methodischer, je transparenter und klarer in den Verfahren das kirchliche Organisationshandeln und die Steuerung von Kirchenentwicklung ist, desto weniger passieren allerdings Fehler „hinter dem Rücken“ der erklärten Absichten und veröffentlichten Motive.[33] Und wer sich im Sinne des passiven Organisationshandelns im Wesentlichen auf Althergebrachtes verlässt, ist heute mehr als früher in der Gefahr, von den Umständen und Veränderungsanforderungen getrieben, den Kontakt zu den Menschen zu verlieren.

4.2.2 Aktives Organisationshandeln, unternehmerische Theologie

„Reformen in der Kirche bringen nüchtern gesagt nur eines hervor: die Notwendigkeit weiterer Reformen“[34] – aber bei aller Nüchternheit sind doch Reformen auch verbunden mit

29 Insofern ist die oben (3.1.3) scharf kritisierte Abwehrhaltung von Theologen gegenüber Unternehmensberatung wiederum gut erklärbar.

30 Wegner (2003: 415)

31 Wegner (2003: 416 Anmerkung 23). Es stellt sich grundsätzlich die Frage, ob es hilfreich sein kann, zwischen geistlichen und organisatorischen Entscheidungen eine so scharfe Trennlinie zu ziehen, oder ob gegenüber der Problemstellung Luhmanns, mit der Wegner sich hier auseinandersetzt, nicht die Kategorie der Interpretation weiterhelfen kann. Diese führt nicht zu einer Dekonstruktion von Glaubensinhalten, sondern zu einer Neuformulierung, im Medium von Sprache ebenso wie im Medium von Organisationshandeln. In diesem Sinne müsste Luhmann widersprochen werden, wenn er die „Unverträglichkeit von Religion und Organisation“ (ebd.) behauptet.

32 Wegner (2003: 415)

33 „Und alles spricht dafür, gerade im kirchlichen Bereich Machtspielchen und Personenkult durch klare Zielvorgaben kirchlichen Handelns zu ersetzen, an denen sich Vorgesetzte und Mitarbeiter gleichermaßen messen lassen.“ (Nethöfel 1998: 61) Er hält (ebd: 62 f.) ein in dieser Art organisiertes, zielorientiertes Handeln für selbstverständlich. Dies entspricht nicht unserer Erfahrung.

34 Wegner (2003: 417)

geistlichen Motiven und theologischen Argumenten! Insofern ist zuviel Nüchternheit auch einseitig: „Das bedeutet aber nichts anderes, als dass sich Kirche von einer Enttäuschung zur nächsten entwickelt. Ihre äußere Gestalt kann auf Dauer nicht die Verwirklichung geistlicher Entscheidungen sein. Weil auf diese Weise eine beständige Identifikation von geistlicher Entscheidung und Organisationsentwicklung strukturell verwehrt ist, ist das Leiden an der Kirche programmiert."[35] Programmiert ist u.E. nicht (oder zumindest nicht ausschließlich) das Leiden, wohl aber die Notwendigkeit beständiger Arbeit. Denn die innere Beziehung zwischen geistlichem Wesen und Organisationshandeln enthält viele positive Momente: Ideen; Inspiration; die Lust, Kirche so und nicht anders zu gestalten – frei nach dem Motto: „Lebe so, dass man dich fragt" – und sich in der Organisationsgestalt um Glaubwürdigkeit , also um die Fortsetzung der Predigt mit anderen Mitteln zu bemühen. Der bereits zitierte Nürnberger Dekan schließt seine Beobachtung zur Entscheidungsunwilligkeit der Gemeindegremien mit der Frage ab: „Was ist los mit einer Kirche, die nicht weiß, was der besondere Auftrag des Herrn in dieser geschichtlichen Stunde ist?"

Ganz sicher wird sich Spiritualität in der kirchlichen Alltagspraxis durch ein verändertes Kirchen-Management und eine dadurch veränderte Betriebskultur, durch eine Umakzentuierung, weg vom passiven hin zum aktiven Organisationshandeln, ebenfalls verändern. Die Frage ist nur, ob man diese Veränderung mit einer neuen Säkularisierungswelle richtig charakterisiert. Wie nah ist denn der heutige kirchliche Alltag der religiösen Kommunikation? Nicht wenige katholische Geistliche scheitern häufig aus Überlastung an ihrem in der Weihe gegebenen Versprechen, die Stundengebete zu halten; nicht wenige evangelische Geistliche kämpfen aus ähnlichen Gründen um gesicherte Zeitkontingente für ihre eigene praxis pietatis. Es bleibt noch einmal festzuhalten: Jede verantwortliche Gestaltung von Kirche muss die theologische Grundunterscheidung von Evangelium und Gesetz, von Werktag und Sonntag, von Arbeit und dem Wirken des Heiligen Geistes[36] beachten und daher die Vorläufigkeit kirchlicher Organisationsziele einräumen. Genauso ist aber überzeugende Gestaltung von Kirche angewiesen auf die Kraft inhaltlicher Analogie, die vom „letzten Grund" aller Kirchen-Organisation herkommen muss.[37]

Bin ich als Christ, sind wir als Kirchen in der Spur der Nachfolge? Wie würde Jesus heute eine volkskirchliche Gemeinde gestalten, oder welche Handlungsschwerpunkte würde er einer Diözesanleitung empfehlen? Diese Frage führt zu den spirituellen Wurzeln der kirchlichen Organisation, ohne die sie schnell unglaubwürdig und zynisch wird. Bei unvoreingenommener Betrachtung spricht vieles dafür, dass ein unternehmerischer Charakter kirchlicher Organisation im Vergleich mit dem Behördencharakter sogar näher an der jesuanischen Tradition ist.

Eine theologische Frage dazu lautet, „ob es unangemessen sein könnte, sich im Dienst eines, im Blick auf seine Schöpfung höchst unternehmerischen Gottes, eine ebenso unternehmeri-

35 Ebd.

36 Besonders schwierig ist das im Bereich der Liturgie durchzuhalten. Dass Geyer, der ansonsten einer theologisch verantworteten Rezeption von Managementwissen offen gegenüber steht, in empörtem Gestus die Bezeichnung von Gottesdiensten als kirchliche Angebote zurückweist, zeigt, dass in diesem zentralen Arbeitsbereich von Kirche offensichtlich die Unterscheidung zwischen geistlichem Geschehen und menschlichem Tun besonders schwer fällt. Vgl.: Geyer (2000: 145) Vielleicht ist auch deshalb in diesem Feld, wie Famos (2003: 402) anmerkt, im Unterschied etwa zur Religionspädagogik oder der Seelsorge, ein offenes Einbeziehen von unterschiedlichen Bedürfnissen der Menschen bisher weniger gelungen als in den anderen genannten Bereichen.

37 Vgl. Perels (1990:38): „Christliches, in Freiheit geführtes Leben ist kein Gut, das für die Kirchengemeinde erworben oder hervorgebracht werden könnte. Sie stellt dem Individuum Hilfen für den Erwerb dieses Gutes ... bereit ...Das Maß an Bedürfnisbefriedigung für das Individuum ist nur schwer messbar, wohl aber die Leistungen der Kirchengemeinde und deren Akzeptanz."

sche Kirche vorzustellen!“[38]. Außerdem: Jesus, wie ihn die Evangelien zeigen, führt ein Leben mit Mangel, Konflikten und Unsicherheit, ohne alles „in den Griff kriegen“ zu müssen, weil er vertraut. Wo immer die Grenze berührt wird, die das Menschliche vom Idealen, vom Übermenschlichen oder Göttlichen trennt, bezieht er klar Position und lehnt alle Überforderung und Überhöhung des Menschlichen ab. Die Dämonen, die ihn als Gottessohn proklamieren wollen, sollen schweigen (Markus 3,11 f. u.ö.). Der Versucher bringt ihn nicht dazu, sich auf spektakuläre Weltverbesserungspläne einzulassen (Matthäus 4). Der Rückzug von Kranken und hilfsbedürftigen Menschen signalisiert: Ich kann nicht alle Eure Wünsche einfach erfüllen. Dieser Charakter des Unabgesicherten steht quer zum Behördencharakter, weil dieser tendenziell eine fast metaphysische Sicherheit und Ordnung repräsentiert. „Das Unternehmerische“ enthält eher die Facetten von Dynamik, Risikofreude und persönlichem Einsatz, der auch scheitern kann.

Jesus lebt eine Gottesbeziehung, die Grundhaltungen für alle Lebenslagen, sogar für kirchenleitende Aufgaben, vermittelt. Glaube ist praktisch und erfinderisch – die drei Männer, die ihren gelähmten Freund zu Jesus bringen wollen, suchen sich ihren Weg auf handfeste und gewagte Weise (Markus 2,1-5). Glaube ist heiter und sorglos, weil alles unter dem Himmel Gottes geschieht (Mt 6,25 ff.). Glaube ist dankbar und feiert auch im Angesicht großer Bedrohungen das geschenkte Leben und seine Hoffnungen über den Tod hinaus – die Eucharistie. Glaube ist in Gemeinschaft stark – das Wunder, dass alle satt werden, ist ein Urbild des anbrechenden Gottesreiches (Markus 6,34 ff.).

Kirchliche Organisation als Nachfolgegemeinschaft müsste, von der Christologie her gedacht, ganz besonders an ihrem eigenen zeichenhaften Charakter interessiert sein und könnte daher Perfektionismus und Patentrezepte auf sich beruhen lassen. Im Rahmen der analogen Beziehung von Kirche als Glaubensgemeinschaft und Kirche als Organisation ist „das Unternehmerische“, so gesehen, sogar eine passendere Form als „die Behörde“. Das (heimliche) Verbot des aktiven Organisationshandelns und die Skepsis gegenüber einem neuen Gestaltungsmut sollte man getrost verabschieden.

4.2.3 Das Erfolgs-Tabu aufbrechen

Unternehmerisch sein heißt, Erfolg haben zu wollen. „Erfolg“ ist im kirchlichen Kontext ein mehrfach vorbelasteter Begriff. Theologie- und kirchengeschichtlich verbinden sich damit Max Webers kulturtheoretische Beobachtungen zur protestantischen Ethik und ihren gesellschaftlichen Auswirkungen. Dogmatisch gesprochen, denken Christen sofort an Hochmut oder „Werkgerechtigkeit“: Den Wert der eigenen Person aus eigener Kraft begründen, letztlich sich selbst erschaffen zu wollen, stolz auf die eigene Vernunft und Kraft zu sein statt dankbar gegenüber Gott, von dem alles kommt und vor dem sich unsere ganzen Leistungen möglicherweise recht zweideutig ausnehmen. Ruft nicht unsere Kernbotschaft – die Rechtfertigung eines Menschenlebens aufgrund des Glaubens an Gottes Liebe – mühsam genug gegen den Strom einer Leistungsgesellschaft heraus aus dem Zwang, sich beweisen und die Anerkennung als Person vor Gott und den Menschen durch Erfolge irgendwelcher Art verdienen zu müssen? „Das Heil kommt nicht aus den Werken, sondern aus dem Wort, das der Person gilt.“[39]

38 Zulehner (2003: 64)

39 Josuttis (1988: 87)

Unter sozialethischem Blickwinkel riechen Christen bei dem Wort „Erfolg“ den alten und neuen Sozialdarwinismus, der das Recht des Stärkeren propagiert; wir denken an Ellenbogenmentalität und das neoliberale Credo *„Leistung muß sich wieder lohnen“*, das die ohnehin Starken noch weiter begünstigen und den Sozialabbau salonfähig machen will.

Manfred Josuttis erörtert „Erfolg“ als pastoraltheologisches und -psychologisches Thema[40] und verdeutlicht damit, dass es für die geistlichen Berufe besonders virulent ist. Darüber hinaus ist es sicher ein allgemeines Problem christlicher Lebensführung, das für unser Anliegen der bewussten Gestaltung kirchlicher Organisation wichtig ist, weil es den Alltag von Ehrenamtlichen und Hauptamtlichen prägt.

Natürlich ist die Gefahr vorhanden, dass Menschen sich durch Leistung und Erfolg Anerkennung und Liebe verdienen wollen oder ihre Angewiesenheit darauf verdrängen, indem sie erfolgsgestützte Macht ausüben. Natürlich kann beruflicher Erfolg zur „Sucht und ... Selbstdurchsetzung um jeden Preis“[41] werden – davon wissen aber vermutlich auch Kirchen-Männer und (in geringerem Maße) – Frauen ein Lied zu singen.

Aber die christliche Demutsmoral, die der Abwehr gierigen Erfolgsstrebens dient, kann selber zur Leistung, zum „Werk“ werden – und darüber hinaus zum Unterdrückungsinstrument, mit dem sich die Leistungsfreude und das Erfolgsstreben anderer jederzeit gut bekämpfen lässt. Was also im tiefen theologischen Sinn „Sünde“ ist, nämlich die Selbstdurchsetzung gegenüber Gott und der Egoismus gegenüber Menschen und anderen Kreaturen, das findet sich auf beiden Seiten.

Es ist verwunderlich und auch immer wieder schmerzlich zu erleben, dass auch in der Kirche die Rechtfertigungsbotschaft im Arbeitsalltag keine überragende Rolle zu spielen scheint. Das protestantische Pflichtbewusstsein ist ebenso sprichwörtlich wie die katholische Dienstbereitschaft. Leider führen beide Tugenden innerhalb der Kirche häufig zu einer eher unfrohen und unfreien Atmosphäre von Arbeitslast, als gehörte es zum guten Ton unter Haupt- und Ehrenamtlichen, eine Überfülle an Aufgaben und Terminen zu haben.

Die Frage nach dem Verhältnis von Glauben und Werken lässt im christlichen Selbstbewusstsein immer wieder Knoten entstehen. Erfolg haben zu wollen, gilt auch heute unter vielen Christenmenschen als unfein; umso blühender und wirkungsvoller sind oft unter dem Deckmantel von demütiger Nächstenliebe die geheimen Erfolgswünsche und damit verbundenen Machttendenzen.

Die Tabuisierung des Effektivitätsdenkens geht so weit, dass im Namen kreuzestheologischer Motive die Machbarkeit von Kirche insgesamt bestritten wird. Sie müsse „eine bestimmte Ineffizienz, Umständlichkeit und Umwegigkeit zur praktischen Konsequenz" [42] ihres Glaubens zählen und dürfe nicht nach Erfolgen fragen – als könnte es nicht auch als ein Erfolg von Kirche gesehen werden, dass sie als „Spezialistin des Scheiterns“[43] gilt. Schwachheit zugeben, Ohnmacht aushalten und Trost vermitteln zu können, ist eine menschliche Kompetenz – die Kompetenz der Menschen nämlich, die sich zuerst von Gott trösten und halten lassen[44].

„‘Erfolg’ ist kein Name Gottes!“ Das Ausrufezeichen lässt ahnen, dass dieser Satz in dem Kontext, aus dem wir ihn zitieren, ursprünglich polemisch gemeint war. Er richtete sich im

40 Vgl. zum Folgenden: Josuttis (1988: 80 ff.) Er leuchtet hier die personale Tiefendimension von Erfolgs- und Misserfolgserfahrungen aus.

41 Josuttis (1988: 85)

42 Werner (2002: 84)

43 Ebd.

Zusammenhang einer Grundsatzdiskussion zum „Evangelischen München-Programm“ gegen die Verwendung von Managementmethoden in der Kirche[45]. „Erfolg ist kein Name Gottes!“ – das ist, unabhängig von diesem Kontext, zunächst ganz einfach ein richtiger Satz. Nirgendwo in der Bibel findet sich der Begriff „Erfolg“ als ein Gottesnamen. Gottes Macht und Gottes Herrlichkeit, Gottes Weisheit und Gottes Güte sind im biblischen Verständnis allumfassend wirksam und damit himmelweit entfernt von allen Kategorien, die menschliche Macht und menschliche Wirkmöglichkeiten erfassen.[46]

Erfolg meint „die Erfahrung der positiven Wirkung der eigenen Tätigkeit ... , die beim Handlungssubjekt ein Gefühl der Befriedigung auslöst“.[47] Das dadurch genährte Selbstwertgefühl hat eine soziale Dimension, ebenso wie die mit dem Erfolgserleben verbundenen Ziele und Wirkungen anderen zugute kommen können. Dass Einzelne oder Gruppen etwas erreichen, bewegen und leisten können, ist ein Grund zur Freude. Warum sollten Menschen, die sich und ihr Leben bewusst Gott verdanken, es nicht genießen, dass sie Einfälle haben, warum sollten sie nicht zufrieden und stolz auf ihre kleinen, feinen und oft mühsam genug erarbeiteten Erfolge sein können? Warum sollte es nicht auch Freude machen, das Evangelium zu verkündigen? Warum verstehen wir nicht ganz selbstverständlich Leistungsfreude, Entdeckerfreude, Unternehmungslust als Teil des Gotteslobes? Je willkommener das Erfolgsstreben ist, je offener es gelebt werden kann, umso kritikfähiger wird es auch sein.

Es ist wichtig für die Kirchen, einen positiven Begriff von Leistung und Erfolg zu gewinnen – einen, der auf den Flügeln der Freude Gottes an uns Menschen getragen wird; einen, der nicht zur Selbstvergötzung oder zur Unterwerfung unter unbiblische Prinzipien führt; einen, der hilft, inspiriert und unverkrampft und in einem ganz bestimmten Sinne erfolgreich in der Kirche (und anderswo) zu arbeiten. Das wird nichts an der kritischen Haltung gegenüber dem ökonomisierten Leistungsbegriff und seinen praktischen Folgen ändern, im Gegenteil.

Es ist sicher nicht möglich, egal in welchem Kontext, Erfolgsstreben und was damit auch verbunden ist – Konkurrenzverhalten, Geltungsdrang und die Suche nach Anerkennung bis hin zur Ellenbogenmentalität – nur positiv zu gestalten. Aber es ist möglich, sich mitsamt diesen Gefährdungen auf den Weg und an die eigene Arbeit zu machen. Die biblischen Glaubensgeschichten fordern dazu auf, „nach dem Reich Gottes und seiner Gerechtigkeit“ zu trachten (Matthäus 6,33); und darin sollte man gut und erfolgreich sein, aber nicht selbstbeweihräuchernd und egoistisch, auf keinen Fall größenwahnsinnig, aber auch nicht kleinmütig. Die Prüffragen dazu könnten z.B. lauten: Sind wir bei den Zielen, die wir uns in der kirchlichen Arbeit setzen, in ausreichendem Maß an anderen, an unseren „Nächsten“ orientiert? Trauen wir der schöpferischen Kraft Gottes unter uns etwas zu, oder dümpeln wir in den sicheren Gewässern althergebrachter und bequemer Routinen vor uns hin?

---

44 Vgl. z.B. Gronemeyer und Rompel (1998: 105): „Daß die neuen Finanzbedingungen die Kirche deutlich verändern werden, ist unzweifelhaft. Ob sie dabei ihre kritischen (ihre Kreuzes-)Impulse opfern wird oder sich gerade darauf besinnen wird, daß ihre Sache nicht der Erfolg, sondern die Erfolglosen sind: Das ist noch nicht zu sagen.“

45 Vgl. dazu Löhr/Nürnberger (2004; 77 ff.) Die im Rahmen einer Diskussion formulierte Replik von Hans Löhr, dem langjährigen Leiter des Evangelischen München-Programms, lautete einmal: „Na schön. Misserfolg aber auch nicht.“

46 Vgl. Psalm 104: „Herr, mein Gott, Du bist sehr herrlich; Du bist schön und prächtig geschmückt. Licht ist Dein Kleid, das Du anhast: Du breitest den Himmel aus wie einen Teppich ... Du fährst auf den Wolken wie auf einem Wagen und kommst daher auf den Fittichen des Windes, ...der Du das Erdreich gegründet hast auf festen Boden, dass es bleibt immer und ewiglich. ... Es warten alle auf Dich, dass Du ihnen Speise gebest zur rechten Zeit: Wenn Du ... deine Hand auftust, so werden sie mit Gutem gesättigt. Verbirgst Du Dein Angesicht, so erschrecken sie; nimmst Du weg ihren Odem, so vergehen sie und werden wieder Staub. ...“.

47 Josuttis (1988: 81)

Erfolg ist kein Name Gottes. Erfolg ist eine wichtige zwischenmenschliche Kategorie, die wir für eine selbstbewusste Gestaltung kirchlichen Lebens brauchen – zumal wenn wir uns zugestehen, bestimmte Ziele erreichen zu wollen. Im Erfolgserleben kann sich das Vertrauen auf Gottes Zukunft mit uns Menschen und seiner Welt ausdrücken.

4.2.4 Leistung, Selbstbegrenzung, Sachlichkeit

Ziele, auch wenn sie in gut gestalteten Prozessen gründlich erarbeitet und in legitimierter Form entschieden wurden, können nur dann Verbindlichkeit entfalten, wenn die Einzelnen bereit sind, sich diesen Zielen zu unterstellen, wenn sie sie als orientierend für die eigene Arbeit akzeptieren und wenn sie ihre Umsetzung eigenverantwortlich mittragen. Eine zielorientierte strategische Steuerung von Kirche geht nur mit einer Betriebskultur, die das Gemeinsame groß schreibt und das egozentrische Einzelkämpfertum verabschiedet.

Ziele gemeinsam zu formulieren, beinhaltet den Zwang, in der Prioritätenfrage auch Meinungs- und Interessensunterschiede auszutragen. Ziele gemeinsam umzusetzen setzt voraus, dass die Einzelnen Arbeitsteilung und Selbstbegrenzung akzeptieren, statt wie in den letzten Jahrzehnten schiedlich-friedlich, aber oft eben auch individualistisch–willkürlich im Zeichen der additiven Wachtumslogik Kirche zu entwickeln. Hier wird konkret, wie kirchliche Akteure mit den eigenen Grenzen und mit eigener Macht umgehen. Weitgehend unentdeckt ist im Raum der Kirche, wie gemeinsame Ziele dazu helfen, die eigenen Kräfte auszuschöpfen, ohne dass das – wie es ja leider eine Tradition in evangelischen wie katholischen Kreisen ist – unter der Hand zu einer neuen Leistungsideologie wird, die sich in einem penetranten Gefühl, nie genug getan zu haben, niederschlägt. Sich einbinden zu lassen in klare, überprüfbare Ziele, die anspruchsvoll, aber im Prinzip erreichbar sind, bietet Schutz vor unendlichen (Selbst-)Ansprüchen und dem damit verbundenen, subtilen schlechten Gewissen (das im Übrigen nicht unbedingt zu besseren Arbeitsergebnissen führt als bei unbeschwerteren Menschen).

Bei einer zielorientierten, strategischen Entwicklung von Kirche steht nicht die Leistung einzelner Personen im Zentrum der Aufmerksamkeit, sondern das, was aufgrund der Entscheidungen in den Leitungsgremien gemeinsam zu erreichen ist. Die Entlastung besteht darin, dass mit dem Setzen von Schwerpunkten die Botschaft verbunden ist: „Wir müssen nicht alles machen!“[48] Während eine häufige Diskussionsperspektive vorwiegend nach den individuellen Möglichkeiten von Pfarrern fragt, ihr Arbeitsfeld und ihre Arbeitsbelastung trotz zunehmender Komplexität der Aufgaben zu begrenzen[49], ist die Perspektive, nach der wir hier fragen, durch das Leitungshandeln von Gruppen bestimmt, die in gemeinsamer Verantwortung

48 Josuttis (1998: 92): „Das Individuum muss sich im Lebensvollzug damit arrangieren können, dass es in jeder Hinsicht als bestimmter und damit auch als begrenzter Mensch existiert.“

49 Vgl. die Problemanzeige von Mörchen (2003: 581): „Veränderung um uns herum heißt, dass Dinge enden und neu anfangen – für das Pfarramt heißt es, dass Dinge bleiben und neue dazukommen (im Original hervorgehoben) ... Wenn ich für Person A „erreichbar“ bin, bin ich es nicht für Person B und habe keine Zeit für Prozess C, oder Veranstaltung D. Person B ist aber dann enttäuscht und sagt, ‚ich sei nicht erreichbar‘ und wendet sich dem Trauerredner zu ... Jeder weiß offensichtlich, was der Pfarrer machen soll. Aber keiner hat eine Ahnung, was ein Pfarrer überhaupt schaffen kann.“. Andererseits liegt nicht erst seit heute eine Schwierigkeit auch darin, dass Pfarrer und Pfarrerinnen oft nur sehr schwer delegieren können. Josuttis (1998: 92) spricht in diesem Zusammenhang vom „Motivationsbündel..., das beim Pfarrer Aufgabendelegation und Arbeitsteilung erschwert. Es geht um die Verteidigung von sozialen Gelegenheiten, die zwar Zeit kosten, aber gleichzeitig auch Anerkennung und Liebe einbringen können. Es geht um die Sicherung von Positionen im sozialen Feld, an denen wichtige Entscheidungen fallen, die also Möglichkeiten zur Machtausübung darstellen und es geht auch um jene tiefsitzende, schwer erklärbare Angst des Theologen, dass andere bestimmte Aufgaben nicht richtig zu erledigen vermögen und dass man deshalb alles unter pastoraler Kontrolle behalten muss.“

strategische Schwerpunkte aushandeln und die Einzelnen dadurch in ihrer Begrenzungsstrategie unterstützen. Es ist auch klar, dass damit eine prekäre Balance zwischen individueller Freiheit der Berufsausübung und heilsamer Bindung an vereinbarte Schwerpunktziele als Aufgabe gegeben ist. Aber ist es nicht auch angemessen, diese individuelle, persönliche Problemstellung geistlicher Berufe in den Rahmen der Gemeinschaft zu stellen, des Volkes Gottes in der konkreten Gestalt einer leitenden Gruppe? Könnte das nicht von vornherein eine Problemstellung entschärfen, die große organisationskulturelle Bedeutung hat?[50]

Ein Pfarrer oder eine Diakonin könnte sich so als Person mit der und für die Gemeinschaft, für die der Kirchenvorstand, der Pfarrgemeinderat oder die Dekanatssynode steht, auf bestimmte Prioritäten konzentrieren, und wäre denen, mit denen Ziele vereinbart sind, für das Erreichen dieser Ziele verantwortlich. Das könnte bestenfalls im Arbeitsalltag heißen: Ich bin als Person in meinem Gewissen so frei, dass ich sagen kann: „Ich mache bestimmte Dinge so und nicht anders, und hier sind meine Grenzen". Und umgekehrt: Ich bin als Person so gut eingebunden in eine Gemeinschaft, in Diskussions- und Entscheidungsprozesse, dass ich sagen kann: „Die anderen brauchen mich besonders hier, da haben sie etwas von mir, und das macht mich froh und schenkt mir Sinn."

Das führt zum heiklen Thema der Messbarkeit von Leistungen. Überprüfbare Ziele zu setzen, beinhaltet die Festlegung von konkreten Messgrößen. Vor der methodischen Frage, wie das im pastoralen oder kirchenmusikalischen Arbeitsfeld überhaupt gehen soll, liegt die Frage, ob es überhaupt erlaubt ist, auch die Erfolge und Leistungen von Geistlichen und Künstlerinnen – an welchen Parametern auch immer – messen zu wollen. Manchmal bewusst, oft aber auch heimlich und unbewusst, wird sie ständig gemessen, an sinnvollen wie an unsinnigen Messgrößen – an den Besucherzahlen im Gottesdienst oder Konzert, an der allgemeinen Beliebtheit, am Gesundheitszustand, an der Spendenhöhe. Offen über die Größen zu verhandeln, an denen Ziele im kirchlichen Arbeitsalltag gemessen werden können – z.B. die Zufriedenheit von Ehrenamtlichen mit ihren Beteiligungsmöglichkeiten, oder der Bekanntheitsgrad des Kirchengebäudes unter den Neuzugezogenen – erfordert tatsächlich eine vertrauensvolle und partnerschaftliche Arbeitskultur unter den Haupt- und Ehrenamtlichen einer kirchlichen Einrichtung oder Gemeinde.

Eine neue kirchliche Unternehmenskultur, die dem aktiven, zielgerichteten Organisationshandeln entspricht, muss sich neu zwischen den Polen von Freiheit und Verpflichtung bewegen und zu einer geklärten Verhältnisbestimmung zwischen individuellen und gemeinsamen Interessen helfen. Damit wird auch greifbar, wie eine stärkere Mitgliederorientierung trotz zurückgehender Mittel im kirchlichen Organisationshandeln Platz gewinnen kann. Denn durch zielorientierte strategische Kirchenentwicklung könnten nachhaltigere Möglichkeiten entstehen, sich von binnenkirchlicher Kommunikation in immer enger werdenden Milieus zu lösen.[51] Bisherige Selbstverständlichkeiten in der Gewichtung der Arbeitszeiten können verändert werden zugunsten von Kontaktmöglichkeiten, die bisher nicht genutzt wurden – aber nur dann, wenn die dazu gehörigen Handlungsziele Verbindlichkeit nach innen bekommen, wenn sie von allen akzeptiert und getragen werden, und wenn die

50 Josuttis (1998: 93): „So geht es in dieser personalen Dimension der Erfolgsproblematik letztlich um eine religiöse Frage: Kann ich aushalten, dass ich ICH bin und nicht Gott, der alles kann und alles weiß und allen hilft? Kann ich dankbar dafür sein, dass ich so bin wie ich bin? Kann ich mich gar freuen darüber, dass ich nicht Gott sein muss?"

51 Zwei Grundsätze könnten dabei gelten und bei der Festlegung auf bestimmte Entwicklungsziele für eine Gemeinde oder kirchliche Einrichtung helfen: „Menschen vor Mitgliedern" und „Mitglieder vor Mitarbeitenden": Famos (2003: 398 f.)

damit verbundenen Konflikte durchgestanden werden. Die Kerngemeinde saugt vielerorts alle Energie auf und fordert Aufmerksamkeit. Die Arbeitsinvestitionen der Hauptamtlichen werden häufig bestimmt vom Wunsch nach Anerkennung, mit dem sie sich den dominierenden, „lauten" Interessen ausliefern. Es gehört schon eine gehörige Stabilität im Selbstbewusstsein leitender Gruppen dazu, dass Einzelne vor sich und anderen sagen können: Wir machen jetzt eben bestimmte Dinge nicht mehr, wir verfolgen eben andere Ziele.[52] Ziele müssen auch deswegen überzeugend sein und von den Akteuren als orientierende und motivierende Grundlage des eigenen Handelns anerkannt werden, weil nur dann der Verlust von innerkirchlichen Streicheleinheiten zu verkraften ist. Nur dann werden die Leitungspersonen und -gruppen gemeinsam durch tiefe Täler möglicher Erfolglosigkeit gehen können, nur dann werden sie dabei gemeinsam lernen, nur dann werden die Beteiligten genug Demut aufbringen, sich an den begrenzenden, gemeinsam formulierten Zielen zu orientieren, und nicht doch wieder dies und das zu betreiben, was auch noch schön und wünschenswert wäre und worauf bestimmte Menschen Anspruch erheben.

4.3 Der Machtfrage ins Auge sehen

4.3.1 Zielsicherheit stärken

Leitung ist dafür verantwortlich, dass es Ziele gibt; das gilt auf jeder Ebene einer Organisation. Gegenüber einem bisher eher normativ geprägten Leitungsverständnis innerhalb der Kirche entsteht in den letzten Jahren „(e)in anderes Modell von Kirchenleitung: Klärung inszenieren"[53], das u.a. darauf beruht, „'die Einheitsvorstellungen durch die Differenz-Vorstellung als Ausgangsvorstellung zu ersetzen'."[54] Dieses Leitungsverständnis kommt den Anforderungen strategischen Kirchenmanagements entgegen.

Die Sprachbilder „Kernaufgabe" und „Gesundschrumpfen" weisen darauf hin, dass es bei zielorientierter strategischer Kirchenentwicklung um qualitative Fragen geht. „Die Kirche" als Organisation soll weniger, aber dafür bestimmte Dinge besser machen. Welche das nun genau und konkret sind – das steht bei jeder Zielformulierung zur Diskussion. Stärkend für die positiven Überzeugungen könnten ältere und neuere Anregungen sein, den Blick vom binnenkirchlichen Betrieb „nach außen" zu lenken: Hin zu bestimmten Kirchenmitgliedern und ihrer Lebenssituation, zum sozialen Leben im Dorf oder Stadtteil, zu möglichen Gesprächspartnern vor Ort, zu Bündnispartnerinnen, zu den aktuellen Themen des kulturellen Lebens und ihren religiösen Hintergründen, zu gesellschaftspolitischen Herausforderungen. Es gibt genügend Literatur dazu im Bereich des Gemeindeaufbaus, es gibt regelmäßig anregende kirchensoziologische Untersuchungen, außerdem ältere und neuere Methoden, um die Lage vor Ort zu erkunden und einen neuen Blick für die „Anknüpfungspunkte" zu gewinnen. Meist ist es ja so, dass aufmerksamen Begegnungen sofort Ideen entspringen, die

52 Vgl. Famos (2003: 400): „Welche Bedürfnisse von der Kirche berücksichtigt werden, muss in einem ständigen Einigungsprozess immer wieder neu ausgehandelt werden." Dadurch kann „nicht nur die bewusste Ausblendung von Bedürfnissen aus Gruppeninteressen verhindert werden, sondern auch die einseitige Bevorzugung lautstark eingeforderter, oder in der Öffentlichkeit stark beachteter Bedürfnisse. Aufgabe eines bedürfnisorientierten Leitungshandelns ist es, die Gesamtheit der Effekte einer Organisation auf Mensch und Umwelt im Auge zu behalten, um daraus ein gewichtetes und proaktives Aktionsprogramm abzuleiten. Dadurch wird ein lediglich reaktives Verhalten vermieden, dass nur gerade akut werdende Notstände in den Blick bekommt."

53 Stempin (1999: 180)

54 Schmidt-Rost (1996: 11). Zitiert nach Stempin (1999: 183)

nur deswegen nicht in qualitative Weiterentwicklungen kirchlichen Lebens umgesetzt werde, weil die Zeit für die Pflege und konsequente Entwicklung der Ideen fehlt.

Weil Zielfragen Identitätsfragen sind, ist es eine in jedem Fall angemessene Ermahnung, dass sich die Kirchen hierbei ein Beispiel an der Kunst nehmen sollten: „Sie hat sich exklusiv gesetzt, sie bestimmt, was ... in Frage kommt und was nicht, und sie schert sich wahrhaftig nicht um die Dummheiten des gesunden Menschenverstandes. Sie tut, was sie tut, sie pflügt ihre Spur, und sie nimmt ... auch die Erfolglosigkeit in Kauf, die Attacke derjenigen, die nicht verstehen. Sie geriert sich in diesen Fragen absolut."[55]

Und wenn sich auch Kirchengemeinden und kirchliche Einrichtungen nicht aus religiösen Gründen zwingend von „der Welt" unterscheiden können und müssen: Sie müssen das „Recht des Evangeliums" wahren und das „Recht auf das Evangelium."[56] Sie sollten vom Anspruch des Evangeliums her so weit wie möglich und immer wieder neu, und nun eben verstärkt im Medium konkreter Handlungsziele eine klare eigene Identität formulieren – das sind sie als Nachfolgegemeinschaften sich selbst und im Sinne des Missionsauftrages allen Menschen schuldig. In wessen Namen Identität-in-Differenz gelebt wird: Im Namen Gottes, im Namen Christi, im Namen des lebenschaffenden, befreienden, heilenden, versöhnenden Geistes – das ist der entscheidende Beweggrund, der für die Handlungsziele den inneren Wert und damit die Sicherheit verleiht. Die Gottesbilder sowie die konfessionellen Auslegungstraditionen und die heutigen Interpretationen der Heiligen Schrift geben dabei durchaus verschiedene Antworten; „die" christliche Kirche wird auch innerhalb einer Konfession immer eine Vielzahl unterschiedlicher Profile aufweisen.

Kunst ist ausschließlich die Sache von Individuen. Bei der Profilierung und Identitätsbildung von Kirchen ist das ein wenig komplizierter. Es ist die Aufgabe jeder einzelnen Person, die lebendige Entwicklung des eigenen Glaubens als Teil der eigenen Identität zu begreifen. Und es ist speziell Aufgabe kirchlicher Leitung, sich um überindividuelle Profil- und Identitätsaussagen zu kümmern, die gemeinschaftlich tragfähig und aussagekräftig sind.

Eine ernsthaft vom Evangelium her gestellte Frage nach den jetzt und hier weiterführenden Zielen ist von gedankenloser Anbiederung oder von Machtphantasien schwer unterscheidbar. Deswegen braucht es hierzu in erster Linie das Gebet, und in zweiter Linie Streit, Gespräch, Aufmerksamkeit, Arbeit.[57]

Ziele müssen von innen her überzeugen – und zwar so, dass auch die Bereitschaft entsteht, in ihrer Umsetzung Durststrecken auf sich zu nehmen. „Alles hängt von Evidenz ab"[58]. Zielsicherheit bedeutet in gewissem Sinn auch Unabhängigkeit von Erfolgen – im Sinne schneller Erfolge nämlich. Weil das so ist, und weil Ziele im kirchlichen Kontext eine geistliche Leitungsfunktion haben, ist deren Qualität und der Prozess ihrer Erarbeitung sehr wichtig. Vielleicht ist es hilfreich, das an der Predigtarbeit zu illustrieren: Lebendige Predigt entsteht unter anderem durch „homiletische Entscheidungen", d.h. dadurch, dass eine Predigerin aus der Fülle möglicher Assoziationen und Themen, die sich zu einem biblischen Text einstellen, das auswählt, was aus ihrer Sicht für die Situation und für die (potenziellen)

55 Fuchs (2000: 19)

56 Mildenberger (2002: 41)

57 Vgl. Geyer (2000: 137): „...doch kann eine noch so engagierte Öffentlichkeitsarbeit an Gesamtidentität und differenzierten Profilen nur kommunizieren, was auch wirklich geklärt ist... Daher gebührt die Priorität einer Arbeit an Orientierung und Identität."

58 Wegner (2003: 415)

Hörerinnen – d.h. für ganz bestimmte, reale oder vorgestellte Menschen – jetzt das Richtige ist: Besonders aufschlussreich, besonders klar, besonders treffend.

Ähnlich wie bei der Predigtarbeit brauchen einzelne Personen oder Leitungsgruppen für neue Ansätze ausreichend kräftige positive Überzeugungen: „Dafür wollen wir einstehen!" Sie brauchen Sendungsbewusstsein: „In diese Richtung fordert, lockt und führt uns Gottes Wort." Und sie brauchen die Fähigkeit, sich abzugrenzen: „Das lassen wir dafür bleiben."

Die innere Einheit einer in sich vielschichtigen und spannungsreichen kirchlichen Gemeinde oder Einrichtung stellt sich dar in konkreten Handlungszielen[59], die umso leichter und klarer zu formulieren sind, je weniger für die Ewigkeit gedacht werden muss. Andererseits: Tragfähige Entwicklungsziele zu formulieren, braucht Zeit. Sie sich zu nehmen, ist ein erster Schritt der Selbstbegrenzung und ein wesentlicher Bestandteil von strategischem Kirchenmanagement.

Es ist (wiederum ähnlich wie bei der Predigtarbeit) ein beträchtlicher Weg von den ersten Einfällen bis zu dem Punkt, an dem sich die Einfälle gegen andere mögliche gute Einfälle, gegen Klischees, gegen Denk- und Sprechgewohnheiten und gegen alle möglichen Zweifel durchgesetzt und sich auf diesem Weg ausgeformt haben – bis sie also lebensfähig und mitteilbar sind. Die spirituelle, intellektuelle und emotionale Klarheit, die das erfordert, wird nicht nur geschenkt, sondern muss erarbeitet werden; eine Predigt *allein* mit der Bitte um den Heiligen Geist vorzubereiten, ist ja auch nicht gerade üblich.

4.3.2 Definitionsmacht zulassen

Überzeugende Ziele entstehen in gründlichen Prozessen des Aushandelns bindender Orientierungen. Leitung muss dafür sorgen, dass das geschieht. Gut begründete Entscheidungen setzen voraus, dass die Beteiligten bereit sind zur Diskussion, zum Abwägen von Argumenten, dass sie bereit sind zum Konsens um der Sache willen und interessiert an der gemeinsamen Handlungsfähigkeit. Sie setzen also einen offenen Umgang mit Macht voraus. Das Gegenteil geschieht da, wo kirchlich Verantwortliche sich gegenüber Informationen, Argumenten und widerstreitenden Interessen auf traditionelle Positionen zurückziehen oder Alleingänge starten, statt sich auf die sicher oft mühsamen Prozesse gemeinsamer Urteilsbildung einzulassen. In solchen Prozessen kommen natürlich die Machtfragen auf den Tisch sowohl im Sinne formeller Macht, bestimmte Veränderungen zuzulassen oder zu unterbinden, wie auch im Sinne der informellen Macht von Argumenten und Personen.

Ziele setzen einen Rahmen. „Wenn die Erneuerung der kirchlichen Organisation vom Prinzip zentraler Lenkung und Beaufsichtigung weg und hin zu einer Rahmen setzenden Aktivierung und Koordination der Initiative an den jeweiligen Orten selbst gelänge, hätte die Kirche von leitenden Prinzipien der Wirtschaft nicht das Schlechteste gelernt, das, recht verstanden, sehr wohl mit den ekklesiologischen Prinzipien vom ‚Leib Christi' und auch dem Priestertum der Getauften vereinbar wäre, ja eine nicht unbedeutende Konkretion dieser Prinzipien realisieren könnte."[60]

59 Vgl. Hermelink (1998: 550), hier mit besonderem Bezug auf die Ordinierten und die ihnen aufgetragene Sorge für die innere Einheit der Gemeinde.

60 Geyer (2000: 144). Schärfer Zulehner (2003: 35): „Die Verweigerung, sich amtlich in synodale Prozesse einzubinden, ist somit auch eine Art Veröffentlichung amtlicher Schwäche und mangelnder Amtskultur." Er beschreibt (ebd: 31 ff.) in Anlehnung an Kardinal Miloslav Vlk und im Rückgriff auf „Lumen Gentium"12 des Zweiten Vatikanischen Konzils das Bischofsamt als personal, kollegial und synodal aufgefächert.

„Was für alle gilt, muss sich ergeben, sich einstellen, emergieren, um es zeitgemäß zu formulieren. Emergenz ist das Medium des heiligen Geistes. Kommt es also in bestimmten Fragen nicht zur Erfahrung des alle Bindenden, so bleibt nichts weiter übrig, als beieinander zu bleiben und es miteinander auszuhalten. Die Folge kann ein prinzipielles „Zögern" in der Urteilsbildung sein – was nach außen leicht als Schwäche ausgelegt werden kann, aber: so viel Zeit muss sein! Sieht man nämlich näher hin, ist dies eine Stärke, denn nur so gewinnt Kirche Autonomie. Allerdings ist eine solche Haltung sperrig zu den Anforderungen an moderne Organisationen: Sie haben in der Regel keine Zeit und können schon gar nicht warten."[61] Gegenüber der hier formulierten Konsens-Norm meinen wir: Die Kunst der Leitung besteht darin, die Prozesse geistlicher Urteilsbildung mit aktivem Organisationshandeln zu verbinden, und das ist auch eine Kunst des richtigen Tempos. Werden Entscheidungs- oder Umsetzungsprozesse verschleppt, versackt die Evidenz und Emergenz überzeugender gemeinsamer Ziele, und das Zutrauen, dass sich mit strategischen Zielen – auch wenn sie zunächst vielleicht „nur" eine Mehrheit überzeugen – das gemeinsame Haus gut bestellen lässt, geht verloren. Extern begleitete Entwicklungsprojekte sollten Lernfeld für ein Leitungshandeln sein, für das mittelfristig die gekonnte Zielklärung im Sinne strategischen Managements eine Routine darstellen muss. Damit das geschieht, müssen entsprechende Elemente der Ausbildung gestärkt[62] und für verschiedene Berufsgruppen eine Spezialisierung für den Bereich kirchlicher Managementaufgaben ermöglicht werden[63].

Wenn Kirche auch durch Handlung und Strukturen „spricht", müssen Pfarrgemeinderäte, Kirchenvorstände, Dekanatsausschüsse und Diözesanräte ebenso wie die leitenden Gremien auf landeskirchlicher Ebene aus der Fülle von Möglichkeiten, wie der christliche Glaube darzustellen, weiterzugeben und auszulegen ist, das auswählen, was in der jeweiligen Situation besonders richtig ist. Und zwar so, dass es in den Grenzen dieser Gemeinde oder Diözese lebbar und gut zu bewältigen ist – so wie die thematischen Schwerpunkte für eine Predigt in den Rahmen einiger Minuten passen müssen. Die Zahl der Möglichkeiten ist aus verschiedenen Gründen gewachsen. Die Begeisterung darüber hält sich bislang in Grenzen – dabei könnte es eine wunderbare Aufgabe sein, für das Gewand einer kirchlichen Lebensgemeinschaft die Farben auszuwählen. Die Definitionsmacht, derer sich zur Zeit kirchliche Gremien nicht gern bedienen, verhält sich, insofern sie im Medium konkreter Ziele Einzelne an der Sache des Evangeliums ausrichtet, demütiger als es auf den ersten Blick erscheinen mag. Und demütiger vielleicht auch als das Verharren im Gewohnten.

4.3.3 Ziele im Netzwerk formulieren

Die Dekanatssynode des Dekanates Nürnberg hat nach langjähriger Entwicklungszeit ein Programm beschlossen, das an genau definierten Stellen die Beteiligung von Gemeinden und Einrichtungen des Dekanates vorsieht. Sie hat dieses Programm in nahezu allen Leitungsgremien dieser Gemeinden vorgestellt und um Rückäußerung gebeten. Diese waren zu

61 Wegner (2003: 415)

62 Insofern leuchtet der Ansatz von Abromeit, Böhlemann, Herbst und Strunk ein, mit ihrem „Grundanliegen ... Pfarrerinnen und Pfarrer, aber auch andere Mitarbeitende, die Leitungsverantwortung tragen, für die Arbeit unter Marktbedingungen zu qualifizieren." Abromeit u.a (2005: 5). Dass damit Konsequenzen für die theologische Ausbildung auf dem Tisch liegen, wird von ihnen auch nicht verschwiegen. Vgl. (ebd.: 9)

63 Es ist hier an ein Aufbaustudium bzw. eine berufsbegleitende Weiterbildung für Angehörige verschiedener geistlicher Berufe – Diakoninnen, Religionspädagogen, Priester und Pfarrer, Pastoralreferentinnen – und für Mitarbeitende im Bereich der kirchlichen Verwaltung zu denken.

80% positiv. Die Dekanatssynode als leitendes Gremium hat mit einigen Änderungen das Programm angenommen und auf den Weg gebracht. Dieser Weg der Umsetzung wird natürlich von dem Gesetz der Trägheit und der stillen Hoffnung vieler Akteure begleitet, dass dieses alles doch nicht allzu ernst gemeint sei. Die hauptverantwortlich mit der Umsetzung betrauten und dafür freigestellten Personen bemühen sich durch Anfragen, Angebote, methodische Unterstützung, persönlichen Kontakt, Kommunikation von Beispielen und Schulungskonzepten, die einzelnen Akteure mit auf den Weg zu nehmen. Allerdings besteht unter den Hauptverantwortlichen des Dekanates ein Dissens in der Frage, ob die Verantwortlichen in den Gemeinden im Zweifelsfall an das von der Dekanatssynode beschlossene Konzept erinnert werden dürfen.

Gerne wird in solchen Zusammenhängen von der „Autonomie der Einzelgemeinden“ gesprochen. Dabei werden die anders lautenden Passagen der Kirchenverfassung, der Dekanatsbezirksordnung und auch der Kirchengemeindeordnung außer Acht gelassen, die die einzelnen Gemeinden in den größeren Zusammenhang einer kirchlichen Region stellen, dem der entsprechende Rahmen von Regeln und Instanzen, und auch die Arbeit der leitenden Gremien und Personen dient.

Es ist auffällig und der analytischen Betrachtung wert, wie oft dieser Mythos von der Autonomie der Einzelgemeinde zustimmend zitiert wird – eine doch offensichtlich theologisch wie ökonomisch falsche Aussage! In fast jedem Gottesdienst wird mit dem Apostolischen Glaubensbekenntnis die Ortsgemeinde als Teil der zeit- und weltumspannenden einen Kirche Jesu Christi bekannt und definiert. In der evangelischen wie in der katholischen Kirche existiert keine einzige Kirchengemeinde ohne ihre Landeskirche oder Diözese, über die z.B. der finanzielle Hauptfluss der Kirchensteuermittel läuft. Es existiert keine einzige Kirchengemeinde, die ihr gesamtes Personal selber einstellt, besoldet, geschweige denn ausbildet – allenfalls wirkt sie bei dessen Auswahl mit. Es existiert keine einzige Gemeinde, die nicht in vielfältiger Weise auf Dienstleistungen der dekanatlichen und der diözesanen oder landeskirchlichen Ebene zurückgreift. In der Außenwirkung existiert eine Haftungsgemeinschaft. Und: Es sind nicht wenige Stunden, die Ehrenamtliche und Hauptamtliche in den leitenden Gremien der regionalen kirchlichen Einheiten zubringen.

Strategisches Kirchenmanagement funktioniert nur, wenn sich die einzelnen an ihre Kompetenzgrenzen halten und auch von den benachbarten Einheiten kirchlichen Lebens Zielvorgaben erwarten und annehmen. Das Netzwerk kirchlichen Lebens ist umso tragfähiger, je mehr die Verantwortlichen beim Knüpfen nach rechts und links schauen. Und das Netz braucht die übergemeindlichen Knotenpunkte ebenso wie die gemeindlichen.

Die Verantwortlichen einer Gemeinde oder Einrichtung müssen bei jeder Entscheidung über Ziele, Qualitäten und Ressourcen zumindest ungefähr wissen, was in der Nachbarschaft geschieht. Wenn eine Gemeinde an ihrem gottesdienstlichen Angebot arbeitet und die Feier der Osternacht neu ins Programm nimmt, werden damit Kräfte gebunden, die – z.B. – für die Begleitung einer Jugendgruppe auf ihrer Ferienfahrt nicht mehr zur Verfügung stehen. Das ist in einem städtischen Kontext mit vier Osternacht-Gemeinden und ohne kirchliches Jugend-Freizeitangebot aus Sicht der Kirchenmitglieder sicher weniger ideal als in einer Region ohne Osternacht-Gemeinde mit reger CVJM-Tätigkeit.

Es könnte ein schönes Ergebnis zielorientierter Überlegungen im Horizont des gemeinsamen kirchlichen Lebens sein, gemeindliches „Normalprogramm“ zu gestalten – ohne besondere Zielgruppen oder Themenfelder außerhalb der traditionellen liturgischen und katechetischen Ordnungen, weil solches in der Nachbarschaft reichlich existiert. Es könnte richtig sein, einen Schwerpunkt in der Zusammenarbeit mit der örtlichen „attac"-Gruppe, dem Unternehmerverband oder dem muslimischen Verein zu setzen und dafür den Ehrgeiz bei den Krankenbesuchen zu verabschieden, weil es dafür den regionalen Spezialdienst gibt. Es könnte sinnvoll sein, die eigene Kirche zu verkaufen, weil 300 Meter weiter eine nächste steht, in der sich am Sonntag auch nur durchschnittlich 30 Personen zum Gottesdienst einfinden, und dafür die spirituelle Begleitung der örtlichen Obdachlosenarbeit zu übernehmen. In welchem Umfang sich die kirchlich Verantwortlichen frei machen können zu in neuem Sinne zeichenhaftem kirchlichen Leben, hängt auch davon ab, wie klar das eigene Selbstbewusstsein auf das vorhandene Netzwerk ökumenischen kirchlichen Lebens bezogen ist.

Es wäre eine neue Art, Volkskirche zu leben, wenn im kirchlichen Leitungshandeln auf allen Ebenen in viel größerer Deutlichkeit als bisher klare und gut begründete Schwerpunkte gesetzt würden, und wenn das nicht nur – wie bisher schon – einzelne Personen tun würden, die im vorgegebenen und traditionell geprägten Feld kirchlichen Arbeitsalltags Profilierungen entwickeln und eigene Qualitätsvorstellungen umsetzen. Die neue und weiterführende Perspektive besteht darin, im größeren Kontext eines Lebensraumes klare Ziele für den jeweils eigenen Bereich zu fassen und zugunsten eines ausgewogenen regionalen Leistungsspektrums das unfruchtbare Kirchturmdenken aufzugeben.

4.3.4 Die Unternehmensstruktur klären

Auf Authentizität und Mitgliederorientierung beruhende und abzielende Veränderung lässt sich nicht zentralistisch steuern, wohl aber braucht es zielorientiertes Leitungshandeln auch der regionalen Ebenen. Wenn sich Kirchenmitglieder auf bestimmte Qualitäten des kirchlichen Lebens verlassen können sollen, dann heißt das innerkirchlich, dass bestimmte Standards nicht beliebig von einer Gemeinde zur nächsten wechseln dürfen; sie müssen eingehalten und notfalls von den Leitungsinstanzen der regionalen Ebene eingeklagt werden können.

Zielorientierte Kirchenleitung im Sinne strategischen Managements verträgt sich unter diesen Voraussetzungen hervorragend mit der polyzentrischen Struktur von Kirche. Sie setzt voraus, dass, dem Zentralprinzip katholischer Soziallehre von der Subsidiarität folgend, die „pastoralen Kleinunternehmen (Pfarrgemeinden, Ordensgemeinschaften, Vereine und Verbände vor Ort, basisnahe Bewegungen) "[64] so weit wie möglich über die kirchlichen Entwicklungen in ihrem Bereich eigenständig entscheiden, einschließlich des Umgangs mit den eigenen Ressourcen, wie Geld und Kraft/Motivation der Mitarbeitenden. Allerdings ist gerade die Frage von Standards, nach denen Ehrenamtliche wie Hauptamtliche geführt und begleitet werden und Fortbildungen in Anspruch nehmen können, ein Beispiel dafür, dass eben doch an vielen Stellen das unternehmerische Handeln der Basiseinheiten und das unternehmerische Handeln der nächstgeordneten Ebene ineinandergreifen. Eine Vernetzung der Basiseinheiten untereinander (z.B. zum Zwecke der Bildungsarbeit oder lokalpolitischer Initiativen) muss gar nicht erfunden werden[65], sondern ist bereits institutionell vorgeformt. Es käme nur darauf an, die bereits vorhandenen Vernetzungspunkte kirchlicher Organisation als solche zu begreifen, mit neuem Leben zu füllen und sie dort, wo das nicht möglich

64 Zulehner (2003: 63)

65 Vgl. ebd.

ist, als vielleicht reaktivierbare, im Moment aber irrelevante Knoten dem großen Netz passiv zu überlassen als *stand by Strukturen.*

Ein gutes Beispiel dafür sind so manche wünschenswerte und mit der Institution der Beauftragung notdürftig wahrgenommene Spezialfunktionen auf mittlerer Ebene. Das Subsidiaritätsprinzip wäre hier also nicht wahrzunehmen im Sinne einer Neuerfindung kirchlicher Strukturen nach dem Netzwerkprinzip, sondern so, dass vorhandene und feinst verästelte Strukturen nur da wahrgenommen und mit Ressourcen versorgt werden, wo sie von der Zusammenarbeit der kirchlichen „Kleinunternehmen" wirksam getragen und mit Leben gefüllt sind. Warum aber sollte in diesem Sinn eine Diözesanleitung oder Dekanatssynode nicht ebenso unternehmerisch sein können wie eine Kirchengemeinde[66]? Auf allen Ebenen müsste die Wirksamkeit kirchlichen Handelns gedanklich wie im konkreten Handeln dem Erhalt und der Aufrechterhaltung vorhandener Strukturen vorgeordnet werden. Für die „pastoralen Kleinunternehmen" und ihre eigene Gefährdung, in hergebrachten Selbstverständlichkeiten zu erstarren, wäre eine unternehmerische, aktive Diözesanleitung oder Dekanatssynode, die mitgliederorientiert bestimmte inhaltliche Ziele verfolgt, ganz gewiss kein Schaden. Wenn der unternehmerische Charakter als eine Orientierungsgröße auf allen Ebenen einer subsidiär angelegten kirchlichen Unternehmensstruktur aufrechterhalten würde, dann könnte die Gefahr eines *„finsteren Parochialismus"*[67] sicher noch eher gebannt werden als wenn man tendenziell die unternehmerischen Kräfte der Kleinunternehmen gegen die unternehmerischen Kräfte der Verknüpfungsebenen ausspielt.

4.3.5 Erreichbare Standards durchsetzen

Wenn ein Kirchenvorstand den Weg von den Ideen zu konzeptionellen Entscheidungen zurückgelegt und sich z.B. entschlossen hat, die eigenen Jugendlichen in der Nachbargemeinde mitkonfirmieren zu lassen und dafür die Verantwortung für die regionale Kirchenmusik zu übernehmen, um in diesem Feld neue Ideen umsetzen zu können, muss das gegen evtl. sehr wütende Einwände von Eltern, Großeltern und Chormitgliedern durchgehalten werden. Wenn ein Diözesanrat und ein Bischof als Ergebnis ausführlicher kirchenöffentlicher Gespräche festgelegt haben, dass in Zukunft kirchenleitende Entscheidungen für die Pastoral immer in Rücksprache mit den betroffenen Ehren- und Hauptamtlichen herbeigeführt werden, wird das vermutlich bei der nächsten größeren Herausforderung erstmal wieder vergessen und muss langsam eingeübt werden.

Erfahrungsgemäß sind geduldig ausgehandelte und klar operationalisierte Zielsetzungen erst die halbe Miete. Gerade in kirchlichen Entwicklungsprojekten, die „top down" (mit)gestaltet werden, müssen die gefundenen Ziele den anderen kirchlichen Mitarbeiterinnen vermittelt werden. Das ist eine klassische Leitungsaufgabe, die allerdings in kirchlichen Organisationen äußerst unbeliebt ist. Wo Hierarchieangst und versteckte Machtausübung grassieren, müssen für ein engagiertes, offen machtbewusstes Leitungshandeln erstmal der Raum und die Basis geschaffen werden. Möglicherweise sind kirchliche Reformprojekte auch deshalb oft so aufgelaufen, weil sie nicht genug Zeit und Kraft hatten für eine gelingende Vertrauensbildung im Blick auf eine nicht-autoritäre, aufgabenbezogene, mutige und einfühlsame Leitung. Strategisches Management, das Führen über Ziele, braucht eine solche Leitungskultur.

66 Von Zulehner (ebd.) mit dem Begriff des „servers" eher still gestellt und sprachlich letztlich bürokratisiert.

67 Zulehner (2003: 66), hier als Zitat von Ferdinand Klostermann

So wie auf Gemeindeebene Haupt- und Ehrenamtliche im Alltagsstrudel die strategische Orientierung verlieren, weil sie ständig neuen Anforderungen ausgesetzt sind, so fehlt auch auf Dekanatsebene nicht selten ein Selbstbewusstsein und die Bereitschaft, als Leitungsperson getroffene Gremienentscheidungen offensiv zu vertreten und umzusetzen – und umgekehrt: Sich gegenüber uneinholbaren Ansprüchen und Anforderungen der nächsthöheren Ebene bewusst abzugrenzen. Die kirchliche Harmoniekultur beinhaltet eine Tendenz, sich vor dem Austragen und Aushandeln von Meinungsunterschieden und dem offenen Einsatz eigener Macht zu drücken. Katholiken erleben das häufiger als kommunikativ unvermittelten Rückzug auf hierarchische Positionen; bei Protestanten ist der erklärte individuelle Rückzug auf die eigene Gottunmittelbarkeit und die Pflege des Einzelkämpfertums „an der Basis" bekannter. Beides bremst Prozesse des „Change Management" und lässt sie nicht selten versanden.

Ein oft übersehener Nebeneffekt kirchentypischer, nahezu grenzenloser Einsatzbereitschaft von Mitarbeiterinnen ist die Immunisierung gegenüber einer gemeinsamen Aufgabenkritik: Die gegenseitige Dankbarkeit verbietet es, zu fragen, wer hier eigentlich warum was und wie viel macht, und wie die Arbeit vielleicht kräftesparender organisiert werden könnte. Wer schon einmal versucht hat, einer völlig überlasteten Pfarramtssekretärin das zeitaufwändig im Stil der 80er Jahre betriebene Gemeindebrief-Layout zu entwinden, weiß, dass Überlastung offensichtlich eine Menge „benefits" haben kann. Arbeitszeit und –feldanalysen werden oft als Angriff tayloristischer Herrschaftsansprüche abgewehrt ohne Bewusstsein davon, dass auch die Herrschaft einzelner über Zeit (und damit, im Fall der Hauptamtlichen, Geld) kritisierbar sein muss.

Bisher strukturiert sich kirchlicher Arbeitsalltag durch eine Überfülle von Zielen und Ansprüchen, der gegenüber die Einzelnen zugleich extrem ohnmächtig und extrem mächtig sind. Erstaunen wäre wohl garantiert, wenn Leitungspersonen eine überschaubare Anzahl von bereits formulierten Ansprüchen und Zielen zur Grundlage eines offensiven Leitungshandelns machen würden. Was würde geschehen, wenn etwa eine Dekanin der bayrischen Landeskirche nur einen Teil der Bestimmungen aus dem Ehrenamtlichen-Gesetz[68] (!) für Kirchenvorstände und geschäftsführende Pfarrer in ihrem Zuständigkeitsbereich verbindlich machte, indem sie regelmäßig und konkret die Umsetzung dieser Bestimmungen nachfragte? In der Kindererziehung gilt der Grundsatz: Sprich keine Gebote aus, für deren Einhaltung Du nicht einstehen kannst. Die damit gekennzeichnete Leitungsaufgabe bedeutet eine oft mühsame Arbeit – z.B. durch eigenes Beispiel Selbstbegrenzung plausibel zu machen und durch eigenen Einsatz für definierte Ziele und die klärende Abwehr überfordernder Ansprüche Überzeugung auch bei anderen wachsen zu lassen.

68 Vgl. Amtsblatt für die evang.-lutherische Kirche in Bayern, hrsg. vom Landeskirchenrat der evang.-lutherischen Kirche in Bayern, Nr.1/2001: 9 ff.

Teil B
Strategisches Kirchenmanagement mit der Balanced Church Card

Kapitel 5 Prüfet alles ... Zum Beispiel die Balanced Church Card

Die Kirche ist in einer Phase, in der sie sich auf bestimmte Aufgaben konzentrieren muss, um Schwerpunkte setzen und daher auch unbequeme Entscheidungen durchhalten zu können. Sie benötigt ein Managementinstrument, das auch unter Druck funktioniert, das relativ schnell erarbeitet werden kann, das präzise und handfest das kirchliche Selbstverständnis mit Finanzen, Personal und Prozessen verknüpfen hilft und das auch das Entscheidungsverhalten der kirchlichen Rollen einbezieht. Die von uns entwickelte und erprobte Balanced Church Card ist für die jetzt anliegende strategische Kirchenentwicklung ebenso ein passendes Vehikel wie für die korrespondierende Aufgabe, die heute notwendigen Organisationsgrundlagen herauszubilden.

5.1 Das Modell der Balanced Score Card

5.1.1 Charakter der Balanced Score Card

Das Managementinstrument „Balanced Scorecard" (BSC) hat in den letzten zehn Jahren einen Siegeszug durch die Welt der Industrie-, Handels- und Dienstleistungsfirmen angetreten.[1] Entwickelt an der Harvard Universität, knüpft die Balanced Scorecard an das Bild des „Cockpitmanagements" an: Welche und wie viele Informationen benötigt ein Pilot, um ein Flugzeug steuern zu können? Wie müssen diese Informationen aufbereitet und auf den Instrumenten abgebildet werden?

Welche Informationen benötigt die Kirche in welcher Menge, in welcher Aufbereitung, in welcher Frequenz, damit sich eine Kirchengemeinde, ein Dekanat oder eine Diözese steuern kann? Wohin, um im Bild des Cockpits zu bleiben, in welcher Geschwindigkeit, in welcher Höhe, und vor allem: mit welchen und wie vielen Passagieren soll geflogen werden? Stimmt die Richtung? Reichen die Ressourcen? Sind die Passagiere guten Mutes?

Je komplizierter die Welt für die Kirche wird, weil sie politische, finanzielle, theologische, personelle, soziale, ethische, liturgische und mediale Aspekte der modernen Welt gleichzeitig als Herausforderungen begreifen und bearbeiten will, desto wichtiger ist es für die Kirche, über ein Instrument zu verfügen, das die Komplexität der Welt verdichtet und reduziert, und für kirchliches Handeln zugänglich macht.

Für die Kirche ist ein solches Steuerungsinstrumentarium nicht nur praktisch, sondern deswegen sogar auch unverzichtbar, weil sich eben eine entscheidende Voraussetzung geändert hat. Solange die Kirche auf Wachstumskurs und auch via Kirchensteuern an das gesellschaftliche Wirtschaftswachstums angeschlossen war, solange also das Flugzeug keine ernstzunehmenden Ressourcenprobleme hatte, reichte es, mit eingeschaltetem Autopiloten und historisch üblicher Geschwindigkeit dorthin zu fliegen, wohin die Kirche immer schon unterwegs ist. Und es reichte auch noch dafür, neue Ziele mit bisher vernachlässigten Passagieren anzufliegen. Doch wenn das Kerosin, die Passagiere, die Piloten und die Schubkraft knapp werden, können nicht mehr alle Destinationen in der gleichen Frequenz ange-

1 Zum Weiterlesen: Kaplan/Norton (1997); dies. (2001); Horvath u.a.(2004); Horvath & Partners (2004); Friedag/ Schmidt (2004); Preißner (2003); Halfar (2000); Eisenreich/ Halfar/ Moos (2005).

flogen werden. Der Autopilot muss ausgeschaltet werden, die Leute im Cockpit müssen die Steuerung übernehmen.

Das Cockpit der Kirche wird so angeordnet, dass die Piloten möglichst wenige Instrumente beobachten müssen. Die wichtigsten Ziele der Kirche sollen angepeilt werden können, und die dafür wichtigsten Steuerungsfaktoren sollen sichtbar werden. Die Instrumente sind so ausgestattet, dass die Steuerungsinformationen leicht ablesbar sind und von den Piloten nicht diskursiv auf ihren Informationsgehalt überprüft werden müssen.

Die Balanced Church Card ist eine Entwicklungskarte, auf der die Ausrichtung, die definierten Ziele, die gewünschten Initiativen und die selbst gesetzten Leistungsmaßstäbe einer kirchlichen Organisationseinheit verzeichnet sind. Insofern ist die BCC kein Messinstrument, sondern ein Führungsinstrument und setzt den Willen zur Steuerung voraus.

5.1.2 Konstruktionsprinzipien der Balanced Church Card

Beim Bauplan einer Balanced Score Card sind vier Konstruktionsprinzipien zentral:

- Erstens: die Organisation Kirche steuert sich durch Ziele.
- Zweitens: die Organisation Kirche gestaltet ihre Ziele messbar.
- Drittens: es gibt kein Ziel, das nicht mit einem anderen Ziel in Widerspruch oder in positiver Beziehung steht; die Ziele müssen deshalb miteinander ausbalanciert werden.
- Viertens: das Zielsystem ist mehrdimensional und verknüpft pastorale, organisatorische, finanzielle und personelle Aspekte. Bei dieser Ausbalancierung sollen die verschiedenen Zieldimensionen so miteinander ins Spiel gebracht werden, dass sie gegenseitig als Leistungstreiber wirken.

Mit „Leistungstreiber" ist nicht Leistungshetze gemeint, sondern die Umschaltung von Blockade auf Durchzug. In der kameralistischen Logik würden zum Beispiel personelle Kürzungen „automatisch" mit Leistungsabbau verknüpft: Wenn von drei Diakonenstellen zwei gestrichen werden, bleibt ein Drittel der Leistungsmenge übrig. Eine Balanced Score Card würde hingegen „automatisch" die Frage hervorbringen, ob diese negativen Wirkungseffekte nicht durch Entbürokratisierung, durch veränderte Abläufe und Aufgabendefinitionen abgemildert oder sogar ausgeglichen werden können.

(O-Ton aus einer BCC-Gemeinde)

„Der Kirchenvorstand will nichts abschaffen oder zurückfahren, aber niemand macht dann was. Dieses Ungleichgewicht ist durch die BCC gut aufgefallen."

Wenn also eine Diözese nach einem Schlüssel zur Verteilung ihrer finanziellen Ressourcen auf die Gemeinden sucht, dann könnte sie, das wäre gerecht, die Seelenzahl der Gemeinden zum wichtigsten Parameter wählen. Sie könnte aber auch, das wäre leistungstreibend, die Verteilung der Gelder zumindest teilweise mit messbaren Zielen verknüpfen, oder zumindest mit überprüfbaren Aufgaben. Wenn eine Gemeinde auch für Jugendliche der Nachbargemeinden zum Anziehungspunkt in der offenen Jugendarbeit wird, wenn eine Gemeinde monatlich einen gut besuchten Jugendgottesdienst organisieren kann, wenn eine Gemeinde es schafft, mit den Konfirmanden belastbare Sozialprojekte durchzuführen, dann würde nach dieser Logik auch diese Gemeinde finanziell großzügiger gefördert als eine Gemeinde, die im pastoralen Halbschlaf liegt.

Im Gegensatz zu klassischen Kennzahlensystemen, die in der Betriebswirtschaft eine lange Tradition haben, und sich im wesentlichen auf die exakte Beschreibung wirtschaftlicher Ist -Größen beschränkt haben, erweitert die Balanced Score Card beide klassischen Perspektiven traditioneller Kennzahlensysteme: die zeitliche Perspektive wird um die Zukunft ergänzt, und die finanzielle Perspektive um qualitative Parameter. Auch die Kirche benötigt für ihren Umbau ein strategisches Instrument, das sie nicht im Rückspiegel abbildet, sondern in die Zukunft projiziert. Die Kennzahlen auf diesem Instrument müssen über künftige Konstellationen informieren können, die Zielwerte der Kennzahlen müssen steuernd und eben leistungstreibend gewählt werden. Das heißt, sie sollen helfen, kommende Perioden zu meistern.

Für ein Technologie – Unternehmen, zum Beispiel, bedeutet nicht der wirtschaftliche Erfolg im letzten Bilanzjahr die Garantie für die künftige wirtschaftliche Stärke, sondern die Anzahl und Qualität der Forschungspatente, die im Tresor liegen. Und für die Kirche erscheinen uns ihre Talente, die sie entwickeln kann, für die Zukunftsfähigkeit bedeutsamer als die Quote der Kirchenaustritte im letzten Jahr und die damit verknüpften skeptischen Einnahmeprognosen.

Ob sich diese Talente in der Zukunft entfalten werden, ob die künftigen Gemeinden profiliert, inspiriert und attraktiv sein werden, ob die künftigen Predigten die Menschen berühren, ob die Menschen im Glauben in der Zukunft ein gutes Lebensmodell erkennen können, entscheidet sich im Bereich des Machbaren jedenfalls nicht morgen, sondern heute.

Insofern wiederholen wir die Frage: „Woran lässt sich heute ablesen, ob die Kirche zukunftsfähig ist?". Und die ergänzende methodische Frage dazu lautet: „ Und welche Potenziale besitzt die Kirche jetzt, ihre Entwicklung zu steuern?"

Für die Kirche wirkt das Instrument der Balanced Score Card auch deswegen wie maßgeschneidert, weil es dazu hilft, finanzielle, personelle und theologisch- konzeptionelle Perspektiven miteinander zu verknüpfen; und weil es Verbindlichkeit, Überprüfbarkeit und Steuerbarkeit in das kirchliche Management bringt.

5.1.3 Balance und Radar: Das Indikatorengeflecht

Durch die Verknüpfung quantitativer und qualitativer, wirtschaftlicher und inhaltlicher Aspekte schafft die „Balanced Church Card" ein zwar kompliziertes, weil relationales Bild der Kirche, aber eben auch ein steuerbares Bild, weil die Stellschrauben aufgezeigt werden, mit der sich mehrdimensionale Zusammenhänge systematisch steuern lassen.

Die Kirche wird damit nicht zu einem Automaten, zu einer Maschine der Glaubensproduktion, die mit einer technischen Gebrauchsanleitung funktioniert. Die Kirche bleibt Kirche, eine Glaubensgemeinschaft, aber sie ist auf ihrer Organisationsebene mit einem Kompass ausgestattet, den sie selber nordet.

Zwei Begriffe helfen, die Idee der „Balanced Church Card" besser zu verstehen: Balance und Radar. Die Balanced Church Card ermöglicht den kirchlichen Organisationseinheiten, ihren Auftrag, ihre Angebote, ihre Ressourcen, ihre interne Organisation, ihre ehrenamtlichen und hauptamtlichen Kräfte, ihre Leistungsprozesse sowie ausgewählte Erwartungen der Menschen gemeinsam abzubilden und in ein einheitliches Steuerungssystem zu integrieren.

Auf dem Radarschirm der kirchlichen Entwicklungssteuerung tauchen nicht einzelne Probleme und Themen isoliert auf, sondern immer auch deren Bedingungen, Konsequenzen und mögliche Nebenwirkungen. Die Balanced Church Card bietet die Chance, die Entwicklungsbedingungen einer kirchlichen Einheit in einer Rundumsicht zu organisieren, und sie leitet daher dazu an, die unterschiedlichen Zielperspektiven in einen produktiven Zusammenhang zu bringen.

Doch bei aller methodischen Eleganz und Stringenz: Das Instrument BCC funktioniert nur unter der Bedingung, dass die Kirche auch eine Kultur der messbaren Ziele und Zielkontrollen entwickelt und dadurch die kirchliche Praxis an ihrem Zielsystem verbindlich orientiert.

Die Indikatoren, mit denen die Kirche ihre Ziele definiert und beobachtet, umfassen sowohl „harte" Daten als auch „weiche" Daten. „Harte Daten" sind in der Regel präzise zählbare Größen: z.B. Anzahl der Kircheneintritte, Kollekteneinnahmen, ehrenamtliche Stunden. „Weiche Daten" beziehen sich weitgehend auf soziale Konstrukte: auf die Qualität der Predigt, auf die Zufriedenheit mit dem Pfarramtsservice oder auf das Erleben von Geborgenheit in der Gemeinde.

Die Indikatoren, mit denen die Balanced Church Card arbeitet, lassen sich weiterhin in Spätindikatoren und Frühindikatoren unterscheiden. Spätindikatoren geben darüber Auskunft, ob und in welchem Maße Ziele erreicht wurden: zum Beispiel der Prozentsatz der Kirchenaustritte, der Prozentsatz der Konfirmanden, die sich in der Gemeinde im Jahr nach ihrer Konfirmation noch engagieren oder Einnahmen aus Kollekten. Frühindikatoren ermöglichen erste Hinweise auf wahrscheinliche Zielabweichungen und wirken somit als Leistungstreiber, weil sie rechtzeitige Korrekturen von Programmen anstiften: zum Beispiel die Qualität der Kommunionsvorbereitungsgruppen als Frühindikator für die zu erwartende Anzahl an Ministranten oder die Anzahl der Hausbesuche von Neuzugezogenen als Frühindikator für neue Ehrenamtliche. Außer ihrem informativen Gehalt müssen die einzelnen Zielindikatoren noch eine Bedingung erfüllen: sie sollten balancierbar sein, d.h. zumindest einen direkten Bezug zu einer anderen Zielgröße auf einer der drei anderen Karten haben. Wenn also eine Zielgröße definiert wird, wird automatisch auch zumindest eine weitere Zieldimension mitdefiniert. Hierdurch entsteht ein innerer Zusammenhang, der eindimensionale Steuerungsversuche blockieren, zumindest jedoch erschweren soll.

5.2 Das Design der Balanced Church Card

Abb. 6: Das Design der Balanced Church Card

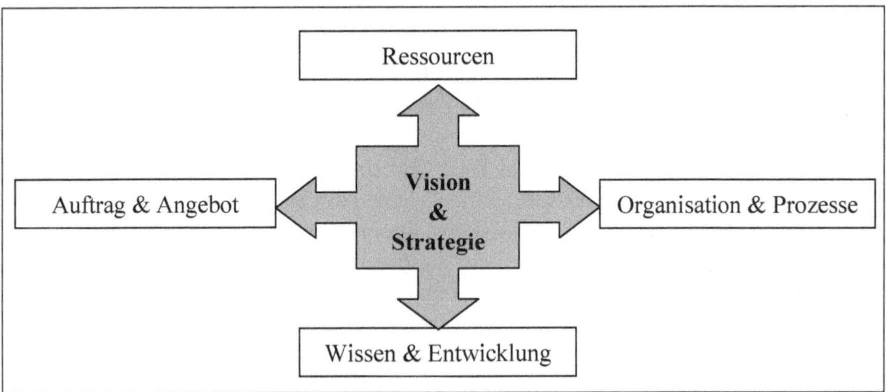

5.2.1 Im Zentrum: Vision und Strategie

Im Mittelpunkt der Balanced Church Card steckt als Kern eine kräftige *Vision* und eine daran anschließende strategische Orientierung: Wohin will sich die Kirche bewegen? Aus dieser Vision und strategischen Orientierung soll für die jeweilige organisatorische Kircheneinheit, ob Diözese, Landeskirche, Dekanat, Gemeinde oder kirchliche Einrichtung, eine Schubkraft entstehen, ausgehend von einer klaren Sicht auf ihrem Radarschirm, wohin die Reise in welcher Geschwindigkeit gehen soll. Bei einer strategischen Vision handelt es sich nicht um eine allgemein formulierte, normative Fassung christlicher Ansprüche, sondern um eine Präzisierung des christlichen Selbstverständnisses zwei oder drei Etagen dichter am gesellschaftlichen Boden als die üblicherweise formulierten Leitbilder. Nicht die normative Ebene: „Wir sind nah beim Menschen" reicht in der Strategieformulierung aus, sondern die Zusatzinformation wird benötigt: Wie nah bei welchen Menschen? Oder im konkret-komparativen Sinne gedacht: bei welchen Menschen will die Kirche näher als bisher sein? Und bedeutet diese strategische Entscheidung nicht auch, dass die Kirche folgerichtig bei anderen Menschen nicht mehr so nah sein kann?

In ihrer normativen Selbstbeschreibung kommuniziert die Kirche gerne sympathisch-unbescheiden. Stichwort: „Die Kirche ist für alle da". In der Logik der Balanced Church Card wird dann präzisiert: Für welche Menschen will die Kirche in welcher Intensität, in welcher Frequenz und Konsequenz „da sein"? „Für alle Menschen da sein" – ist die schöne Wolke am Himmel. Das Regenwasser dieser Wolke reicht häufig nur dazu, weniges zu gießen. Es reicht noch dazu, dass alte Menschen ab dem 80. Lebensjahr an runden Geburtstagen von der Kirchengemeinde einen Kurzbesuch erhalten, nicht aber für einen Besuch Jüngerer; es reicht dazu, dass man Tote zwar beerdigt, nicht aber für eine intensive Begleitung Sterbender; es reicht dafür, dass für Eltern von Kommunions- und Konfirmationskindern zwar noch ein Sitzplatz in der Kirche reserviert werden kann, aber nicht mehr dazu, dass alle ein persönliches, vorbereitendes Gespräch bekommen; es reicht dazu, dass Neuzugezogene noch den Kirchensteuerbescheid bekommen, nicht aber einen Begrüßungsbesuch.

Die Formulierung von strategischen Visionen der Kirche sollte sich auf eine Erkenntnis aus dem Dienstleistungsmarketing stützen, wonach Menschen die Qualität einer Dienstleistung als Differenz zwischen erwarteter und tatsächlich erlebter Dienstleistungsqualität definieren. Wenn die Kirche auf schrumpfende Ressourcen so antwortet, dass sie sich auf vielfältige, breitgefächerte Routineleistungen beschränkt, wird sie ihre Bedeutung und Faszination weiter einbüßen. Die Kirche muss ihre Schwerpunkte, sicherlich von Gemeinde zu Gemeinde mit unterschiedlichem Mix, bewusst setzen und sie muss die gesetzten Schwerpunkte mit Standards versehen, die über die Erwartungen positiv hinausgehen. Die Kirche strahlt nicht, wenn sie in den Handlungsvollzügen von Routinen klein gehalten wird.

Insofern beginnt die Balanced Church Card mit deutlichen Akzenten, mit kräftigen Bildern über klare Prioritätensetzungen.

Dieses kirchliche Strategiekonzept wird nun in die vier Perspektiven der Balanced Church Card übersetzt.

5.2.2 Auftrags- und Angebotskarte: Was wollen wir?

Zuerst werden *Auftrag und Angebote* der Kirche dargestellt. Dazu können folgende Fragen gestellt werden:

- Welche Angebote wollen wir, unserer strategischen Orientierung entsprechend, in welcher Intensität und Qualität für welche Gruppen von Menschen leisten?
- Was ist für uns unverzichtbar und bei welchen Tätigkeiten wollen wir abspecken?
- Auf welche Angebote und Aktivitäten soll verzichtet werden – jetzt oder überhaupt?

Auf dieser Angebots- und Auftragskarte tauchen, und zwar zumeist konkurrierend, diakonische, seelsorgerische, liturgische, politische und kommunikative Ziele auf. Selbst innerhalb der einzelnen Zielkategorien bleibt das „Konkurrenzprinzip" lebendig, da immer wieder verschiedene Aufgaben und Schwerpunkte abgewogen werden müssen. Die Kirchengemeinde, das Dekanat, die Diözese oder Landeskirche werden selten Entscheidungsalternativen nach dem Muster „A *oder* B" vor sich haben, sondern eher die Frage: „*Wie viel* von A, B und C?"

So unstrittig der Konsens darüber ist, dass die Kirche viele wichtige und viele dringliche Aufgaben hat, so kontrovers sind die Prioritätensetzungen.

Wenn Kirchengemeinden auf Workshops ihre Aufgaben zusammenstellen, wird die Liste immer lang. Jugendarbeit: Unbedingt. Die Jugend ist die Zukunft. Kindergarten in eigener Regie: Unbedingt. Das gehört zur Identität. Altenarbeit: Unbedingt. Die Einsamkeit der hochaltrigen Menschen ist ein unübersehbares Signal. Betreuung der russischen Einwanderer: Unbedingt. Ein zentrales Problem des Sozialraumes der Gemeinde. Weltweite Ökumene: Zwingend, weil sonst die Gemeinde spießig werden könnte. Kirchenmusik: Die Orgel müsste baldigst erneuert werden. Krabbelgruppen: Es gibt noch 16 weitere Anmeldungen. Kann man hilfesuchende Eltern abweisen? Übrigens: Der Kirchturm muss saniert werden, weil die Schwingung der neuen Glocke zu massiv ist und statische Probleme auftreten. Besuchsdienste für Neuzugezogene, offene Angebote für Menschen in seelischer Not, die Heizung im Gemeindesaal bringt maximal noch 18 Grad, der Gemeindepflegeverein hat 70 000 Euro Defizit erwirtschaftet, die zweite Pfarrstelle soll gestrichen werden, für die Kindergottesdienstgruppe haben sich 71 Mütter als Interessentinnen für die Vorbereitungsgruppe gemeldet: Wer betreut die? Für den Nachmittagsgottesdienst am Heiligen Abend sind 38 Hirten, 15 Sterne, 21 Schafe, 8 Marias, 7 Josefs sowie 11 Engel als Interessenten vorgemeldet; lohnt es sich noch, den Männergebetskreis zu organisieren, wenn wir nur 3 Anmeldungen haben?

Im Strudel der Aufgaben die entscheidenden Weichenstellungen vorzunehmen, diese bevorzugten Aufgaben dann mit Zielstellungen zu versehen, ist hier die Aufgabe. Alles erscheint wichtig. Benötigt wird eine Auswahl der Arbeitsfelder und Festlegungen der Qualitätsstandards: Was entspricht der gewählten Strategie und Vision am ehesten?

5.2.3 Ressourcenkarte: Was haben wir?

Nun besteht die zweite Aufgabe darin, die definierten Aufgabenziele mit *Ressourcenzielen* zu verknüpfen. Im Gegensatz zu Wirtschaftsunternehmen, aber auch im Gegensatz zu (kirchlichen) Sozialunternehmen, sind die kirchlichen Einnahmen und Ausgaben in hohem Maße determiniert. Die Steuereinnahmen werden wesentlich durch volkswirtschaftliche Faktoren bestimmt, und die Ausgaben der Kirche sind stark durch Fixkosten, insbesondere Personal- und Gebäudekosten, geprägt. Ähnlich dem öffentlichen Finanzwesen wird auch innerhalb der Kirche eine Ressourcensteuerung durch die zuständigen Gremien zusätzlich dadurch kompliziert, dass ein verschachteltes System von vertikalen und horizontalen Schlüsselzuweisungen, von Mischfinanzierungen und von intransparenten Anteilsfinanzierungen installiert ist, eine polyzentrische Struktur mit Überschneidungen in der Zuständigkeit, die für ehrenamtliche Entscheidungsträger schwer durchschaubar und kaum steuerbar ist. Trotz hohem Fixkostenanteil und struktureller Intransparenz lohnt es sich natürlich auch in der Kirche, über Kostenmanagement und über die Verbesserung der Einnahmesituation nachzudenken. Die Finanzkarte reflektiert die ökonomischen Bedingungen, unter denen kirchliche Entwicklungen ablaufen.

Die typischen kirchlichen Ressourcen: Geld, hauptamtliche und ehrenamtliche Arbeitsstunden sowie Räume werden weitgehend als Variablen behandelt, deren Umfang nicht gesteuert werden kann, wohl aber deren Verteilung. Präziser formuliert: Die kirchlichen Gremien vor Ort leben in ihrer Ressourcenplanung mit Vorgaben von Diözesen und Landeskirchen, die sie meist 1:1 übernehmen müssen, und deren Werte sie kaum beeinflussen können. Wenn eine Gemeinde zwei Pfarrstellen hat, dann muss sie in aller Regel damit auskommen. Die Ressourcenkarte kann nicht die Menge an hauptamtlicher Arbeitszeit steuern, sie kann auch nicht die Höhe der Geldzuweisungen für den Sachhaushalt steuern, wohl aber in gewissem Umfang die Verteilung dieser Ressourcen.

Für solche Verteilungsentscheidungen muss geklärt sein, welche Angebote die Gemeinde ausbauen will, welche abgespeckt werden sollen, welche Arbeitsfelder neu aufgerollt werden sollen, und was mehr oder minder unverändert weiterlaufen soll. Nach diesen Entscheidungen, die auf der „Angebotskarte" dokumentiert sind, werden nun auf der „Ressourcenkarte" die gottesdienstlichen, seelsorgerischen, sozialen, kulturellen, schulischen, administrativen und sonstigen Aufgabenzielen der Kirche mit Ressourcenzielen im Blick auf die Verwendung von Geld, Zeit und Raum verknüpft. Diese Zuweisungen orientieren sich, auch wenn der Blick ins Vertraute so nahe liegt, nicht an den Haushalten der Vergangenheit, und auch nicht an den Agenden der Hauptamtlichen, sondern an den Schwerpunktsetzungen für die Zukunft.

Dabei müssen auch Freiräume gesichert und eingeplant werden, da nicht alle Aktivitäten der Kirche punktgenau verplant werden können.

Die Leitfragen sind hier:

- Welche finanziellen, personellen und räumlichen Ressourcen benötigen wir, um die Maßnahmen und Aktionen zur Erreichung der auf der „Angebotskarte" gesteckten Ziele durchführen zu können?
- Oder andersherum: Welcher Teil der zur Verfügung stehenden Ressourcen soll auf diese Entwicklungsaufgaben verteilt werden?
- Welche Veränderungen am jetzigen Verteilungsschlüssel sind nötig?
- Welche Ziele und Maßnahmen ergeben sich daraus?

5.2.4 Exkurs: Zeit ist Geld ist Freiheit ist Gestaltung

Bei der finanziellen und personellen Absicherung der vereinbarten Entwicklungsziele kommen Kirchenvorstände zuweilen auf den Geschmack, versuchen die Gelegenheit beim Schopfe zu packen und die Arbeitszeiten der Hauptamtlichen penibel festzulegen. Hier springt das Signal auf Rot: Die Ressourcenkarte soll Freiheitsgrade für Entwicklungsziele schaffen und Zeit- und Finanzbudgets dafür reservieren. Sie soll verhindern, dass die Ressourcen in Alltagsroutinen versickern und jede lustvolle Neuerung im Überlastungsdickicht verendet. Auch wenn die Versuchung groß ist, Menschen über die Ressourcenkarte steuern zu wollen: die kirchliche Selbststeuerung soll nicht über die Inputgrößen an Zeit und Geld verlaufen, sondern über die Wirkungsgrößen! Mit der BCC lässt die Kirchengemeinde ihre Hauptamtlichen weiter an der langen Leine, aber sie gibt vor, welche Ziele erreicht werden sollen.

> (O-Töne von BCC-Gemeinden)
>
> „Bei Zeitbudgets war es manchmal ein Schuss nach hinten, weil der Kirchenvorstand fieselt und daran rumfummelt, die Verbindlichkeit von Schwerpunktsetzungen in Dienstordnungen vorzunehmen."
>
> „Versuch des Kirchenvorstandes, die Hauptamtlichen zu steuern und nicht die Gemeindeentwicklung."
>
> „Niemand arbeitet zielorientiert, sondern alle kontrollorientiert."

Einer administrativen Logik ist es besonders zugänglich, über Stellenanteile, pro Kopf – Mittelzuweisungen, quadratmeterbezogene Baulastquoten oder über die prozentuale Veränderung der Vorjahresbeträge zu steuern. Wir wissen dann exakt, auf wie viele Kirchenmitglieder eine Pfarrstelle und wie viel Prozente einer Sekretariats-, Mesner- und Diakonenstelle kommen; es ist klar geregelt, auf wie viele Pfarrstellen eine Dekansstelle, auf wie viele Dekansstellen eine Bischofsstelle kommt. Allerdings verwenden wir viel Zeit, um über abstrakte Verteilungsschlüssel zu diskutieren; ganze Synodensitzungen werden mit dafür notwendigen Tabellen zur Stellen- und Finanzplanung gefüttert, ohne dass dadurch auch nur im Geringsten die drängende Frage inhaltlicher Schwerpunkte und Standards in den Blick käme, geschweige dann ansatzweise beantwortet wird. Hier trifft ein altes Sprichwort zu: „Wer Ordnung hält, ist nur zu faul zum Suchen." Die Ordnungslogik sollte durch eine Logik des Gelingens relativiert und ergänzt werden.

Damit wäre die Chance gegeben, einer gewachsenen Organisation Freiheitsgrade abzuringen, gewachsene Ansprüche zu düpieren, listig neue Ansprüche einzufädeln, und damit einen Weg zur innovativen Schwerpunktsetzung zu suchen.

Spielräume können bei gleich bleibenden oder schrumpfenden Ressourcenmengen auch durch neue flexiblere Organisationsformen entstehen. Die kameralistische Haushaltslogik und die altbackene Stellenplanung verklammern eine Organisationsstruktur, die für einen kirchlichen Aufbruch nicht mehr funktional ist.

Während viele Hauptamtliche bei der Verteidigung ihrer traditionellen Arbeitsstruktur in der Kirche ein geradezu bissiges Territorialverhalten an den Tag legen, zeigen Dienstleistungsunternehmen fast beiläufig organisatorische Alternativen auf, wie man „näher beim Kundenmenschen" sein kann. Die Mitarbeiter haben keine festen Zimmer in der Unternehmenszentrale, sondern gruppieren sich in variierenden Projektgruppen. Die Organisationsstruktur und die Muster der Raumnutzungen folgen den Aufgaben. Die Organisation bleibt funktional und stabil, weil sie projektbezogene Arbeitszusammenhänge fördert. Je nach Projekt schiebt der Mitarbeiter seinen Rollcontainer in ein anderes Zimmer und stöpselt sich ins Netz ein. Auch die Kirche benötigt beim Management ihrer personellen Ressourcen mehr „Kundennähe". An Gegenbeispielen mangelt es nicht: Warum wandern, wenn ein Diözesancaritasverband oder ein diakonischer Landesverband seine Einrichtungen an örtliche Träger abgibt, die personellen Managementkapazitäten nicht mit, sondern bleiben als teure und aufgabensuchende Mahnmale einer überkommenen Organisationsstruktur erhalten? Aber welcher örtliche Caritasverband hat schon eine zusätzliche A16-Stelle zu vergeben?

In der angelsächsischen Literatur findet sich die Unterscheidung innerhalb des Wirkungskonzeptes von „Output“, „Effect“, „Impact“ und „Outcome“.

Nehmen wir an, eine Gemeinde stellt die Konfirmandenarbeit ins Zentrum ihrer Überlegungen und sucht nach Wirkungsgrößen.

Der *Output* wäre die Anzahl der stattfindenden Konfirmandenstunden; der *Effect* wäre die Teilnahmefrequenz der Konfirmanden; der *„Impact“* wäre in diesem Beispiel die (Vor-) Freude und das Engagement der Konfirmanden in der Gemeinde und der *„Outcome“* ließe sich als christlicher Glaube und Lebensform bestimmen.

Wenn sich eine Kirchengemeinde über Wirkungsgrößen verständigen, steuern und sich entsprechend von einer administrativen „Einsatzlogik“ verabschieden will, dann taucht die Frage auf, wie Wirkungen kirchlichen Handelns überhaupt definiert werden können und sollen. Dann müssen den Zielen Messgrößen zugeordnet werden, die das erwartete Verhältnis von Aufwand und Ertrag definieren.

Und noch einmal: Selbst wenn eine gewisse Intransparenz der geistlichen Berufe Entscheidungsgremien nervös macht, und auch wenn diese gewisse Intransparenz durchaus intendiert sein mag, steht doch bei unserem Instrument nicht die Kontrolle der Hauptamtlichen, sondern ihre „Produktivität“ im Mittelpunkt. In diesem Sinne dienen die reservierten Ressourcen der Zielerreichung, sie besitzen Mittelcharakter und sind nicht selbst zu überprüfende Zielvorgaben.

5.2.5 Organisations- und Prozesskarte: Wie machen wir was?

Ob sich die geplanten Ziele mit den geplanten Ressourcen tatsächlich verwirklichen lassen, ist auch abhängig von der Qualität der Organisation der kirchlichen Arbeits- und Entscheidungsprozesse. Die Prozesskarte kümmert sich um die Achillesfersen der kirchlichen Organisation; es geht um die grundlegende Organisation von Entscheidungs- und Leistungsprozessen in Pfarrgemeinderäten, Synoden oder Dekanatsgremien.

Liegen die Entscheidungsunterlagen rechtzeitig und gut aufbereitet vor? Sind die Folgen von Entscheidungsalternativen transparent? Wird die Umsetzung der Beschlüsse kirchlicher Gremien erfolgskontrolliert? Sind die Leistungsprozesse klar definiert und zufriedenstellend?

Es geht um die personellen Zuständigkeiten und Verantwortlichkeiten, um die Gestaltung der Arbeitsprozesse und um Überschneidungen von Arbeitsgebieten.

Die Kirche setzt bisher bei der organisatorischen Bearbeitung von Aufgaben weitgehend auf das Managementprinzip der Linienorganisation mit klar definierten Verantwortlichkeiten. Alle diese Verantwortlichen haben Zuständigkeiten, Kompetenzen, Über- und Unterordnungen. Solche organisatorischen Strukturen lassen sich wunderbar in Organigramme einzeichnen, doch die Balanced Church Card kann aus Organigrammen keine qualitativen Werte gewinnen. Die Balanced Church Card kann eigentlich mit Organigrammen gar nichts anfangen, sondern sie benötigt für ihre Kennzahlen eine dynamische Betrachtung von Organisation. Was tut die Organisation, in welcher Geschwindigkeit, Präzision und Effizienz?

Abb. 7: Traditionelle Organisation – Prozessorientierte Organisation

Traditionelle Organisation

Bischof
Kirchenverwaltungen
Dekanate
Gemeinden
Menschen

Kennzeichen: vertikale Ausrichtung
spezialisiert
funktionsorientiert
Bereichsdenken
Kameralistik

Prozessorientierte Organisation

Leitung
Prozessverantwortliche
Leistungsprozesse
Prozess 2
Prozess 1

Kennzeichen: horizontale Ausrichtung
prozessorientiert
kundenorientiert
teamorientiert
Prozesskostenrechnung

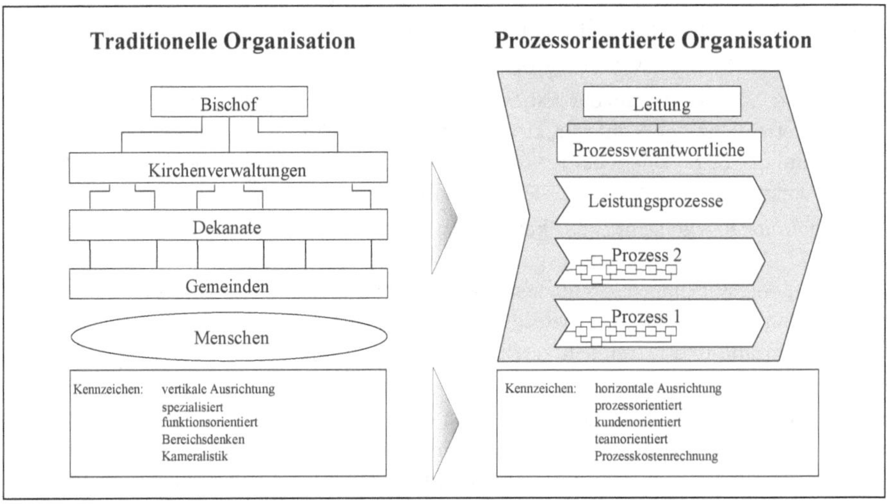

Die Prozesslogik zerlegt Organisationen aus Sicht des „Kunden"[2] in aufeinander bezogene Leistungsfolgen. Der Kunde interessiert sich nicht für den Organisationsaufbau einer Baufirma, es ist für ihn nebensächlich, wie viele Direktoren, Abteilungsleiter und Poliere existieren und welche Arbeitsteilung für diese im Organigramm festgelegt wurde. Für den Kunden ausschlaggebend sind die Prozesse der Baufirma: Wie schnell und zuverlässig wird auf der Baustelle gearbeitet? Was passiert bei Beschwerden? Stimmen die Abrechnungen? Sind die Schnittstellen mit anderen Gewerken so optimiert, dass das Bauvorhaben im Zeitplan abgeschlossen wird? Diese für den Kunden zentralen, und deswegen „primären Leistungsprozesse" werden durch interne Prozesse unterstützt, z.B. durch die Personaleinsatzplanung, durch Materialeinkauf, durch Zeitsteuerung oder durch ein Qualitätsmanagementsystem. Um diese internen Unterstützungsprozesse und damit die Qualität der primären Leistungsprozesse zu systematisieren und zu steuern, werden auf der „Organisations- und Prozesskarte" entsprechende Zielstellungen für die Prozessqualität vermerkt.

Zur Illustration eines kleinen Prozesses kann folgendes Schaubild dienen, das die Telefonannahme eines gemeindeübergreifenden Pfarramtes zeigt.

2 Den Kundenbegriff verwenden wir im kirchlichen Kontext ungern, weil er ein funktionales Verhältnis zwischen Nachfrage und Angebot anzeigt, das erstens so in der Kirche nicht existiert und zweitens nicht existieren soll.

Abb. 8: Prozessauslöser: Anruf im Pfarramt

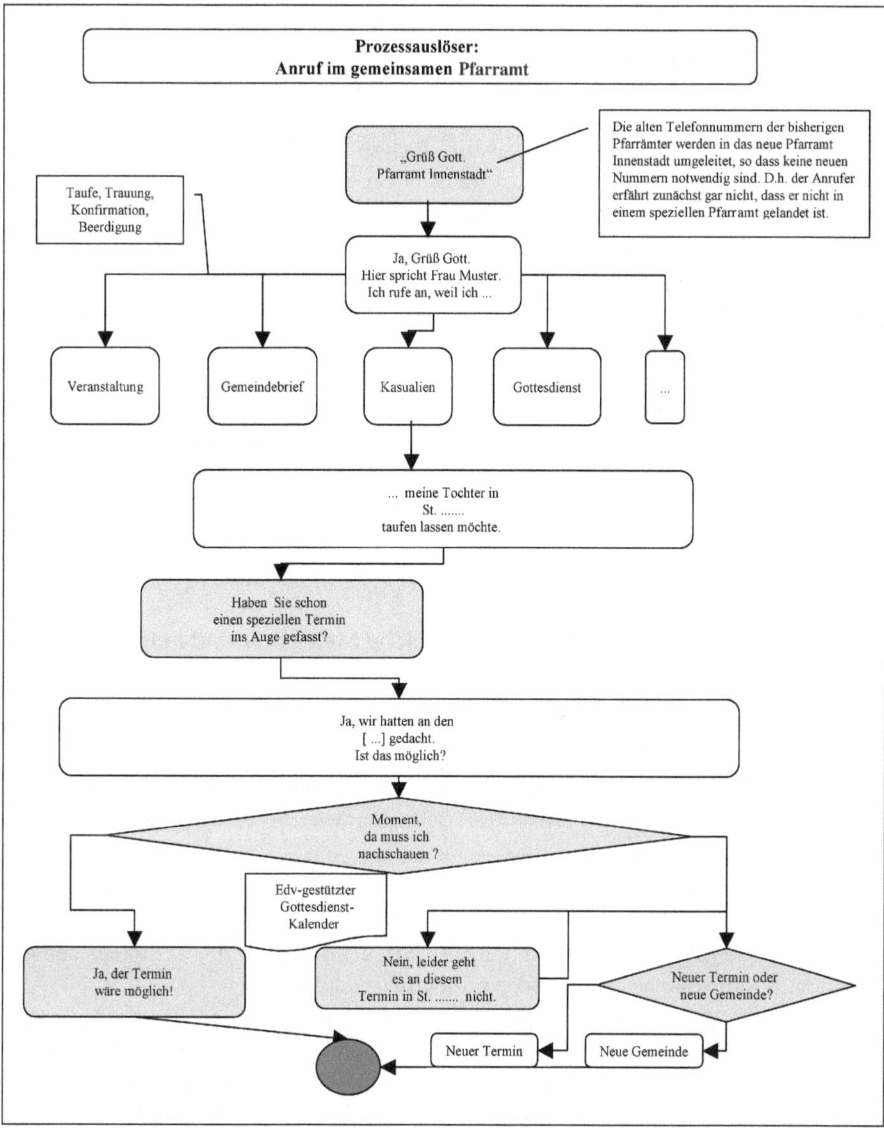

Für die Menschen zeigt sich die Qualität der Kirche als Organisation in ihrer Erreichbarkeit, in ihrer Freundlichkeit, in ihrer Kommunikationsfähigkeit, in ihrer Zuverlässigkeit, in ihrer Menschlichkeit. Auch wenn damit verknüpfte Konsumenteneinstellungen der Kirche nicht immer schmecken, so bleibt sie in dem Spannungsverhältnis: Sowohl die Erwartungen „der anderen" an die Kirche als auch die eigenen Erwartungen sind so ausgeprägt, dass die Kirche ihre Organisation auch immer wieder unter funktionalen Aspekten neu ausrichten muss. Durch die aufgabenorientierte Rekonstruktion der kirchlichen Organisation gelingt der Kirche eine wahrscheinlich bessere Antwort auf die Frage, was die Kirche als Organisation ist: Sie ist nicht in erster Linie eine als „Organigramm" vorstellbare Amtskirche, sondern eine Organisation ablaufender Prozesse, die für die Erfüllung ihrer Aufgaben tragend sind. Das Prozessdenken zeigt eine schlankere und übersichtlichere Verbindung zwischen der Organisation und ihren Aufgaben. Die „Balanced Church Card" fragt nach diesen Kernprozessen, nach ihrer Geschwindigkeit, Qualität und Zuverlässigkeit. Sie fragt deswegen so, weil die Menschen, die mit der Kirche verbunden sind, auch so fragen; und weil die Menschen, die etwas von ihrer Kirche wollen, auch so denken. Mit dem Prozessdenken als Alternative zum Organigrammdenken wird nicht ein Fabrikablaufmodell gegen ein Bürokratiemodell gestellt, sondern die Lebendigkeit des Tuns gegen die Starre der Form.

Wenn die Kirche möglichst viele und möglichst gute Aufgaben und Angebote mit ihren Ressourcen erbringen will, wenn sie also in diesem Sinne effizient sein will, dann muss das Kirchenmanagement rund laufen. Auf der dritten Karte wird deshalb die Kirche aus der Organisationsperspektive beleuchtet und es werden die Zielgrößen für interne Prozesse eingetragen. Leitfragen heißen:

- Wie wollen wir die internen Prozesse verbessern?
- Wie müssen das Pfarramt, die Gremienarbeit, wie die Personalplanung, wie das „Marketing" und die Informationspolitik, wie das Immobilienmanagement und wie das Berichtswesen organisiert sein, wenn die kirchlichen Ziele mit den geplanten Ressourcen realisiert werden sollen?
- Welche guten Vorbilder und innovativen Ideen gibt es in diesem Bereich?

5.2.6 Wissens- und Entwicklungskarte: Welche Menschen sind beteiligt?

Prozesse in der Kirche lassen sich in einem sehr begrenzten Ausmaß durch technische und organisatorische Innovationen optimieren. Doch auch wenn eine gute Prozessarchitektur vorliegt, liegen die Schlüssel zur gezielteren Aufgabenbearbeitung komplett in den Händen der Menschen, die in und für die Kirche tätig sind. Meist werden dazu auch neue Fertigkeiten und veränderte Formen der Selbstorganisation der Mitarbeitenden nötig.

Auch von den Aufgaben her wird insofern auf der letzten Karte der Balanced Church Card aus der Perspektive der Mitarbeitenden die zentrale Frage gestellt und durch Zielwerte beantwortet:

- Welche personellen Kompetenzen brauchen wir, um die definierten Leistungs- und Organisationsprozesse herstellen und gewährleisten zu können?

Die fachliche Kompetenz, das Engagement, die Innovationsbereitschaft, die Kommunikationsfähigkeit und die geistliche Identität der Mitarbeitenden sind die Schlüsselvariablen für die Attraktivität der Kirche. Davon ausgehend schöpft die Kirche auf der vierten Karte der Balanced Church Card die Entwicklungsziele für ihre Mitarbeitenden aus den Zielwerten der kirchlichen Aufgaben (Karte 1) und der kirchlichen Prozesse (Karte 3). Auch wenn an dieser Stelle an Selbstverständlichkeiten der Kirche gekratzt wird: Die Fort- und Weiterbildungspolitik wie auch die Personalentwicklung und Personalführung sind in der Logik der Balanced Church Card eng mit Aufgaben, Leistungsanforderungen und überprüfbarer Zielerreichung verknüpft. Nicht die persönlichen, thematischen Vorlieben der Mitarbeitenden, sondern die an ihren Aufgaben ablesbaren Kompetenzdefizite führen zum Fortbildungsplan. Die Personalentwicklungspolitik der Kirche zeigt sich auf dieser Karte ehrgeizig: Es ist möglich, die Menschen im kirchlichen Dienst so zu fördern, dass die Ziele der vorigen Karten erreichbar sind.

Allerdings soll mit dieser funktionalen Bestimmung der kirchlichen Personalentwicklung nicht vergessen werden, dass personelle Kompetenzen auch, und übrigens die einzige, Quelle von Innovationen in der Kirche sind. Insofern dokumentiert die Wissens- und Entwicklungskarte zwar einerseits als Hauptaufgabe den Kompetenzzuwachs, der für die Anpeilung der kirchlichen Ziele notwendig ist, aber sie sollte durchaus auch eine Plattform für die Anstiftung von Innovationen bieten. Angesprochen sind damit „Innovationsziele", die erstmal zweckfrei formuliert werden sollten. Zweckfrei in dem Sinne, dass sie nur ihren Selbstzweck besitzen: Leute, die Ideen haben, Möglichkeiten zu eröffnen, Neues zu entwickeln, zu diskutieren und auszuprobieren. Es geht nicht um die Anstiftung zum liturgischen Experimentiertheater oder zu gemeindepädagogischen Nervereien. Aber wenn die Kirche nicht in Routinen festkleben will, müssen wir auch die Chance haben, ab und zu mal einen Gottesdienst kopfschüttelnd zu erinnern.

5.3 Die Methodik der Balanced Church Card

Managementinstrumente, und so auch die Balanced Church Card, sollten weniger Probleme verursachen als sie lösen.

In der Logik der Balanced Church Card ist eine Empfehlung für ein kirchliches Leitungsverständnis eingebaut, das für viele Leitende in der Kirche in der Konsequenz zwar problematisch und ungewohnt, aber wahrscheinlich auch entlastend wirken kann. Durch Klärungen, was von wem wie gesteuert werden soll, entstehen natürlich Verbindlichkeit und „Kontingenzverlust", aber auf der anderen Seite wird auch die latente Zumutung, für alles zuständig zu sein, eingedämmt.

Insofern klingen die folgenden Spielregeln, je nach Leitungsverständnis, be- oder entlastend.

5.3.1 Karten-Spiele

Wir stellen uns vor[3]: In einem Workshop des Dekanates beschäftigen sich die Teilnehmer mit den „Megatrends", d.h. mit den voraussichtlich unumkehrbaren Entwicklungen im religiösen Leben der Gesellschaft.[4] Gesucht werden genaue Zielformulierungen und ausgearbeitete Maßnahmenvorschläge. Als erster Megatrend wird die „nachlassende Integrationskraft der Kirchen"[5] problematisiert. Die Runde ist sich einig: Glaube braucht Gemeinschaft, und Gemeinschaft braucht eine Organisationsform. Als Ziel wird formuliert: „Der negative Trend in der Mitgliederentwicklung soll gestoppt werden." Gesucht wird nun eine Kennzahl, mit der man den Zielerreichungsgrad unkompliziert messen kann. Die Kennzahl lautet: „Anteil der Kirchenaustritte an der Gesamtzahl erwachsener Kirchenmitglieder". In fünf Jahren, so der diskutierte und akzeptierte Zielwert, soll dieser Anteil nicht größer als 0,5% sein.

Der Dekanatsrat wird beauftragt, binnen drei Monaten fünf zentrale Umsetzungsaktionen zu entwickeln, welche die Zielerreichung mit hoher Wahrscheinlichkeit positiv beeinflussen. Unumstritten ist der spontan geäußerte Vorschlag, binnen zweier Jahre alle Mitglieder der Kirchengemeinden zu besuchen und mit ihnen ins Gespräch zu kommen.

3 Und werden ganz bewusst unrealistisch
4 Vgl. Ebertz (2003: 16 ff.)
5 Ebd. (21 ff.)

Abb. 9: Angebots- und Auftragskarte

Zieldimension	Ziel	Kennzahl	Zielwert	Aktionen	Verantwortlich
Integrationskraft der Kirche	Der negative Trend in der Mitglieder-entwicklung wird gestoppt	Anteil der Kirchenaustritte an der Gesamtzahl erwachsener Kirchenmitglieder	< 0,5% pro Jahr	1. 70% der Kirchenmitglieder werden in den nächsten zwei Jahren besucht. 2. etc.	Pfarrerin Walker

Das Ziel, auf Dekanatsebene einen Megatrend zu stoppen, wirkt nicht nur ehrgeizig, sondern auch wie eine Zumutung und zugegebenermaßen verrückt. Aber erst wenn Ziele bewusst anspruchsvoll formuliert sind, entsteht in Organisationen ein Flirren, ein Zwang zur Entroutinisierung, und damit die Stimmung, das gemütliche Basislager zu verlassen.
Eine solche „Zielzeile" hinterlässt auf den anderen Karten Spuren. So auch auf der „Ressourcenkarte". Auch wenn mittelfristig sich auf Seiten der Kircheneinnahmen positive Effekte zeigen werden, sobald das Integrationsziel erreicht würde, einigt sich der Balanced Church Card – Arbeitskreis darauf, in der Ressourcenkarte ein Ziel zu formulieren, das hilft, das Integrationsziel abzusichern. Benötigt wird unter anderem viel Zeit für Hausbesuche. Alle Hauptamtlichen, also Pfarrer, Pfarrerinnen und Diakone sollen jeweils 500 Hausbesuche durchführen, so der Vorschlag. Je nach Aufgabengebiet stehen hierbei die Eltern der Konfirmanden, Taufeltern oder Angehörige von Verstorbenen im Vordergrund. Die Religionslehrerinnen werden gebeten, die Besuche der Eltern ihrer Schüler zu übernehmen, – und die hauptamtlichen Mesner, Pfarrsekretärinnen und Kirchenmusiker erklären sich bereit, alle neuzugezogenen Gemeindemitglieder persönlich zu kleinen Führungen durch die Kirche, die Krypta, das Gemeindehaus und den Kindergarten einzuladen.[6] Und auch die Ehrenamtlichen erhalten eine Adressliste mit der Bitte, sich mit ungefähr 10 Besuchen pro Jahr und Person an dem Programm zu beteiligen. Pro Besuch werden im Durchschnitt 30 Minuten kalkuliert. Als ehrgeiziges Ziel schwebt die Idee im Raum, tatsächlich 70% aller Haushalte mit Kirchenmitgliedern zu besuchen und zu sprechen. Auf der Ressourcenkarte wird nun der zusätzliche Aufwand kalkuliert, der notwendig ist, um das Besuchsprogramm umzusetzen. Ohne Entlastung an anderer Stelle lassen sich die notwendigen Zeitbudgets nicht finden. Und so zeigt sich nun folgende „Zielzeile":

6 Oder zu offenen Gesprächskreisen über Religion

Abb. 10: Ressourcenkarte

Zieldimension	Ziel	Kennzahl	Zielwert	Aktionen	Verantwortlich
Absicherung des Mitgliederziels auf Angebots- und Auftragskarte	Kirchengemeinden sind zeitlich in der Lage, (fast) alle Kirchenmitglieder zu besuchen	Anzahl der besuchten konfessionellen Haushalte während eines Jahres	70%	1. Entlastung der Leitungskräfte von Verwaltungs- und Sitzungstätigkeiten 2. Besuchszeiten werden als A-Priorität in die Kalender der Hauptamtlichen gesetzt 3. Bearbeitung der Adressdatei 4. Erstellung von Besuchsmaterialien	Leiter des Kirchengemeindeamtes

So wie aus der geplanten Aktion „Hausbesuche“ der „Aufgabenkarte“ nun auf der Ressourcenkarte ein entsprechendes Ziel entstanden ist, so kann auch die im Zusammenhang mit der Ressourcenfrage disktutierte Aktion „Entlastung der Hauptamtlichen von Verwaltungs- und Sitzungstätigkeiten“ auf der nunmehr folgenden „Prozesskarte“ ein eigenes Ziel werden. Das Stichwort „Entlastung der Hauptamtlichen von Verwaltungs- und Sitzungstätigkeiten“ fällt bei den Beteiligten auf fruchtbaren Boden. Doch ohne gründliche Neuorganisation der Pfarrämter und der Gremienarbeit lässt sich das Ziel wahrscheinlich nicht realisieren. Auf die Tagesordnung kommt deshalb das Ziel „Prozessneuorganisation der Kirchenverwaltung“. Als Idee, die auch helfen soll, „stille Zeitreserven“ für seelsorgerisches Tun zu heben, wird das Ziel verstärkter Gemeindekooperationen diskutiert. Die Dekanats-Arbeitsgruppe formuliert ihre Absicht, dass jeweils drei Kirchengemeinden ihre Pfarramtsorganisation zusammenlegen.

Abb. 11: Prozess- und Organisationskarte

Zieldimension	Ziel	Kennzahl	Zielwert	Aktionen	Verantwortlich
Gewinnung von Zeit für Seelsorge durch gemeindliche Verwaltungskooperation	Effizienzsteigerung in der Pfarramtsorganisation und im Entscheidungsmanagement	Prozentsatz der Kirchengemeinden, die nachbarliche Kooperationsprojekte aktiv betreiben	50%	1. Aufbau eines gemeindeübergreifenden IT-Managements 2. Einsetzung einer AG 3. Beschluss der KV, welche Ausschüsse gemeinsam betrieben werden sollen	Pfarrer Schnell

Als eine notwendige Bedingung für solche Kooperationsprojekte zwischen den Gemeinden sieht das Dekanat die Entwicklung einer informationstechnologischen Lösung für die Verknüpfung von Gemeinden. Benötigt werden intelligente Telefonanlagen, die Pflege gemeinsamer Datenbanken, die Organisation eines elektronischen Terminkalenders für die Hauptamtlichen sowie entsprechende Schulungen. Solche Kompetenzen und Potenziale entstehen nicht durch Beschluss, sondern müssen systematisch entwickelt werden. Insofern tauchen sie als Zielstellung auf der vierten Karte, der „Wissens- und Entwicklungskarte" auf.

Abb. 12: Wissens- und Entwicklungskarte

Zieldimension	Ziel	Kennzahl	Zielwert	Aktionen	Verantwortlich
Kompetenz-sicherung in der Gemeinde-kooperation	Entwicklung und Bereitstellung einer IT-Lösung	Prozentsatz der Hauptamtichen, die an System-Schulungen teilnehmen	30%	1.Feststellung der IT-Kompetenzen der Hauptamtlichen 2. etc.	Diakon Jung

Wir haben die Logik der Balanced Church Card nun an einem Beispiel, an einer exemplarischen Zielstellung der Aufgabenkarte durchgespielt. Nicht immer gelingt es, einzelne Zielzeilen so systematisch mit allen anderen Karten zu verknüpfen, und nicht immer ist es notwendig, dass eine Aufgabe überall ihre Spuren hinterlässt.
In einem Überblick:

Abb. 13: Angebots- und Auftragskarte
Überblickskarte

Zieldimension	Ziel	Kennzahl	Zielwert	Aktionen
Integrationskraft der Kirche	Der negative Trend in der Mitglieder-entwicklung wird gestoppt	Anteil der Kirchen-austritte an der Gesamtzahl erwachsener Kirchenmitglieder	< 1%	Alle Kirchenmitglieder werden binnen eines Jahres besucht etc.

Ressourcenkarte

Zieldimension	Ziel	Kennzahl	Zielwert	Aktionen
Absicherung des Mitgliederziels auf Angebots- und Auftragskarte	Kirchengemeinden sind zeitlich in der Lage, (fast) alle Kirchenmitglieder zu besuchen	Anzahl der besuchten konfessionellen Haushalte während eines Jahres	70%	1. Entlastung der Hauptamtlichen von Verwaltungs- und Sitzungstätigkeiten 2. Bearbeitung der Adressdatei 3. Erstellung von Besuchsmaterialien

Prozess- und Organisationskarte

Zieldimension	Ziel	Kennzahl	Zielwert	Aktionen
Gewinnung von Zeit für Seelsorge durch gemeindliche Verwaltungskooperation	Effizienzsteigerung in der Pfarramtsorganisation und im Entscheidungsmanagement	Prozentsatz der Kirchengemeinden, die nachbarliche Kooperationsprojekte aktiv betreiben	50%	1. Aufbau eines gemeindeübergreifenden IT-Managements 2. etc 3. etc

Wissens- und Entwicklungskarte

Zieldimension	Ziel	Kennzahl	Zielwert	Aktionen
Kompetenzsicherung in der Gemeindekooperation	Entwicklung und Bereitstellung einer IT-Lösung	Prozentsatz der Hauptamtlichen, die an System-Schulungen teilnehmen	30%	1. Feststellung der IT-Kompetenzen der Hauptamtlichen 2. etc

5.3.2 Das Betriebssystem: Kennzahlen

Kartenspiele haben Regeln. Die Regeln der Balanced Church Card sind in einer „Gebrauchsanweisung" zusammengefasst, die nur wenige Werkzeuge voraussetzt. Und doch fällt es nicht ganz leicht, mit diesen Werkzeugen vertraut zu werden. Kennzahlen sind nicht mit den Zielen und Zielwerten einer Organisation zu verwechseln. Kennzahlen sind Hilfskonstrukte, mit denen sich Ziele überprüfen und Zielwerte messen lassen.

Das Ziel könnte lauten: Verbesserung der Konfirmandenarbeit

Die Kennzahl könnte lauten: Anteil der Konfirmanden, die im nächsten Jahr den Gottesdienst besuchen.

Der Zielwert könnte lauten: 20% Steigerung in den nächsten zwei Jahren

Die Messung könnte durch eine Stichprobe an vier bewusst bestimmten Sonntagen erfolgen.

Kennzahlen informieren in komprimierter und präziser Form über die Situation einer Organisation. Kennzahlen können absolute Zahlen sein oder Verhältniskennzahlen. Hier unterscheidet man Beziehungszahlen, Gliederungszahlen und Indexzahlen. Beziehungszahlen stellen zwei unterschiedliche Größen für einen gemeinsamen Zeitraum oder Zeitpunkt miteinander in ein Verhältnis. Mit den Gliederungskennzahlen soll eine Struktur der miteinander in Beziehung gesetzten Größen abgebildet werden. Dabei ist regelmäßig die Zahl im Zähler eine Teilgröße der im Nenner eingesetzten Gesamtgröße. Soll die zeitliche Entwicklung einer bestimmten Größe verfolgt werden, und dabei auf klassische Zeitreihenvergleiche verzichtet werden, so werden Indexzahlen eingesetzt.[7]

7 Siehe: Eisenreich/ Halfar/ Moos (2005: 23)

Beispiele für Kennzahlentypen:
Absolute Zahlen: Anzahl der Gottesdienstbesucher
Beziehungszahlen: Personalkosten / Gesamteinnahmen der Gemeinde
Gliederungszahlen: Anzahl der durchschnittlichen Gottesdienstbesucher / Gemeindemitglieder
Indexzahlen: Konfirmandenzahl im Basisjahr 2000 / Konfirmandenzahl 2006

5.4 Regeln für die Steuerung mit Kennzahlen in der Kirche

5.4.1 Zwanzig Grundsätze

1. Jedes geplante Ziel wird durch eine messbare Kennzahl definiert, weil nicht messbare Ziele nicht erreicht werden können.
2. Die Kennzahlen sollen valide und reliabel sein[8], aber auch möglichst einfach zu gewinnen. Die Arbeit mit der Balanced Church Card soll die kirchlichen Gremien entlasten und nicht zu kleinen Rechenzentren führen.
3. Bei der Bildung von Kennzahlen sollten solche Informationen bevorzugt werden, die bereits in der Kirche vorhanden und leicht zugänglich sind.
4. Wenn wichtige Steuerungsgrößen nicht ohne eigene Datenerhebung ermittelbar sind, dann sollte versucht werden, mit der Datenerhebung, zum Beispiel einer Gemeindebefragung, auch einen Zusatznutzen an gewünschten Kontakten zu stiften.
5. Die Kennzahlen sollten nicht als rückwärtsgewandte Indikatoren über die Vergangenheit informieren, sondern als zukunftsgerichtete Leistungstreiber wirken und die Zukunft erschließen. Die Balanced Church Card ist kein komprimiertes Berichtswesen, sondern ein zielorientiertes Instrument.
6. Die Kennzahlen sollten so gewählt werden, dass sie nicht nur ihre „eigene" Zieldimension messen, sondern auch mit zumindest einer anderen Zieldimension auf einer anderen Karte systematisch verknüpft sind. Die Veränderung eines durch eine Kennzahl gemessenen Zielwertes muss insofern zusätzlich für eine andere Kennzahl einer anderen Karte relevant sein. Jeder Zielwert muss mit mindestens einem anderen Zielwert ausbalanciert werden können.
7. Es sollen relativ wenige Kennzahlen ausgewählt werden, damit eine zielgerichtete Steuerung nicht durch einen „Kennzahlenfriedhof" verhindert wird. Als Faustregel gilt: 4 Karten mit jeweils 5 Kennzahlen. Im Zweifel eher weniger als mehr.
8. Die Balanced Church Card sollte nicht thematisch überfrachtet werden, sondern die Entwicklungsziele einer Kirchengemeinde, oder kooperierender Kirchengemeinden oder eines Dekanats „auf einen Blick" ermöglichen.
9. Sie ist wie ein übersichtliches Cockpit strukturiert und basiert auf den Aufgaben- und Zielstellungen, die von der zuständigen Leitungsgruppe der Kirche als besonders wichtig definiert wurden.

8 Valide: die Kennzahlen sollten das messen und bezeichnen, was gemeint ist. Eine Kennzahl zur Predigtqualität sollte demnach nicht „aus Versehen" die Beliebtheit der Pfarrerin ausdrücken. Reliabel: die Kennzahl sollte auf wiederholte Messungen nicht reagieren, sondern bei gleich bleibenden Bedingungen immer wieder zum selben Ergebnis gelangen. Die vom Thermometer angezeigte Temperatur der Badewanne wird nur minimal von der Eigentemperatur des Thermometers beeinflusst.

10. Die Balanced Church Card basiert auf Entscheidungen, welche die für die Entwicklung eines kirchlichen Ortes passgenauen Ziele erwischen und in ein ausbalanciertes Zielsystem integrieren sollen.
11. Und diese Entscheidungen haben eine Ressourcenrückseite: Wer sich neue Ziele setzt, muss auch die Kraft haben, sich von alten Zielen zu verabschieden. Die gute Absicht, immer neue Aufgabenstellungen auf die Schultern einer Gemeinde oder eines Dekanates zu satteln, wird schnell als Überforderung entlarvt: Für nicht alle Ziele und entsprechende Aktionen stehen genügend Ressourcen bereit. Wer das Eine kraftvoll erreichen will, kann nicht gleichzeitig das Andere anpeilen.
12. Jede Entscheidung über die planbare Entwicklung der Kirche wird so getroffen, dass ein zu erreichendes Ziel definiert wird.
13. Es sind nur solche Zielwerte auf die Karte zu setzen, die auch durch die Verantwortlichen der jeweiligen Kircheneinheit beeinflusst werden können. Die Balanced Church Card ist ein Steuerungssystem.
14. Jedes Ziel wird nicht nur definiert, sondern auch in konkrete Arbeitsschritte und Aktionen übersetzt, die zur Zielerreichung führen sollen.
15. Jede Entscheidung (über ein Ziel, dessen Messung und die notwendigen Aktionen) wird mit einem Datum versehen, an dem die Umsetzung reflektiert wird.
16. Für die Zielerreichung und für die Durchführung der beschlossenen Arbeitsschritte sind Personen (nicht: Gremien oder Verwaltungseinheiten) zuständig.
17. Die Menschen in der Kirche arbeiten zielorientiert; die klassische Stellenbeschreibung wird durch Zielvereinbarungen ergänzt.
18. Alle strategischen Entscheidungen über steuerbare Entwicklungen der Kirche werden systematisch gefasst. Dies bedeutet: Die möglichen Ziele und Aufgaben werden miteinander in Beziehung gesetzt, und in ihrer Wichtigkeit und Dringlichkeit systematisch gegeneinander abgewogen.
19. Die Aufgabenziele der Kirche werden nicht nur inhaltlich und zeitlich präzisiert, sondern auch im Hinblick auf die notwendigen Mittel, die für die jeweilige Aufgabe zur Verfügung gestellt werden (Geld, Räume, hauptamtlich und ehrenamtlich Mitarbeitende). Zwischen Aufgaben, Ressourcen, Arbeitsprozessen und Mitarbeiterpotenzialen wird ein integriertes Bezugssystem hergestellt, das eine balancierende Steuerung ermöglicht.
20. Auszubalancieren ist durch die Kirche sowohl jedes Einzelziel auf den vier Zielebenen als auch, und das ebenso unverzichtbar, alle Ziele im Sinne einer Gesamtgewichtung.

5.4.2 Kirche trifft Zahlen

Es ist eine sich wiederholende Erfahrung: Ein systematisches Steuerungsinstrument klingt allein schon durch seine Systematik praxisfremd. Der Alltag in der Kirche ist sehr häufig ein Zustand von Lebendigkeit, in dem wichtige Abläufe, Prozesse und Entscheidungsverläufe nicht geklärt sind, und dadurch zusätzlicher Gesprächsbedarf entsteht.

(O-Ton aus einer BCC-Gemeinde)

„Die Methode ist im Vergleich zu anderen Methoden, die ich in der Kirche kenngelernt habe, sehr gut, allerdings wurde die BCC praktisch nicht umgesetzt."

Die kulturelle Prägung wird auch durch den Einsatz der BCC nicht insgesamt „abgeschafft“, allerdings an den als relevant erkannten Stellen unterbrochen und konterkariert. Insofern bildet die Balanced Church Card für die Kirche eine fremdartige Anmutung, einen „Störfaktor“, der integriert werden muss. Die Balanced Church Card rollt wie ein trojanisches Pferd in eine Leitungskultur, in der Konfliktlosigkeit häufig als ein besonders wertvolles Gut geschätzt wird.

So wie auf Gemeindeebene Pfarrer und Pfarrerinnen im Alltagsstrudel die strategische Orientierung einer Balanced Church Card verlieren können, so fehlt notwendigerweise bisher auch auf Dekanatsebene nicht selten Selbstbewusstsein der Leitenden in der Bereitschaft, getroffene Gremienentscheidungen offensiv zu vertreten, mitzugestalten und umzusetzen; und es fehlt ganz gewiss auch vielfach an der Bereitschaft, die eigene Leitungskompetenz an „von Dritten“ bestimmten Zielvorgaben zu messen.

(O-Ton aus einer BCC-Gemeinde)

„Die Pfarrer signalisieren immer Überforderung, geben aber nichts ab.“

Gerade ein Grundprinzip der Balanced Curch Card klingt für Leitungspersonen in der Kirche eventuell wenig vorteilhaft: Es werden nur solche Zieldimensionen aufgenommen, die selbst gesteuert werden können. Denn das heißt auch: Die Balanced Church Card bemüht sich nicht um die Unterscheidung, ob eine Person mit Leitungsaufgaben nicht leiten kann oder nicht leiten will oder beides.

Zahlen spielen in der Kirche häufig bislang nur dann eine Rolle, wenn es ums Geld geht. Und wenn es ums Geld in der Kirche geht, dann stehen zumeist Sparprogramme auf der Tagesordnung. Die Bedeutung von Zahlen und Kennzahlen im System der Balanced Church Card strahlt zwar sicherlich ökonomische Stringenz aus; aber ökonomische Effizienz ist nicht das Klassenziel, das in der Kirche erreicht werden soll. Ökonomische Effizienz verbessert die Möglichkeiten der Kirche, möglichst viele Programme möglichst gut umzusetzen. Insofern ökonomisiert die BCC nicht die Kirche, sondern sie ist ein Übersetzungsprogramm verschiedener Sprachen. Der gute Gottesdienst, die engagierte Diakonie, die herzliche Seelsorge, die frohe Botschaft und das knappe Geld: Alles passt zusammen, wenn die Beziehungen zwischen den kirchlichen Bauplätzen verbunden sind. Und die „Kälte der Zahlen“ als Gegenpol zur „Milde der Sprache“ verliert an Schrecken, wenn erlebt wird, wie demokratisch die Form der Steuerung verlaufen kann, wie fruchtbar der Streit um Balancen zwischen Zielstellungen und Ressourcen sein kann, wie transparent Entscheidungen werden und wie angenehm klare Orientierungen wirken können.

(O-Ton aus einer BCC-Gemeinde)

„Unsere Arbeit wurde verbindlicher. Wir hören erst auf, wenn wir hinter die Karten einen Haken gemacht haben.“

„Auf einmal, dank BCC, hatten wir eine klare Fragestellung: Angebotsstruktur bei Stellenkürzungen, und diese Klarheit war genau so komplex wie wir sie gewünscht hatten.“

Die Balanced Church Card unterstützt Transparenz, Demokratie, klare Kompromisse und Balancen, sie unterstützt die Fähigkeit zur Konzentration und Reduktion, zur Beschränkung und sensibilisiert gegenüber der Tendenz, alles festhalten zu wollen, nichts aufzugeben, obwohl man weiß, dass....

In der Balanced Church Card steckt eine Portion Ehrgeiz, die Kirche zielorientiert zu bewegen, aber die Messgrößen definieren nicht nur die Ziele, sondern sie geben auch Anhaltspunkte, an welchen Stellen Zeitreserven stecken, wie viel Kraft verbraucht werden kann, und welche Potenziale (noch) brach liegen. Insofern stiftet die BCC an, aber sie überfordert nicht. Bei richtigem Gebrauch.

Kapitel 6 Werkstatt Balanced Church Card: Kirchengemeinde[1]

6.1 Erste Phase: Grundlegung: Gemeindeentwicklung mit der BCC?

(O-Ton aus einer BCC-Gemeinde)

„Problematisch, weil ungewohnt, wurde die Frage von uns empfunden: Was wollt Ihr denn?"

Kirchliche Entwicklungsprojekte besitzen eine Dramaturgie, die durch ein ganz eigenes Spannungsfeld geprägt ist. Der „negative Pol" besteht aus verdichteten Erfahrungen, dass in der Kirche in den letzten Jahren selten Projekte gelungen sind, die Zukunft aufgeschlossen haben, neue Perspektiven ermöglicht haben und für die Beteiligten eine Quelle für neu zu schöpfenden Optimismus gewesen sind. Die Gemeinden blicken auf ihre Entwicklungsprojekte eher etwas sauertöpfisch, im besten Falle leicht ernüchtert zurück. An den Lagerfeuern der Synodenstämme kursieren fast keine Erfolgsgeschichten, keine Schwärmereien über konzeptionelle Ansätze, es werden keine Namen von Medizinmännern ausgetauscht, die schon ganz beeindruckende Erfolge aufweisen könnten.

Den „positiven Pol" bildet die erwartungsvolle, durch die strenge Grammatik der Balanced Church Card, durch die Klarheit der Methode und durch die Dynamik in der zeitlichen Projektstruktur erzeugte Spannung.

Wenn sich ein Pfarrgemeinderat oder ein Kirchenvorstand darauf einlässt, seine Gemeinde mit der BCC zu gestalten, dann erhält er zwar ein methodisch ausgestaltetes Geländer, an dem er sich gut festhalten kann, die Beteiligten müssen allerdings auch die der Methode eingepflanzte Stringenz im Projektablauf in Kauf nehmen.

Mit ihrer Entscheidung für die Gemeindeentwicklung entlang der BCC wählt die Gemeinde insofern mit einer spezifischen Methode auch eine spezifische Projektkultur.

6.1.1 Schritt 1: Projektdesign und Projektplanung

Als kulturelle Basis benötigt das Projekt die Zusicherung der Gemeinde, insbesondere auch der hauptamtlichen Leitungspersonen, dass zeitliche und inhaltliche Absprachen der Projektorganisation verbindlich eingehalten werden. Dennoch muss bei allem anfänglich verkündeten Optimismus und Elan im Projektdesign der wahrscheinlich in Kraft tretende Plan B eingebaut werden, falls den Ehrenamtlichen unterwegs die Puste ausgeht. Ehrenamtliche Mitarbeit ist unverzichtbar, aber auch nicht gut kalkulierbar, so dass auf jeden Fall die Projektsteuerung hauptamtlich abgesichert werden sollte.

Der „Maschinencharakter" der BCC kann in einer eh schon optimistischen Startphase des Projektes dazu verleiten, die Sicherheitshinweise auf der Gebrauchsanweisung zu unterschätzen. Die klare Logik, mit welchen Werkzeugen, in welcher Reihenfolge und mit welcher Geschwindigkeit eine Balanced Church Card auf Gemeindeebene aufzubauen ist, darf

1 Im Großen und Ganzen sind die folgenden Ausführungen auch auf kirchliche und diakonische Einrichtungen übertragbar. Bei ihnen finden sich in der Regel sogar günstigere Ausgangsbedingungen für zeitintensivere Arbeitseinheiten, weil generell eine „professionellere" Arbeitskultur besteht.

nicht darüber hinweg täuschen, dass das nur gilt, wenn jede getroffene Entscheidung verbindlich ist und insofern die nächsten folgenden Entscheidungen vorstrukturiert.

Wenn sich die Kirchengemeinde nicht nur voller Tatendrang auf den Weg machen, sondern auch sicherstellen will, dass am zeitlich definierten Wegende ein integriertes Steuerungssystem fertig ist, dann sollte sie sorgfältig und präzise die Etappen des Projektes vereinbaren und dabei vor allem die zeitliche Beanspruchung der Beteiligten gut bedenken. Aus dem Projektdesign der Gemeinde muss klar erkennbar sein, in welcher Projektstufe welche Weichenstellungen vorgenommen und in Entscheidungen gegossen werden.

(O-Ton aus einer BCC-Gemeinde)

„Methode ist präzise und verhindert alte kirchliche Angewohnheit, immer wieder bei Adam und Eva anzufangen (und dort auch wieder aufzuhören)."

Der Fahrplan für die Erstellung einer Gemeinde BCC könnte so aussehen:

Abb.14: Zeitstruktur für ein Gemeinde-BCC-Projekt

Monat	Tätigkeit	Zeitbedarf für BCC Team und Gemeindevorstand
Januar	KV Sitzung: Grundsatzentscheidung: Gemeindeentwicklung mit BCC?	90 min
Februar	KV Sitzung: Fahrplan besprechen, BCC Team konstituieren; Rollen vorstellen: Kümmerer, Terrier und Matrosen.	60 min
Februar	Sitzung des BCC Teams: Portfolioanalyse vorbereiten (Themenliste + Befragungen vorstrukturieren)	120 min
März	KV Sitzung: Porfolioanalyse besprechen; Befragungsablauf festlegen; Absprachen zur Arbeitsteilung.	90 min
März	Portfolioanalyse durchführen + Dateneingabe/Pfarrbüro + Auswertung	120 min + 120 min + 120 min
März	Telefonbefragungen durchführen (Sekretariat Pfarramt) incl. paralleler Dateneingabe	400 min
März	Dateneingabe nachkontrollieren	30 min
März	Datenauswertung	180 min
April	BCC Team: Auswertungsgespräch	120 min
April	KV Sitzung: Interpretation der empirischen Ergebnisse	120 min
April	BCC Team: Vorbereitung des ersten BCC Wochenendes	90 min
Mai	1. BCC Wochenende: Entscheidungen über strategische Gemeindeorientierung und inhaltliche Arbeitsschwerpunkte	Freitag Abend bis Sonntag Mittag
Juni	BCC Team + Hauptamtliche: Vorbereitung der Ressourcenanalyse und der Prozess- und Organisationsanalysen	Je nach Lage: 3 bis 5 Sitzungen a 120 min

Monat	Tätigkeit	Zeitbedarf für BCC Team und Gemeindevorstand
Juli bis September	BCC Team: Durchführung der Analysen	20 Std.
August und September	Pfarrsekretariat: Dateneingabe	240 min
September	BCC-Team: Auswertung der Analysen	8 Std.
September	BCC-Team: Vorbereitung des 2. BCC Wochenendes	90 min
Oktober	2. BCC-Wochenende: Präsentation der Analyseresultate; Strategische Entscheidungen über Ressourcen und Organisation	Freitag Abend bis Sonntag Mittag
Oktober	BCC-Team: Erarbeitung eines Vorschlages für die Personalentwicklung sowie Zusammenfassung aller Arbeitsergebnisse in der BCC-Logik als Entwurf	90 min
November	KV: Diskussion des Entwurfs der BCC, Überarbeitung und Beschluss	180 min
Dezember	Veröffentlichung der BCC; Erstellung einer To-do-Liste.	120 min

(O-Ton aus einer BCC Gemeinde)

„Der erste Eindruck war: gute, systematische, aber komplexe Methode"

6.1.2 Schritt 2: Klärung der Beratungsform

Je nach Grad an Verbindlichkeit, internem Projektmanagement und Steuerungskraft des Kirchenvorstandes oder Pfarrgemeinderates bestimmt sich der Bedarf an externer Steuerung. Im kostengünstigsten Fall beschränkt sich die externe Beratung auf die Vorstellung des BCC-Modells, die Unterstützung bei der Erarbeitung eines Projektplanes, die Erläuterung der einzusetzenden Analyse- und Auswertungsinstrumente sowie eine „MEMO-Funktion", an den geplanten Projektablauf zu erinnern.

Im ungünstigsten, allerdings nicht seltensten Fall, kommt die Gemeinde beim Aufbau einer BCC ohne externe Unterstützung überhaupt nicht vom Fleck, über keine methodische Hürde und auch über keine zeitliche Vorgabe. Vereinbarungen geraten in Vergessenheit, aufgeteilte Arbeiten bleiben liegen, die Verantwortlichen gehen in Deckung.

Die positiven Effekte der „kulturfremden" Methode haben ihren Preis: Auch kleine methodische Schwierigkeiten können bei BCC-Projekten, in denen es hakt, einen willkommenen Anlass bieten, das ganze Projekt in Frage zu stellen. Gemeinden, bei denen sich solche Projektstolperer andeuten, benötigen dann eine kontinuierliche externe Begleitung, die immer mal wieder anschiebt, kleine methodische Steine aus dem Weg räumt, an Absprachen erinnert und den nächsten Projektschritt vorbereitet.

Auch wenn es im begründeten Einzelfall einer Gemeinde sinnvoll sein kann, professionelle Unternehmensberater, gerade wenn es sich um ein Pilotprojekt handelt, einzubeziehen, so sollte der Regelfall aus Kostengründen doch eine „extern-interne“ Beratungslösung vorsehen. Als Personen kommen in erster Linie die Dekane, Kräfte aus der Gemeindeberatung oder ein methodisch versiertes Mitglied einer anderen Kirchengemeinde in Frage.

In welchem zeitlichen Umfang die externe Beratung auch herangezogen wird, jedenfalls scheint es aus unserer Sicht unverzichtbar, das Verhältnis zwischen Kirchengemeinde und externer Beratung, – ob diese durch Gemeindeberater, durch Dekane oder durch Unternehmensberater wahrgenommen wird –, vertraglich zu fixieren.

Am geeignetsten erscheint es, die externe Begleitung des BCC-Prozesses in ein Visitationsmodell der Dekane einzubauen. Bei der Erarbeitung von Balanced Church Cards werden für Datenauswertungen und Präsentationen methodische Hilfestellungen für die Gemeinden notwendig, deren Aufwand mit wachsender Routine deutlich abnimmt. Neben diesem Argument des Kompetenzzuwachses spricht für die Betreuung der BCCs durch die Dekane auch der „Nebeneffekt“, dass sich auf Dekanatsebene mit jeder BCC-Gemeinde Vergleichsdaten sammeln und Prozesserfahrungen verdichten. Zumindest für die Gemeinden eines Dekanats enstehen somit Benchmarks; eine kleine Datenbank mit „besten Lösungen“ und anstiftenden Ideen für die Gemeinden. Da die Vergleichswerte in Form von Kennzahlen vorliegen, wird zumindest für die Dekane der Einstieg in die Gemeindeberatung erleichtert. Allerdings setzt diese Beratungsleistung durch das Dekanat auch die Schaffung einer guten Infrastruktur für Unterstützungsleistungen voraus.[2]

Balanced Church Cards bieten der Dekanin eine gute Möglichkeit, die Schwerpunktsetzungen und Entwicklungsschritte mehrerer Gemeinden gleichzeitig begleiten zu können, gezielt nachfragen zu können, unkompliziert erinnern und anstiften zu können, und: Hilfestellungen präzise, anhand der Bedingungen der Gemeinde vornehmen zu können. Die Rolle des Dekans eignet sich gut für die BCC- Gemeindeberatung, weil auf der Basis formeller Zuständigkeit und entsprechender Kenntnisse mit jeder betreuten Balanced Church Card eine zusätzliche methodische Sicherheit entsteht, und damit auch das vergleichende Wissen wächst, was in der Gemeindepraxis geht, warum es geht, und was eben nicht geht.

6.1.3 Schritt 3: Organisation der Projektgruppe

Nachdem der Kirchenvorstand geklärt hat, dass mit der Methode der BCC gearbeitet werden soll, muss er nun eine Projektgruppe bestimmen. Als erste Aufgabe steht die Abschätzung des Aufwandes an Geld und insbesondere Zeit an, der mit einem Projekt auf die Beteiligten zukommt.

Projektgruppen, in aller Regel haupt- und ehrenamtlich gemischt, müssen deshalb klar ihre Aufgabe definieren: Projektsteuerung und/oder methodische Einsatzgruppe? Mit welchen Kräften außerhalb der Gruppe kann in den nächsten Etappen gerechnet werden?

Auch wenn eine Gemeinde erheblich unkomplizierter und schneller ihre Zielstellungen auspeilen kann als dies für dekanatliche Arbeitsgruppen möglich ist, zeigen unsere Erfahrungen doch, dass allzu straight und schnell erarbeitete Balanced Church Cards den Gemeinden zwar auf den ersten Blick gefallen, aber auf den zweiten Blick nicht in ausreichendem Maß in der Gedankenwelt der Kirchengemeinde verankert sind. Insofern sollte das BCC-

2 Das Dekanat muss insbesondere die Instrumente für die Datenerhebungen, Dateneingaben, Datenauswertungen und Datenpräsentationen bereitstellen und pflegen und den Gemeinden methodisch zur Seite stehen. Eventuell könnte die Kirche hier auf das Know how ihrer Verwaltungsstellen zurückgreifen und dieses gezielt für solche Anforderungen ausbauen.

Team einen Fahrplan zur Kartenerstellung konstruieren, der auch genügend Haltepunkte für überschaubare Etappen bietet, und es sollte auch einen gut gepufferten Fahrplan zur Umsetzung der Ziele organisieren, um sicherzustellen, dass die Implementation tatsächlich gelingt.

(O-Ton aus einer BCC-Gemeinde)

„Der Beschluss der BCC hat die Stimmung erzeugt: Wir sind über den Berg. Dabei waren wir erst am Anfang."

Die BCC- Projektgruppe braucht klare Köpfe, einen klaren Verstand sowie einen nüchternen Blick. Bevor sie ihre Reiseroute zeichnet und die Fahrt aufnimmt, sollte sie sich die Frage stellen: „ Sind wir überhaupt in der Lage, in dieser Gemeinde Entwicklungen systematisch zu fördern?" Sind wichtige Personen, Konstellationen oder Kulturen in der Gemeinde vielleicht so resistent, dass sich eine „Landkarte der Widerstände" schon ausreichend präzise zeichnen lässt? Und auch wenn die Projektgruppe in der Startphase nicht mit offen gekennzeichneten Stolpersteinen rechnen muss, so muss sie doch einkalkulieren, dass Widerstände durch den Nebeneingang in das Projekt hineinkommen werden: Als Motivationsprobleme, als Über- und Unterforderungssyndrome, als persönliches „Outdropping". Auftauchende Nebenprobleme sind das Hauptproblem von Projekten, die sich in ihrer Konzeption zu stark über die Methode definieren. Projekte gewinnen, wenn sich die Beteiligten darauf einstellen, dass gute Pläne zwar Schub und Orientierung geben, aber die Winde auch von woanders her wehen können. Auch die Batterien der Projektmitglieder werden sich unterschiedlich schnell auf- und entladen. Die Projektgruppe startet nicht als Deutschland-Achter mit Steuermann und Rekordabsichten, sondern als Wandergruppe, die jeden Abend vor Dunkelheit gemeinsam eine neue Berghütte erreichen will.

6.2 Zweite Phase: Durchleuchten der Zielbereiche

Alles ist wichtig. Bei der Diskussion, welche Angebote der Kirche ausgebaut werden sollen, welche in der jetzigen Struktur beibehalten werden sollen, welche Arbeitsfelder reduziert werden sollen und auf welche Angebote möglicherweise zukünftig verzichtet werden soll, taucht natürlich immer die Frage auf, wie sich solche Präferenzordnungen gewinnen lassen. Es geht nicht um die Unterscheidung von richtig oder falsch, von 1,2, und 3, sondern um Mischungsverhältnisse. Wir sind das Salz der Erde, wir sind das Licht auf dem Scheffel, wir sind Hirten auf der Suche nach dem verlorenen Schaf, wir sind Menschenfischer, Felsen, auf denen gebaut wird, Arbeiter im Weinberg, Betende, Samariter, Herbergsvater, Fisch- und Brotverteiler: die biblisch inspirierten Stellenbeschreibungen klingen etwas waghalsig, bieten aber erste Anhaltspunkte für das besondere Mischungsverhältnis in dieser spezifischen Gemeinde.

Verkündigung, Liturgie, Gemeinschaft und Nächstenliebe sind vier wichtige Pfeiler, über deren Bedeutung wir uns im Klaren sind. Und jetzt benötigen wir konkrete Entscheidungen über Präferenzen, Gewichtungen und Mischungsverhältnisse.

(O-Ton aus einer BCC-Gemeinde)

„Am Anfang sehr hilfreich, weil Methode zur Systematisierung anregt und einen Zwang zur Überprüfung, ob die Ressourcen ausreichen, darstellt."

„Konzept BCC war zum Start gut, weil sie uns einen Weg des ‚konzeptionellen Sparens' aufzeigte."

6.2.1 Schritt 4: Portfolio-Analyse

Die Portfolio-Analyse hat sich als eine gut geeignete Methode erwiesen, um herauszufinden, auf welche Arbeitsschwerpunkte sich eine Gemeinde konzentrieren sollte.

Orientiert sich die klassische Portofoliotechnik an den zwei Fragen nach der relativen Wettbewerbsstärke[3] und dem geschätzten Marktwachstum, so verknüpft ein kirchliches Portfolio zwei andere Fragestellungen. Es geht zum einen um die Frage, was für die jeweilige Gemeinde wichtig bzw. wichtiger ist. Die wichtigen Anliegen und Vorhaben müssen somit in eine relative Präferenzstruktur gebracht werden. Und zweitens wird die Frage gestellt, ob und in welchem Ausmaß die Gemeinde auch die qualitativen und quantitativen Potenziale hat, die als (besonders) wichtig eingeschätzten Aufgabenstellungen aufzugreifen. Insofern ergibt die Portfolioanalyse ein Koordinatensystem, in dem die kirchlichen Aufgaben einen x-Wert und einen y-Wert haben: relative Wichtigkeit und relative Kompetenz.

Die Werte für die Präferenz- und Kompetenzbeurteilung vergeben die Verantwortlichen in der Gemeinde. In der folgenden Abbildung ist ein Fragebogen zu sehen, den die Mitglieder des Kirchenvorstandes ausfüllen können. Dieser Fragebogen enthält eine Liste von Arbeitsfeldern, die zuvor vom BCC-Team erstellt wurde. Die befragten Kirchenvorstände verteilen ihre individuelle Punktzahl (= 100) auf die einzelnen Arbeitsfelder und dokumentieren somit die unterschiedliche Wichtigkeit und Dringlichkeit einzelner Aufgaben. Jede Aufgabe bekommt zwischen 0 und 10 Punkte. Hieraus resultiert eine Rangliste der Aufgabe.

Die vergebenen Punkte dürfen pro Person (höchstens) den Gesamtwert 100 ergeben. Die Werte aller befragten Personen werden nun zu einer Gesamtpunktzahl addiert, so dass sich ein Durchschnittswert für ein gemeinsames „Themen-Ranking" ergibt.

Doch ob die Gemeinde tatsächlich ein als besonders wichtig bewertetes Arbeitsfeld anpakken sollte, oder gar zentral ausbauen sollte, ist durch diese erste Beurteilungsspalte noch nicht ausreichend geklärt. Das Thema wird noch durch einen zweiten „Waschgang" geschickt. Sondiert wird in der zweiten Spalte die Frage der vorhandenen Kompetenzen. Deshalb bewerten die Probanden[4] zusätzlich auch die jeweilige, auf das Arbeitsfeld bezogene Kompetenz der Gemeinde und bepunkten diese ebenfalls mit einem Wert zwischen 0 und 10, wobei die Summe der vergebenen Werte wiederum nicht über 100 liegen darf.

3 Relative Wettbewerbsstärke = Eigener Marktanteil / Marktanteil des Marktführers x 100

4 Pfarrgemeinderäte, Kirchenvorstände, aber auch ausgewählte Ehrenamtliche

Abb. 15: Portofolio Fragebogen

Nr.	Arbeitsfelder	Wichtigkeit für Gemeinde	Kompetenz der Gemeinde
1	Jugendarbeit	7	1
2	Kindergottesdienst	2	5
3	Kirchenmusik	5	4
4	Kindergarten	7	9
5	Erwachsenenbildung	4	7
6	Aussiedlerarbeit	4	3
7	Gottesdienstqualität	5	1
8	Ökumene mit evangelischer Gemeinde: gemeinsame Gottesdienste	10	6
9	Patengemeinde in Brasilien	7	8
10	Gemeinsames Hospiz mit evangelischer Gemeinde	4	4
11	Seniorenkreis	0	1
12	Besuchsdienste	0	6
13	Familienkreise	8	1
14	Bibelwochen	1	4
15	Gemeindezentrum	2	0
16	Erwachsenenbildung	0	6
17	Romfahrten für Firmlinge	1	10
18	Ministrantenarbeit	3	5
19	Gemeindepflegeverein	5	5
20	Schriftenstand in der Kirche	0	7
21	Pfarrbrief	6	1
22	Internetauftritt der Gemeinde	3	1
23	Gemeindepastoral mit Caritasverband	9	0
24	Stille Zeiten in der Kirche	4	3
25	Gebetskreise	2	1
Summe		99	99

Die Werte der Fragebögen werden nun addiert, und durch die Anzahl der Fragebögen dividiert, so dass sich für jedes Arbeitsfeld ein „Wichtigkeitswert" und ein „Kompetenzwert" ergibt. Der Konsensgrad der befragten Gemeindeglieder wird durch zwei Streuungsmaße festgestellt.

Abb. 16: Portfolio-Werte für eine Gemeinde

Nr.	Arbeitsfelder	Wichtigkeit (Mittelwert)	Streuung	Kompetenz (Mittelwert)	Streuung
1	Jugendarbeit				
2	Kindergottesdienst				
3	Kirchenmusik				
4	Kindergarten				
5	Erwachsenenbildung				
6	Aussiedlerarbeit				
7	Gottesdienstqualität				
8	Ökumene mit evangelischer Gemeinde: gemeinsame Gottesdienste				
9	Patengemeinde in Brasilien				
10	Gemeinsames Hospiz mit evangelischer Gemeinde				
11	Seniorenkreis				
12	Besuchsdienste				
13	Familienkreise				
14	Bibelwochen				
15	Gemeindezentrum				
16	Erwachsenenbildung				
17	Romfahrten für Firmlinge				
18	Ministrantenarbeit				
19	Gemeindepflegeverein				
20	Schriftenstand in der Kirche				
21	Pfarrbrief				
22	Internetauftritt der Gemeinde				

Nr.	Arbeitsfelder	Wichtigkeit (Mittelwert)	Streuung	Kompetenz (Mittelwert)	Streuung
23	Gemeindepastoral mit Caritasverband				
24	Stille Zeiten in der Kirche				
25	Gebetskreise				

Diese Werte lassen sich jetzt als Vier-Felder-Portfolio darstellen. Zusätzlich könnte noch eine Spalte eingefügt werden, welche die Streuung der Werte angibt. Mittelwerte sind zwar aussagekräftig, aber sie schleppen auch immer einen Informationsverlust mit sich. Wenn ein Schüler in seinem Zeugnis die Durchschnittsnote 3,0 aufweist, hat er dann in der Hälfte der Fächer als Noten „sehr gut“ und in der anderen Hälfte „mangelhaft“oder steht er in jedem Fach auf „3“? In dieser 3. Spalte könnte man zumindest die Streuung innerhalb des Kirchenvorstandes durch die Maximal- und Minimalwerte angeben. Zumindest ergibt sich hier ein Anhaltspunkt für den Konsens: Bei welchen Themen gehen die Einschätzungen weit auseinander, und bei welchen Themen besteht weitgehende Einigkeit?

Abb. 17: Koordinatensystem

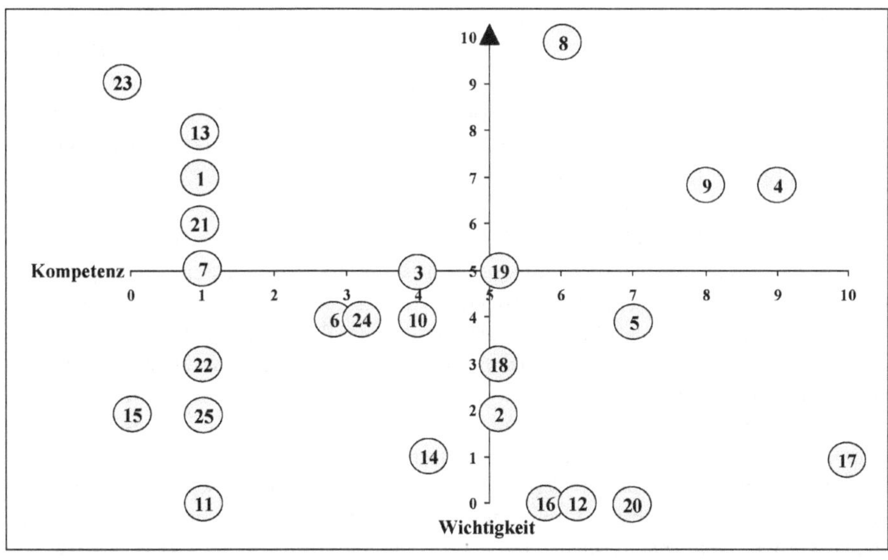

Auf einen Blick sieht die BCC-Gruppe nun die „Ausschläge“ ihrer Präferenzwerte. Je höher die Mittelwerte für die „Wichtigkeit“ und für die „Kompetenz“ sind, desto relevanter sind die entsprechenden Arbeitsgebiete für die Strategiebestimmung der Gemeinde. In der Abbildung sind nun die Arbeitsfelder hinsichtlich ihrer relativen Bewertung gut sichtbar. Es gibt Punkte, die dicht beieinander liegen, und auch einige Punkte, zwischen deren Kompetenzausprägung und Wichtigkeitswert eine deutliche Distanz liegt.

6.2.2 Schritt 5: Diskussion von Präferenzen

Dieser Portfolio-Chart dient als guter Einstieg für eine Arbeitseinheit, in der die strategische Orientierung der Kirchengemeinde und daran anschließend die Aufgaben- und Angebotskarte einer Balanced Church Card diskutiert werden soll. Welche der Arbeitsfelder erscheinen den Teilnehmern nun als besonders attraktiv? Und welche Annahmen stecken jeweils hinter diesen Bewertungen? Nicht alle Arbeitsfelder liegen im Quadranten, in dem sich Kompetenz und Relevanz treffen. In der Logik der Portfolioanalyse sind diejenigen Arbeitsfelder von der Gemeinde besonders zu präferieren, in denen die eigenen Kompetenz und die zuerkannte Wichtigkeit jeweils hoch eingestuft werden. Diese Arbeitsfelder befinden sich im rechten oberen Quandranten der Abbildung. Die Streubreite selbst kann einen Diskussionsimpuls geben: Wo gehen die Einschätzungen weit auseinander, was könnte dahinter stecken?

Wie beurteilt man diese Streuung von wichtigen Aufgaben und eigenen Kompetenzen? Fallen vielleicht Arbeitsfelder auf, die als sehr wichtig erachtet wurden, aber für die man nicht die richtigen Personen, oder die richtigen Räume, oder die notwendigen Gelder hat? Sind das vielleicht Merkposten für eine spätere Kooperation mit einer Nachbargemeinde? Oder will die Gemeinde das Arbeitsfeld doch aus eigener Kraft aufbauen? Die Transparenz solcher Zielkonflikte und die hinter den Durchschnittswerten „versteckten" Meinungsunterschiede sind in der Portfoliotechnik gewollt: Die Präsentation der Ergebnisse in einer optisch klaren Form soll Diskussionen anstoßen und weitere Klärungsschritte provozieren.

Eine zusätzliche Hilfestellung könnte hier eine Potenzialanalyse leisten, welche die Fragen nach der Gemeindekompetenz und der Wichtigkeit um die Dimension der „verschütteten quantitativen Potenziale" ergänzt. Betrachtet wird im Ergebnis der Abstand zwischen zwei Kurven. Die eine Kurve zeigt die wahrscheinlichen Potenziale zum Zeitpunkt X, wenn die Gemeinde so weitermacht wie bisher; die obere Kurve demonstriert die zusätzlichen, bisher nicht aktivierten Potenziale, die sich zum Beispiel durch einen Methodenwechsel in der Arbeitsorganisation ergeben würden.

Und in aller Regel verfügen die Verantwortlichen über Erfahrungswissen, das sich als „Potenzialkurven" zeichnerisch darstellen ließe. Wenn die Gemeinde den Ausbau ihrer sozialen Dienste durch Ehrenamtliche als dringliche Aufgabe in ihrem Portfolio angibt, und wenn das vorhandene Potenzial 21 Ehrenamtliche mit durchschnittlich 2 Wochenstunden umfasst, und wenn, ohne größere Aktionen, in unserem Beispiel das ehrenamtliche Potenzial tendenziell eher etwas ansteigt (siehe den Verlauf der unteren Kurve), dann würde die obere Kurve anzeigen, wie viele ehrenamtliche Wochenstunden realistisch erreichbar wären, wenn die Gemeinde mit den vorhandenen personellen Mitteln, allerdings methodisch konzentrierter, ihr ehrenamtliches Feld beackern würde. Wieviele ehrenamtliche Stunden hätte die Gemeinde potenziell zur Verfügung, wenn alle neu zugezogenen Gemeindemitglieder besucht würden, wenn alle Kommunions- und Firmeltern in die Vorbereitungen einbezogen würden, wenn der Gemeindebrief öfters ehrenamtlich Tätige portraitieren würde oder wenn sich der Diakon um Kooperationen mit Firmen im Gemeindegebiet kümmern würde?

Abb. 18: Potenzialkurve: ehrenamtliche Stunden

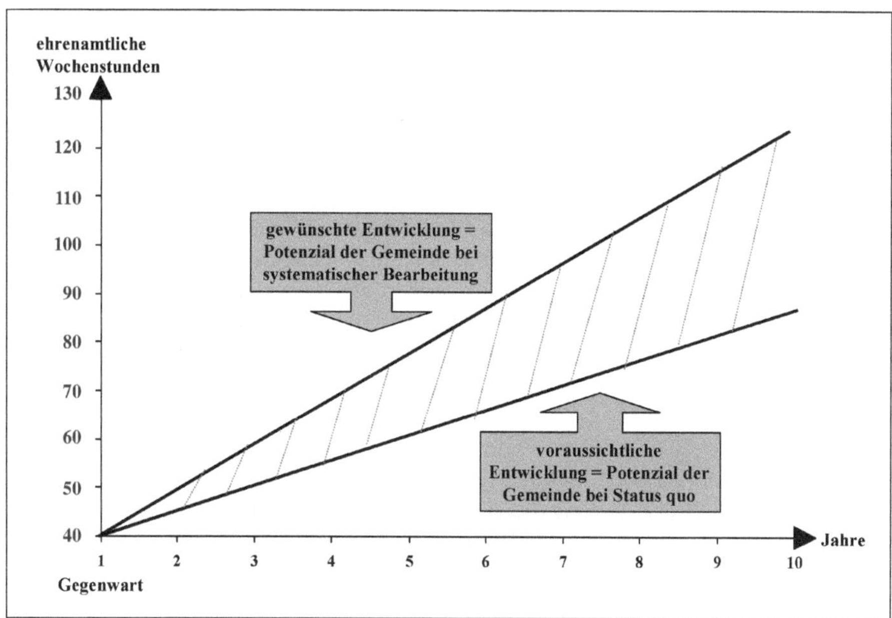

6.2.3 Schritt 6: Ermittlung von Zielstellungen

Nach der Entscheidung über eine gewisse Präferenzstruktur der Aufgaben und Angebote muss die BCC-Arbeitsgruppe nun für die einzelnen Aufgaben und Angebote die Formulierung von Zielstellungen vorbereiten. In der Logik der Balanced Church Card wird ja wesentlich über Zielstellungen, und nicht über die Größen von Motivation oder Aufwand gesteuert. Für die Formulierung von Zielen benötigt die Gemeinde jedoch Anhaltspunkte, die sowohl allzu defensive als auch allzu euphorische Zielstellungen verhindern sollen.

Hätte die Kirche, zumindest auf Dekanatsebene, eine kleine Benchmarkingdatei im Angebot, die den Kirchengemeinden gute Lösungen sowie attraktive Ist-Werte anderer Gemeinden als eigene Orientierungsgrößen anbietet und somit systematisches Lernen innerhalb der eigenen Organisation durch Referenzwerte ermöglicht, könnte sich die BCC-Gemeinde einen kleinen Umweg ersparen. Bislang beginnt die Diskussion über die eigenen Zielhöhen notwendigerweise mit dem Blick in den Rückspiegel auf die eigenen Ist-Werte und auf die darauf bezogenen Richtungsalternativen: „weniger – gleich – mehr".

Welche Resonanz, welche Inanspruchnahme, welchen Aktionsradius hat die Gemeinde in ihren Arbeitsfeldern? Zur Beantwortung dieser Fragen lohnt es sich in aller Regel nicht, aufwändige Datenerhebungen zu starten. Häufig sind Daten über wichtige Aspekte des kirchlichen Lebens wie Gottesdienstbesuche, Teilnehmerzahlen an Gemeindekreisen, Frequenzen von Besuchsdiensten, Spendenaufkommen, Anmeldelisten beim Kindergarten etc. vorhanden. Anders formuliert: Die Gemeinden haben häufig aus der Kirchenstatistik und aus eigenen Beobachtungen ein Datenset über Häufigkeiten und somit über die quantitative Seite ihres Tuns zur Verfügung, entwickeln daraus jedoch kein Zielsystem, sondern belassen die Daten im günstigeren Fall als Berichtssystem, nicht selten jedoch als Datenfriedhof.

Die Daten werden erhoben, gespeichert, weitergereicht oder abgelegt, sie werden zu Statistiken verarbeitet, möglicherweise auch zu Finanzierungsgrundlagen, aber für die aktive Kirchensteuerung bleiben sie meist ungenutzt und tot.

Was weitgehend, auch in den Routinestatistiken, fehlt, sind hingegen Informationen über die qualitative Seite der kirchlichen Arbeit. Wie gut ist die Jugendarbeit tatsächlich? Erreichen die Predigten die Menschen? Fühlen sich die Kranken, Einsamen und Notleidenden in ihrer Gemeinde wahrgenommen und unterstützt? Wird der Kirchenraum als ein Raum für Gotteserfahrung angenommen?

Auch bei der Analyse der qualitativen Seite lohnt es sich sicherlich nur im Ausnahmefall, eine Vielzahl von empirischen Studien durchzuführen, um Zusatzdaten über die eigene Gemeinde zu erheben. Das eigene Wissen, angereichert durch Interviews mit Kindergartenleitungen, mit Gemeindehelfern, mit Kirchenbesuchern oder mit Schülern im Religionsunterricht, sowie durch temporäre systematische Beobachtungen reicht in der Regel für eine Meinungsbildung aus, um den quantitativen und qualitativen Zustand der Gemeindearbeit reflektieren zu können.

Im E.i.N- Projekt wurden solche qualitativen Instrumente entwickelt, ob zur Reflexion von Predigten, zur Wahrnehmung des Kirchenraumes oder zur spirituellen Begleitung von Mitarbeitenden in der Kirche. Wichtig ist, dass die Instrumente greifbar sind, dass sie den Kirchengemeinden zur Verfügung stehen, wenngleich sie natürlich immer auch Aufwand bedeuten, und ihr Einsatz sicherlich nicht zu den Handlungsroutinen einer Kirchengemeinde gehören wird. Wenn eine Gemeinde sich jedoch in einem Jahr schwerpunktmäßig mit der Predigtqualität auseinandersetzen will, so ist es natürlich ratsam, dann auch „qualitative Messungen“ mit validen Instrumenten durchzuführen.

Wenn eine Kirchengemeinde ihr Steuerungssystem nach der Logik der Balanced Church Card umstellt, so beobachtet sie ihre, auch qualitative, Entwicklung maßgeblich über die Differenz zwischen Soll-Werten und Ist-Werten. Zwischen zwei Beobachtungspunkten liegen Aktivitäten und Umsetzungsschritte der Programme der Kirchengemeinde. Bei einer „BCC-routinierten Gemeinde“ ist es möglich, den Wissensstand hinsichtlich der Qualität einzelner Arbeitsfelder „ad hoc“ und unkompliziert abzufragen. An dieser Stelle geht es nicht um die methodisch penible Erkundigung des Zielerreichungsgrades, sondern um ein Blitzlicht, das kurz beleuchtet, wie die Verantwortlichen ihre Informationsbasis subjektiv einschätzen, auf der die Gemeinde ihre Zielstellungen für die einzelnen Arbeitsfelder vornehmen wird.

Mit einem ählichen Blitzlicht lässt sich später in der Umsetzungsphase die Meinung der Verantwortlichen über den Zielerreichungsgrad einzelner Arbeitsfelder abbilden.

Abb. 19: Subjektive Einschätzungen des Wissens über Arbeitsfelder

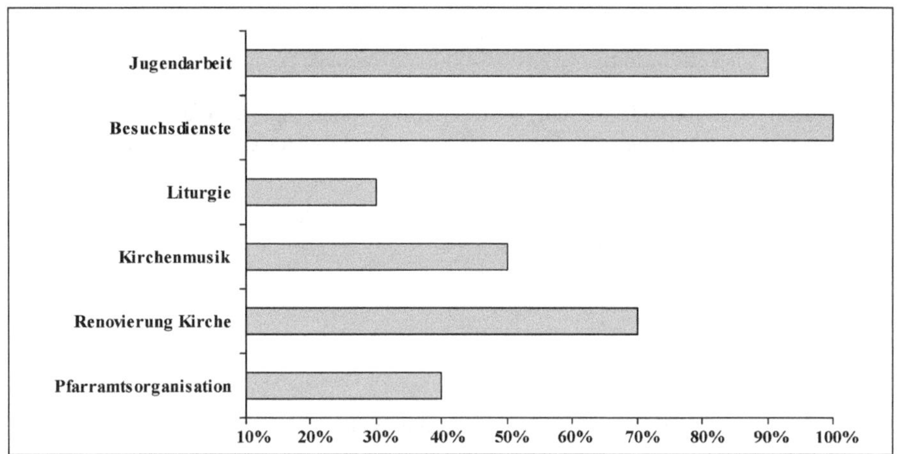

6.2.4 Schritt 7: Telefonische Gemeindebefragung

Die „subjektiv gefühlte Zielerreichung" versagt als Methode zuverlässig, wenn sich die Kirche mit Einschätzungen des Gemeindelebens auseinandersetzen will, die nicht unmittelbar im engen Kreis angesiedelt sind. Die Gemeinden schmoren allzu häufig im eigenen Saft, die Verantwortlichen wissen, was bei ihnen läuft, aber sie wissen nicht, was wie wo ankommt, und wenn nicht, warum. Ganz gute Erfahrungen haben wir mit einer kleinen empirischen Standardstudie gemacht, mit denen Gemeinden mit geringem Aufwand spezielle Wirkungen ausloten können.

(O-Ton aus einer BCC-Gemeinde)

„Vor der BCC haben wir die Gemeindesituation durch die Brille des KV gesehen. Die Telefonbefragung und der Fragebogen haben uns mehr objektive, über unserem Horizont liegende Tatsachen verdeutlicht."

Um ein Gespür für Zielwerte entwickeln zu können, könnte die Gemeinde eine solche Blitzlichtaufnahme vornehmen. Mit garantierter Spannung warten die Verantwortlichen einer Kirchengemeinde auf die Ergebnisse einer standardisierten Telefonbefragung, die eine Pfarramtssekretärin in wenigen Tagen durchführen und mit Basiskenntnissen in Excel auch auswerten kann. Angerufen und befragt werden 2 Prozent zufällig aus der Gemeindekartei ausgewählte Personen.[5] Die Fragen sind so einfach wie ihre Ergebnisse informativ sind:

„Wissen Sie, wie Ihre Kirchengemeinde heißt? Kennen Sie den Pfarrer? Lesen Sie den Gemeindebrief? Und wenn ja: Wie heißt er? Wie häufig erscheint er? Wann ist Gottesdienst?" Solche und ähnliche Fragen liefern mit geringem Aufwand ein „Fremdbild" der Gemeinde. „Fremdbild" auch insofern, als ein solches empirisches Blitzlicht u.U. auch Hinweise geben kann, wie fremd die Kirchengemeinde ihren Mitgliedern geworden ist.

5 Die Zufallsauswahl der Probanden kann sich an Zufallszahlen orientieren oder an zufällig ausgewählten Anfangsbuchstaben.

Abb. 20: Telefonbefragung Kirchengemeinde

Telefoninterview

Kurze Vorstellung: Kein Hinweis auf St. ...... (z.B.: „Guten Tag, ich rufe Sie von der Evangelischen Kirche in Nürnberg an. Darf ich Ihnen einige Fragen stellen? Es dauert nicht lange, wir sind in drei, vier Minuten fertig.“)

1. Zu welcher Kirchengemeinde gehören Sie?
   - ☐ St. ......
   - ☐ andere, und zwar: ____________________
   - ☐ keiner/keine Ahnung/weiß nicht

2. Wissen Sie, wo sich Ihre Kirche im Stadtteil befindet?
   - ☐ ja
   - ☐ nein
   - ☐ weiß nicht

3. Wissen Sie, wo das Gemeindezentrum ist?
   - ☐ ja
   - ☐ nein
   - ☐ weiß nicht

4. Welches von diesen beiden Gebäuden nutzen Sie persönlich häufiger? (Frage nur an Mitglieder der St......-Gemeinde stellen)
   - ☐ Kirche
   - ☐ Gemeindehaus
   - ☐ unentschieden

5. Und welches von den beiden Gebäuden ist Ihrer Meinung nach für das Gemeindeleben wichtiger?
   - ☐ Kirche
   - ☐ Gemeindehaus
   - ☐ Unentschieden
   - ☐ Weiß nicht

6. Bekommen Sie den Gemeindebrief in den Briefkasten?
   - ☐ ja
   - ☐ nein
   - ☐ weiß nicht

7. Wie oft?
   - ☐ wöchentlich
   - ☐ 14-tägig
   - ☐ monatlich
   - ☐ vierteljährlich
   - ☐ anders, und zwar: ______________________
   - ☐ weiß nicht

8. Lesen Sie den Gemeindebrief regelmäßig?
   - ☐ ja, immer
   - ☐ ja, manchmal
   - ☐ nein, eigentlich nie

9. Fehlt Ihnen was beim Gemeindebrief?
   - ☐ ja, und zwar: ______________________
   - ☐ nein
   - ☐ weiß nicht

10. Kennen Sie eigentlich – außer dem Gemeindebrief – noch weitere Angebote Ihrer Kirchengemeinde?
    - ☐ ja, und zwar: ______________________
    - ☐ nein
    - ☐ weiß nicht

11. Und vermissen Sie ein spezielles Angebot?
    - ☐ ja, und zwar: ______________________
    - ☐ nein
    - ☐ weiß nicht

12. Und jetzt noch zwei Fragen am Schluss:
    Können Sie mir sagen, was Ihnen an der Gemeinde St. ...... besonders gut gefällt?
    - ☐ ja, und zwar: ______________________
    - ☐ nein
    - ☐ weiß nicht

    Und welchen Tip möchten Sie Ihrer Gemeinde mit auf dem Weg geben?

    ____

Abb. 21: Hatten Sie in den letzten zwei Jahren ein, vielleicht auch nur kurzes Gespräch mit dem Pfarrer Ihrer Kirchengemeinde?

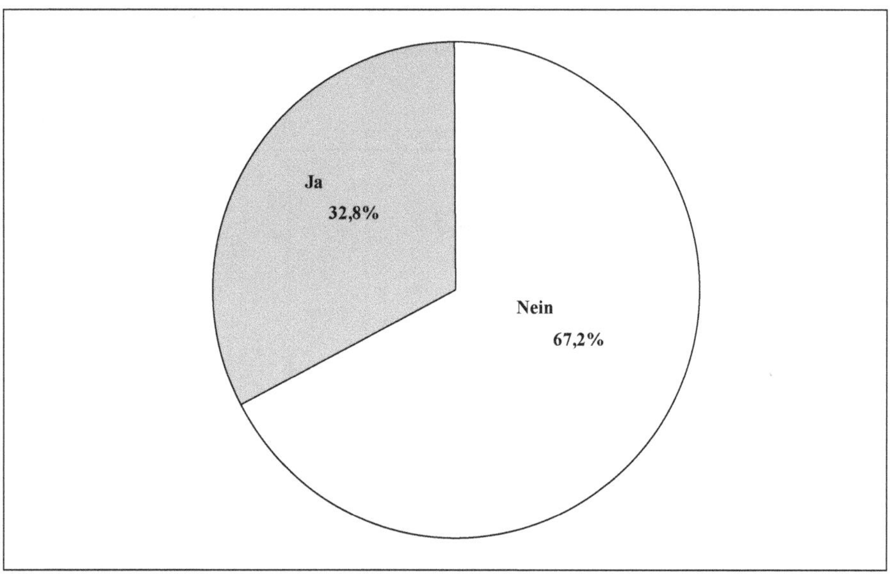

Abb. 22: Wie häufig lesen Sie den Gemeindebrief?

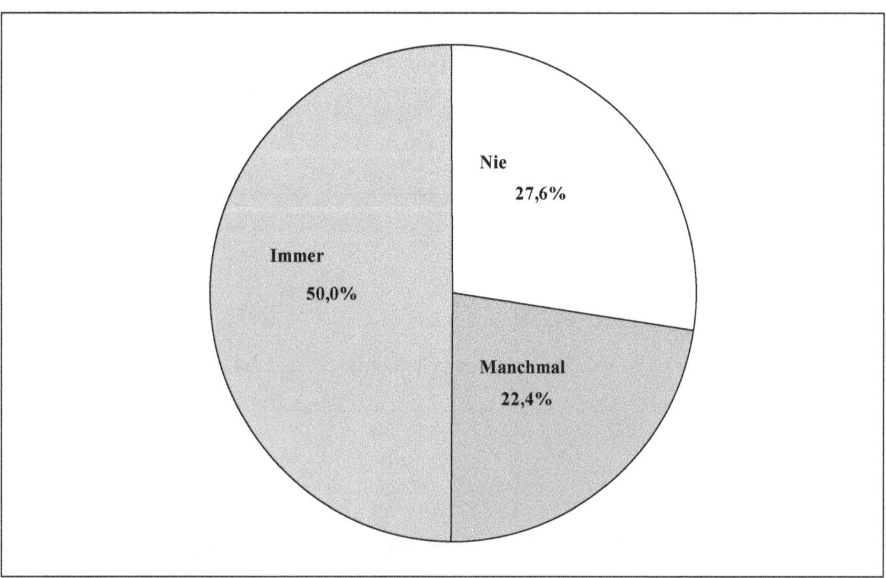

Neben einer solchen telefonischen Befragung auf der Basis einer Stichprobe aus der Gemeindekartei, bieten auch „Gottesdienstbesucherbefragungen" für die Insider der Gemeinde zuweilen Ergebnisse, die für die Positionierung der eigenen Gemeinde wichtige Anhaltspunkte bieten können.

Abb. 23: Einschätzungen bzgl. einer Kirchengemeinde bei Gottesdienstbesuchern. „Unsere Gemeinde ist …"

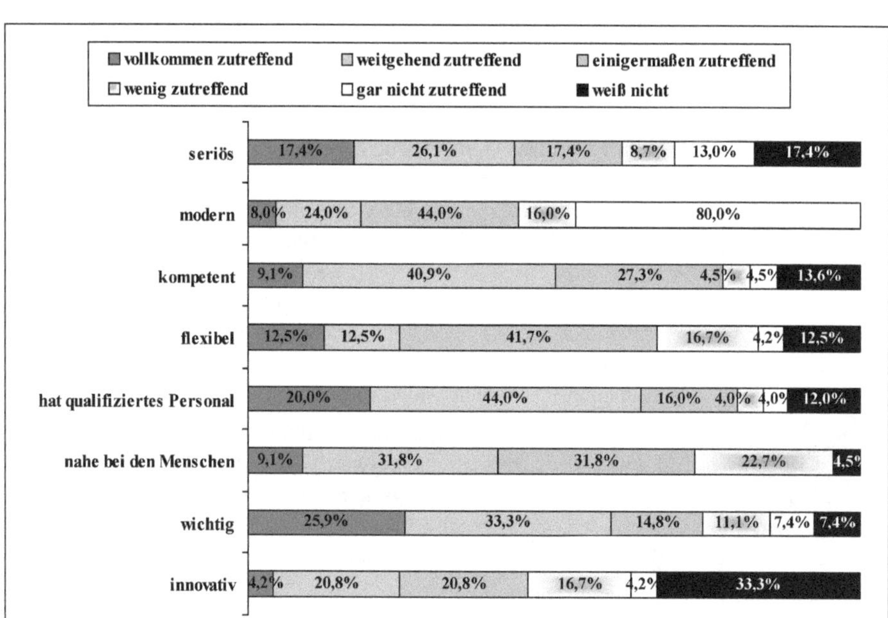

6.3 Dritte Phase: Entwicklung der strategischen Orientierung einer Gemeinde

Die Gemeinde ist an dem Punkt, vergleichsweise fundiert für die Arbeitsfelder, die sich als Entwicklungsschwerpunkte herausgeschält haben, entsprechende Zielformulierungen vorzunehmen. Entwicklungsschwerpunkte entstehen nicht nur durch die Definition von Wachstumsfeldern, sondern auch durch die Beschreibung von Arbeitsbereichen, in denen die Gemeinde zurückrudern will oder die sie quantitativ stabilisieren, aber vielleicht qualitativ bereichern will.

Für den Aufbau einer Balanced Church Card liegen nun zumindest die Resultate der ersten methodischen Arbeitsschritte vor: der Portfolio-Analyse und der standardisierten Telefonbefragung der Gemeindeglieder; möglicherweise zusätzlich noch die Resultate der Potenzialanalysen, möglicherweise auch Ergebnisse von Interviews und/oder aufbereitete interne Daten aus der Kirchenstatistik.

6.3.1 Schritt 8: Formulierung des Gemeindecharakters und der wichtigsten Herausforderungen

Aus der Diskussion der Portfolioanalyse sollte die Gemeinde ihre strategischen Orientierungen gewinnen:

- Welche Arbeitsfelder sollen ausgebaut,
- welche ungefähr gleich bleiben,
- welche eher abgebaut
- und welche aufgegeben werden?

Jede Kirchengemeinde hat einen eigenen Charakter, der über Traditionen so gewachsen ist, der sich möglicherweise durch personelle Konstellationen „zufällig" ergeben hat, der vielleicht durch „objektive Konstellationen" hergestellt wurde und der durch bewusste Entscheidungen ausgeformt wurde.

Es fällt schwer, hieraus entstandende gemeindliche Profile so in Worte zu fassen, dass sie noch einen Informationswert haben, sich also von den Profilen anderer Gemeinden unterscheiden, und doch Auskunft über das Gemeinsame geben. Gemeindecharaktere basieren auf Stil-Unterschieden, auf Nuancen, auf anderen Balancen in der Verknüpfung von Arbeitsfeldern, Aufgaben und Angeboten, nicht in einer dramatischen Profilierung. Gemeindeprofile können in aller Regel nicht spektakulär sein, sie sollen allerdings auch nicht langweilen. Sie sollen nicht in den semantischen Wolken der Leitbilder schweben, und sie sollen mehr Kraft haben als die gesammelten Tagesordnungen der Pfarrgemeinderatssitzungen. Formulierungen eines Gemeindecharakters sind keine Marketingknaller, kein Schlüssel für Motivationsfragen, sie sind kein leuchtendes Logo und keine Leuchtreklame. Sie sind Wegweiser einer konkreten Gemeinde für die nächsten Jahre.

Solange keine schöne textliche Fassung des Gemeindecharakters und der wichtigsten Herausforderungen vorliegt, kann der „strategische Ausweis" der Gemeinde in dem Vier-Felder-Bild der Portfolioanalyse bestehen. Allerdings kann es für die folgenden Entscheidungsetappen hilfreich sein, dieses Bild sprachlich zu reformulieren, zu kommentieren, um zumindest zu einem vorläufigen Ergebnistext zu kommen.

Wie exakt die Zieljustierungen für die profilierten Schwerpunkte an dieser Stelle schon vorgenommen werden können, ist von Arbeitsbereich zu Arbeitsbereich unterschiedlich. Bei manchen Entwicklungsvorhaben ist die Gemeindevertretung sicherlich in der Lage, sich ad hoc auf eine präzise Zielstellung zu einigen, – zum Beispiel auf die Verdoppelung der Anzahl von Jugendgottesdiensten pro Jahr. Die Weichenstellungen für andere Arbeitsbereiche können vorerst vielleicht nur in der „komparativen" Tendenz vorgenommen werden kann: viel mehr/ viel besser, mehr / besser, gleich, weniger, sehr viel weniger. Die Kooperationen mit Partnergemeinden sollen ebenso ausgebaut werden wie die Besuchsdienste im nahen Pflegeheim, während das Erwachsenenbildungsprogramm konsequent abgebaut werden soll. In welchem Umfang dies geschieht, kann jedoch erst präzisiert werden, wenn die Planungsgruppe einen weiteren Schritt gesetzt hat, nämlich die Analyse der vorhandenen Ressourcen.

Die Gemeindeleitenden stehen nun auf empirisch etwas gesichertem Boden: sie erkennen Präferenzen, sie erkennen Abstände zwischen den Präferenzen und sie erkennen, dass sie die Präferenzen nicht einfach zu einem Gemeindewunschbild addieren können, sondern dass sie Schwerpunkte setzen müssen, dass sie Abstufungen vornehmen und eine Auswahl treffen müssen.

Diese Aufgaben, die auf dem KV-Wochenende nun auf der Agenda ganz oben stehen, können eine Quelle der Ernüchterung darstellen, da sich die Gemeinde möglicherweise von einigem verabschieden muss, was zum traditionellen Repertoire gehört, oder auch von einigem trennen muss, was offensichtlich zwar wichtig ist, aber eben dieser Gemeinde, zumindest derzeit, nicht gut gelingt. Doch die Aufgabe der Schwerpunktsetzung kann für eine Gemeinde auch Ansporn und Triebkraft darstellen, wenn die Konzentration auf Schwerpunkte mit einem positiven Bild verbunden ist. Wenn die Vorstellung im Raum ist, dass die vorgenommene „strategische Weichenstellung" (endlich) auch hilft, die Kontur einer attraktiven Gemeinde zu stärken; einer Gemeinde, in der Bewegung auf wichtige Aufgaben hin stattfindet und die nicht im Dickicht der Routinen und Überforderungsgefühle erstickt.

Am Ende dieser Arbeitsschritte sollten die strategischen Gemeindeziele geklärt sein. Hierfür benötigen die Gemeindeverantwortlichen kein schön ausformuliertes Leitbild, keinen griffigen Slogan und kein Entwicklungspapier, wohl aber einen Konsens darüber, welche Aufgabenfelder und Angebote der Gemeinde mit welchem inhaltlichen Impetus Priorität haben.

Ausgangspunkt für die weitere Arbeit mit der Balanced Church Card ist eine solche strategische Vision, eine geistlich-praktische Idee, wohin sich die Gemeinde entwickeln sollte. Die Formulierung liegt zwischen den luftigen, normativen Höhen eines Leitbildes und den Niederungen der Dienstpflichten. Mit einer Zeitperspektive von ca. fünf Jahren wird ein Blick in die Zukunft gewagt. Welche soziale Problematik will die Gemeinde als ihre Aufgabe übernehmen? Welche Personengruppen (und wie viele) sieht man im Zukunftsbild in den Gottesdiensten? Man blinzelt und sieht einen Gottesdienst am Heiligen Abend, an dem viele obdachlose Menschen teilnehmen. Man blinzelt in den hinteren Teil der Kirche und sieht festlich gedeckte Tische. Ist unsere Gemeinde in fünf Jahren der Landeplatz für Menschen in Not? Wie kommen denn die 35 Ministrantinnen an den Altar? Ist es tatsächlich gelungen, die Kinder- und Jugendarbeit wieder auf die Beine zu stellen?

6.3.2 Schritt 9: Aufbau der Angebots- und Aufgabenkarte für die Gemeinde

An diese strategischen Bilder und die Besonderheiten, die den spezifischen Gemeindecharakter profilieren sollen, wird nun angeknüpft: Manche Bereiche werden besonders entwickelt, manche zurückgefahren, manche stabilisiert.

Für die Kirchengemeinde gibt es bei der Erstellung einer Angebotskarte im Prinzip zwei Wege. Welcher der beiden Wege eingeschlagen werden sollte, bestimmt sich durch die Ausgangssituation. Wenn die Gemeinde fundiert bilanzieren will, was in der Gemeinde läuft, wenn sie alle Aktivitäten und Strukturen auf den Prüfstand stellen will, wenn sie umfassend neue Weichenstellungen dazu treffen will, was zu tun ist, was weniger zu tun ist, und was nicht mehr zu tun ist, dann ist es sinnvoll, in die Angebotskarte der Balanced Church Card alle Arbeitsfelder und Aufgabengebiete der Gemeinde aufzunehmen. Es herrscht dann eine Stimmung wie beim Frühjahrsputz. Keine Tätigkeit, keine Aufgabe, keine Handlungsroutine bleibt unangetastet: alle diakonischen Aufgaben, die Kinder- und Jugendarbeit, die Seelsorge und Liturgie, die Kirchenmusik, das Pfarrbüro, die Bildungsarbeit, die Konfirmanden- und Kommunionsvorbereitung, die Nutzungen des Gemeindezentrums, die Gottesdienste, der Gemeindebrief, der Kindergarten, die Krabbel-, Familien-, Frauen-, Männer-, Senioren- und Selbsthilfegruppen, die Ausflugsfahrten, das ökumenische Gemeindefest, das Ministrantenzeltlager, der Eine-Welt-Verkauf, die Internetseite, die Kooperationen mit Nachbargemeinden, die Gestaltung des Kirchenraumes oder die Betreuung von Hauskreisen: Alles steht zur Diskussion.

Alte und neue Aufgaben der Gemeinde werden nun auf der Basis der Gewichtungen aus der Portfolioanalyse mit einer Frage konfrontiert: Wie wichtig ist die jeweilige Aufgabe, – und zwar im Vergleich mit allen anderen Aufgaben der Gemeinde? Welche Resonanz und Anknüpfungsmöglichkeiten bieten die jeweiligen Arbeitsfelder? Möglicherweise trennen sich die Gemeindeverantwortlichen von der einen oder anderen Aufgaben, aber praktisch wird die realistische Alternative so sein, dass sich die Gemeinde ein Aufgabenbündel in einer gewissen Mischung zusammenstellt. Wo die Gaben sind, sind auch die Aufgaben, – sagt man. Doch damit aus Aufgaben und Angeboten eine lebendige, anstiftende Karte wird, müssen für die einzelnen Aufgaben auch konkrete Ziele formuliert werden. Welche Ziele sollen erreicht werden? Wie lassen sich die einzelnen Ziele unkompliziert messen? Welche Aktionen sind zu planen, wenn die Ziele erreicht werden sollen?

Etwas einfacher gestaltet sich die Erstellung der Aufgabenkarte, wenn die Gemeinde sich nicht zu einem gründlichen Frühjahrsputz aller Zimmer, Winkel und Ecken entschließt, sondern sich auf einige Räume konzentriert. Hier ist keine grundsätzliche Bestandsaufnahme notwendig, sondern die spitze Formulierung von vier, fünf ehrgeizigen Entwicklungszielen der Gemeinde. Der Hintergrund bleibt, ceteris paribus, vergleichsweise stabil. Wenn die Gemeinde zusammen mit Nachbargemeinden ein Hospiz aufbauen will, muss sie nicht notwendig auch ihre liturgischen Formen debattieren. Und wenn die Konfirmandenarbeit verbessert werden soll, muss die Gemeinde nicht zwingend auch das Thema „Kirchenmusik" anpacken; und die geplante redaktionelle Verbesserung des Gemeindebriefes lässt sich auch angehen, ohne die Sanierung des Kindergartens zu debattieren. Die Gemeinde konzentriert sich auf einige wichtige Entwicklungsziele, und lässt die anderen Aktivitäten im Prinzip so weiterlaufen wie bisher.

Ein Beispiel:

Wir stellen uns hier eine Gemeinde in einer Stadt vor. Die Gemeinde kann evangelisch oder katholisch sein, – wir bringen im Folgenden konfessionelle Eigenheiten bewusst durcheinander. Ob Pfarrgemeinderat oder Kirchenvorstand, Konfirmanden, Kommunionkinder oder Firmlinge, ob Diözese oder Landeskirche, Posaunenchor oder Rosenkranz: eine Kirchengemeinde ist eine Kirchengemeinde ist eine Kirchengemeinde ist...

Unsere Gemeinde St. Paul hat 6000 Gemeindeglieder, 1,5 Pfarrstellen, eine halbe Diakonenstelle, zwei halbe Sekretariatsstellen, einen Mesner, eine Kirche, ein Gemeindezentrum, einen Gemeindesozialverein, einen Friedhof, einen Pool von 30 Ministranten, weiterhin 100 Ehrenamtliche, einen Posaunenchor, einen Kindergarten mit vier Gruppen sowie eine ambulante Diakoniestation.

Die Gemeinde St.Paul hat sich für ihre strategische Entwicklung in den nächsten drei Jahren einige Schwerpunkte vorgenommen. Dazu zählen die bessere Integration der russlanddeutschen Immigrantenfamilien, die Verbesserung der Konfirmandenarbeit, die Intensivierung der Seelsorge, die Weiterentwicklung des Gottesdienstprofils und die Qualitätsverbesserung des Kindergartens. Alle anderen Aktivitäten und Angebote der Gemeinde bleiben von dem strategischen Entwicklungsprogramm bis auf weiteres unberührt.

Abb. 24: Die Angebotskarte von St. Paul

Ziel	Kennzahl	Zielwert	Aktionen	Verantwortlich
Bessere Integration der russlanddeutschen Familien in die Gemeinde	% der russischen Gemeindeglieder, die das Gemeindefest besuchen	15%	russischsprachige Seite im Gemeindebrief; Begrüßung der russischen Familienfeiern im Gemeindezentrum durch Mitglieder des Kirchenvorstandes; Erstellung eines zweisprachigen Folders über die Gemeinde; Sprachkurs im Gemeindezentrum; Gewinnung von Ehrenamtlichen für Hausaufgabenbetreuung; Kontakt mit Pfarrern aufnehmen, die im Nachbardekanat seit Jahren auf diesem Feld arbeiten; Gründung einer dreiköpfigen AG, dafür Auflösung der bisherigen AG Stadtteilarbeit	Leiterin des Sozialvereins bis Ende nächsten Jahres
Verbesserung der Konfirmandenarbeit durch Konzentration auf „Nachwuchsgewinnung"	% der in der Gemeinde aktiven Konfirmanden des letzten Jahrgangs	20%	Aufbau von drei Gruppen zwischen KiGa und Konfis; Gewinnung von 2-4 neuen Gruppenleitern durch persönliche Ansprache: Schriftliche Einladung von drei Konfi-Jahrgängen; Entwicklung eines Konfirmandenprojektes in Kooperation mit Nachbargemeinden	Pfarrer X Bis Schuljahresende
Ausbau der Seelsorge	Besuchsquoten oder absolute Zahl von Besuchen	10% der Gemeindemitglieder pro Jahr; alle Geburtstage über 70; alle Konfirmandeneltern, alle Taufeltern	Systematische Entlastung der Pfarrer von B und C-Aufgaben; Aufbau eines Besuchskreises: 6 Personen; Überprüfung, ob Dekanat Schulungsmaterial für Besuchsdienste hat; Aufbau einer Besuchs-Datenbank; Konfirmandeneltern; Neuzugezogene, Geburtstagsbesuche (ab 70) (Entlastung durch Besuchskreis)	Diakonin Bis Ende nächsten Jahres
Entwicklung eines attraktiveren Gottesdienstes als „Mitte der Gemeinde" durch Konzentration verschiedener Gottesdienstformen am Sonntagvormittag; sowie monatlicher Kindergottesdienst	% der Gottesdienstbesucher an Gemeindegliedern	Mehr als im letzten Jahr	Aufbau Team Kindergottesdienst; 4 Familiengottesdienste; monatlich ein Kindergottesdienst; Kinderbetreuung beim Hauptgottesdienst; x Taizegottesdienste; x deutsch-russische Gottesdienste; Liturgie verbessern und erläutern; Lektorenschulung; Organisation einer Feedbackgruppe	Pfarrerin Y Bis Ende Sommerferien
Qualitätsverbesserung des Kindergartens	Anzahl der Neuanmeldungen auf Empfehlung	30	QM System einführen; Qualitätszielwerte mit Kita Leitung vereinbaren	Kita-Leiterin Bis Herbst nächsten Jahres

Die Karte zeigt, dass die Gemeinde nur Ziele aufgenommen hat, die sie auch selbst prinzipiell steuern kann. Es finden sich Ausbau- und Konzentrationsziele gleichermaßen auf der Karte. Die Kunst bei der Erstellung der Angebotskarte liegt nicht darin, möglichst viele Aufgaben der Hauptamtlichen, möglichst viele Träume der Kirchenvorsteher und möglichst viele Wachstumspotenziale der Gemeinde zu versammeln, sondern sich auf einige zentrale Ziele zu konzentrieren, und diese so konkret wie möglich zu klären. Die Diskussion konkreter Zielstellungen erfordert Zeit, macht aber allen Beteiligten meist große Freude, wenn sich – und hier ist die Moderation gefragt! –, nach und nach handfeste, gemeinsam angestrebte Handlungsfolgen herausschälen.

6.4 Vierte Phase: Klärung des Ressourceneinsatzes einer Gemeinde

Immer wieder stellt sich in der Phase der inhaltlichen Schwerpunktsetzungen als problematisch heraus, dass dem entscheidungsbereiten Gemeindegremium als Voraussetzung eine Kenntnis fehlt: Die aktuelle Verteilung der finanziellen, personellen und sachlichen Ressourcen auf Arbeitsfelder.

Eine „gesicherte Kenntnis“ scheint zumindest in dem Konsens zu bestehen, dass alles knapp ist: Die Ehrenamtlichen, die Räume, die Gelder, die Arbeitszeiten der Hauptamtlichen.

Die Knappheit der Mittel ist ein ökonomisches Grundgesetz.[6] Und der latente Verdacht, dass die Mittel effizienter und effektiver eingesetzt werden könnten, ist der Kommentar dazu.

6.4.1 Schritt 10: Die Arbeitszeitanalyse

Während die Verantwortlichen zumeist in der Lage sind, die ehrenamtlich erbrachten Stunden innerhalb der einzelnen Arbeitsfelder zu schätzen, fehlt weitgehend die Informationsbasis über die inhaltliche Verteilung der hauptamtlichen Stunden. Die Pfarrer/innen, Pfarramtssekretärinnen, Mesner, Diakone und Organisten arbeiten viel, aber erst eine Arbeitszeitanalyse bringt Licht in das Halbdunkel von Überforderung und latenten Schuldgefühlen. Der Arbeitsalltag ist von Routinen geprägt, von spontanen Tätigkeiten und von Schwerpunktsetzungen, die den Beteiligten vielfach in ihren Zeitkontingenten überhaupt nicht bewusst sind. Mit dem Instrument einer Arbeitszeitanalyse entsteht Transparenz über die IST -Verteilung der Zeit, und auch die anschließende Chance, Zeitverteilungen zu reflektieren, fixe und variable Zeitkontingente zu unterscheiden sowie neue Schwerpunktsetzungen vorzunehmen.

Für die Arbeitszeitanalyse erhalten die Hauptamtlichen ein Instrument, mit dem sie in einem Zeitraum von ca. vier Wochen die Verteilung ihrer Arbeitsstunden auf die unterschiedlichsten Aufgabenfelder dokumentieren.[7]

Solche Arbeitszeitanalysen knüpfen an dem subjektiv erlebten Zeitdruck „aller“ Hauptamtlichen in der Kirche an; einem Phänomen, das bei konkreter Betrachtung im Einzelfall

6 „Wenn Sie eines Morgens aufwachen und feststellen, dass Ihre Mittel Ihre Bedürfnisse übersteigen, stellen Sie sicher, dass Sie nicht tot sind.“ (Einführungsvorlesung in die VWL, WS 1976/77 von Prof. Dr. H. Recktenwald an der Nürnberger WiSo Fakultät, 1. Stunde) Und gäbe es keine Knappheit an Mitteln in der Kirche, müsste sich die Kirche eigentlich auch nicht mit Management befassen.

7 Ein vierwöchiger Erhebungszeitraum liefert ein akzeptables „Zeitbild“, wenn in diesem Zeitraum keine besonders zeitintensive Ereignisse (Jugendfreizeiten, Wallfahrten, Weihnachten etc.) auftreten. Vgl. als methodische Alternative das Modell Teamplan

jedoch durchaus mit einem geringen Zeitertrag, mit ärgerlichen Leerzeiten oder mit überraschenden Zeitpräferenzen verbunden sein kann.

Abb. 25: Erhebungsbogen Arbeitszeitanalyse Gemeinde

Arbeitszeitanalyse Hauptamtliche					
DATUM					
Std.	**Tätigkeit**	**Beteiligte**	**Std.**	**Tätigkeit**	**Beteiligte**
07.30–07.45			15.15–15.30		
07.45–08.00			15.30–15.45		
08.00–08.15			15.45–16.00		
08.15–08.30			16.00–16.15		
08.30–08.45			16.15–16.30		
08.45–09.00			16.30–16.45		
09.00–09.15			16.45–17.00		
09.15–09.30			17.00–17.15		
09.30–09.45			17.15–17.30		
09.45–10.00			17.30–17.45		
10.00–10.15			17.45–18.00		
10.15–10.30			18.00–18.15		
10.30–10.45			18.15–18.30		
10.45–11.00			18.30–18.45		
11.00–11.15			18.45–19.00		
11.15–11.30			19.00–19.15		
11.30–11.45			19.15–19.30		
11.45–12.00			19.30–19.45		
12.00–12.15			19.45–20.00		
12.15–12.30			20.00–20.15		
12.30–12.45			20.15–20.30		
12.45–13.00			20.30–20.45		
13.00–13.15			20.45–21.00		
13.15–13.30			21.00–21.15		

Arbeitszeitanalyse Hauptamtliche					
DATUM					
Std.	**Tätigkeit**	**Beteiligte**	**Std.**	**Tätigkeit**	**Beteiligte**
13.30–13.45			21.15–21.30		
13.45–14.00			21.30–21.45		
14.00–14.15			21.45–22.00		
14.15–14.30			22.00–22.15		
14.30–14.45			22.15–22.30		
14.45–15.00			22.30–22.45		
15.00–15.15			22.45–23.00		

Aus dieser Erhebung haben die hauptamtlichen Mitarbeiter und Mitarbeiterinnen unserer Gemeinde folgende Zeitverteilung ermittelt:

Abb. 26: Arbeitszeitverteilungen der Hauptamtlichen in einer Gemeinde: nach Arbeitsfeldern

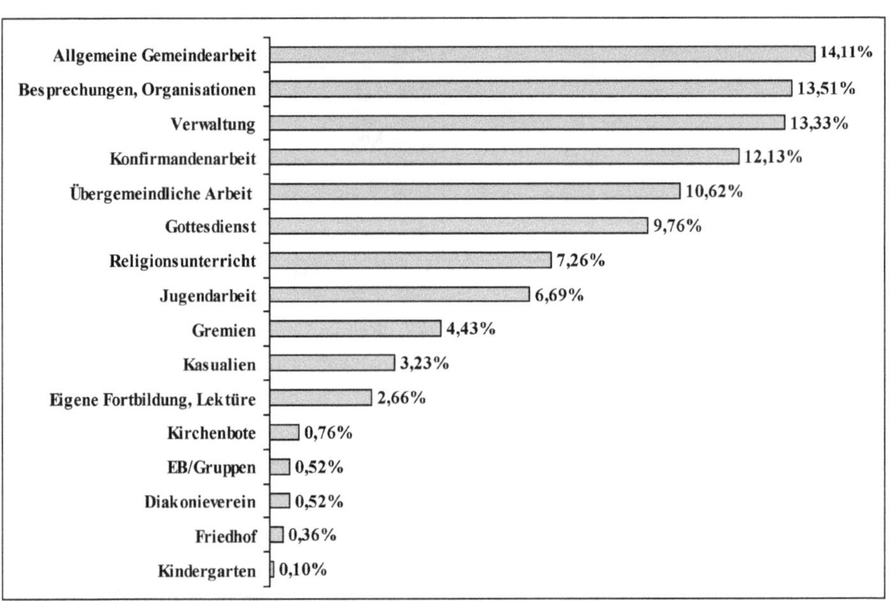

Aus dieser Abbildung lässt sich nun erkennen, für welche Tätigkeiten welcher Anteil an „hauptamtlicher Zeit" aufgewendet wird. Stimmt die tatsächliche Zeitverteilung mit dem eigenen Selbstverständnis der Gemeinde überein?

Schärfen und präzisieren lassen sich Fragestellung und Diskussion, wenn die ermittelten Arbeitszeiten für die hauptamtlichen Seelsorger ausgewertet werden.

Abb. 27: Arbeitszeitverteilung der Seelsorger nach Arbeitsfeldern

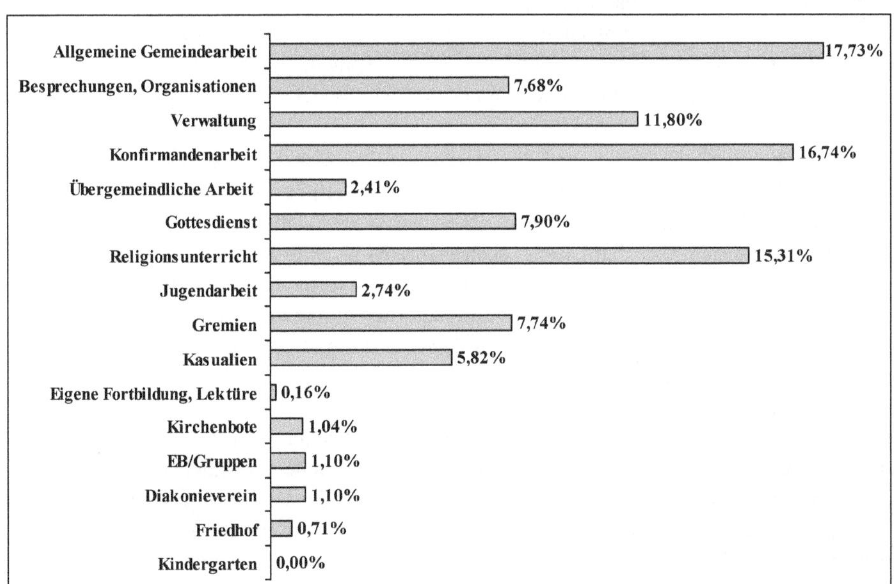

Ein vielleicht schon lange latent vorhandener Verdacht bestätigt sich nun bei den hauptamtlichen Seelsorgern: fast die Hälfte der eigenen Arbeitszeit fließt in Verwaltungs-, Koordinations- und Wegezeiten. Um die „seelsorgerisch-produktiven" Zeiten quantitativ ausbauen zu können, um die Schwerpunktsetzungen der Gemeinde überhaupt in Angriff nehmen zu können, muss hauptamtliche Zeit umgeschichtet werden und zusätzliche ehrenamtliche Zeit „akquiriert" werden.

Ebenfalls innerhalb eines Monats notieren sich die Hauptamtlichen die ehrenamtlichen Aktivitäten. Bei den ehrenamtlich erbrachten Arbeitsfeldern entstehen nun Zeitkontingente in erbrachten Stunden. Wichtig ist eine fundierte Schätzung, wie viele dieser ehrenamtlichen Stunden disponibel sind, also bei Schwerpunktentscheidungen der Gemeinde in andere Arbeitsbereiche umgelenkt werden könnten.

Abb. 28: Arbeitszeitverteilungen der Ehrenamtlichen in einer Gemeinde

Arbeitsfelder	Std./Monat	davon disponibel
Kindergottesdienst	17	4
Kirchenvorstand	112	0
Besuchsdienste	43	10
Sozialkreis	115	0
Jugendgruppen	85	0
Festausschuss	5	0
Kirchenmusik	30	0
Summe	290	35

Unabhängig von dem Nebeneffekt, die eine oder andere eingeschliffene Zeitverwendung durch Methoden des Zeitmanagements verbessern zu können, bieten die Ergebnisse der Arbeitszeitanalyse eine gute Entscheidungsbasis dafür, die Wochen-, Monats- oder Jahresstundenkontingente einzelnen Arbeitsfeldern zuzurechnen. Sollen Umschichtungen vom Arbeitsfeld A ins Arbeitsfeld B vorgenommen werden? Welche Zeitmasse ist eigentlich disponibel?

Jetzt, nach Kenntnis der haupt- und ehrenamtlichen Zeitpotenziale, lassen sich die Zielwerte der einzelnen Arbeitsfelder präziser bestimmen. Die Zeitpotenziale sind relativ fixe Größen, von denen jede Einheit nur einmal einer Gemeindeaufgabe zugeordnet werden kann. Mehr geht bei gegebenen Zeitmengen eben nicht. Wenn man Rationalisierungspotenziale in der Kirche erst mal außer Acht lässt, dann ist die Zeitverteilung auf Aufgaben im Prinzip ein Nullsummenspiel. Allerdings kann die Verlagerung von identischen Zeitressourcen produktiv wirken, da auch bei kirchlichen Arbeitsfeldern das Gesetz des sinkenden Grenzertrags[8] besteht: Wenn 20 Mütter einen Kindergottesdienst mit jeweils 10 Stunden Zeiteinsatz vorbereiten, dann wäre es möglicherweise effektiver, 100 Stunden davon für die Krankenseelsorge aufzuwenden, bei wahrscheinlich gleicher Qualität des Kindergottesdienstes. Allerdings sind die Zeitreserven der Ehrenamtlichen, verglichen mit denen der Hauptamtlichen, weniger disponibel und umschichtbar, da das Motiv für ehrenamtliches Engagement häufig an inhaltliche Interessen geknüpft ist. Wer mit viel Verstand und Engagement die Pfarrbücherei betreibt, will im Zweifel vielleicht keine Überschwemmungsgräben rund um die Zelte beim Ministrantenzeltlager ausheben, und wer Kleidertransporte zur rumänischen Partnergemeinde durchführt, führt möglicherweise nicht ganz so gern Rosenkranzandachten durch. Die Bereitschaft zum ehrenamtlichen Engagement in der Kirche korrespondiert mit speziellen Steckenpferden und mit parzellierten Zeitbudgets. Der Mann, der beim Gemeindefest einmal jährlich ehrenamtlich in Erscheinung tritt und kompetent und leidenschaftlich den Grill „schmeißt", entspricht dem gleichen Muster wie die Frau, die jedes Wochenende im Hospiz die Nachtwache übernimmt. Beide haben ihre Aufgabe gefunden, und sind wahrscheinlich nicht zu einem disponiblen Ehrenamt bereit. Insofern hilft die Kenntnis der ehrenamtlichen Potenziale eher bei der Klärung der Frage, welche Arbeitsfelder in welchem Ausmaß auf Hauptamtliche angewiesen sind, weil die Ehrenamtlichen zwar einerseits die hauptamtlichen Zeiten ergänzen, andererseits aber die Hauptamtlichen auch Ergänzungs- und notwendige Unterstützungspotenziale für ehrenamtliche Arbeiten darstellen.

Von Ausnahmen abgesehen, bleibt also die Verfügungsmasse an Arbeitzeit auf wenige Ehrenamtliche und die Hauptamtlichen beschränkt. Und auch bei diesen gibt es ja ein stark strukturiertes Pflichtprogramm, das nicht allzu viel Spielräume für die „Kür" offen lässt. Aber eben doch einige.

Die durch die Arbeitszeitanalyse transparente Verteilung der Arbeitszeiten in einer Gemeinde bildet den Ausgangspunkt für die Überprüfung, ob die gewählten Schwerpunktsetzungen der Gemeinde mit den Arbeitszeitverteilungen weitgehend deckungsgleich sind, oder ob

8 Ein Klassiker der Wirtschaftswissenschaft: Der Nutzen zusätzlich erbrachter bzw. konsumierter Einheiten nimmt im Vergleich zum Nutzen der vorhergehenden Einheit tendenziell ab. Denken Sie an das erste Glas Wasser in der Wüste, an das zweite Glas, an das dritte oder an das 1000.Glas...Oder an die Aufmerksamkeit für die erste Lesung, für die immer noch hohe Aufmerksamkeit für eine zweite Lesung und an die möglicherweise leicht abgeschwächte Aufmerksamkeit, wenn im Gottesdienst die 36.Lesung vorgetragen würde. Dieses ökonomische Gesetz des tendenziell sinkenden Grenznutzens könnte auch ganz gut erklären, warum es die Menschen schätzen, einmal jährlich vom Pfarrer besucht zu werden; aber eben nicht dreimal am Tag.

Korrekturbedarf besteht. Das Anliegen für den Einsatz dieser Methode muss klar bleiben: Die Gemeinde verteilt deshalb die Arbeitszeiten für Arbeitsfelder, um dort festgelegte Ziele zu erreichen. Sie informiert sich über die Arbeitszeiten nicht, um ein neuartiges Zeitkontrollsystem zu installieren. Es geht nicht darum, die zeitlichen Freiheitsgrade der Mitarbeiter/innen durch ein kirchliches REFA-Modell zu minimieren, oder arbeitsrechtliche Ordnung zu schaffen. Es geht um die bewusste Klärung von Zeitpräferenzen, um Abspecken, um Umsteuern, um bewusste Entlastung und bewusste Belastung. Insofern geht es auch um die Frage der „Investition hauptamtlicher Zeit". Wenn die Gemeinde in die Gewinnung und Begleitung neuer ehrenamtlicher Potenziale „investieren" will, dann müssen hierfür notwendige Zeitbudgets durch andere Zeitreserven ausgeglichen werden. Wenn alle Taufeltern von der Pfarrerin besucht werden sollen, dann fehlt ihr vielleicht die Zeit, alle Seniorenfahrten zu begleiten.

6.4.2 Schritt 11: Haushaltsanalyse

Neben der Arbeitszeit spielt das Geld für die Gemeindearbeit eine zentrale Rolle, wenngleich natürlich die Personalkosten in Kirchengemeinden den Löwenanteil der Kosten ausmachen. Allerdings wird erst in jüngster Zeit ein Teil der Personalkosten für die Gemeinde und das Dekanat steuerbar, weil zunehmend an die Stelle von mehr oder weniger starren Stellenplanvorgaben Budgets treten. Überhaupt liegt die Dramatik der kirchlichen Finanzsituation nicht nur im abschmelzenden Fluss der Einnahmen, sondern in der starken Blokkierung von Reaktionsweisen durch den hohen Anteil an Fixkosten. Die Spielräume sind sehr eng gesteckt, oder scheinen zumindest so zu sein. Erschwert wird der nüchterne und strategische Blick auf die eigene Haushaltssituation durch das kirchliche Finanzierungsgeflecht, das Zahlungs- und Entscheidungsströme zwischen Gemeinden, Dekanat, Landeskirche/Diözese, Sonderfonds, kirchlichen Ämtern und Zuwendungen der öffentlichen Hand so unübersichtlich gestaltet, dass sich die Frage aufdrängt, wem eigentlich diese komplizierte Finanzierungs- und Entscheidungsstruktur nützt.

Durch den Haushaltsplan ist die Gemeinde über ihre Ein- und Ausgaben an sich einigermaßen informiert. Da das kirchliche Haushaltswesen weitgehend kameralistisch aufgebaut ist[9], fehlen jedoch einige wichtige Informationen für ein funktionierendes Gemeindemanagement. Den meisten Gemeinden und Dekanaten ist ihre ökonomische Situation nicht klar. Die Einnahmen und Ausgaben eines Jahres informieren nicht darüber, was die Einnahmen und Ausgaben der letzten Jahre bewirkt haben. Hat die Gemeinde „Speck angesetzt", weil ein Teil der Ausgaben dafür verwendet wurde, einen Bauplatz für ein Pflegeheim zu kaufen, oder ist die Gemeinde vielleicht sogar ärmer geworden, weil ein Teil der Einnahmen aus dem Verkauf von Grundstücken resultierte? Sind die Baulasten für die Kirche, für das Pfarrhaus oder das Gemeindezentrum im Haushalt der Gemeinde verzeichnet? Tauchen die Abschreibungen für den Kindergarten der Gemeinde auf? Weiß die Gemeinde, dass ihr Kindergarten zwar 2000 Euro weniger Ausgaben als Einnahmen hat, dass aber jedes Jahr 20.000 Euro Abschreibungen vorgenommen werden müssen? Weiß die Gemeinde, dass ihr Kindergarten eigentlich 18.000 Euro Jahresverlust produziert?

9 „Kameralistisch": Man betrachtet, wie im öffentlichen Haushaltswesen, nur die Einnahmen und Ausgaben innerhalb eines Jahres; und glaubt irrtümlich, dass die Ausgaben auch gut über die Kosten informieren.

Ein kameralistischer Haushalt fordert nicht dazu auf, Schwerpunktsetzungen zu überprüfen. Sind vielleicht vor Jahren irgendwann einmal 8 Personalstunden ins Pfarramt gegeben worden, die jetzt in der Kirchenmusik fehlen?

Um mit den Daten des Haushaltsplanes steuern zu können, müssten nicht nur die Auswirkungen auf die „Wert-Entwicklung" der Gemeinde im Sinne von Vermögen bekannt sein, sondern auch die Auswirkungen auf die „Werte-Entwicklung" der Gemeinde. Für welche Arbeitsfelder und Angebote gibt die Gemeinde wie viel Geld aus? Was kosten einzelne Angebote? Was kostet eine Trauung? Was kosten Besprechungen? Was kostet ein Gottesdienst? Was kostet der Kindergarten? Was kostet der Friedhof?

Für eine ausreichende Transparenz der Kosten- und Erlössituation als Entscheidungsgrundlage benötigt die Kirchengemeinde somit ein Informationssystem, in dem die Abschreibungen enthalten sind, in dem die einzelnen Haushaltstitel auch nach Arbeitsfeldern analysierbar sind, in dem die Arbeitsstunden der Hauptamtlichen wiederum Arbeitsfeldern zugerechnet werden können und in dem die Verwaltungskosten, insbesondere das Pfarramt, soweit es vom Aufwand her sinnvoll ist, auch den Arbeitsfeldern zugeordnet werden.

Nun können bei der Ressourcenanalyse folgende Fragen ins Spiel gebracht werden:

- Für welche Arbeitsbereiche werden die Ressourcen der Kirchengemeinde in welchem Umfang tatsächlich eingesetzt?
- Was kosten einzelne Leistungen?
- Wie hoch ist der entsprechende Deckungsbeitrag?
- Gibt es Möglichkeiten der Optimierung und Rationalisierung?
- Lässt sich also der Ressourcenverbrauch ohne Leistungseinbußen verringern?
- Gibt es Möglichkeiten, den Zufluss von Ressourcen zu erhöhen?
- Welche mittelfristigen Entwicklungen kann die Kirchengemeinde bei Einnahmen und Ausgaben erwarten?
- Welche Reaktionsmuster lassen sich entwickeln?

Auf der Basis ihrer Haushaltsanalyse kann die Gemeinde umfassender auf begründete Weise den Zielwerten ihrer Angebote und Aktivitäten finanzielle Zielwerte zuordnen. Für die Folgejahre werden sich wahrscheinlich die Finanzziele wiederum an den Vorjahreswerten orientieren. Es gehört zur Tradition des kameralistischen Haushaltswesen, aber auch zur Tradition der Budgetierung, dass sich solche Routinen herausbilden, wonach Vorjahreswerte als Orientierungswerte irgendwie vernünftig erscheinen. Ob diese „historischen" Zusammenhänge zwischen den inhaltlichen und finanziellen Zielwerten tatsächlich „vernünftig" sind (oder waren), könnte man zum Beispiel mit Hilfe des Benchmarkings zwischen Kirchengemeinden diskutieren: gibt es Kirchengemeinden, die mit weniger finanziellem Aufwand ähnliche Ziele erreichen? Und warum?

Wichtig für die Kirchengemeinde ist bei diesem Arbeitsschritt der Ressourcenanalyse nicht unbedingt, die aufgabenbezogenen Aus- und Einnahmen auf Heller und Pfennig aufgelistet zu haben, sondern wichtig ist die damit verknüpfte Chance zur planerischen Simulation der Haushaltssituation.

Zum einen ermöglicht die Zusammenfassung der direkten Sachkosten, der Abschreibungskosten, der anteiligen Zuordnung von Gemeinkosten sowie der Arbeitszeitkosten einen realistischen Überblick über die arbeitsfeldspezifischen Aufwendungen. Die Personalzeiten, die wir aus der Arbeitszeittabelle als Stundenzahlen haben, können auf das durchschnittliche, berufsbezogene Stundengehalt umgerechnet werden.

Wenn man will, kann nun auch die Kenntnis der Subventionen, die von der Kirchengemeinde getätigt werden, Ausgangspunkt für Überlegungen zu einer Gebührenpolitik sein. Auf den Prüfstand gestellt werden kann die kirchliche Gebührenpolitik insbesondere bei Leistungen, die für Menschen erbracht werden, die keine Kirchensteuer zahlen.

Aus der ökonomischen Klarheit über Kosten lassen sich keine theologischen Entscheidungskriterien ableiten, aber ohne Kenntnis der Kosten fehlt auch theologischen Entscheidungen ein Teil ihrer Rationalität.

Neben der Kostentransparenz kann die Gemeinde nun auch Simulationen von Kosten- und Einnahmesituationen vornehmen. Wenn die Zuweisung für Sachkosten von der Diözese oder Landeskirche um 15% gesenkt werden sollte und die für Personalstellen um 20%: Wie könnte man diese veränderte Einnahmesituation simulieren? In die Summenzeile könnte der Zielkostenwert eingetragen werden, und die Gemeinde müsste nun so lange an ihrer Finanzplanungstabelle herumbasteln, bis die gewünschten Zielwerte erreicht sind. Ist es realistisch, die Einnahmen zu erhöhen? Die Gebühren für Kasualien? Könnte man diese Gebühren an den tatsächlichen Kosten festmachen? Soll es für kirchennahe und kirchenferne Trauungen unterschiedliche Gebührensätze geben? Wie ließe sich die Einnahmesituation im Fundraising verbessern? Lässt sich die Leistungserbringung rationeller gestalten? [10]

Was kosten die Kasualien der Gemeinde? Blickt man in den Haushaltsplan einer Kirchengemeinde, so zeigen sich die einzelnen Kostenstellen zugeteilten Einnahmen und Ausgaben. Hier erreicht man die erste „Schicht“ der Kostenstellen. Bei den Kasualien, so zeigt die folgende Abbildung, werden 4.755 Euro Einnahmen, aber keine entsprechenden Ausgaben vermerkt. Wenn die direkten Kosten und Einnahmen einzelnen Arbeitsfeldern zugeordnet werden, ergibt sich folgendes Bild:

Abb. 29: Haushaltsanalyse (Kostenstellenergebnis vor Gemeinkosten)

In €	Ein	Aus	Ergebnis I (vor Gemeinkosten)
Gottesdienst	28.350	18.088	10.261
Kasualien	4.755		4.755
Kirchenbote	14.401	13.995	406
Allgemeine Gemeindearbeit	16.590	18.414	-1.824
Konfirmanden	3.293	3.380	-87
Dienst an der Jugend	7.193	6.852	341
Allgemein	432	170	262
Senioren	26.594	24.296	2.298
Kinderpark	11.317	15.541	-4.224
Frauenfrühstück	1.392	232	1.161
Kindergarten	11.300	18.157	-6.857

10 Diese Fragen sollten sinnvoller Weise die „Spezialisten“ mehrerer Gemeinden zusammen erörtern.

In €	Ein	Aus	Ergebnis I (vor Gemeinkosten)
Friedhof	53.777	20.814	32.963
Kirchengebäude	5.367	26.448	-21.081
Verwaltung	4.157	20.814	-16.657
Anlageimmobilien	80.583	57.449	23.134
Finanzergebnis	8.629	4.765	3.864
	278.206	251.434	26.772

In einem nächsten Schritt sollen nun die für die Kasualien, am Beispiel einer Taufe, eingesetzten Arbeitszeiten ermittelt werden. Hierzu notiert man sich die investierten Arbeitszeiten, die dem Pfarrsekretariat und dem Mesner für eine Taufe, eine Beerdigung oder eine Trauung zugeordnet werden können.

Abb. 30: Beispiel Prozessanalyse Pfarramt Taufe

Nr.	Prozesschritt	Dauer (mit Vor- und Nachbereitung)	Wer?	Sachkosten
1	Telefonische Terminvereinbarung	15 min	Sekretariat	Telefon
2	Eintrag Terminplaner	2 min	Sekretariat	
3	Terminweitergabe an Pfarrer/in	4 min	Sekretariat	Telefon
4	Terminweitergabe an Organistin	2 min	Sekretariat	Telefon
5	Bestellung Blumenschmuck	5 min	Sekretariat	Telefon
6	Eintrag in Datenbank	15 min	Sekretariat	
7	Erstellung der Urkunden	10 min	Sekretariat	Taufschein, Taufurkunden, Patenscheine, Bilder von Taufkapelle
8	Taufgarnitur vorbereiten, Entgegennahme Blumenschmuck	20 min	Mesner	
9	Taufe	45 min	Mesner	
10	Aufräumen Kiche	30 min	Mesner	
11	Reinigung Kirche	20 min	Mesner	
12	Rechnung erstellen und verschicken	10 min	Sekretariat	Porto
13	Eintrag ins Verkündbuch	2 min	Sekretariat	
14	Eintrag ins Kirchenbuch	15 min	Sekretariat	

Nr.	Prozesschritt	Dauer (mit Vor- und Nachbereitung)	Wer?	Sachkosten
15	Meldung an Kirchenamt + ggf. Heimatgemeinde	5 min	Sekretariat	Porto
16	Ablage	5 min	Sekretariat	
17	Eintrag in Gemeindebrief	3 min	Sekretariat	
18	Zahlungseingang verbuchen	10 min	Sekretariat	

Zur Ermittlung der Kosten berechnet man den Kostensatz einer Minute Betriebszeit im Pfarramt: Die Summe der Personal- und Sachkosten (pro Monat) wird durch die durchschnittliche Öffnungszeit (pro Monat) geteilt. In unserem (realistischen) Beispiel ergibt sich ein Kostensatz von 2,00 Euro pro einer Minute Betriebszeit des Pfarramtes. Für einen Pfarrer, der in unserer Erhebung im Durchschnitt 54 Minuten für eine Taufe aufwendet, ergibt sich, wobei die Kosten des Arbeitsplatzes in den Verwaltungskosten des Pfarramtes enthalten sind, ein Kostensatz von 0,64 Euro pro Minute Arbeitszeit.

Abb. 31: Kosten von Kasualien

	Beanspruchung Pfarramt in Min.	Kostensatz pro Min. incl. Sachkosten	Kosten Pfarramt	Beanspruchung Pfarrer/in	Kostensatz	Kosten Pfarrer/in	Summe Prozesskosten
Beerdigung	71	2,00	142,28	93	0,64	59,71	202,00
Taufe	83	2,00	166,33	54	0,64	34,67	201,00
Trauung	83	2,00	166,33	93	0,64	59,71	226,04

Erst dann werden die Ergebnisse handlungsrelevant, wenn man den einzelnen „Kostenstellen“ noch die Arbeitszeitkosten und anteilig die „Gemeinkosten“ zuweist. In den einzelnen Arbeitsfeldern der Gemeinde stecken ja nicht nur sogenannte „direkte Kosten“, sondern auch (bezahlte) Arbeitszeiten von Pfarrerinnen, Diakonen, Kirchenmusikern oder Mesnern. Ein Gottesdienst verursacht somit Kosten für Heizung, Beleuchtung, Blumenschmuck, das Honorar für den Organisten, die Vorbereitungs- und Durchführungsstunden des Pfarrers, den regelmäßigen Nachkauf von Gesangsbüchern, die Reinigungskosten für die Messgewänder, Versicherungszahlungen für Ministranten, einen Anteil an den Renovierungs- und Unterhaltkosten der Kirche, die Abschreibungskosten des Kirchengebäudes, die Reinigungskosten usw. Auch die Kosten des Pfarramtes müssen anteilig auf den einzelnen Gottesdienst (wie auch auf alle anderen Arbeitsfelder der Gemeinde) umgelegt werden: Pfarrsekretärin, Bürokosten, Abschreibungen etc.

Erst unter Berücksichtigen „aller“ Kosten kann berechnet werden, was nun tatsächlich ein Gottesdienst, eine Taufe oder eine Trauung kostet. Es versteht sich von selbst, dass Kostendeckung aller einzelnen kirchlichen Aktivitäten nicht das Ziel ist und sein sollte. Die Aufgabe an dieser Stelle heißt: Bewusste Defizitsubvention auf der Basis von Kostentransparenz.

Kehren wir nochmals zu unserem Beispiel der Kosten für die Kasualien zurück. Während im Haushaltsplan lediglich die Einnahmen in Höhe von 4755.- Euro verzeichnet waren, zeigt die durchgeführte Kostenrechung, dass die Gemeinde bei den Kasualien 9514.- Euro „verliert", wenn eben tatsächlich alle entstehenden Kosten einbezogen werden. Welche Schlussfolgerungen die Gemeinde aus diesem Ergebnis zieht, ist ihr überlassen. Aber sie kann zumindest den aus der Kirche ausgetretenen Taufeltern ggf. erklären, warum die Gebühr für die Taufe auf über 200.- Euro angesetzt wurde.

Abb. 32: Haushaltsanalyse (Kostenstellenergebnis incl. Gemeinkosten und Arbeitszeitkosten: Vollkosten – tabellarisch)

Kostenstelle	**Einnahmen aus Haushalt**	**Ausgaben aus Haushalt**	**Summe zuzurechnender Kosten**	**Vollkosten (Ausgaben + Zurechnungen)**	**Ergebnis nach Kostenverrechnung**
Gottesdienst	28.350	- 18.088	- 69.139	- 87.227	- 58.877
Kasualien	4.755	-	- 14.269	- 14.269	- 9.514
Kirchenbote	14.401	- 13.995	- 3.113	- 17.109	- 2.707
Allgemeine Gemeindearbeit	16.590	- 18.414	- 59.141	- 77.555	- 60.965
Konfirmanden	3.293	- 3.380	- 50.458	- 53.838	- 50.545
Dienst an der Jugend	7.193	- 6.852	- 25.357	- 32.209	- 25.016
EB/Gruppen	39.735	- 40.239	40.052	- 187	39.548
Kindergarten	11.300	- 18.157	- 412	- 18.569	- 7.269
Friedhof	53.777	- 20.814	- 14.332	- 35.147	18.630
Diakonieverein			- 2.434	- 2.434	- 2.434
Verwaltung	4.157	- 20.814	- 104.545	- 125.359	- 121.202
Gremien			- 19.347	- 19.347	- 19.347
übergemeind. Arbeit			- 34.112	- 34.112	- 34.112
Besprechungen / Organisation			- 40.509	- 40.509	- 40.509
Eigene Fortbildung			- 8.423	- 8.423	- 8.423
Religionsunterricht			- 33.950	- 33.950	- 33.950
Kirchengebäude	5.367	- 26.448	- 32.922	- 59.370	- 54.003
Anlageimmobilien	80.583	- 57.449	-	- 57.449	23.134
Finanzergebnis	8.629	- 4.765	-	- 4.765	3.864
Summen	279.130	- 249.414	- 472.414	- 721.828	- 483.698

6.4.3 Schritt 12: Analyse des Kooperationsnutzens

Und noch stehen zusätzliche Ressourcen für die Gemeinde zur Verfügung, die häufig erst in Notzeiten ins Blickfeld geraten: nämlich die Potenziale der Nachbargemeinden.

Nachbargemeinden, ob „derselben“ oder „der anderen“ Konfession, sind stille Rationalisierungsreserven einer Kirchengemeinde.

Im Prinzip lassen sich drei Chancen positiver Kooperationswirkungen anführen:

- Zeit- und Kosteneinsparungen durch Größeneffekte
- Kosteneinsparungen durch Prozessoptimierungen im Verwaltungsbereich
- Qualitätssteigerungen (und Kosteneinsparungen) in Arbeitsfeldern

Kooperationen zwischen Kirchengemeinden können in unterschiedlichsten Graden gestaltet werden. Vom gemeinsamen Gemeindefest bis hin zu fusionsähnlichen Konstruktionen reicht die Spannweite. Die Überlegungen, in welchen Arbeitsfeldern die Nachbargemeinden kooperieren wollen, und in welchen nicht, müssen in einem transparenten Verfahren geklärt werden. Die folgende Tabelle zeigt ein Instrument für die notwendige Klärung.

Abb. 33: Kooperationseffekte

Arbeitsfelder	A	B	C	Zeilen Summe Ax (B + C)
	Relative Bedeutung für Gemeinde 1–5	Zeit- und Kosteneffekte 1 – 10	Qualitätseffekte 1 – 10	
Gottesdienste	5	4	2	30
Jugendarbeit	3	4	5	27
Kirchenmusik	2	5	1	12
Erwachsenenbildung	1	2	2	4
Kindergottesdienste	3	4	3	21
Gemeindebrief	4	3	1	16
Sozialstation	1	1	1	2
Krankenhausbesuche	1	2	3	6
Kindergartenverwaltung	1	2	2	4
Σ				

Die linke Spalte enthält wiederum eine Auflistung aller möglichen Arbeitsbereiche. Jeder Kirchenvorstand der kooperationsinteressierten Gemeinden diskutiert diese Liste Zeile für Zeile:

- Erwartet man durch eine etwaige Kooperation einen positiven Qualitätseffekt und/oder einen positiven Kosteneffekt?
- Erscheint das jeweilige Arbeitsfeld möglicherweise für eine Kooperation nicht geeignet?

- Gibt es Tätigkeiten und Aufgaben, die auf keinen Fall in eine Kooperation eingebracht werden sollen, sondern exklusiv bei der eigenen Gemeinde bleiben sollen?

Bei den Themen mit vermutetem positiven Kooperationseffekt müssten die einzelnen Gemeinden noch die Richtung der gewünschten Effekte besprechen.

- Erwartet sich die Gemeinde beim Thema X ein (zusätzliches) inhaltliches Angebot, das sie selbständig nicht auf die Beine stellen könnte?
- In welchen Arbeitsfeldern hat die Gemeinde etwas für die Nachbargemeinde anzubieten?
- Bei den Zeilen, in denen, unter dem Strich, positive Kosteneffekte vermutet werden, lassen sich schon erste Schätzungen als Wunschgrößen eintragen, in welchem Umfang für die Gemeinde kostenmäßig Entlastungswirkungen auftreten sollten.

Für unsere Gemeinde bedeutet dieser Analyseschritt noch keinen Schritt zu einer Gemeindekooperation. Es handelt sich lediglich um eine Ermittlung von Effektivitäts- und Effizienzpotenzialen durch möglichen Leistungsaustausch. Die Nachbargemeinde sollte nun über die Ergebnisse informiert werden, damit vielleicht auch dort eine ähnliche Überprüfung stattfindet.

Abb. 34: Mittelwerte der erwarteten Kostenersparnis je Thema/Aufgabe bei Kooperation

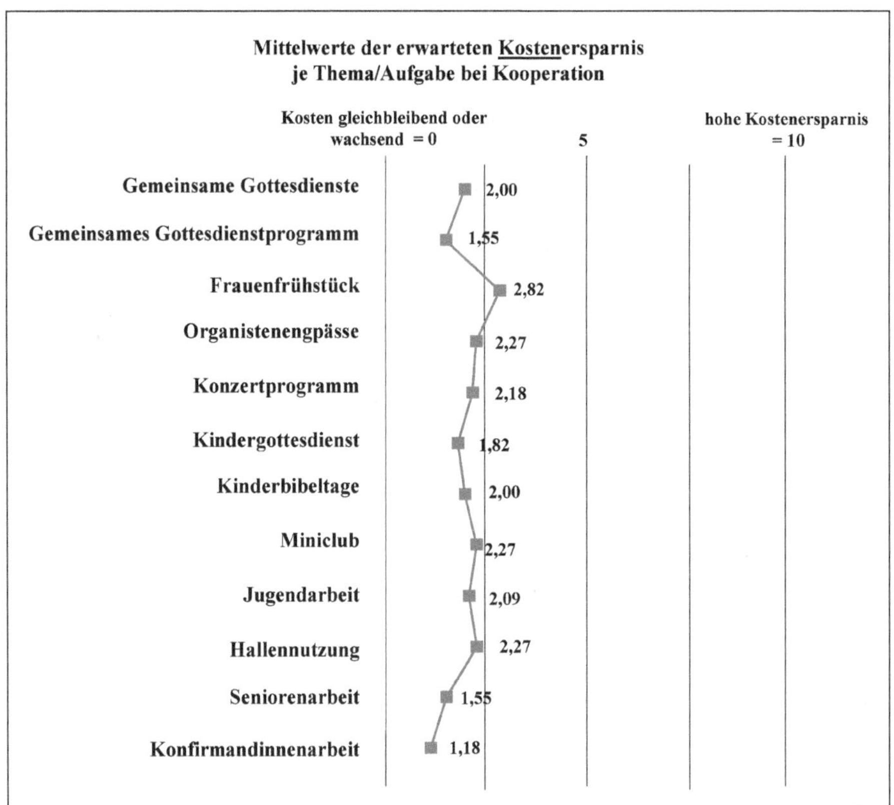

Abb. 35: Mittelwerte der erwarteten Qualitätsentwicklung je Thema/Aufgabe bei Kooperation

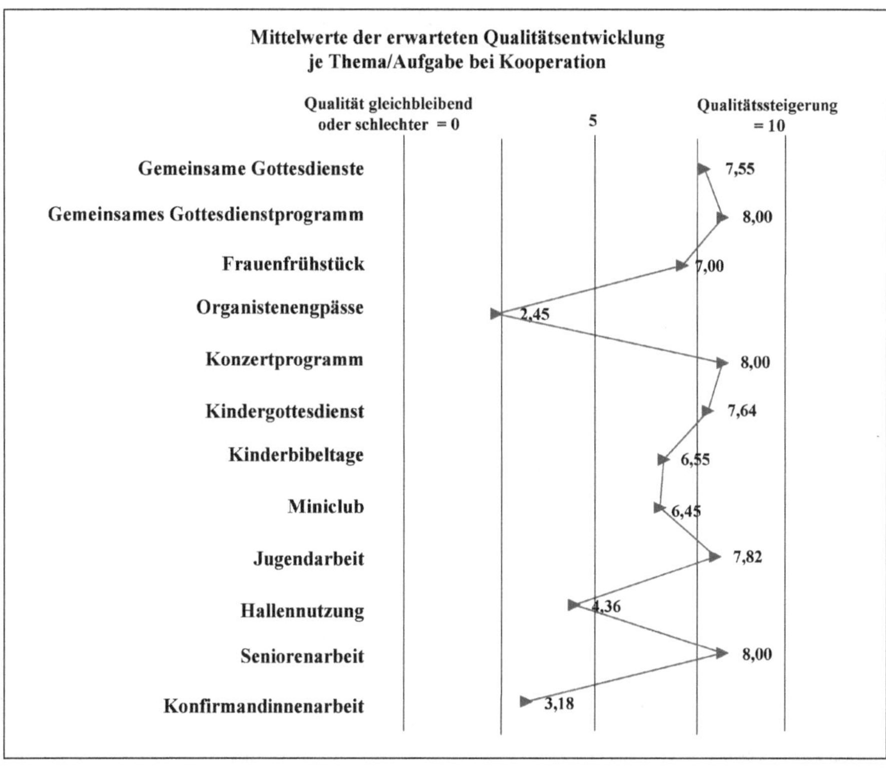

Abb. 36: Mittelwerte der erwarteten Zeitersparnis je Thema/Aufgabe bei Kooperation

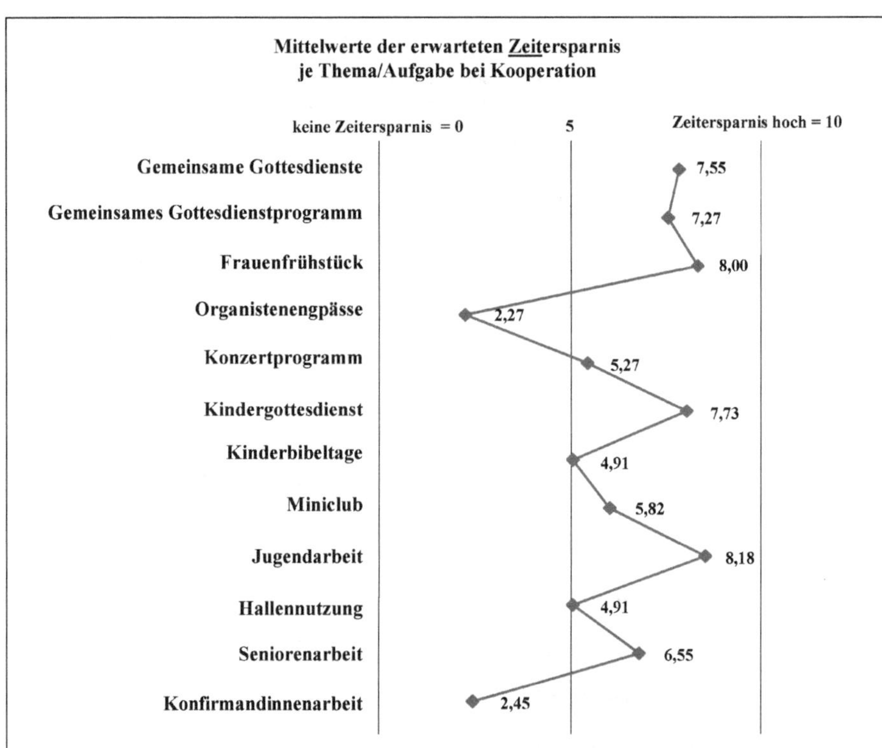

Bei Gemeindekooperationen bewahrheitet sich häufig die Annahme, dass es in der Kirche nichts Anstrengenderes gibt als Kooperation. Und da die Solidaritätsvorratskammern der Gemeinden zwar gefüllt sind, aber eben nicht unbedingt in Richtung Nachbargemeinde, hilft die Nutzwertanalyse den Kooperationsgemeinden, eine gewisse Grundlage für Bilanzierungen aufzustellen. Bei Kooperationsüberlegungen taucht immer wieder die Frage auf, wer eigentlich wen melkt. Die hier vorgestellte Analyse von Kooperationseffekten sollte deshalb nüchtern und sachlich durchgeführt werden, um eine wirtschaftliche Option für die Gemeinde auszuleuchten, sie sollte deshalb mit Zahlen operieren, berechenbar bleiben und damit einen Begründungsaspekt für Kooperationen liefern. [11]

Wenn Ziele für Aufgaben und Angebote formuliert sind, Aktionen und Verantwortlichkeiten festgelegt sind, stellt sich nach der Phase der Ressourcenanalysen die Frage, ob die Gemeinde ausreichende Ressourcen an Geld, Zeit und Räumen hat, um diese Ziele tatsächlich erreichen zu können. Natürlich werden Unschärfen weiterhin bestehen bleiben, aber die Leitfrage sollte jetzt bearbeitbar sein: Wie sollen die geplanten Ressourcen auf die geplanten Arbeitsfelder verteilt werden?

11 Etwas anderes ist die Planung von konkreten Kooperationsprozessen. Siehe hierzu Kapitel 7

6.4.4 Schritt 13: Aufbau einer Ressourcenkarte

Je nach Charakter der Angebotskarte verläuft auch die Erstellung der Ressourcenkarte. Hat sich die Gemeinde für die „große Lösung“ entschieden, dann müssen auf der Ressourcenkarte zu allen Arbeitsfeldern und Angeboten der Gemeinde auch die entsprechenden Ist- und Sollwerte der Ressourcen vermerkt werden. Das Verfahren ist aufwändig, weil nun schlichtweg der Zwang besteht, alles, was die Gemeinde tun will, mit allem, was die Gemeinde an Potenzialen hat, in Einklang zu bringen. Dadurch wird eine Transparenz über den Zusammenhang zwischen ideellen Zielen und materiellen Grundlagen erreicht, die möglicherweise die Motivation fördert, nochmals die einzelnen inhaltlichen Ziele in ihrer Präferenzordnung zu reflektieren.

Sollte sich beispielsweise herausstellen, dass für die eigentlich geplante intensive und individuelle Vorbereitung der Taufeltern keine ausreichenden Zeitbudgets zur Verfügung stehen, muss die Gemeinde entweder andere Arbeitsziele absenken, um entsprechend benötigte Stunden zu gewinnen, oder sie muss ihre Zielstellung nochmals überdenken. Wäre es vielleicht ein Kompromiss, pro Quartal für die Taufeltern ein gemeinsames Seminar durchzuführen?

Hat sich die Gemeinde bei der Formulierung ihrer Angebotsziele hingegen auf die Schwerpunktlösung konzentriert, so gelingt die Erstellung einer Ressourcenkarte unkomplizierter, weil nunmehr „nur“ zwei Aufgaben zu erledigen sind. Einmal müssen den Schwerpunktzielen entsprechende Ressourcen zugeordnet werden, wobei in diesem Fall eine Zusatzaufgabe darin besteht, auch Deckungsvorschläge für die „Zusatzressourcen“ zu finden. Und zum anderen sollte die Ressourcenkarte auch Platz für „Aufwand und Ertrag“ reservieren, die u.a. mit der Entwicklung eigener finanzieller oder personeller Schwerpunktsetzungen verbunden sind.

Ob große oder konzentrierte Angebotskarte, die Struktur der darauf aufbauenden Ressourcenkarte ist vergleichbar: Die Angebote werden in Ressourcen operationalisiert. Je nach gewünschtem und notwendigem Präzisionsgrad geschieht die Ressourcensteuerung dann über die Zuweisung geplanter hauptamtlicher Stunden, ehrenamtlicher Stunden und von geplanten Finanzen für jede Zielebene: Neue Richtwerte für die jährlich stattfindende Haushaltsplanung.

Unsere „Mustergemeinde“ könnte demnach folgende Ressourcenkarte aufbauen:

Abb. 37: Ressourcenkarte von St. Paul

Ziel	Kennzahl	Zielwert	Aktionen	Wer?
Absicherung der zentralen Entwicklungsziele (Integration der Russlanddeutschen, Konfirmandenarbeit, Seelsorge, Gottesdienstqualität, Kindergarten) durch Entlastung der hierfür verantwortlichen Kräfte	Benötigte Stundenzahl hauptamtlich; Benötigte Stundenzahl ehrenamtlich; Geld	860 Std. 700 Std. 4900,–	Erarbeitung von Vorschlägen auf Basis der Arbeitszeitanalyse, welche Tätigkeiten hierfür reduziert werden sollen; Erarbeitung von Konzepten, wie Hauptamtliche systematisch neue Ehrenamtliche gewinnen können; Gewinnung von Ehrenamtlichen; Umsetzung der Ergebnisse von Kostenanalysen in die Haushaltsplanung	Vorsitzender des KV / PfGR
Einsparung ehrenamtlicher Zeit bei Sitzungen	Freiwerdende Zeit in Stunden	200 Std.	Entwicklung eines Besprechungs-managements	Ein Gemeindeglied mit beruflicher Management-praxis
Einsparung hauptamtlicher Zeit im Gemeindemanagement	Freiwerdende Zeit in Stunden	160 Std.	Delegation von Ausschuss-vorsitzenden an Ehrenamtliche; Klärung der Entscheidungsbefugnisse Ermittlung des Zeitverbrauchs durch ungeplante Termine und Sitzungen	dito
Reduzierung der Ausgaben durch Gebäudemanagement	Einsparungen bei Nebenkosten / Kirche und Gemeinde-zentrum	2000,–	Ausschreibung und Vergabe eines Gutachtens zum „Facilitymanagement"	Kirchenpfleger mit Unter-stützung durch Verwaltungs-stellen
Finanzielle Absicherung der Entwicklung fachlicher Kompetenzen bei Ehrenamtlichen	Geld	1300,–	Klärung, welche „Drittmittel" hierfür wo zur Verfügung stehen: Kirche, Caritas/Diakonie, Sozialministerium, Stiftungen Kontaktaufnahme mit der kirchlichen FH, ob Unterstützung für ein Modell „Ehrenamt" möglich	Diakon

In dieser Referenzkarte tauchen in der „Aktionsspalte" Tätigkeiten auf, die auf den oben beschriebenen Analysen, insbesondere der Arbeitszeiten, der Arbeitsverteilung und der Haushaltsmittel aufsetzen. Dieser methodische Aufwand lohnt sich, wenn eine Gemeinde auf „BCC-Steuerung" umschaltet, und trägt dann einige Jahre. Zu beachten ist, dass die

Analyse und Kenntnis der ehrenamtlich investierten Arbeitsstunden nicht mal eingeschränkte Steuerungsgrößen ergibt, wie sie auf hauptamtlicher Seite eher gegeben sind.

Wie penibel und umfangreich die „Ressourcenkarte" auch immer mit der „Auftrags- und Aufgabenkarte" verknüpft wird, man gewinnt Anhaltspunkte über zielbezogen benötigte Zeit- und Geldmengen sowie über vorhandene Potenziale eigentlich erst dann, wenn die Aktionsspalten pro Zielebene detailliert und durchdacht ausgefüllt sind. Wenn, um ein Beispiel heranzuziehen, die Gemeinde plant, den Kontakt zu neuzugezogenen Gemeindemitglieder binnen vier Wochen zu knüpfen, gibt erst die Aktionsspalte darüber Auskunft, wie viel Zeit hierfür reserviert werden muss. 1 Stunde pro Jahr für einen Standardbrief oder 300 Stunden pro Jahr für Hausbesuche? 300 Euro für Porti oder 3000 Euro für Willkommensgeschenke? Und im Übrigen als Nebenwirkung: Erwartet die Gemeinde vielleicht durch Hausbesuche auch neue Ehrenamtliche?

Bei der Aufstellung einer Ressourcenkarte tappen Gemeinden mit ausreichender Sicherheit in die Falle der Überforderung. Die Ehrenamtlichen und Hauptamtlichen satteln sich, angestiftet auch durch eine gewisse optimistische Stimmung, die eine BCC-Erarbeitung mit sich bringt, immer mehr und weitere Aufgaben auf. „Das müsste auch noch zu machen sein"; „Wenn kein anderer im Moment da ist, mache ich das eben noch".

Eine andere Vorgehensweise ist dringend zu empfehlen, zumal die vorhandenen Ressourcen, insbesondere an hauptamtlichem Personal und an Geld, schrumpfen. Eine Ressourcenkarte sollte ganz kühl und exakt, ohne moralischen Überschwang, die Ziele der Gemeinde mit Ressourcen versehen, entweder durch zusätzliche Ehrenamtliche oder durch an anderer Stelle eingesparte hauptamtliche Zeiten. Wenn sich für manche Ziele keine zusätzlichen ehrenamtlichen Kräfte finden lassen und/oder wenn keine hauptamtlichen Zeitbudgets bei anderen Aufgaben gekürzt werden können, dann muss das Ziel auf die Wartebank gesetzt werden. Die Gemeinde kann dieses Ziel durchaus dokumentieren und weiterhin pflegen, aber sie sollte sich bewusst entschließen, bis auf Weiteres Umsetzungsschritte aufzuschieben. Nichts ist demotivierender als Zielstellungen, die sorgfältig und aufwändig ausgearbeitet wurden und dann platzen.

6.5 Fünfte Phase: Ziele für die Organisations- und Wissensentwicklung

6.5.1 Schritt 14: Profilierung von Zielen für eine Verbesserung der internen Prozesse

Im Anschluss an die Ausarbeitung von Zielen für den Bereich der gemeindlichen Aufgaben und Angebote sowie der Ressourcen versucht die BCC-Gruppe nun, Ansätze für Prozessoptimierungen zu finden. Sie hat dafür zwei Anknüpfungspunkte:

a) Der direkte Weg führt über die Bearbeitung von Schwachpunkten. Fast überall im Bereich der internen Organisation gibt es eine oder mehrere der „gemeindetypischen Plagen", das sind Arbeitsabläufe, die „immer" nicht klappen: Der Gemeindebrief, der immer zu wenig oder zu unpräzise das gemeindliche Leben spiegelt, die Pfarrgemeinderatssitzung, zu der immer zu spät eingeladen wird oder die Website, auf der die wichtigen Informationen nicht zuverlässig erscheinen. So „technisch einfach" es auf den ersten Blick auch aussehen mag, zum Beispiel die präzise Beantwortung einer telefonischen Anfrage im Pfarramt wegen einer Taufe oder wegen einer Hauskommunion auf eine verlässlich gute qualitative Höhe zu bringen, so haben auch einfache Prozesse typische Stolpersteine. So taucht zum Beispiel die Frage auf, ob das Pfarramtssekretariat die Kalender der Pfarrer/innen führt und entsprechend in der Lage ist, Tauftermine oder Besuchstermine zu vergeben. Oder wird der Anruf in eine Schleife umgeleitet („Bitte rufen Sie den Pfarrer morgen nochmals direkt an“ oder „Bitte rufen Sie morgen nochmals im Pfarrbüro an, ich lege dem Pfarrer einen Zettel auf den Schreibtisch“ oder „Sie bekommen in den nächsten Tagen einen Rückruf von der Pfarrerin“)? Und wenn das Pfarrsekretariat die Kalender der Hauptamtlichen führen sollte: Wie funktioniert der rechtzeitige Terminaustausch? Auf diese Weise werden Verwaltungs- und Organisationsaufgaben ohne direkten Bezug zu anderen Karten mit einer eigenen Zielstellung verknüpft, wenn die Gemeinde hier eine wichtige Aufgabe sieht. Zum Beispiel: Die Verbesserung in der Verwaltung des gemeindeeigenen Friedhofes.

b) Wesentliche Anknüpfungspunkte für eine Prozesskarte liefert sehr oft – und so auch bei unserer Muster-Gemeinde – die Ressourcenkarte, manchmal auch die Aufgabenkarte. Ressourcenziele beziehen sich auf Einsparungen von Zeit durch die Optimierung des Gemeindemanagements, des Sitzungsmanagements und auf Einsparungen von Geld durch die Optimierung des Gebäudemanagements. Das bedeutet eine implizite Aufgabenstellung für die Organsationsseite der BCC; für diese drei Ressourcenziele müssen nun Arbeitsprozesse definiert werden, deren Effizienz als Zielgrößen auf der Prozesskarte auftaucht. Weitere Prozess-Ziele unserer Muster-Gemeinde müssten sich, von der Aufgaben-Karte her gesehen, auf die Qualitätsverbesserung des Kindergartens sowie auf die Abstimmung haupt- und ehrenamtlicher Tätigkeiten bei den Aufgaben der Seelsorge, des Gottesdienstes, der Diakonie und der Konfirmandenarbeit beziehen.

6.5.2 Schritt 15: Prozess-Analyse und Modellieren von Prozessen am Beispiel Pfarramt

Wenn sich mehrere Verbesserungswünsche im Bereich der Pfarramtsorganisation bündeln, oder wenn diese – etwa im Zusammenhang eines Kooperationsprojektes – grundlegend verändert werden soll, bietet sich ein Zwischenschritt in Form einer Analyse an. Sie kann vorhandene Annahmen überprüfen, Wirkungsweisen objektiveren und Hypothesen für geplante Veränderungen stützen bzw. schwächen. Ausgangspunkt unserer exemplarischen Analyse, die sich auch auf andere Bereiche der gemeindeinternen Organisation beziehen könnte, sind hier die Erwartungen der „Pfarramtsnutzer“. Welche Themen werden von welcher Nutzergruppe an ausgewählten Untersuchungstagen an das Pfarramt herangetragen? Und in welcher Form: als Mail, per Post, am Telefon oder persönlich?

Als „Kundengruppen“ können beispielsweise Hauptamtliche, Ehrenamtliche, Gemeindemitglieder, Handwerker, Seelsorgesuchende unterschieden werden. Mit einem Erhebungsbogen werden an zwei, drei Tagen die entsprechenden Häufigkeiten nach Thema und Kommunikationsform dokumentiert und entsprechend ausgewertet.

Abb. 38: Themenfrequenzen in Pfarrämtern

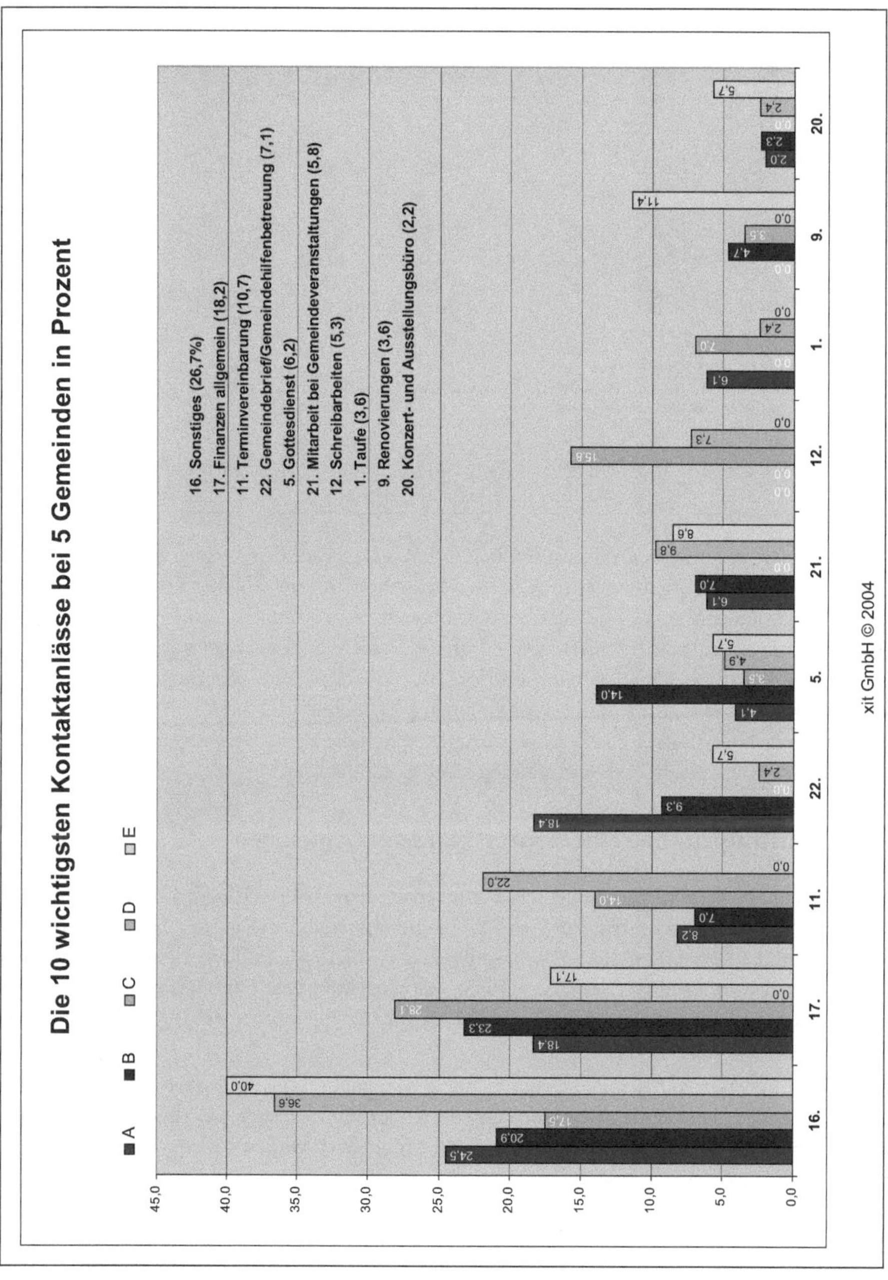

Abb. 39: Anzahl unterschiedlicher Kontaktformen je Gemeinde und Tag

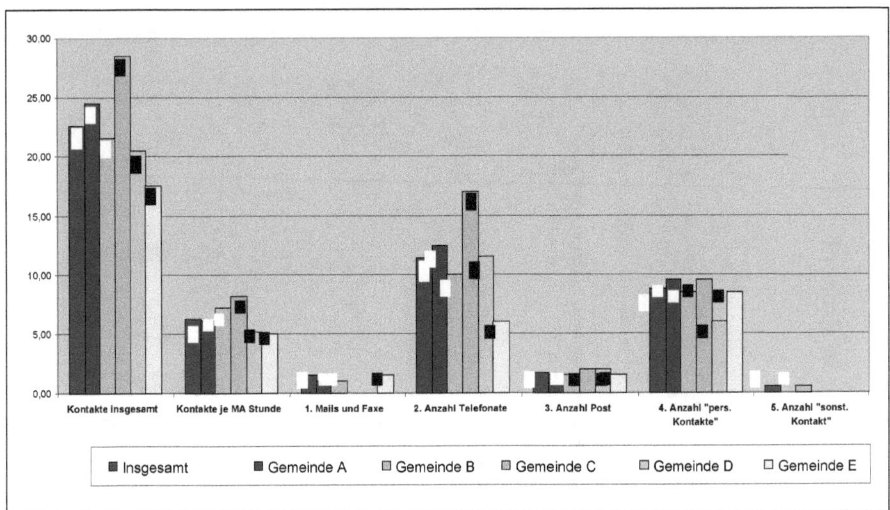

Die BCC-Gruppe überlegt dann mit Blick auf das durch die Analyse gegebene Material, welche typischen Aufgaben sie in welcher Häufigkeit und in welcher Qualität durch ihr Pfarrbüro erledigen muss; und sie überlegt, ob sich diese Aufgaben so systematisieren lassen, dass möglichst klar definierte „Geschäftsprozesse" aufgezeichnet werden können. Sie entwickelt auf diese Weise, einfach und präzise, mit oder ohne Kooperationsgemeinden, Prozessarchitekturen, die mit den vorhandenen personellen und technischen Mitteln zu erreichen sind. Hierzu wählt die Gruppe wahrscheinlich die zwei, drei Arbeitsabläufe aus, die im Pfarramt als typische Arbeitsaufgaben häufig anfallen.

6.5.3 Schritt 16: Aufbau einer Prozesskarte der Gemeinde

Bei unserer Mustergemeinde wird das Hauptaugenmerk, wie in diesen Kürzungszeiten so häufig, auf der Effizienzsteigerung des Gemeindemanagements gelegt, um insbesondere Zeitressourcen der Haupt- und Ehrenamtlichen bei solchen Tätigkeiten einsparen zu können, die nicht unmittelbar „dem Menschen" zu gute kommen. Die Optimierung der Verwaltungs- und Entscheidungsprozesse soll Luft für das Eigentliche einer Kirchengemeinde schaffen.

Natürlich könnten auf der Prozesskarte auch Klärungen vorgenommen werden, wie die „eigentlichen" Arbeitsaufgaben, also hier: Jugendarbeit, Seelsorge, diakonische Tätigkeiten, Gottesdienstgestaltung usw. gestaltet und organisiert werden sollen.

Abb. 40: Prozesskarte St. Paul

Ziel	Kennzahl	Zielwert	Aktionen	Wer?
Optimierung des Gemeindemanagements	Erreichbarkeit des Pfarrbüros in Wochenstunden; Telefonische Öffnungszeiten; Bearbeitungsgeschwindigkeit von Mails; Arbeitszeit pro Gemeindebrief Arbeitsstunden / Woche der Pfarrer für Verwaltung	40 20 24 Std 50 10	Kooperationen mit anderen Gemeinden bei der Organisation von Verwaltungsprozessen (gemeinsame Bauplanung, Springerregelungen im Kita-Bereich, Abstimmung der Öffnungszeiten in Ferienzeiten); Zeitmanagement für Pfarrer (jeweils 2 Sitzungen); Ausbau der technischen Standards durch Telefonanlage	
Optimierung des Sitzungsmanagements	% der Beschlüsse mit Kontrolldatum; % der Sitzungen, in denen empirisch überprüfte Zielwerte der BCC vorgestellt und diskutiert werden; Sitzungsstunden pro Monat	90 % 25 % 60	Einsatz einer Checkliste für Sitzungsmanagement; Erstellung einer Beschlussdatenbank mit Erfolgskontrolle; Erweiterung der Entscheidungskom-petenzen Einzelner außerhalb von Gremien; Entwicklung eines Normwertes	
Steuerung des Kindergarten QM	Gesamtzahl in Std. / Monat, die Gemeinde für Kita aufwendet	2	Definition der Aufgaben der Kita-Leitung; Definition der Kita-Verwaltungsprozesse	
Gestaltung der Abstimmungsprozesse zwischen Haupt- und Ehrenamtlichen	Durchschnittliche Zufriedenheit der Ehrenamtlichen mit der Unterstützung durch die Hauptamtlichen in Schulnoten	min. 2,0	Erstellung von „To do Listen“ pro Arbeitsfeld; Ermittlung des Schulungs- und Förderbedarfs der Ehrenamtlichen; Festlegung der hauptamtlichen Stunden	

Bei aller optimistischen Zuwendung zur Logik der Prozesssteuerung und zur Optimierung kirchlicher Arbeits- und Managementprozesse bleibt diese Karte in einem Zwiespalt: Arbeits-, Verwaltungs- und Entscheidungsprozesse zu optimieren, bringt *und* kostet Zeit und Geld.

Um Überforderungen zu vermeiden, müssen die Aufgaben im Zeithorizont ausbalanciert werden. Nicht alles muss sofort angepackt werden, aber es muss klar definiert werden, wann welches Projekt, welche Aufgabe und die zugehörigen Aktionen von wem gestartet werden.

6.5.4 Schritt 17: Aufbau einer Karte für Wissens- und Entwicklungspotenziale der Gemeinde

Für die vierte Karte der Balanced Church Card stellt sich nach der Ausformulierung der Prozess-Ziele für die Gemeinde die Frage, ob die Haupt- und Ehrenamtlichen mit ihren Fähigkeiten und ihrem Wissen die Ziele, die auf den ersten drei Karten definiert wurden, zum

Laufen bringen können. Kann die Gemeinde, was sie will? Was muss sich bei haupt- und ehrenamtlichen Mitarbeitern entwickeln und wie kann das gefördert werden, um die Aufgaben und Prozesse in der geplanten Qualität durchführen zu können? Wie können fachliche Kompetenzen entwickelt werden, damit das gelingt? Im Mittelpunkt dieser letzten, abrundenden Schritte bei der Erarbeitung einer Gemeinde-BCC steht die Wechselwirkung zwischen den (versteckten) menschlichen Potenzialen der Gemeinde auf der einen Seite, der Angebots- und Prozessqualität auf der anderen Seite.

Da ist die Sekretärin im Pfarrbüro, die sich um jede Besucherin und jeden Besucher, um jeden Telefonanrufer und jeden am Kopierer verzweifelnden Hauptamtlichen rührend kümmert, aber nicht in der Lage ist, Serienbriefe zu schreiben, den Gemeindebrief zu layouten oder die Spendendatei in Excel zu führen. Da ist der Diakon, der, sicher ist sicher, das ökumenische Gemeindefest wochenlang penibel selbst vorbereitet, weil die Ehrenamtlichen unzuverlässig waren. Wir sehen – frei nach dem Motto: Übertreibung macht anschaulich – einen Pfarrer, der Woche für Woche schwache Predigten hält, aber mit den Jugendlichen wunderbar zurecht kommt, und wir sehen eine Pfarrerin, die immer und spontan ansprechbar ist, und zu nichts kommt, was sie sich Tag für Tag vorgenommen hat. Im Kindergarten der Gemeinde herrscht Untergangsstimmung, seitdem die Anmeldezahlen zurückgegangen sind, und es bleibt die Stimmung in der Elternschaft, dass sich die Erzieherinnen im kirchlichen Kindergarten nicht sehr engagieren. Der Mesner hält aus Angst vor Diebstahl und Vandalismus die Kirche fast immer verschlossen, und der Pfarrgemeinderat sieht ein Anzeichen seiner Wichtigkeit in der Tatsache, dass seine monatlichen Sitzungen in der Regel bis weit nach Mitternacht dauern.

Solche eingespielten Routinen und Gewohnheiten können durch eine Balanced Church Card als diskussionswürdig erkannt und angesprochen werden.

Die BCC-Gruppe entdeckt zum Beispiel bei der Definition der Prozesse: Die Sekretärin müsste gefördert werden, um effektiver und besser arbeiten zu können. Einige Verbesserungen könnten im Gemeindemanagement gemeistert werden, wenn die Pfarrerinnen und Pfarrer an der einen oder anderen Stelle systematischer arbeiten würden. Es gibt passende neue kommunikationstechnische Lösungen, für die aber alle Team-Mitglieder eine Schulung brauchen. Würde eine Mitarbeit von Ehrenamtlichen im Pfarrbüro funktionieren? Welche strukturellen und persönlichen Voraussetzungen sind hierfür nötig?

Mit Blick auf die bereits vorliegenden drei Beispiel-Karten benötigt unsere Muster-Gemeinde eine Aufbruchstimmung mit folgenden Ausprägungen:

- Engagement, Identifikation und Kompetenz bei Ehrenamtlichen,
- die Bereitschaft und Fähigkeit der Hauptamtlichen, ihre Arbeitsfelder transparent und effizient zu organisieren,
- die Fähigkeit und Bereitschaft bei der Kita-Leitung, die Qualität des Kindergartens zu verantworten,
- die Fähigkeit des Kirchenvorstandes und der geschäftsführenden Personen, das Gemeindemanagement neu zu strukturieren und
- eine allgemeine Konfliktbereitschaft und gewisse Starrköpfigkeit, die vereinbarten Ziele zu verfolgen, zu organisieren, und auch gegen Stimmungen und Widerstände durchzusetzen.

Aber: Eine Kirchengemeinde ist kein Unternehmen mit stringenter Personalentwicklung, sondern eher ein Puzzle mit ganz unterschiedlichen Teilen, das liebevoll, aber eben auch systematisch, so zusammengesetzt werden sollte, dass ein möglichst schönes Bild entsteht.

Nicht jeder kann alles, nicht jeder will alles tun, was vielleicht für andere, für ihn aber nicht, wichtig erscheint, nicht jeder will seine Kompetenzen verbessern, möglicherweise gibt es sogar wertvolle menschliche Nebeneffekte, wenn manche Dinge eben nicht ganz effizient und stringent erledigt werden.

Insofern bleibt auch bei der Gestaltung dieser Karte der Charakter des „Ausbalancierens" bestehen: Zwischen den Zielstellungen der Gemeindeleitung und den persönlichen Zeit- und Kompetenzbudgets der Personen, mit denen diese Ziele umgesetzt werden sollen, zwischen Ehrgeiz und Motivation, zwischen Konflikt und Akzeptanz.

Abb. 41: Wissens- und Entwicklungskarte von St. Paul

Ziel	Kennzahl	Zielwert	Aktionen	Wer?
Verbesserung der Kompetenzen der Ehrenamtlichen in der Seelsorge, der Aussiedlerarbeit, der Jugendarbeit und der Gottesdienstvorbereitung	Anzahl der Verbesserungsvorschläge für definierte Arbeitsfelder durch Ehrenamtliche	20	2 Schulungen für Besuchsdienste; zweimonatliches Auswertungstreffen für Besuchsdienste; Gewinnung von mindestens 3 Gruppenleitern für landesweites Schulungsseminar Jugendarbeit; Aufbau einer email Partnerschaft zu einer russischen Gemeinde; Durchführung von „Exkursionen" zu Gottesdiensten in der Region	
Förderung des Engagements und der Identifikation bei Ehrenamtlichen uond Hauptamtlichen	Anzahl neuer Ehrenamtlicher, die durch Ehrenamtliche gewonnen wurden, als Zufriedenheitsmaß	15	Schwerpunktheft der Gemeindezeitung; Organisation eines kleinen Festes: Hauptamtliche kochen für Ehrenamtliche	
Verbesserung der Managementfähigkeit der Pfarrer/innen	Anteil der Arbeitsstunden für Verwaltungs- und Gremientätigkeiten an der Gesamtarbeitszeit	max. 20 %	Arbeitszeitanalyse; Erarbeitung von Prozessmodellen für Pfarramt- und Gemeindeorganisation	
Förderung selbständigen Arbeitens im Kita	Anzahl von Beschwerden von Eltern	max. 5 im Quartal	Zielvereinbarung zwischen Kitaleitung und Gemeinde; Überprüfung der Zielerreichung; Festlegung des Prüfungsmodus	
Verbesserung der Predigtqualität	Durchschnittliche Bewertung als Schulnote bei Stichprobenbefragungen von Gottesdienstbesuchern	min. 2,5	Organisation einer Feedback Gruppe; Pfarrer stellen eigenes Fortbildungsprogramm zusammen	
Entwicklung von Routine beim Einsatz der BCC als Steuerungsinstrument	Anteil der Arbeitsfelder der Gemeinde, die u.a. über Kennzahlen gesteuert werden	50 %	Organisation von Schulungsabend für neue Mitarbeiter/innen 1x jährlich; Aktualisierung der Homepage mit empirischen Werten	

6.6 Eröffnung der Umsetzungsphase: Beschluss der BCC durch den Kirchenvorstand

Die nunmehr austarierte, ausformulierte, mit ausbalancierten Zielwerten gespickte Karte wird dem Kirchenvorstand zur Diskussion und Entscheidung übergeben. Der Kirchenvorstand benötigt hierfür einen konzentrierten Arbeitstag, in dem er sich Schritt für Schritt von Karte zu Karte bewegt, aber auch Balancen zwischen den vier Karten für einzelne Zieldimensionen nachverfolgt, indem er klärt, welche Zieldimensionen in welchem Zeittakt begonnen werden sollen, und indem er Verantwortliche für einzelne Zieldimensionen ebenso bestimmt wie einen „Gesamt-BCC-Kümmerer". An dieser Stelle geht es um den Feinschliff der Balanced Church Card, es geht nicht darum, nochmals alle grundsätzlichen, strategischen Überlegungen der Kirchenentwicklung im Allgemeinen und im Besonderen zu wiederholen. Die Kirchengemeinde hat sich ein Steuerungsinstrument gebastelt: es geht um die Anschlussfähigkeit dieses Instrumentes an die Gemeindewirklichkeit.

Nach Verabschiedung der BCC durch den Kirchenvorstand, – und wir meinen mit Verabschiedung nicht die wortwörtliche Variante -, bleibt noch die schönste Aufgabe im gesamten Prozess: Die Präsentation der graphisch gestylten Balanced Church Card für die Gemeindeöffentlichkeit: „Das sind unsere Schwerpunkte, das sind die Ziele, das sind unsere Möglichkeiten, das wollen wir lernen und entwickeln, das sind die verantwortlichen Ansprechpartner". Die Gemeindeleitung wird transparenter, und die BCC zeigt vielleicht dem einen oder anderen neugierigen Betrachter, wo man selbst einsteigen könnte, um die Gemeindearbeit lebendig zu halten. Und sie zeigt den neugierigen Betrachtern auch, dass alles auch ganz anders gesehen werden könnte, dass Kirche gestaltet werden kann und gestaltet werden muss.

Abb. 42: Leitbild einer Kirchengemeinde

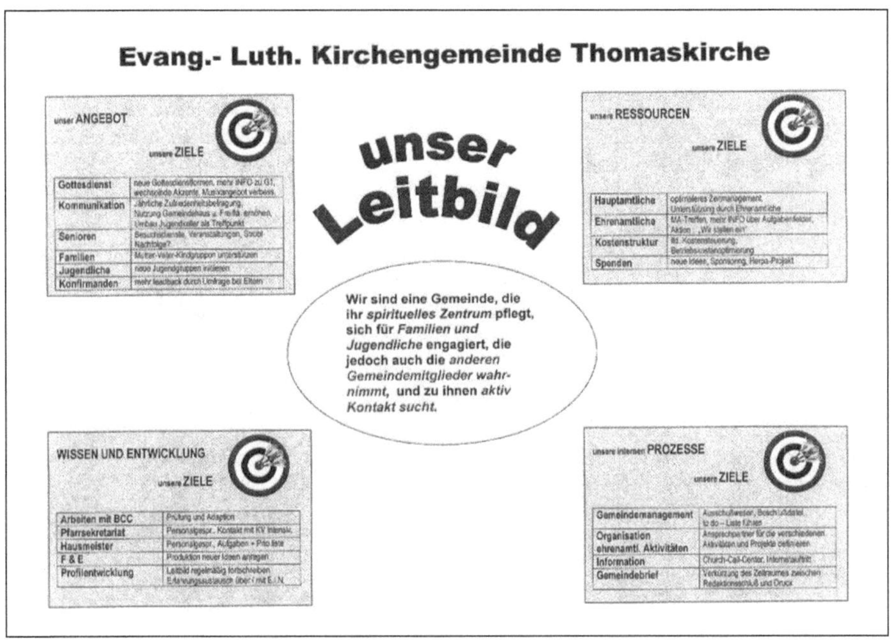

Kapitel 7 Die Balanced Church Card für die Region

7.1 Erste Phase: Klärungen

Entwicklungsprojekte für Dekanate bzw. Kirchenkreise, Superintendenzen oder Diözesen stehen vor Startbeginn traditionell vor drei Hürden, die in der Landkarte der Widerstände fest eingezeichnet zu sein scheinen.

Mit der ersten Hürde ist der Zeitpunkt des Projektes angesprochen, der aus Sicht der Gemeinden[1] immer ungünstig ist. Die zweite Hürde ist auch von den Gemeinden platziert, und bezeichnet das vorherrschende Verständnis des Dekanates als Verwaltungsorganisation und nicht als kirchlichen Sozialraum. Und die dritte Hürde ist die Machtprobe zwischen „denen und uns“ bzw. zwischen „uns und denen“.

7.1.1 Das Dekanat: Verwaltungsbezirk oder Handlungsebene?

Aus Sicht der Dekanatsverantwortlichen spricht gegen den Startzeitpunkt regelmäßig die Erwartung, dass die Landeskirche bzw. die Diözese in absehbarer Zukunft eine eigene Schwerpunktsetzung zur Strukturänderung oder Stellenplankürzung vornehmen wird, die es abzuwarten gelte. Und gerade weil sich diese Programme in aller Regel als reine Sparprogramme, ohne jeglichen Schimmer einer, geschweige denn *der*, frohen Botschaft entpuppen, benötigt ein Dekanat schon eine gehörige Portion „überschüssigen Bewusstseins“, um sich selbstbewusst mit eigenen strategischen Weichenstellungen zu beschäftigen.

Auch aus Sicht der Gemeinden und Einrichtungen kann es kaum einen willkommenen Startzeitpunkt für ein Dekanatsprojekt geben. Gemeinden sind immer überfordert, sie stehen vor einem Berg von Aufgaben, vor einem Berg von Problemen oder zumindest vor einem Berg von Skepsis gegenüber gemeindeübergreifenden Programmen.

Und sie treibt die nicht ganz unberechtigte Sorge, dass Dekanatsprojekte etwas im Schilde führen, das die Gemeinden personell stemmen, finanziell tragen und im Ergebnis als „Kollektivgut“ akzeptieren sollen. Sehr sensibel beobachten die Gemeindeaktiven, wenn die Kirche auf Dekanatsebene zentrale Einrichtungen wie City-Seelsorge, Begegnungsstätten, Akademien, zentrale Kunstprojekte, Public Relations oder Partnerschaftsprojekte organisiert; und sehr penibel vermerken die Gemeinden, welche Finanzmittel das Dekanat hierfür einsetzt. (Gelder, für die jede Kirchengemeinde auch einen sehr guten Verwendungszweck angeben könnte.)

Dekanate werden als Organisationsform und Verwaltungsbeziehung wahrgenommen und weniger als Orte der Verkündigung, Nächstenliebe und Eucharistie. Das kirchliche Leben spielt sich nach dieser Perspektive ausschließlich in den Gemeinden ab, Dekanate sind Overhead, Gemeinkosten, eher Kirchenverwaltung als Kirche. Auch in der katholischen, aber noch viel stärker in der evangelischen Kirche bezieht sich die räumlich-symbolische Kirchenbezogenheit auf die Gemeinde, und nicht auf Dekanate.

Dekanatsentwicklungsprojekte stecken deshalb in einer Zwickmühle: Sie sind in ihrer Planung, Organisation und Umsetzung auf die Mitwirkung der Gemeinden und Einrichtungen zwingend angewiesen, setzen aber inhaltlich außerhalb der jeweiligen Gemeindehorizonte

1 „Gemeinde“ wird hier nicht durchgängig identisch mit „Parochie“ gesetzt; wir verstehen auch kirchliche Einrichtungen und Verbände als Lebensformen christlicher Gemeinde.

an. Dekanatsentwicklungsprojekte begründen sich nicht selten durch Hinweise auf einen zunehmenden Verlust an Gemeindebezug bei vielen Kirchenmitgliedern, durch eine entsprechend zu entwickelnde übergemeindliche Angebotsstruktur, durch neue Seelsorgeformen, die nicht mehr an die klassischen Gemeindestrukturen geknüpft sind oder durch notwendige konzeptionelle Neuansätze der kirchlichen Erwachsenenbildung, Jugendarbeit oder Kulturarbeit. Erst wenn Dekanate von den Gemeinden als Spielort für gegenseitig produktive Anstiftungen, für Lernprozesse und gegenseitige Unterstützung erfahren werden, wird das Dekanat als Plattform für die kirchliche Entwicklung nachvollziehbar.

Aus diesem Grunde spricht alles dafür, das Dekanatsentwicklungsprogramm so auszurichten, dass die Gemeinden nicht nur die Lasten tragen, sondern auch die Früchte ernten: sie entwickeln und erhalten Ideen, Methoden, Konzepte, Organisationsberatung und Ressourcen für die konkrete Gemeindeentwicklung und profitieren in ihren Schwerpunktsetzungen und Profilbildungen von den Schwerpunktsetzungen und Profilbildungen der anderen Gemeinden und Einrichtungen. Die Kirche, so ein Ziel, zeigt sich einerseits einheitlicher, gemeinsamer und deutlicher, weil gewisse Standards gemeindeübergreifend vereinbart werden können, und sie zeigt sich andererseits auch bunter durch variantenreiche Gemeindecharaktere. Eine Innenstadtgemeinde in einer Großstadt wird andere Schwerpunkte setzen als eine Gemeinde am ländlichen Stadtrand; und doch wird das Bild der Kirche in einer profilierten Zusammensetzung attraktiver, wenn es auf Dekanatsebene gelingt, die einzelnen Gemeinden wie ein Puzzle miteinander zu verknüpfen.

7.1.2 Macht und Loyalität

Die Gemeinden werden sich in ihrer Verbindlichkeit unterscheiden. Eine Balanced Church Card für ein Dekanat wird deshalb einige wenige Ziele definieren, die für alle Gemeinden im Sinne der gemeinsamen Profilbildung verbindlich sind, und sie wird einige Zieldimensionen haben, an die sich Gemeinden freiwillig anschließen können.

Auch wenn Freiwilligkeit, Motivation und gemeinsame Interessen unverzichtbare „Produktionsfaktoren“ für gemeindeübergreifende Projekte darstellen, kommt um die Machtfrage bei Organisationsentwicklungsprojekten niemand herum. Falls im normalen Alltag die Illusion aufrechterhalten wird, dass Machtausübung in kirchlichen Breitengraden fast überhaupt nicht vorkommt, dann ist damit spätestens jetzt Schluss. „Wer will hier etwas ändern? Mit welchem Recht eigentlich? Und warum überhaupt? Ich bin gar nicht gefragt worden! Was bilden die sich eigentlich ein?“ Vor allem, wenn Projekte einen größeren Einzugsbereich haben – bei Kooperationen, Dekanatsentwicklungen, Diözesanprojekten oder landeskirchlichen Entwicklungszielen – sind solche vorläufigen (vorbeugenden) Entsolidarisierungen weit verbreitet und normal. Über die Hintergründe dazu lässt sich lange und interessant philosophieren. Manchmal genügt es schon, sich klar zu machen, in welchem Größenverhältnis ein Entwicklungsprojekt zum kirchlichen Leben im jeweiligen Bereich insgesamt steht.

Das evangelische Dekanat Nürnberg z.B., in dem wir einen Hauptteil unserer Erfahrungen gewonnen haben, besteht aus 48 Gemeinden und zahlreichen, zum Teil großen kirchlichen Werken und Diensten, gegliedert in 5 Prodekanate, mit 48 Kirchenvorständen und weiteren Leitungsgremien für die kirchlichen Einrichtungen, mit 5 Prodekanatssynoden und der Dekanatssynode. Und innerhalb dieser hoch differenzierten Strukturen arbeiten tausende Haupt- und Ehrenamtliche, die an ihrem jeweils eigenen Platz kirchliche Entwicklung mit prägen, die vor Ort in den Gemeinden und Einrichtungen Ideen und Konzeptionen weiterentwickeln und in die Praxis umsetzen. Mit all dem haben alle mehr als genug zu tun. Wie also kann es gelingen, dass in diesen bestehenden kirchlichen „Betrieb“ hinein ein Vorhaben aufgenommen wird, das über die Ziele, Alltagsarbeit und Ideen der einzelnen hinaus zur gemeinsamen Sache wird? Dass dies gelingt, ist wahrlich nicht selbstverständlich.

Im Blick auf die Wirksamkeit von Entwicklungsprojekten ist am wichtigsten die Einsicht: Vorbeugende Entsolidarisierungen sind kaum zu ändern, zumindest nicht argumentativ und schon gar nicht schnell. Manchmal lassen sich Vorbehalte in Gesprächen zur Sache auflösen und es entstehen daraus unterschiedliche Sachpositionen, die der Differenzierung und damit der Qualität von Projektvorhaben sehr nützen. Manchmal besteht ganz schlicht und dauerhaft die sehr menschliche Unlust, sich auf eine Veränderung einzustellen, die als Anforderung von außen daherkommt.

Diskussionen über den Charakter eines Projektes: Ist es eine Basisbewegung oder eine Experten-Veranstaltung ? Ist es „top down“ strukturiert oder „bottom up“ oder beides und wenn ja wie viel von jedem? Sind das Selbstverständnis und die Beziehungen der Beteiligten geklärt? Im kirchlichen Raum gehören dazu manchmal schwer durchschaubare, weil theologisch aufgeladene Argumentationen, in denen sich Veränderungswiderstände mit dem unbewussten Machttabu verbinden: Im Namen einer wie auch immer gearteten „Basis“. Oft sind damit bei näherer Betrachtung gerade die eher privilegierten Hauptamtlichen gemeint oder die kleine Schar der gemeindlich Aktiven. Spricht man den klar legitimierten Gremien und Projektgruppen ihre Handlungskompetenz ab?

Für die Projektverantwortlichen besteht die Kunst darin, sich von den (oft unausgesprochenen) Widerständen nicht den Schneid abkaufen zu lassen und die sachlich einleuchtenden Veränderungen trotzdem weiterzuverfolgen – und auf der anderen Seite so viel wie möglich an gegenseitiger Information, Beteiligung, Rückmeldungen und menschlicher Begegnung zu organisieren. So entstehen die größtmöglichen Chancen, das Projekt mit den Widerständen voranzubringen. Auf der formalen Ebene erfordert das eine Projektorganisation, die genügend Zeit gibt für Diskussion, ohne dadurch in die tödliche Zähigkeit eines Dauergespräches abzurutschen. Auf der sachlichen Ebene müssen die Projektverantwortlichen laufend Entscheidungen treffen: Welche Einwände sind in welcher Form zu berücksichtigen? Was zählt, ist die Konstanz im Informationsverhalten, die Klarheit in den Rollen, das Augenmaß und der persönliche Mut im Entwickeln der Veränderungsvorschläge.

7.1.3 Erster Schritt: Fragen zum Projektcharakter

Projekte können ihren Zusammenhang mit den Gemeinden unterschiedlich konstruieren. Sie können sich, dann im Zuschnitt sicherlich etwas bescheidener, auf alle Gemeinden im Dekanat oder der Diözese bzw. Landeskirche beziehen, oder auf einige Pilotgemeinden, in denen Modelle eingeführt und ausprobiert werden, oder auf freiwillige Kooperationen zwischen Gemeinden. Wenn es im Projekt darum geht, die Kirche in einer Region als Wahrnehmungsraum zu markieren, wenn also zum Beispiel der offene Charakter der Kirche betont werden soll, dann könnte sich die Landeskirche oder die Diözese oder das Dekanat auf eine Kampagne einigen, in der alle Kirchen tagsüber einladend gestaltet, und vor allem geöffnet sind. In diesem Fall müssten alle Gemeinden mitwirken, weil die symbolische Wirkung einiger geschlossener Kirchentüren das Programm zerstören könnte. Wenn sich ein Entwicklungsprogramm jedoch eher den Charakter eines Innovationsprogrammes zuschreibt, wenn somit modellhaft ausprobiert werden soll, ob an Wochentagen einladend geöffnete Kirchengebäude Menschen inspirieren können, ihre Alltagswege für eine Zeit der Stille zu unterbrechen, würde die Mitwirkung einiger ausgewählter Pilotgemeinden ausreichen. Ein kirchliches Entwicklungsprogramm könnte sich für die Gemeinden letztlich auch komplett unverbindlich darstellen, wenn weder die Mitwirkung aller oder einiger Gemeinden verbindlich eingefordert wird. Denkbar wäre hier die Anstiftung von Kooperationsmodellen zwischen Kirchengemeinden, die zwar methodisch vom Dekanat unterstützt werden könnte, aber deren inhaltliche Gestaltung in die Hände der Gemeinden gelegt würde. So unterschiedlich der Charakter des Projektes auch konzipiert sein mag, der Auftraggeber muss sich darüber im Klaren sein, damit Erwartungen und Projektdesign aufeinander abgestimmt werden können.

Wie auch immer solche gemeindübergreifenden Projekte geschnitten werden, benötigen sie doch eine zentrale Erfolgsbedingung: Sie müssen mit einem positiven Zukunftsbild der Kirche verknüpft sein. Sie müssen eine frohe Botschaft transportieren, und sie müssen im Zentrum die (!) frohe Botschaft haben. Wenn abschmelzende Finanzen, sinkende Mitglieder-und Freiwilligenzahlen, Mangel an Pfarrern, Ordensleuten und Diakonen die Rahmenbedingungen für den Projektstart darstellen, so rufen solche „Mangelprojekte" wie selbstverständlich zwei Gegenreaktionen hervor: Die Bildung von Wagenburgen zur Verteidigung eigener Ressourcen und die Entkoppelung der Motivation vom christlichen Eigen-Sinn. Insofern können sich gerade kirchliche Projekte nicht auf Aspekte des Kostenmanagements beschränken.

7.1.4 Zweiter Schritt: Beauftragung einer leitenden Gruppe

Um den Namen der Gruppe, die für das Entwicklungsprojekt eine besondere Verantwortung übernimmt, entbrennen nicht selten Kämpfe, die zunächst albern erscheinen. Sind die Funktion und die Zusammensetzung der Kerngruppe in einem BCC-Prozess nicht wichtiger als der Name?! Ist es nicht egal, ob „Steuerungsgruppe", „BCC-Team", „Koordinierungsgruppe", „Begleitgruppe", „Projektgruppe" oder „Kerngruppe"?

In Gebieten, in denen Theologinnen und Theologen auftauchen, sind Bezeichnungen natürlich überhaupt nicht unkompliziert. Schließlich würde das theologische Personal seine Sprach- und Sachkompetenz preisgeben, wenn es nicht um ein klares Aufscheinen von Funktion und Zusammensetzung *im* Namen ringen würden.

Falls der Name „Steuerungsgruppe" gewählt wird, ist tatsächlich die bewusste Einschränkung zu machen, dass wichtige Steuerungsaufgaben für das Projekt auch an anderer Stelle wahrgenommen werden: Durch das auftraggebende Gremium und durch die Projektbeteiligten, durch die Personen also, die (oft in größerer Zahl und hoch engagiert) Ideen, Zeit, Kreativkräfte, Erfahrungen und Widerstände in den Fortgang und die inhaltliche Ausrichtung des Projektes einbringen. Wenn das bewusst und präsent ist, kann der Name „Steuerungsgruppe" mit seinen Assoziationen in Richtung Wind und Wellen durchaus angemessen und motivierend sein.

Neben den planerischen Aufgaben des (hier so genannten) BCC-Teams liegt seine hervorragende Bedeutung darin, dass es einen Resonanzraum bildet, in dem Chancen und Grenzen, noch so leises Murren und ansatzweiser Jubel, und auch das vernehmliche Schweigen zu so manchen interessanten Fragen und Ideen gut hörbar sind.

Jedes Projekt hat eine eigene Vor- und Entstehungsgeschichte, bei der neben vielem anderen auch einzelne, besonders engagierte Personen prägend sind. Auch das wird sich in der Zusammensetzung des BCC-Teams spiegeln. Darüber hinaus sind folgende Kriterien interessant:

- Enge personelle Verzahnung zum Gremium, das das Projekt beschließt;
- Gute Repräsentation von Haupt- und Ehrenamtlichen mit Leitungsfunktion in den Bereichen, für die eine BCC erarbeitet wird;
- Gute Mischung der Charaktere, so wie sie auch in der Umsetzung begegnen werden („Erneuerer", „Bremser", „Lobbyisten", „Basisleute" etc.);
- Überhaupt: Die Mischung! Frauen und Männer, Ehren- und Hauptamtliche, unterschiedliche Berufsgruppen;
- Und absolut unverzichtbar: der Dekan, die Dekanin.

Gute Mischungen sind mit relativ wenigen Personen nicht herstellbar, und gute Projekte nicht mit vielen Personen in der Projektgruppe. Der Kompromiss, die optimale Gruppengröße, liegt wahrscheinlich bei sieben Personen. Zum Beispiel:

- Dekan / Dekanin
- Projektverantwortliche(r) des Dekanats
- Externe(r) Berater(in)
- Ein(e) Ehrenamtliche(r) aus einer Gemeinde
- Ein(e) Ehrenamtliche(r), der auch diakonisch tätig ist
- Ein(e) Hauptamtliche(r) aus einer Gemeinde
- Ein(e) Hauptamtliche(r) mit einer Zusatzfunktion (Kirchenmusik, Schule, Erwachsenenbildung etc.)

Im BCC-Team sollte von vornherein auf eine zielorientierte Arbeitskultur geachtet werden. Hilfreich dazu sind:

- Festlegung von monatlichen Arbeitsterminen
- Vereinbarung von personellen Zeitbudgets
- Klärung, in welchem Zeittakt und in welcher Form das BCC-Team informiert wird

Ebenso hilfreich sind klare Aufgabenstellungen und Kompetenzen des BCC-Teams, die vom leitenden Dekanatsgremium formuliert werden müssen.

- Schriftliche Beauftragung durch das zuständige Gremium, einschließlich der Aufgabenstellung und ihrer zeitlichen Struktur
- Was wollen die beschlussfassenden Gremien erreichen? Was sollen am Ende des Projektes die Ergebnisse sein? Was soll sich durch das Projekt ändern?
- Welche Erwartungen haben die Verantwortlichen gegenüber der externen Beratungsfirma?
- Welche Formen von Beteiligung, interner und externer Öffentlichkeitsarbeit sind gewünscht oder denkbar? Welche Analysen und Befragungen werden evtl. benötigt?
- Wieviel Geld steht zur Verfügung?
- Wer ist Auftraggeber? Wer arbeitet federführend mit? Wer leitet das Projekt? Welche Personen und Gruppen sind wie zu beteiligen? Soll das Projekt ökumenische oder sonstige Nachbarschaftsbeziehungen intensivieren helfen?
- Welche kirchlichen Felder sollen in diesem Projekt nicht tangiert werden? Gibt es Tabus?[2]

7.1.5 Dritter Schritt: Leitungsaufgaben klären

Ein BCC-Team hat einige Grundaufgaben, die je nach Projektcharakter unterschiedlich umfangreich ausfallen. Neben der Anstiftung und Verknüpfung vorhandener und neuer Aktivitäten im Dekanat sind die Aufgaben:

- Kompetenzen klar verteilen (auch für Hauptamtliche): Was braucht das Projekt?
- Rückkoppelung in die Entscheidungsgremien und in die innerkirchliche Öffentlichkeit (Gemeindebrief, Mitarbeiterinnen-Treffen / beteiligte Gemeinden und Einrichtungen / Leitungsgremium, Pfarrkonferenz etc.)
- Eine inhaltliche Schwerpunktsetzung und deren zeitliche Abfolge festlegen (Priorisierung). Nicht alles auf einmal angehen!
- Ein einfaches Organigramm erstellen (Aufbauorganisation und Ablauforganisation des Projektes für 5 Jahre)
- Den Stand analysieren – und die Situationen/Möglichkeiten in den Gemeinden und Einrichtungen betrachten; auch die Widerstände einbeziehen
- Sammeln von Kritik
- Klar durchdachte Kommunikation (nach „innen" und nach „außen")
- Last not least, auf der Basis der vorgenannten Aufgaben: Die inhaltliche Kontur der Entwicklungsziele im Dekanat nach und nach herausarbeiten.

7.1.6 Vierter Schritt: Auswahl der externen Beratung

Gerade im Bereich von Rollenentwicklung und Kommunikation kirchlicher Entwicklungsprojekte ist die Beratungskompetenz wichtig. Sie kann das Gleichgewicht von Beteiligung und Projektfortschritt abstützen, denn:

- Sie hat Erfahrung mit Organisationsentwicklungsprojekten und von daher sowohl Handwerkszeug wie die notwendige Intuition, um das Tempo eines Projektes richtig zu planen und unterwegs zu gestalten.
- Sie hat einen größeren Abstand zu den internen Konflikten, ihren Wurzeln und Hintergründen.
- Sie kann deswegen den Projektverantwortlichen dazu helfen, die Widerstände und Konflikte als normales und hilfreiches Phänomen zu würdigen.
- Sie kann deswegen auch leichter die Überlegung ins Spiel bringen, dass manche Auseinandersetzungen schlicht nicht lohnen, weil dadurch Zeit und Kraft ohne nennenswerten Ertrag verloren gehen und z.B. für den Kontakt mit kirchlich weniger arrivierten, für das Projekt aber wichtigen Menschen nicht mehr zur Verfügung stehen.

Beratung kann auch die inhaltliche Neuausrichtung befördern, denn:

Sie bringt sozialwissenschaftliches und kirchensoziologisches Wissen ein und erweitert dadurch den Horizont.

Sie ermutigt mit Hilfe von einfachen Instrumenten wie Telefonbefragungen oder anderer Organisationsformen dazu, die Kommunikation an bestimmten Stellen gezielt zu erneuern und dadurch andere Perspektiven aufzublenden.

---

2 Mögliche Tabus: das Verhältnis zwischen Kirche und ihrem Wohlfahrtsverband vor Ort, das Verhältnis zwischen Kirche und ihren Einrichtungen der Erwachsenenbildung vor Ort, das Verhältnis zwischen Kirche und ihren Schulen/Hochschulen vor Ort, das Verhältnis zwischen Kirche und Kirchengemeindeamt vor Ort, das Verhältnis zwischen Kirche und kirchlichem Bauamt vor Ort, das Verhältnis zwischen evangelischer und katholischer Kirche vor Ort et al.

7.1.7 Fünfter Schritt: Klärung der Zeitstruktur des Projektes

Eine Balanced Church Card für ein Dekanat aufzustellen, kostet Zeit. Selbst wenn die Verantwortlichen im Dekanat ein gutes Gespür für Entwicklungen und gute Kenntnisse der Potenziale und Empfindlichkeiten der Gemeinden hätten, selbst wenn also eine BCC „am grünen Tisch" vorbereitet und durch entsprechende Gremien verabschiedet werden könnte, wäre die Karte mit hoher Wahrscheinlichkeit nicht lebensfähig, weil ein unverzichtbarer Arbeitsschritt fehlen würde: Der produktive Streit über Schwerpunktsetzungen, über Zieldefinitionen und über die Balancen zwischen den einzelnen BCC-Karten.

Die spätere Verbindlichkeit und Steuerungskapazität der Balanced Church Card auf Dekanatsebene verlangt eine kollektive Anstrengung der kirchlichen Einheiten zur Konsensfindung vorab. Die BCC benötigt nicht nur methodische Stringenz, sondern auch Legitimation. Und gegen die „Lösung am grünen Tisch" spricht noch ein weiteres Argument: Die Kirche neigt dazu, ihre Gremien mit der Kirche und ihre Beschlüsse mit der Wirklichkeit zu verwechseln. Um zu vermeiden, dass sich kirchliche Strategieentwicklung nur auf prozentuale, lineare Veränderungen nach oben oder nach unten, bei gleich bleibend gewohntem Bild, bezieht, um, im Gegenteil, kreatives Umschalten, Abspecken, Konzentrieren und Wachsen überhaupt möglich zu machen, braucht die Kirche Zeit für neue Gedanken, Zeit für die Organisation von Irritationen.

Das Projektmanagement sollte mit eindeutig definierten Zeiträumen operieren: Es gibt Zeiten des Komplexitätsaufbaus durch Informationssammlung, dann Pilotphasen, in denen Konzepte ausprobiert werden, dann Zeiten der Diskussion und des Abwägens und gegen Ende der Konzeptentwicklung Zeiten der Komplexitätsreduktion, in denen verbindliche Entscheidungen in der Auswahl von Entwicklungszielen getroffen werden. Aus diesen Zeitfenstern ergibt sich eine anstiftende Zeitdramaturgie, wenn es dem Projektmanagement gelingt, den zeitlichen Projektfahrplan einzuhalten und ausreichend Rastplätze zu organisieren.

Das BCC-Projekt soll zeitlich klar strukturiert, konsequent und pünktlich ablaufen. Die Mitwirkenden brauchen hin und wieder Verschnaufpausen sowie Momente, um die zurückgelegte Wegstrecke zu betrachten und neues Gelände vorsichtig zu erkunden. Nach einem anstrengenden Aufstieg sollte man auf einem Zwischenplateau zu einem Fest einladen, um neue Kraft zu tanken. Nach einer schnellen Etappe sollte man eine Verschnaufpause einlegen können, und das Projektmanagement sollte kontinuierlich darüber informieren, wo die einzelnen Gruppen stecken, ob es Verzögerungen gibt, und welche Abkürzungen denkbar sind, um pünktlich ans Ziel zu gelangen.

Das pünktliche Erreichen der Zwischenziele ist der stärkste Motivator für die nächsten Etappen. Es ist der Beweis dafür, dass es die Kirche ernst meint, dass sie sich nicht nur auf den Weg gemacht hat, sondern auch ankommen will. Die Pünktlichkeit im Projektablauf ist kein Hinweis auf eine neurotisch-preußische Konstellation, sondern sie selbst präsentiert die angestrebte kirchliche Kulturänderung hin zu mehr Verbindlichkeit und Effizienz.

Abb. 43: Zeitplanung mit Netzplan

LEGENDE NETZPLAN:

1	Beschluss Steuerungsgruppe
2	Vorbereitung Workshop BCC
3	Workshop BCC
4	Dokumentation
5	Vorstellung Dekanenrunde
6	Vorstellung Kirchengemeinden
7	Workshop BCC Dekanat
8	Gewinnung von Pilotgemeinden BCC
9	Dokumentation
10	Workshop
11	Kirchliche Gremien
12	Dokumentation
13	Präsentation
14	Kurzbeschreibung für AG's + Werbung
15	Entwicklung methodischer Hilfe für AG's
16	AG-Mitarbeiter finden
17	Arbeitsaufträge an AG's
18	Methodische Schulung der AG-Leitungen
19	Konstituierung der AG
20	Start der Arbeitsgruppen
21	Erste Zwischenkontrolle der AG's
22	AG-Gesamttreffen
23	Zwischenbericht der AG
24	Themenfestlegung für Gesprächskreise
25	Gesprächskreis-Verantwortliche suchen
26	Briefing der Verantwortlichen

LEGENDE NETZPLAN:

27	Gesprächskreisteilnehmer suchen und einladen
28	Gesprächskreise durchführen
29	Gesprächskreise auswerten
30	Auswertung dokumentieren
31	Kirchengemeinden kontaktieren
32	Leitfaden entwickeln
33	Organisation & Procedere vereinbaren
34	Eröffnungsevent Planung
35	Konzept erstellen
36	Raum suchen
37	Raum buchen
38	Raum gestalten
39	Gottesdienst-Konzept erstellen
40	Gottesdienst
41	Fest konzipieren
42	Künstler suchen
43	Logistik & Organisation
44	Einladungen entwerfen und verschicken
45	Öffentlichkeitsaktionen
46	Eröffnungsfest
47	Zwischenbericht

Der Netzplan verdeutlicht übersichtlich die verschiedenen Steuerungsbereiche im empfindlichen Zeitraum der Projekteröffnung (29. bis 39. Kalenderwoche):

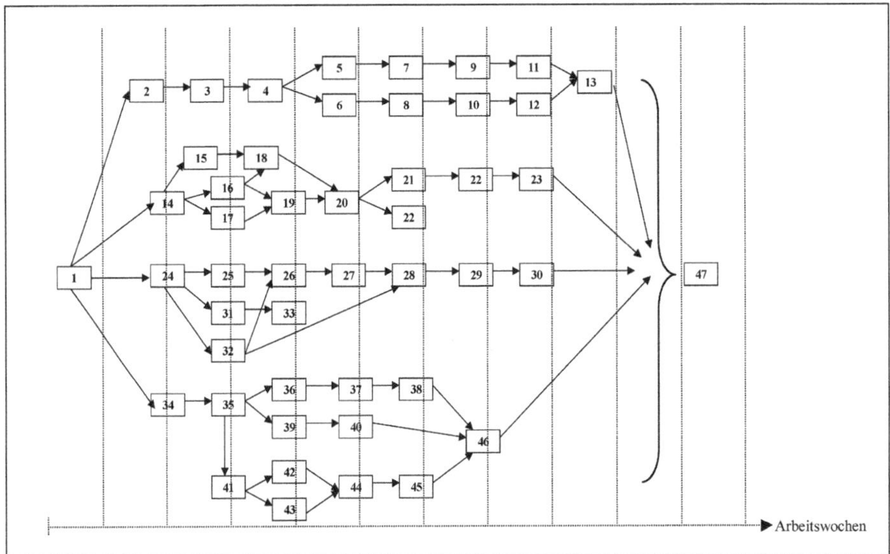

Ziffer 2-13: Arbeit an methodischen Grundlagen im Austausch mit den wichtigsten internen ArbeitspartnerInnen (Gemeinden, Leitungsgruppe, Leitungsgremium)

Ziffer 14-23 Konstituierung von thematischen Arbeitsgruppen: Beteiligungsmöglichkeit, Qualifizierung vorliegender Themen

Ziffer 24-33 Initiative „Gesprächskreise“: Öffnung des Projektes in den Raum außerhalb der fest verbundenen Kirchenmitglieder

Ziffer 34-46 Vorbereitung des Eröffnungsfestes: Bündelung der ersten Ergebnisse und Kontakte, Darstellung des Projektes als eigener soziale Größe

7.1.8 Sechster Schritt: Entscheidungen zum Projektdesign

Über das Projektdesign muss verbindlich entschieden werden. Entscheidungen sind Vorstrukturierungen von Handlungsspielräumen potentieller Akteure. Im kirchlichen Bereich gibt es einen gewissen Überschuss an Gremienentscheidungen, die eher appellativen Charakter haben, präzisen Operationalisierungen der personellen Verantwortungen ausweichen und insofern Verletzungen des Projektdesigns bereits mitdenken, erwarten und relativieren.

Über den Projektnetzplan bietet sich die zentrale Steuerungsmöglichkeit für das beschließende Gremium. Für jeden einzelnen Arbeitsschritt kann definiert werden, wer in welchem Zeitabschnitt mit welchem Aufwand mitwirken soll. Doch auch diese an sich günstige Zugriffsstruktur des netzplangestützten Projektes verlangt über die zeitlich gestückelten Verantwortlichkeiten hinaus eine übergreifende Gesamtverantwortung, die in klar definierter Weise entweder dem BCC-Team *oder* den leitenden Gremien und Personen übertragen werden muss. Mit Sicherheit würde es eine Überforderung darstellen, diese Verantwortung auch auf die Qualität der Projektergebnisse auszudehnen; dazu ist die Kirche doch zu unberechenbar. Auch wenn die thematische Kompetenz einzelner Personen vor Projektbeginn bekannt ist, lässt sich daraus noch nicht auf die Ergebnisqualität von Arbeitszusammenhängen schließen. Zu viele unbekannte Parameter stecken in dieser Gleichung, die jedem Projekterfahrenen gut bekannt sind. Ist die thematische Brillanz vielleicht im Einzelfall mit zeitlicher Schlampigkeit verknüpft? Oder wird die inhaltliche Kompetenz im anderen Fall mit einer leichten Brise arroganter Teamunfähigkeit erkauft?

Entscheidend für den Projekterfolg sind stabile und klare Entscheidungen.[3] Diese Entscheidungen eröffnen und sichern den Möglichkeitsspielraum für die nachfolgenden inhaltlichen Entscheidungen. Also: zeitliche Projektetappen werden festgelegt und andere Möglichkeiten damit ausgeschlossen, die Aufgaben und Rollen der BCC-Gruppe und des Beschlussgremiums sind trennscharf geklärt und verbindlich vereinbart. Die verantwortlichen Personen stehen fest und der Art des Gemeindebezugs ist geklärt.

7.2 Zweite Phase: Informationssammlung und Analyse

7.2.1 Erster Schritt: Gestaltung der Startsituation

Auch ein gemeindeübergreifendes kirchliches Entwicklungsprojekt startet in den Gemeinden.[4] Größer angelegte Projekte können nicht ohne Paukenschlag, ohne Symbolik, ohne Überraschung ins Leben treten. Schon der „erste Aufschlag" muß einen markanten Hinweis darauf geben, wie das Spiel angelegt ist, wie offensiv oder defensiv gespielt werden soll. Und der Projektbeginn sollte nicht exklusiv gestaltet sein, nicht in der Pressekonferenz der Kirchenleitung oder gar in einem kommunikativ abgegrenzten Gremium stattfinden, sondern in den Kirchen der Gemeinden. An einem Samstagnachmittag , so könnte der Beginn eines Projektes sein, das sich der Öffnung[5] zu den Kirchenmitgliedern verschrieben hat, finden in allen Kirchen Gesprächskreise statt, zu denen sich Menschen treffen, die nicht zum „innercircle" der Kirche gehören. Eingeladen werden die Menschen von einem Gemeindemitglied, das dann auch die Organisation des Gespräches übernimmt. Die von den Gesprächskreisen diskutierten Themen sind immer gleich und doch verschieden. Es geht um Glaube und Kirche; aber je nach Zusammensetzung der Gesprächsrunden wechseln die thematischen Zugangswege. In der einen Kirche treffen sich vielleicht Eltern, in einer anderen Kirche besprechen sich Menschen, die aus der Kirche ausgetreten sind, irgendwo sitzen Jugendliche zusammen, oder Menschen, die mit einer Krankheit leben müssen. Eine Gemeinde hat Journalisten und Medienprofis eingeladen, eine andere Künstler, in der Martin Luther Kirche sitzen zehn Katholiken, und die Bonhoeffergemeinde hat es geschafft, 10 abgetauchte Konfirmandinnen des letzten Jahrganges zu versammeln. Die Kirche hört zu, sie öffnet sich räumlich und ist aufmerksam für Stimmungen und Einstellungen. Sie zeigt Dialogbereitschaft und signalisiert die Bereitschaft, sich auf Anderes einzulassen.

Neben dem Austausch findet in diesen Gesprächskreisen auch eine kleine standardisierte Befragung statt. Die Fragebögen werden von Fahrradkurieren noch während der Treffen abgeholt, in eine Datenbank eingegeben und ausgewertet.

3 Und nicht nur Absichtserklärungen in Form von Beschlüssen.

4 Das hier vorgestellte Projektschema orientiert sich an den (ausgewerteten) Erfahrungen unseres E.i.N.-Projektes

5 Es wird deutlich, dass Öffentlichkeitsarbeit der Kirche nur funktioniert, wenn sich die Kirche auch öffnet.

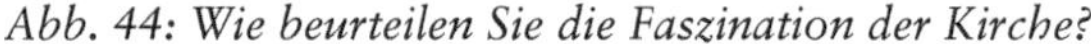

Bei einem ersten Zusammentreffen aller Kirchengemeinden am gleichen Samstag Abend können dann die ersten Befragungsergebnisse ebenso präsentiert werden wie Berichte über die gelaufenen Gesprächskreise. Das Projekt hat begonnen. Und zwar nicht im Insiderkreis der Kirche, sondern im großen kirchlichen Spektrum.

Abb. 44: Wie beurteilen Sie die Faszination der Kirche?

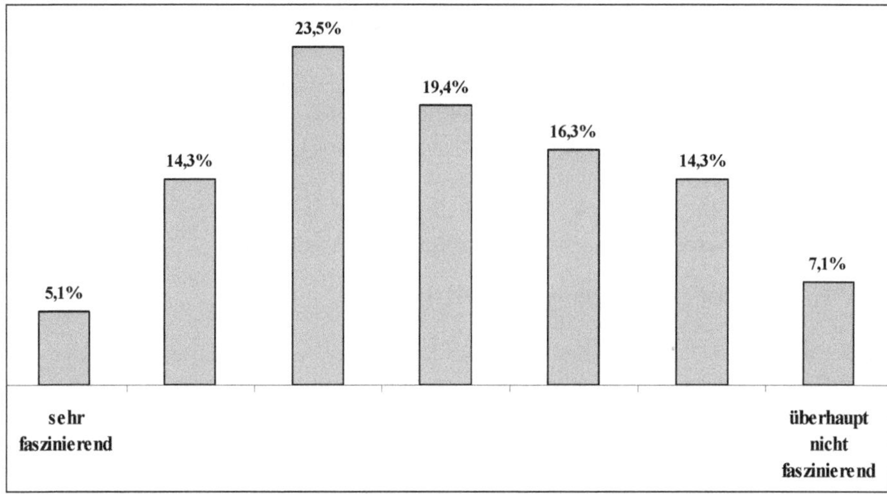

Abb. 45: Stellen Sie sich vor, wir sitzen 10 Jahre später hier: Glauben Sie, dass wir Ihren Wünschen nähergekommen sind?

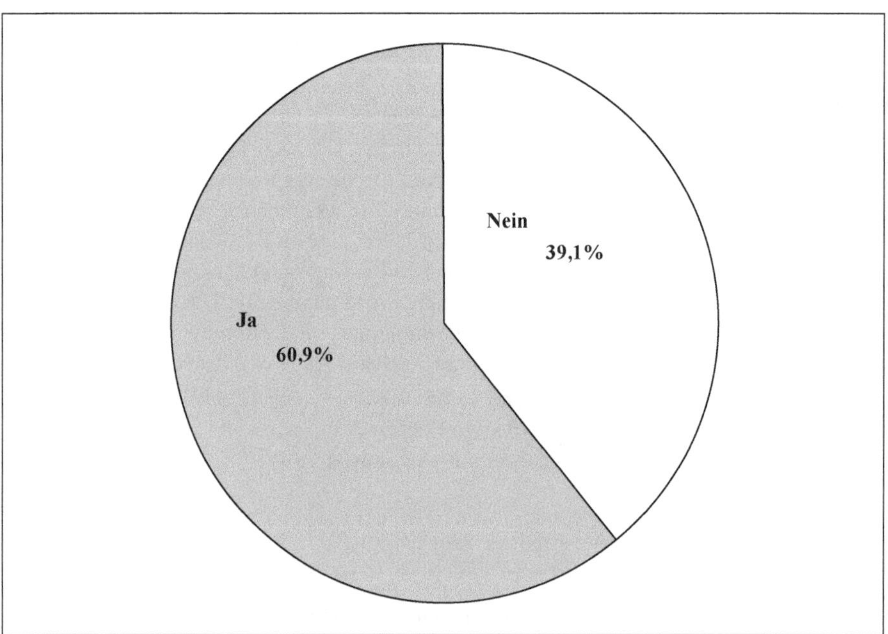

Abb. 46: Wie schätzen Sie die Chance ein, dass sich die Kirche positiv entwickelt?

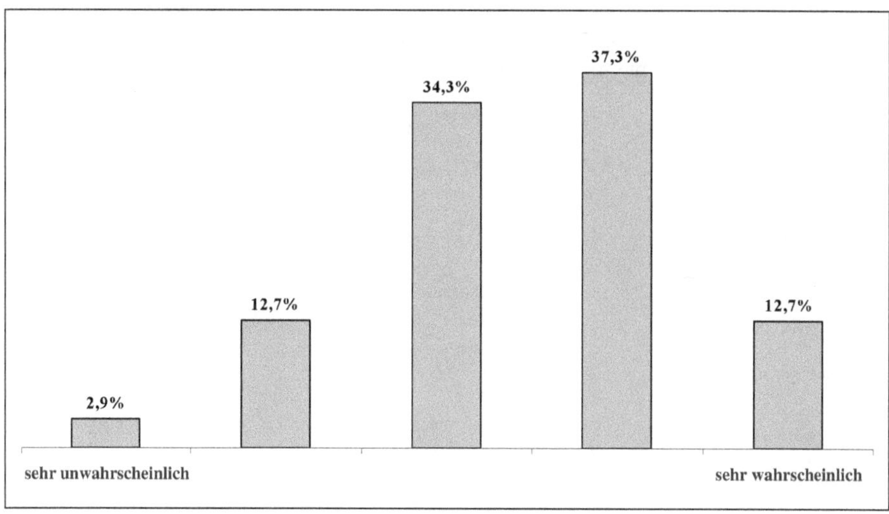

Abb. 47: Wie schätzen Sie die Chance ein, dass sich das Image der Kirche verbessert?

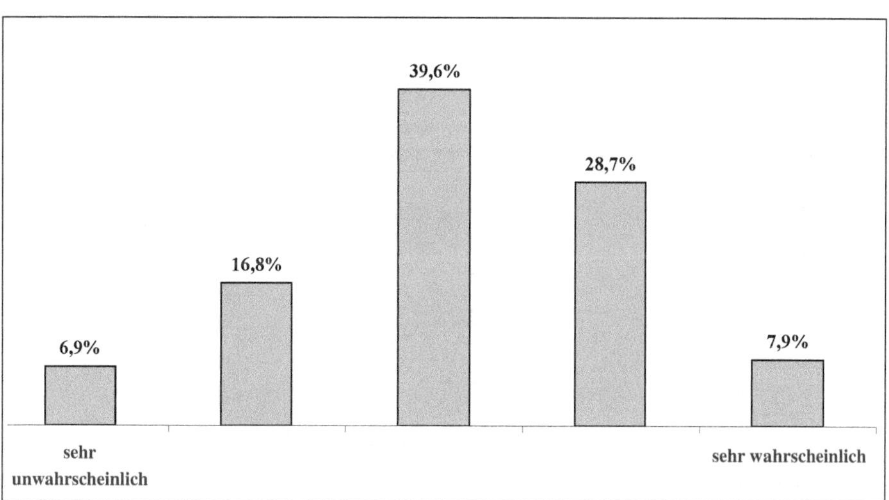

Abb. 48: Positive Erinnerungen an die Kirche

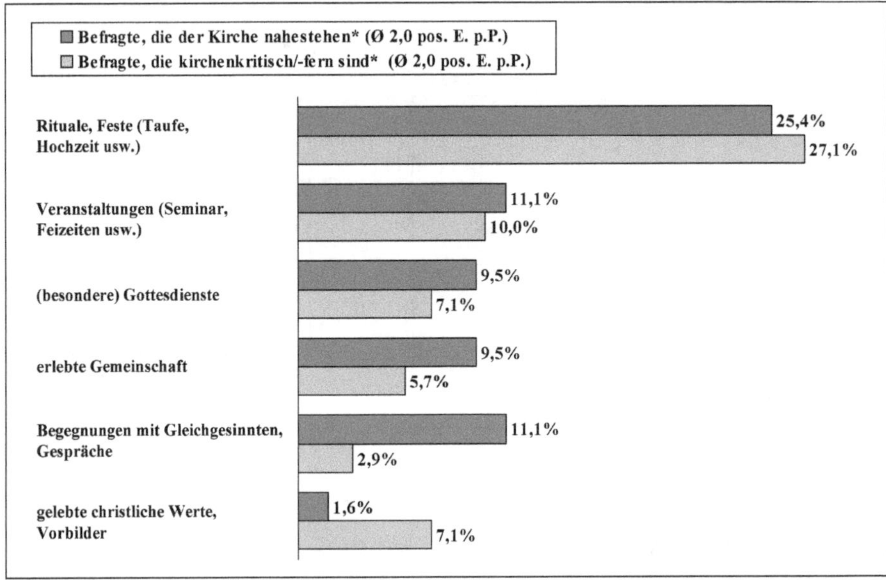

Abb. 49: Negative Erinnerungen an an die Kirche

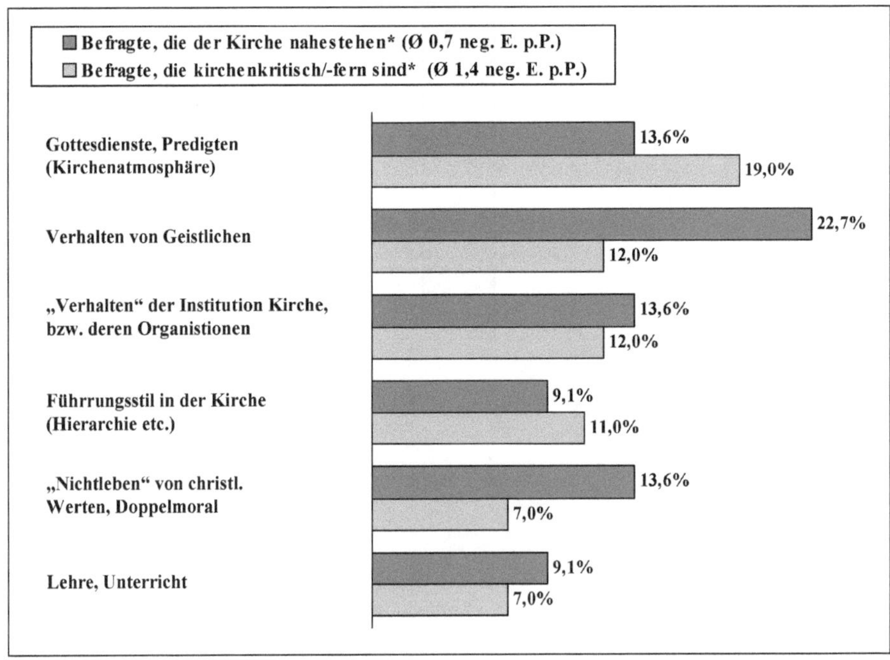

Der Ertrag ist nicht in brandneuen Erkenntnissen zu suchen. Vieles, vielleicht nahezu alles, was in diesen Gesprächskreisen auftaucht und besprochen wird, ist den Kirchenleuten bekannt. Und doch sind die daran anknüpfenden Gespräche des Abends und die damit verknüpfte Botschaft, dass Kirchenprojekte mit einer Denkrichtung „von außen nach innen" gestartet werden, ein Signal dafür, dass auch im weiteren Projektverlauf die Perspektive von Menschen, die nicht in eingefahrenen Selbstverständlichkeiten kirchlicher Organisation stecken, wichtig ist.

7.2.2 Zweiter Schritt: Konzeption von Arbeitsthemen

Durch diese Vorstufe, aber natürlich auch durch Diskussionen, die für das jeweilige kirchliche Gebiet seit Jahr und Tag auf der Tagesordnung stehen, haben sich nun vielerlei Ansatzpunkte und Themenstellungen ergeben, die im BCC-Team sortiert werden müssen. Es ist zu klären, welche Themen im Projekt angepackt werden sollen, zu welchen Themen dann letztlich Zielformulierungen entstehen sollen, und in welchen Themenfeldern sich die Kirche schwerpunktmäßig entwickeln soll. Solche Schwerpunktsetzungen lassen sich in einem dialogorientierten Kirchenverständnis nicht mehr deduktiv ableiten; sie können zwar von oben her verkündet werden, aber sie können sich dann eben nicht darauf verlassen, dass sie auch genug Energieladungen an Legitimation und Motivation aufweisen, um als mittelfristiger Prozess zu funktionieren.

Die Projektgruppe steht daher, nicht zum ersten und nicht zum letzten Mal, vor einer typisch kirchlichen Entscheidungssituation: Alle Themen sind wichtig. Wie dem mittelalterlichen Esel von Buridan kein Kriterium einfiel, sich zwischen zwei gleichen Hafersäcken zu entscheiden, so fehlt nun auch hier ein Entscheidungskriterium für Themenausschluss. Auch wenn es theologisch etwas schwachbrüstig wirkt, mendelt sich in der Diskussion darüber, welche Themen im weiteren Projektablauf angepackt und welche liegengelassen werden sollen, zumindestens ein praktisches Kriterium heraus: Lassen sich kompetente Kirchenmitglieder finden, die diese Themen verbindlich im Zeitrahmen bearbeiten?

Abb. 50: Arbeitsgruppen 22+1 mit Kurzdefinitionen

Arbeitsgruppen 22+1 mit Kurzdefinitionen[6]
Vision und Priorität übersetzt die E.i.N.-Leitsätze „Kirche, die nahe bei den Menschen ist" und „Kirche heißt: Evangelium ausstrahlen" in ein Konzept für die evang.-luth. Kirche im Dekanat Nürnberg. Damit werden die Fragen beantwortet: „Nahe bei welchen Menschen? Bei allen? Bei welchen besonders?" Zeit und Geld und alle weiteren Ressourcen sind immer knapp und verlangen Entscheidungen. Deshalb ist eine Analyse und genaue Auswertung notwendig. Alternativen sollen beschrieben werden, so dass Entscheidungen getroffen werden können: „Wir machen lieber das als jenes." Wer die Evangelisch – Lutherische Kirche in Nürnberg repräsentiert, richtet sich an den so gewonnenen Prioritäten aus.
Forum „Evangelische Theologie in Nürnberg" Diese Gruppe bearbeitet die theologischen Fragen, die sich im E.i.N. – Prozess ergeben und bedenkt die „Sprache", die sich hier entwickelt. Wie passen theologische Fragestellungen und Probleme zu einer Großorganisation und ihren Abläufen und „Gesetzen"?

6 Diese Arbeitsgruppen zeigen die Themenauswahl des Nürnberger E.i.N.-Projektes

Arbeitsgruppen 22+1 mit Kurzdefinitionen[6]
Inspiration Evangelium Frei von Zwängen und Zwecken wird hier theologisch gearbeitet mit der Zielsetzung für „hier und heute" das Evangelium neu zu entdecken und für die Stadt und ihre Menschen relevant zu sagen.
Seelsorge in der Stadt – Seelsorge für die Stadt Welche Möglichkeiten haben Menschen, die nicht von kirchlichen MitarbeiterInnen besucht werden und keine persönlichen Gemeindekontakte haben, unsere seelsorgerliche Kompetenz in Anspruch zu nehmen? Welche Angebote müssten für diese Personengruppen verstärkt werden? Braucht es hier ein Konzept für Öffentlichkeitsarbeit, in dem Gemeinden und diakonische Einrichtungen (evtl. ökumenisch) zusammen auftreten? Die Angebote müssen aufeinander abgestimmt werden. Was sind im einzelnen die Zielgruppen für ein solches Konzept?
Gottesdienste: Schwerpunkte und eine Profilierung in der Vielfalt entwickeln Ausgangshypothese: Es besuchen mehr Menschen Gottesdienste, wenn diese zu alltagstauglicheren Zeiten stattfinden, in unterschiedlichen „Kulturen" spürbar geprägt sind und damit jeweils für bestimmte Menschen attraktiv sind. Ziel ist es, eine gottesdienstliche Landschaft zu entwickeln, in der deutlich mehr Menschen ihren Platz finden als bisher. Die einzelnen Gemeinden entwickeln ihr Gottesdienst – Profil und finden ihren Platz in der Gottesdienst-„Landschaft".
Stadtgespräch bringt offensiv eigene Themen in die Öffentlichkeit: Als sorgfältig platzierte Impulse und anspruchsvolle Denkanstöße Das könnte so aussehen: Wir finden GesprächspartnerInnen, mit denen wir möglicherweise sonst selten zusammenkommen, zum Beispiel zum Thema „überzeugende Lebensentwürfe". Gemeinden und Einrichtungen nehmen den thematischen Impuls auf, tragen ihn in die Kirchenräume hinein und übersetzen ihn in Kunst.
Gemeinde – Profile sucht sich Gemeinden aus verschiedenen Regionen, die in ihrem Bereich vor Ort eine systematische Profil- und Angebotsentwicklung erproben wollen. Mit VertreterInnen dieser Pilotgemeinden und von Fachleuten unterstützt entwickelt diese Gruppe ein eigenes Konzept für Analyse, Maßnahmenplanung und Umsetzung.
Netzwerk Nachbargemeinden Eine Modellregion: Die AG bringt benachbarte Gemeinden (und evtl. Einrichtungen) ins Gespräch: Wie können wir uns gegenseitig ergänzen, entlasten, inspirieren? Was brauchen die Menschen in unserem Stadtteil von uns allen gemeinsam – und von jeder einzelnen von uns?
„Treten Sie ein!" Im Herbst findet im Kirchenkreis Nürnberg (dazu gehören außer Nürnberg noch 9 weitere Dekanatsbezirke) eine gleichnamige Kampagne statt, bei der einerseits offene Kirchentüren zum Kontakt einladen werden, andererseits ausgetretene ehemalige Kirchenmitglieder angesprochen werden sollen. Im Dekanat Nürnberg stimmt eine AG das vorliegende Konzept und seine Umsetzung auf den E.i.N.-Fahrplan u.a. örtliche Gegebenheiten ab.
Pilotprojekt Ehrenamt Einige Pilotgemeinden machen sich auf den Weg, um für „ihre" Ehrenamtlichen (und die, die es werden könnten) das Feld zu sichten und zu bestellen. In einem innovativen Modell wird durchgespielt, wie Gemeinden und Einrichtungen die Kultur ehrenamtlicher Arbeit nachhaltig und schnell entwickeln können auf der Basis: Wertschätzung der Ehrenamtlichen, ihrer Möglichkeiten und ihrer Bedürfnisse.
Pilotprojekt Mitarbeiter – Jahresgespräch Wir warten nicht, was als landeskirchliche Vorschrift kommt, sondern erproben auf der Basis des E.i.N.-Konzeptes eine eigene Variante für das Jahresgespräch. Dabei beziehen wir alle Berufsgruppen ein. Dies ist gedacht als Einstieg in ein Konzept für Personalführung und -entwicklung.
Für mich selber, für die eigene Seele sorgen Wo stehen eigentlich kirchliche haupt- und ehrenamtliche MitarbeiterInnen in ihrer eigenen spirituellen Entwicklung? Was könnte ihnen auf ihrem Weg weiterhelfen? Gerade für die, die oft mit Religion zu tun haben, braucht es besondere – besonders geschützte, besonders befreiende – Räume, um die eigenen Fragen, die Zweifel, aber auch die persönliche Perspektive zur Geltung bringen zu können.

Arbeitsgruppen 22+1 mit Kurzdefinitionen[6]
Zielgerichtete Fortbildung Ein weiterer Baustein für ein zukünftiges Konzept der Personalentwicklung: Was haben Fortbildungen mit kirchlichen (gemeindlichen, diakonischen) Entwicklungszielen zu tun? Oder: Was sollten sie damit zu tun haben? Wie können Mitarbeitende ihre eigene berufliche Entwicklung voranbringen? Welche Angebote können Vorgesetzte weitergeben und vermitteln? Diese Fragen gilt es mit einer Bestandsaufnahme und der Entwicklung konkreter Vorschläge zu beantworten.
Konfirmandenarbeit in Kooperation mit der Schule Die Bedingungen religiöser Sozialisation haben sich in den letzten Jahrzehnten dramatisch verändert. Das schlägt sich (nicht nur) im manchmal mühsamen Vollzug von Taufe und Konfirmation nieder. Sagen wir zu allem Ja und Amen? Was sind im Geflecht von Elternkontakten, kirchlichen Kindergärten, Religionsunterricht und Konfirmandenarbeit die hilfreichen Wege? Wie muß der kirchliche Beitrag zur religiösen Erziehung heute primär aussehen, so dass gerade die Konfirmation ihre Entsprechung im Alltagsleben der Kinder findet und – verantwortet werden kann? Welche Rolle hat dabei der Religionsunterricht?
Angenehm – zuverlässig – treffsicher: Servicequalität in der Gemeinde Viele Kirchenmitglieder haben mit ihrer Gemeinde nur ab und zu Kontakt – und der prägt dann das Bild. Konfirmandenelternabend , Anrufbeantworter, Gemeindebrief und Gemeindefest: Welches sind die wichtigsten Kontaktstellen und wer oder was gestaltet sie auf der Gemeindeseite? Die AG beschreibt diese „Kernprozesse" und dann gilt es Vorschläge zu machen: So sollte es laufen – das sollte passieren, wenn es nicht klappt – folgende Hilfestellungen gibt es. Ziel: Wir stellen sicher, dass Kirchenmitglieder im Kleinen gute Erfahrungen mit „ihrer" Gemeinde machen. Wir benennen die Voraussetzungen, die dafür gegeben sein müssen.
Expedition Ehrenamt Eine kleine Gruppe bereist die Gemeinden und Einrichtungen im Dekanat, sammelt die Erfahrungen zum Thema Ehrenamt und stellt sie anderen zur Verfügung. Welche Aktionen zur Gewinnung von Ehrenamtlichen waren erfolgreich? Mit welcher Form der Begleitung sind Ehrenamtliche besonders zufrieden? Was sollte man besser nicht nachmachen? Wie lässt sich dieses Wissen als Lernmaterial organisieren und für alle fruchtbar machen?
Gottesdienst im Spiegel Vision: Personen, die Gottesdienste gestalten, erhalten, wenn sie das wollen, gezielt und systematisch Rückmeldungen auf das Erlebte. Im Spiegel der Reaktionen werden gemeinsam Vorschläge für eine lebensnahe Predigt und Gottesdienstgestaltung mit klarer Ausstrahlung erarbeitet. Die AG entwickelt dafür Angebote und Modelle.
Informationsfluss statt Papierflut – Interne Kommunikation und Information Ein gutes innerkirchliches Informationsmanagement garantiert, daß im Informationskreislauf alle Stellen gut mit wichtigen Informationen versorgt werden. Welche Informationen müssen direkt laufen, welche können – bis auf Abruf – „gelagert" werden? Welche Informationsdichte und Informationsgeschwindigkeit ist zumutbar? Wie könnte ein entsprechendes „Intranet" aussehen?
Informieren heißt verstanden werden (Öffentlichkeitsarbeit) Die evangelische Kirche in Nürnberg benötigt ein systematisches Kommunikationskonzept, um ihre Anliegen und Angebote in die Öffentlichkeit hinein zu vermitteln. Mit welchen Themen und Medien erreicht sie die (wichtigsten) Zielgruppen? Wie kann sie die Schnittstellen zur lokalen Presse und zu regionalen Rundfunk- und Fernsehsendern organisieren? Wie sieht der ideale Internetauftritt aus?
Effektiv entscheiden (Gremien – Satzung – Kirchenrecht) Wie fallen hier Entscheidungen? Wer ist daran wie beteiligt? – und wer nicht? Durch wie viele Gremien muss ein Antrag? Die AG entwickelt Aufgabenbeschreibungen für die Gremien und Leitungsfunktionen des Dekanates und ein Konzept für die Beurteilung und Auswertung der Anzahl der Prodekanate nach der Erprobungsphase.

Arbeitsgruppen 22+1 mit Kurzdefinitionen[6]
Die Börse fürs Ehrenamt sammelt Hinweise, ob und warum potenziell ehrenamtlich tätige evangelische Christen nicht in der Kirche tätig sind, entwickelt zielgruppenspezifische Konzepte zur Gewinnung zusätzlicher Ehrenamtlicher in Gemeinden, Einrichtungen und in der Diakonie, benennt notwendige Voraussetzungen für eine Anwendung dieser Konzepte, schafft eine Anlaufstelle, bei der Menschen, die in irgendeiner Weise freiwillig tätig sein wollen, Impulse, Informationen und Beratung bekommen.
Mehr Geld (legal) Die Idee ist einfach: Was muß man tun, damit andere Menschen der Kirche gerne Geld geben? Entwickelt werden Vorschläge für Sponsoringkonzepte und für Spendensammlungen. Weitere mögliche Einnahmequellen wie Stiftungen und bestehende Einsparpotentiale sind zu erschließen.
22+1 Leitungsaufgabe Dekan Neue Prodekanate sollen durch Aufgabenteilung entlasten und die Effizienz der Nürnberger Kirchenleitung verbessern. In dieser AG arbeiten die Dekane unter externer Begleitung an ihrer Leitungsaufgabe.

7.2.3 Dritter Schritt: Bildung von Arbeitsgruppen

Auf der Basis der Themenbeschreibungen versucht das BCC-Team nun Arbeitsgruppen zu bilden. Es hilft, jede Arbeitsgruppe mit einem klar definierten Arbeitsauftrag auszustatten und diesen Auftrag mit einer verantwortlichen Person präzise zu besprechen. Beim „Briefing" der Arbeitsgruppen zeigt sich regelmäßig eine kognitive Dissonanz zwischen vermuteter Über- und Unterforderung. Das Thema, gerade wenn es präzise formuliert, am Kriterium der Umsetzbarkeit orientiert und bewusst auf die jeweilige Kirchenregion zugeschnitten ist, wirkt intellektuell ungewohnt unterkomplex. Es geht nicht um die Bearbeitung einer neuen kirchlichen Bildungspolitik an sich, sondern um die bessere Verknüpfung von Religionslehrern und Kirchengemeinden in Braunschweig. Es geht nicht um die Entwicklung neuer Liturgieformen als Vorbereitung auf das 3.Vatikanum, sondern um die Installation einer kleinen Methode, mit der polnische Pfarrer im Bistum Eichstätt Rückmeldungen auf ihre Predigt erhalten können. Es geht bei einer Arbeitsgruppe nicht um die Stellung des Christentums zum Islam, sondern um die Konsequenzen für evangelische Kirchengemeinden in Nürnberg-Gostenhof, deren Kindergärten zu 80% von muslimischen Kindern besucht werden. Von diesen Präzisionsgraden geht zumindest auf den ersten Blick eine Blockierung großzügiger Diskussionen aus. Und gleichzeitig wird von den Arbeitsgruppen die Einhaltung eines zeitlichen Arbeitsplanes mit eingebauten Kontrollpunkten erwartet.

Alle Erfahrungen zeigen, dass in einem Zeitraum von (fast) einem Jahr thematische Arbeitsgruppen, zusammengesetzt aus Hauptamtlichen und Ehrenamtlichen, zu keinen brauchbaren Ergebnissen gelangen, wenn sie nicht von Anfang an mit einer sehr konturierten Fragestellung in Begleitung durch das BCC- Team auf den Weg geschickt werden. Damit ist nicht ausgeschlossen, dass sich eine oder mehrere Arbeitsgruppen mit sehr prinzipiellen Fragestellungen beschäftigen sollen, aber es soll ausgeschlossen werden, dass alle Arbeitsgruppen in einer Höhenschicht in ihr Thema einsteigen, von der aus man monatelang nicht mal den Bodennebel sehen kann.

Was wie ein willkürlich zusammengesetzter, thematischer Flickenteppich aussehen mag, muss den Arbeitsgruppen nun im Gesamtmuster und im inneren Zusammenhang vermittelt werden. Erst die Übersicht über die Systematik des gesamten Projektes erleichtert es den Arbeitsgruppen, sich thematisch spitz auf ihr spezifisches Thema zu konzentrieren, ohne in die kirchlich besonders sorgfältig ausgelegte Falle tappen zu müssen, jedes einzelne „Kleinthema“ deduktiv, zeitraubend und letztlich redundant abzuleiten. Daher sollte das BCC-Team in der Runde aller AG-Leitungen über den inneren Zusammenhang und die Motive und Fragen „hinter“ den Themenstellungen ausführlich sprechen.

Ebenso sollte an dieser Projektstelle das BCC-Team mit jeder Leitung einer Arbeitsgruppe eine verbindliche Klärung der künftigen kommunikativen Abstimmung treffen. Weder ein formalisiertes Berichtswesen noch ein Überwachungssystem sind dazu angemessen. Dem BCC-Team reicht in der Regel ein monatliches Telefonat, um zu wissen, ob die Arbeitsgruppe zeitlich und inhaltlich noch in der ausgelegten Spur ist.

7.2.4 Vierter Schritt: Richtfest zeigt Zwischenergebnisse

Nach einem knappen Dreiviertel- Jahr konzentrierter Arbeit wächst die Neugier, die Erträge „der anderen“ zu sehen. Die wichtigsten Ideen und Entwürfe sind geboren, die ersten Systematiken liegen vor, weiterführende Überlegungen sind zwar noch vonnöten, aber es kann eine erste Zwischenbilanz gezogen werden. Eine kommunikative Form, in der sich die Arbeitsgruppen präsentieren können, bietet ein „Richtfest“. Das Projekt ist im Rohbau fertig, das gemeinsame Haus ist in seinen Konturen bereits erkennbar, das Zusammenspiel der einzelnen Gewerke wird zum ersten Male sichtbar. Jetzt lassen sich schon die einzelnen Räume besichtigen. Die Arbeitsgruppen präsentieren spielerisch, humorvoll und ästhetisch ihre Zwischenergebnisse auf einem eigenen Stand im Rahmen des „Richtfestes“. Eingeladen sind nicht nur die Mitglieder der Arbeitsgruppen, sondern auch die Aktiven der Kirchengemeinden, der kirchlichen Verbände, Werke und Einrichtungen. Aus Sicht der Projektdramaturgie ist das die Feier, um eine arbeitsintensive Phase zu unterbrechen, um neue Anregungen zu bekommen, um angespornt zu werden und Kraft für das Reststück zu tanken, in der die Arbeitsergebnisse in Konzeptpapiere gegossen werden müssen. Dieser „Marktplatz“ auf dem Richtfest ist nicht durch „schwere Texte“, durch „eherne Leitbilder“ oder durch Metaplan-Karteikarten auf Pinwänden charakterisiert, sondern eher durch komödiantische, sportliche oder essbare Präsentationen. Mit diesem erfrischenden Rückenwind des Richtfestes gehen die Arbeitsgruppen dann in ihre letzte Phase, in der die Ergebnisse in schriftliche Konzeptform gebracht werden. Aus den eingehenden AG-Papieren wählt die Projektgruppe nun diejenigen Konzepte aus, die in Pilotprojekten ausprobiert werden sollten. Natürlich rücken hier solche Konzepte auf die ersten Plätze, die in einem Kirchenportfolio[7] in einem Quadranten versammelt wären, der sowohl beim Kriterium „Wichtigkeit“ als auch beim Kriterium „Methodische Umsetzungsfähigkeit“ hohe Koordinatenwerte aufweist. Für diese vielversprechenden Projekte werden nun Pilotgemeinden gesucht, die bereit sind, die beschriebenen Modelle in der Gemeindepraxis auszuprobieren.

7 Siehe unter Kap. 6

7.3 Dritte Phase: Pilotprojekte

7.3.1 Interne Projektkommunikation

Parallel zur konzeptionellen Arbeit der Gruppen bis zum Richtfest hat die Steuerungsgruppe bereits in die Gremien, Gemeinden und Einrichtungen hinein Signale gegeben: „Da zeichnet sich eine interessante Idee ab – wer hat Lust und Möglichkeiten, sie praktisch zu erproben?" Andererseits hat sie die Arbeitsgruppen von Beginn an gebeten, ihre Ideen auf eine Erprobung in Gemeinden und Einrichtungen hin zuzuspitzen und damit die so genannten Pilotprojekte vorbereitet. Manche davon sind von vornherein geplant, andere entstehen erst in der Konzeptionsphase. Dabei haben die Arbeitsgruppen unterschiedliche Ausgangsbedingungen und Arbeitsgeschwindigkeiten, so dass die Steuerungsgruppe von E.i.N. zum Beispiel mit der Testphase des Mitarbeiterjahresgespräches ein Pilotprojekt bereits vor dem Richtfest anlaufen ließ. Wichtig ist einerseits, dass die Arbeitsgruppen im Fluss bleiben, und andererseits, dass die Kirchenmitglieder wie die Haupt- und Ehrenamtlichen in den Gemeinden und Einrichtungen gebündelte Informationen und Beteiligungsangebote erhalten, aus denen eine klare Zeitstruktur des Projektes hervorgeht. Hier entstehen im Einzelnen Zielkonflikte, die durch die Steuerungsgruppe zu bearbeiten sind. Das Beispiel aus der E.iN.-Werkstatt zeigt, wie die unterschiedlichen Arbeitsgeschwindigkeiten in eine gemeinsame zeitliche Koordination gebracht werden können.

Die Besetzung der Pilotprojekte kann nicht einem Schema oder offiziellen Weg folgen; zu unterschiedlich sind die Anforderungen an die Besetzung der Praxisgruppen. Während z.B. bei der Testphase für das Mitarbeiterjahresgespräch eine repräsentative Gruppe aus allen Berufsgruppen des Dekanates gefordert war, wurde in anderen Piloten ein Gemeindeteam gesucht, das für ein bestimmtes Thema Zeit und Energie aufwenden wollte. Oberstes Prinzip ist hier die Aufmerksamkeit dafür, wer bei der Kommunikation von Projekt-Meilensteinen wie beim Richtfest oder bei der Präsentation der Projektplanungen und der Projektfortschritte in den Gremien an bestimmten Themen Interesse zeigt, wo sich also die potenziellen aktiven Trägerinnen von Pilotprojekten befinden. So früh wie möglich haken die Mitglieder der Steuerungsgruppe bei solchen Personen nach und klären deren zeitliche Möglichkeiten und andere Rahmenbedingungen ab, so dass sich die konkreten Konturen eines Pilotprojektes auch für die beteiligte Arbeitsgruppe bereits in deren konzeptioneller Phase abzeichnen und dadurch orientierend wirken kann.

De facto wirkt bei der Entstehung der Pilotprojekte das Prinzip der Auslese nach dem Muster „survival of the fittest". Wenn die Steuerungsgruppe ein Konzept der internen Kommunikation erarbeitet und es den Arbeitsgruppen in die Hand gegeben hat, wenn die Gremientermine, die Redaktionstermine für Projektnachrichten und die Zugangsmöglichkeiten für die projekteigene Intranetplattform allen bekannt sind, dann hat die Steuerungsgruppe den Rahmen dafür geschaffen, dass die Arbeitsgruppenmitglieder werbend und einladend tätig werden können. Natürlich wird die Steuerungsgruppe bestimmte, in ihrer Bedeutung hoch eingeschätzte Themen in der internen Kommunikation entsprechend gewichten, natürlich wird sie die Arbeitsgruppen erinnern und anschieben, wird Artikel für Gemeindebriefe über das eine oder andere geplante Pilotprojekt erbitten oder selber schreiben, wird äußerlich ansprechende kleine Präsentationen über die Perspektiven einzelner Arbeitsgruppen für die Pfarrkonferenzen oder Dekanatssynoden erarbeiten und den Interessensbekundungen Einzelner auf der Spur bleiben. Aber ohne ein auf die praktische Wirkung ihrer Ideen hin zielgerichtete Arbeitsweise der Arbeitsgruppen, so die Projekterfahrung aus E.i.N., werden auch die besten Ideen die Pilotphase nicht lebend erreichen.

Abb. 51: Interne Kommunikation: Darstellung der Projektplanung in Gremien

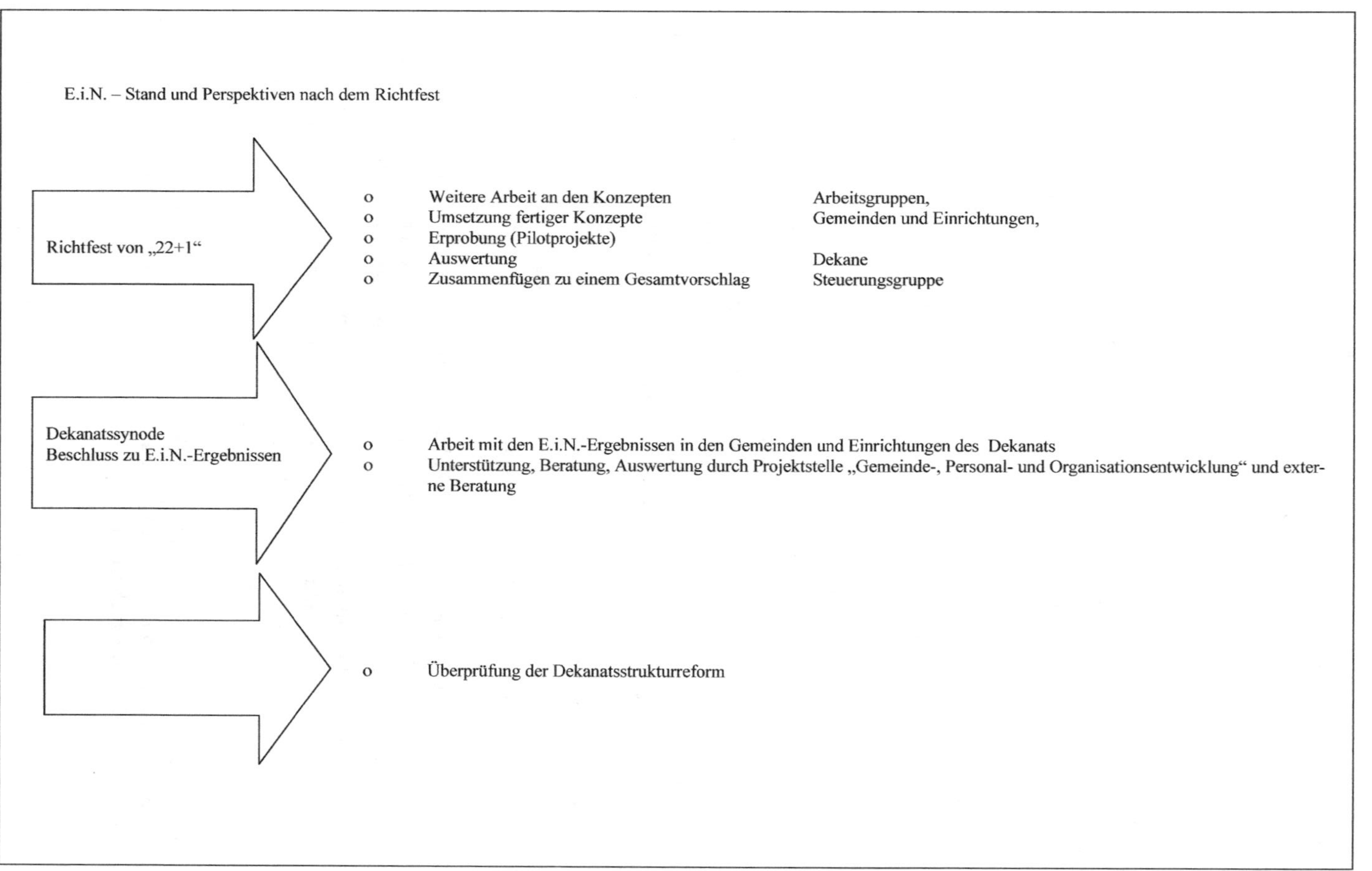

Abb. 52: Interne Kommunikation: Unterstützung der Pilotprojekt-Bildung bei den AG´s

An alle AG-Mitglieder:
Nachrichten aus der Steuerungsgruppe

Sehr geehrte Damen und Herren,
liebe E.i.N. –Engagierte,

vielen Dank!
Nach unserem ersten Gesamttreffen mit den Leitungen der Arbeitsgruppen am 16. Februar möchten wir, die Mitglieder der Steuerungsgruppe, Ihnen allen erst einmal ganz herzlichen Dank sagen für die vielen Stunden Arbeit und das „Herzblut“, das Sie in unser Dekanatsentwicklungsprojekt in den letzten Monaten eingebracht haben. Es ist ja wirklich nicht selbstverständlich, daß sich über 100 Personen neben der alltäglichen Arbeit dieser Sonderaufgabe widmen und mit uns danach suchen, wie „Ideen für die Kirche“ verwirklicht werden können. Vielen Dank!

„Was machen wir hier eigentlich?“
Die Frage, wie wir bei E.i.N. uns eigentlich von den ohnehin stattfindenden Bemühungen in Gemeinden und Einrichtungen des Dekanates unterscheiden, läßt sich nach dem Zwischencheck vom Februar am besten so beantworten: Wir erfinden nicht das Rad oder die Räder neu, sondern wir helfen dazu, daß die gemeinsame Karre an Schwung gewinnt. Dazu haben viele von den Arbeitsgruppen bereits deutlich erkennbare praktische Vorschläge entwickelt; manche sind schon mit Schritten der Erprobung beschäftigt.

Wir gewinnen an Schwung
Fünf Gemeinden und ca. 60 Einzelpersonen beteiligen sich bisher an Pilotprojekten, die von den Arbeitsgruppen gestaltet und begleitet werden:

AG 14 MitarbeiterInnen-Jahresgespräch: Pilotgruppe zur Erprobung des Konzeptes
AG 7 Gottesdienst-Landschaft: St. Lukas, St. Matthäus und Reformations-Gedächtniskirche durchleuchten gemeinsam das Gottesdienstangebot der Nordstadt.
AG 12 Pilotprojekt Ehrenamt: Die Dreieinigkeitsgemeinde Gostenhof setzt einen Schwerpunkt in der Zusammenarbeit von Ehrenamtlichen und Hauptamtlichen.
Die Thomaskirchengemeinde in Großreuth erprobt mit ihrem Kirchenvorstand das Steuerungsinstrument „Balanced Church Card“.

Weitere Arbeitsgruppen (z.B. AG 5, AG 6, AG 13, AG 15, AG 17, AG 20, AG 21) haben durch Befragungen Kontakt aufgenommen zu Gemeinden und Personen des Dekanates oder sondieren die Möglichkeit für Pilotprojekte.

„Wo landen unsere Ergebnisse?“

Verständlicherweise ist die größte Angst in mutlosen Phasen, wie wir sie alle haben, daß auch bei E.i.N. einmal mehr vorwiegend für die Schublade produziert wird. Aber: Zum einen geschieht schon in den Pilotprojekten ganz handfeste Verbesserungsarbeit. Zum zweiten plant die Steuerungsgruppe folgende Schritte, um die Ergebnisse aus den Arbeitsgruppen und ihren Pilotprojekten abzusichern:

Beim „Richtfest“ am 11. Mai 2001 (s. Einladung unten) werden wir die Ergebnisse der konzeptionellen Arbeit in den 22+1 Arbeitsgruppen von E.i.N. sehen. Wir werden an diesem Tag auch sehen, was zu tun ist, um angefangene Prozesse im Laufe des Jahres abzuschließen. Dabei kann abschließen auch heißen: Hinweise darauf zu geben, welche interessanten Fragen offen geblieben sind.

In den Sommermonaten werden die Arbeitsgruppen Zeit haben, ihre Pilotprojekte (weiter) auf den Weg zu bringen, sofern sie solche geplant haben. Natürlich werden diese Pilotprojekte nicht alle im Herbst abgeschlossen sein. Aber es werden bereits Erfahrungen vorliegen, die in den Abschlußbericht der Steuerungsgruppe eingehen können.

Dieser Abschlußbericht soll zur Dekanatssynode am 17. November vorliegen. In ihm werden sich auch konkrete Empfehlungen und Beschlußvorlagen finden, wie die Arbeitsergebnisse von E.i.N. für die Zukunft in unserem Dekanat weitergeführt und abgesichert werden können.

7.3.2 Auswertung der Pilotprojekte

Die – sehr aufwändige! – Pilotprojekt-Phase hat eine doppelte Funktion: Zum einen sollen die Konzepte der Arbeitsgruppen auf Praxistauglichkeit hin überprüft und verbessert werden. Wer kennt sie nicht: Die kleinen methodischen Denkfehler, die unzutreffenden Kalkulationen mit Zeit und Engagement- Bereitschaft, die Fallstricke unerwarteter praktischer Probleme, die bei der ersten Durchführung eines neuen Ansatzes auftauchen? Wer die Mitwirkung einer Pilotgruppe oder einer Gemeindeleitung von vornherein als Pionierleistung würdigt und am Ende entsprechende Auswertungsrunden durchführt, kann sich erfahrungsgemäß großer (Leidens-)Bereitschaft, Ehrlichkeit und Kreativität der Beteiligten sicher sein und sie dadurch in eine aktive, innovative Rolle bringen, die die Verbundenheit mit dem Projekt und dem Dekanat insgesamt stärkt.

Zum anderen soll die Steuerungsgruppe möglichst genau abschätzen können, in welchem Verhältnis von Aufwand und Ertrag eine innovative Idee in das Ganze eines Dekanates implementiert werden kann. Insofern ist bei der Auswertung auch darauf zu achten, welche besonderen, nicht ohne Weiteres übertragbaren Rahmenbedingungen das Pilotprojekt bestimmt haben: Die jüngere Geschichte *dieser* einen Gemeinde, die Motivationslage *dieser* Pilotgruppe, die speziellen Fähigkeiten *dieses* Referenten – und was davon scheint übertragbar zu sein auf andere Gemeinden, Gruppen, personelle Ressourcen im Dekanat? Die Steuerungsgruppe wird für die Formulierung von Zielen und Maßnahmen einige Alternativen vor sich haben, deren Entscheidung die Grundausrichtung einer BCC für das Dekanat, die Diözese oder eine andere größere kirchliche Einheit bestimmen. Sie steht daher am Ende der Pilotphase vor einer doppelten Auswertungsfrage gegenüber dem Ganzen und seinen Teilen, den Arbeitsgruppen und ihren praxiserprobten Ergebnissen:

Erstens: Wie gut ist ein Konzept? Und zweitens: Wieviel Aufwand ist für seine Umsetzung erforderlich?

Das heißt näherhin: Wie deutlich trifft der konzeptionelle Vorschlag einer Arbeitsgruppe die Herausforderungen, in der sich die kirchliche Organisation im Blick auf ihre Mitglieder befindet? Welche Wirkungen könnte er im Ganzen entfalten? Hilft das Konzept zur Schwerpunktsetzung und Konzentration?Wäre es für eine flächendeckende Implementierung geeignet, oder eher für gezielten Einsatz unter ganz bestimmten Bedingungen und Voraussetzungen? Welche Ressourcen wären dafür erforderlich? Ist eine wünschenswerte Umsetzung zeitlich vorrangig oder nachrangig?

Die Steuerungsgruppe ist hier zum zweiten Mal – nach der Formulierung von Arbeitsaufträgen für die Gruppen – in der Situation, auswählen, entscheiden und Weichen stellen zu müssen. Auch wenn die Beobachtung der Arbeitsgruppen und ihrer Pilotprojekte kontinuierlich erfolgt ist und die oben genannten Reflexionfragen dabei immer schon mitgespielt und vorläufige Bilder erzeugt haben, wird die Steuerungsgruppe für die abschließende Auswertung der Pilotphase mindestens eine Wochenendklausur benötigen.

So stellen die Pilotprojekte auch „Teststrecken“ dar, deren Ergebnisse für die Ausgestaltung der „Balanced Church Card“ auf Dekanatsebene relevant sind. Verschiedene Verfahren, Konzepte und Methoden werden ausprobiert und auf Akzeptanz, Tauglichkeit und Effektivität geprüft; und dann verworfen, modifiziert oder direkt in kirchliche Zielsysteme eingesetzt. In den Pilotprojekten werden somit tatsächliche Anhaltspunkte für Zielformulierungen der Kirchenleitung gewonnen werden.

7.4 Vierte Phase: Konzeption einer regionalen Balanced Church Card

7.4.1 Wie kommt man zum strategischen Entwicklungskern?

Wo steht die Kirche in unserer Stadt, in unserer Region in fünf Jahren? Welchen Blick riskieren wir in die Zukunft? Wie viele Gemeinden und kirchliche Einrichtungen sehen wir? Sehen wir eine Kirche mit weniger, aber profilierten Aufgabenfeldern, oder weiterhin breit gestreute Anknüpfungspunkte? Wie sieht in fünf Jahren eine Gottesdienstlandschaft aus? Sind einzelne Gemeinden für die gesamte Region mit inhaltlichen Schwerpunkten erkennbar? Haben sich aus der Expedition mutige, „verrückte“ Ideen ergeben, die auch bei den nächsten gedachten Schritten in Richtung Realitätssicherung noch standhalten können? Oder ist ein Motto plötzlich wie ein Räuber aus dem Gebüsch gesprungen, das die inhaltliche Richtung, in die die Veränderungen insgesamt gehen sollen, markiert? Soll es Standards geben, die für alle Kirchengemeinden im Dekanat gültig sind, und insofern zur Profilierung der Kirche beitragen? Und wenn ja: Welche? Gibt es ein Thema für die Dekanatsentwicklung, lässt sich die Entwicklung der nächsten Jahre auf einen Begriff bringen? Und wenn ja: Taugt das Motto zur Profilbildung oder ist es eher selbst-verständlich?

Bei der Entwicklung einer strategischen Vision auf Dekanatsebene ist eine „Gefahr“ immer dabei: Die Verwechslung des eigenen Dekanates mit der Weltkirche an sich. Es ist bei dem Arbeitsschritt, die Weichenstellungen für ein Dekanat zu begründen, nicht hilfereich, grundsätzliche theologische Orientierungen zu formulieren, benötigt wird vielmehr eine handfeste Vision der mittleren Ebene: Das Bild der Kirche im eigenen Dekanat in fünf Jahren.

7.4.2 Die Angebots- und Auftragskarte

Für ein Dekanat existieren, Möglichkeiten kirchlicher Aktionen, die einzelne Gemeinden überfordern würden. Denkbar sind neue gemeinsame Aktionen der Gemeinden, der Aufbau neuer oder die Profilierung bereits bestehender, gemeindeübergreifender Einrichtungen oder Arbeitsbereiche (wie zum Beispiel der Öffentlichkeitsarbeit), zentrale Unterstützungsleistungen für Ehrenamtliche in den Gemeinden, methodische Verfahren zur Qualitätssicherung in den Gemeinden und Einrichtungen oder die Organisation von Großveranstaltungen.

Bei der Formulierung und Vermittlung von Dekanatszielen, bei denen es um Standards oder um gemeinsame Aktionen geht, ist deshalb letztlich der Prozentsatz der Gemeinden, die sich an der Umsetzung aktiv beteiligen, die sinnvolle Zieloperationalisierung.

Wenn sich ein Dekanat das Ziel setzt, dass alle Neuzugezogenen von den Gemeinden binnen acht Wochen einen Besuch oder zumindest ein Begrüßungsschreiben erhalten, oder wenn ein Dekanat für die eigene Profilbildung einzelne Gemeinden sucht, die Schwerpunktbildungen vornehmen („Seelsorgekirche", „Jugendkirche", „Ausländerkirche", „Kunstkirche", „Beichtkirche", „Hochschulkirche" etc.), oder wenn das Dekanat neue, gemeinsame Akzente in der karitativen Arbeit setzen will, so wird ein verlässlicher Zielindikator immer heißen: „Prozentsatz bzw. Anzahl der Gemeinden, die sich am Dekanatsprogrammziel XY beteiligen". Viele Dekanatsziele sind für einzelne Gemeinden unterschiedlich attraktiv und wichtig. Hier wird es immer einen Prozentsatz von Gemeinden geben, die sich nicht begeistern und anstiften lassen. Die Kunst einer Angebotskarte eines Dekanats könnte gerade darin bestehen, die Zielebenen so zu formulieren, dass möglichst viele Gemeinden sich mindestens an einem Programmteil engagieren wollen. Bei Dekanatszielen, die an bereits bestehende dekanatliche Arbeitsbereiche anknüpfen (wie zum Beispiel Erwachsenenbildung), muss die Zieloperationalisierung an den externen und/oder internen Wirkungen anknüpfen.

Manche Ziele sind aus Dekanatssicht so bedeutsam, dass sie im Prinzip auf die Mitwirkung aller Gemeinden angewiesen sind. Angesprochen sind hierbei insbesondere die Vereinbarung von Standards, die für alle Gemeinden des Dekanats gelten sollen, weil sich schon bei zwei, drei Ausreißern eine deutliche Profilbildung nicht einstellen würde. Auch kleine Schritte gemeinsam zu gehen, kann sich lohnen. Die, bewusst doppelsinnig formulierte, Kampagne „Treten Sie ein!" konnte ihre Wirkung dadurch entfalten, daß alle Kirchengebäude im Dekanat gemeinsame Öffnungszeiten hatten, die Portale mit Bannern präpariert waren, und möglichst alle Kirchengemeinden durch eigen-sinnige Raumgestaltungen und Veranstaltungen auf Gemeindeebene das Programm unterstützt und Effekte verstärkt haben.

Die Vereinbarung gemeinsamer Standards ist innerhalb des Dekanats eine hartes Brot, weil die Gemeinden ihre Autonomie im Zweifel höher schätzen als die gemeinsame Profilbildung. Insofern ist es ratsam, die eigene Aufbruchstimmung im Dekanat auf Programme hin zu orientieren, die auch dann funktionieren, wenn nicht alle Gemeinden mitmachen. Doch die Angebotskarte eines Dekanates sollte in der Stärkung des WIR-Gefühls auch ein oder zwei kleine gemeinsame Ziele aufnehmen, die selbst die zurückhaltendsten Gemeinden annehmen können. Insofern sind Dekanatsprojekte, die Standards setzen wollen und auf die aktive Mitwirkung der selbstbewussten Gemeinden angewiesen sind, von solchen Dekanatsprojekten zu unterscheiden, in denen die Gemeinden eher Kinder bleiben, die vorsichtig und mit pädagogischem Geschick zu ersten gemeinsamen Schritten an die Hand genommen werden.

Gerade in wirtschaftlich schwierigen Zeiten, in denen nicht mit zusätzlichen Kapazitäten gerechnet werden kann, könnte das Dekanat solche Arbeitsfelder in den Mittelpunkt der Dekanatsentwicklung rücken, die gut zur Profilierung der Kirche geeignet sind, aber insgesamt keine zusätzlichen (Personal)Kosten verursachen.

In unserem „Musterdekanat" liegen die Schwerpunkte beispielsweise in einer besseren Verzahnung der Kirchengemeinden mit dem kirchlichen Wohlfahrtsverband, in der weiteren Profilierung einer Kirchenlandschaft, in der systematischen Verbesserung der Gottesdienstqualität, in der Fusion der evangelischen und katholischen Bildungsarbeit sowie in der Profilierung der Kirche in der Stadtöffentlichkeit.

Die Schwerpunktsetzungen kann man sich inhaltlich durchaus anders vorstellen; an dieser Stelle geht es um die Darstellung einer „Phantasie", wie überhaupt eine Schwerpunktsetzung in einer Region denkbar ist und wie diese Schwerpunktsetzung zu einer Profilbildung der Kirche führt, auf die Verlass ist.

Abb. 53: Die Angebots- und Auftragskarte

Ziel	Kennzahl	Zielwert	Aktionen	Wer?
Zielebene: Diakonie Diakonische Einrichtungen und Dienste enger mit den Kirchengemeinden verknüpfen	Anzahl der hier ehrenamtlichen Mitarbeiter in den Kirchengemeinden		Projektstart in Zusammenarbeit mit der Freien Wohlfahrtspflege (auch nichtkirchliche Verbände); Text in Gemeindezeitungen; Aufbau einer Internetseite; Aufbau einer Datenbank; Pflege der Datenbank ; Hauptamtliche Stelle zur Betreuung der ehrenamtlichen Paten; Schulung der Pfarramtssekretärinnen; Aufbau eines Netzwerks von Patenschaften für Familien und Menschen in Not	
Zielebene: Spiritualität Aufbau einer Kirchenlandschaft, in der klare Profile, insbesondere auch für die Gottesdienste, entstehen: Seelsorgekirche, Kunstkirche, Hochschulkirche, Jugendkirche, Kinderkirche, Beichtkirche, Abendkirche	Anzahl der Gemeinden, die eine deutliche Positionierung erarbeitet haben		Interner Austausch von profilierten Konzepten; Erkundigung, welche Gemeinden Interesse an einem Schwerpunktkonzept haben; Vertragliche Vereinbarungen (incl. personelle und finanzielle Unterstützung) mit den Profilgemeinden; Umstellung auf eine zielgruppenspezifische Öffentlichkeitsarbeit	

Ziel	Kennzahl	Zielwert	Aktionen	Wer?
Zielebene: Gottesdienstqualität Verbesserung der Qualität der Sonntagsgottesdienste	Anzahl der Kirchengemeinden, die an dem Projekt „Gottesdienstqualität" teilnehmen		Das Dekanat stellt den Gemeinden Feedbackinstrumente für den Gottesdienst zur Verfügung; Das Dekanat bietet eine Halbtagsstelle (1000 Jahresstunden) als Beratungskapazität, die von den Gemeinden abgerufen werden kann; Vereinbarungen über verbindliche Teilnahme an Schulungs- und Auswertungstreffen	
Zielebene: Stadtöffentlichkeit Stärkung des öffentlichen Interesses an Kirche	Anzahl der Clicks auf der Homepage des Dekanats		Konzeption und Durchführung einer Jahreskampagne und Plakataktion; Durchführung gemeinsam abgestimmter öffentlicher Veranstaltungen; Neugestaltung aller Schaukästen	

7.4.3 Die Ressourcenkarte

Das Dekanat sollte auf der Ressourcenkarte dokumentieren, mit welchem personellen und finanziellen Aufwand die Aufgabenziele der Karte 1 auf Dekanatsebene unterstützt und gefördert werden. Doch in Zeiten schrumpfender Ressourcen werden zusätzliche Aufgaben, selbst wenn sie mittelfristig helfen können, die Kosten zu senken, immer durch Einsparungen flankiert werden müssen. Einsparungen kann die Kirche vornehmen, indem sie auf andere Aufgaben verzichtet oder Reduzierungen vornimmt oder Arbeitsabläufe rationalisiert, also bei verringertem Input den Output stabil hält.

Aber Rationalisierungsprogramme haben nicht nur Erträge, sondern auch Kosten. Deshalb sollte die Ressourcenkarte auch festhalten, mit welchen Kosten und Erträgen das Dekanat zukünftig rechnet, die sich aus der Qualifizierung der Mitarbeitenden (Karte 4) sowie aus der Optimierung von Leitungs- und Verwaltungsprozessen (Karte 3) ergeben. Ebenso sind auf der Dekanatskarte Zielwerte zu zusätzlichen Einnahmen und Ausgaben aufzunehmen.

Abb. 54: Die Ressourcenkarte

Ziel	Kennzahl	Zielwert	Aktionen	Wer?
Schwerpunktziele des Dekanats absichern: Spiritualität, Diakonie, Erwachsenenbildung, Gottesdienstqualität, Stadtöffentlichkeit	Hauptamtliche Arbeitsstunden / Jahr Geld		Klärung, wer auf Leitungsebene für Controlling verantwortlich ist; Arbeitszeitanalyse und Aufgabenkritik bei Leitungspersonen; Notwendige Stellen durch Beschluss absichern	
Einsparziele des Dekanats erreichen	Hauptamtliche Arbeitsstunden/ Jahr Geld		Klärung, wer auf Leitungsebene verantwortlich ist; Durchführung eines Kostenmanagementprogramms im Kirchengemeindeamt; Überprüfung aller gezahlten Zulagen	
Absicherung der Prozessoptimierungen (Karte 3)	Hauptamtliche Arbeitsstunden / Jahr Geld		Klärung, wer auf Leitungsebene verantwortlich ist; Umsetzung der Prozessanalysen in eine neue Prozessarchitektur; Ermittlung des Organisations- und Schulungsaufwandes; Absicherung der notwendigen Arbeitszeit	
Einsparungen im Gebäudemanagement gegenüber Vorjahr erzielen	Geld / qm		Klärung, wer auf Leitungsebene verantwortlich ist; Aufbau einer Projektgruppe; Ausschreibung eines Projektes „Kirchenräume"; Ausschreibung eines Projektes „Gemeindezentren"; Ausschreibung eines Projektes „Anlageimmobilien"	
Einnahmen aus Spenden, Sponsoring, Stiftungen erhöhen	Geld		Klärung, wer auf Leitungsebene verantwortlich ist; Entwicklung einer Konzeption für „Zustiftungen" zur eigenen Stiftung	

7.4.4 Die Prozesskarte

Auf Dekanatsebene sind im Wesentlichen Informationsprozesse, Entscheidungsprozesse, Steuerungsprozesse und Unterstützungsprozesse angesiedelt. Ganz wichtig ist, dass auf der Prozesskarte die Steuerung des Dekanatsprogramms selbst als Zielgröße aufgenommen wird. Diese kann durch ein regelmäßiges Entscheidungscontrolling in den Gremien des Dekanates vorgenommen werden und durch Feedbacks der inhaltlichen Seite aus den beteiligten Gemeinden und Einrichtungen. Die Feinsteuerung und Feinbeobachtung der Zielerreichungsgrade des Dekanatsentwicklungsprogramms ist nicht als Kontrollnetz zu verstehen, sondern als Steuerung der Zielverantwortlichen durch Zwischenziele. Relativ unkompliziert möglich sind Rückmeldungen der Zielverantwortlichen über die subjektiv eingeschätzte prozentuale Zielereichung. Weitere Steuerungsgrößen der Prozesskarte könnten sich auf die (kostenschonende) Kooperation zwischen Kirchengemeinden, auf die Gestaltung und Evaluation von Leistungsvereinbarungen oder auf die Verbesserung des Fundraisings beziehen.

Abb. 55: Die Prozess- und Organisationskarte

Ziel	Kennzahl	Zielwert	Aktionen	Wer?
Verbesserung der Kooperationen zwischen Kirchengemeinden	Anzahl der Gemeinden, die kostenwirksame Kooperationen von mindestens 5000 Euro /Jahr neu entwickelt haben		Personelle und finanzielle Unterstützung von Kooperationsprojekten; Erarbeitung eines Leitfadens für Kooperationsprojekte	
Aufbau eines transparenten Entscheidungscontrollings	Prozentsatz aller Zielwerte mit aktualisiertem Zielerreichungsgrad (nicht älter als 4 Wochen)		Aufbau eines Routinesystems für Zielverantwortliche entfalten	
Optimierung des Gebäudemanagements	Prozentsatz der Gebäude mit integriertem Gebäudemanagement		Interne Kostenkalkulation; Ausschreibungen; Kauf und Implementation der Software X; Anknüpfung einer Partnerschaft mit dem Institut für Facilitymanagement an der Fachhochschule	
Organisation von personellen Kapazitäten zur Unterstützung der Gemeinden für Dekanatsprojekte	Zufriedenheit der Kirchengemeinden mit Unterstützung durch das Dekanat als Schulnote		Durchführung einer Befragung der Kirchenvorstände; Aufgabenbeschreibungen bei Dekanen; Durchführung von Informationsveranstaltungen für Gemeinden über Leistungsangebote auf Dekanatsebene	
Verbesserung der Sponsoringqualität	Streuverluste bei Spendenmailings; Verhältnis von Aufwand und Ertrag im Fundraising		Ausschreibung zur Gewinnung einer Agentur auf Erfolgsbasis; Erstellung eines Agenturbriefings	

Ziel	Kennzahl	Zielwert	Aktionen	Wer?
Effizienzsteigerung der kirchlichen Werke, Einrichtungen und Beauftragten	Prozentsatz der kirchlichen Werke, Einrichtungen und Beauftragten mit Leistungsvereinbarung		Umstellung der Finanzierung auf Leistungsverträge bzw. Präzisierung der Zuwendungen durch Leistungsparameter	
Verbesserung der Transparenz in der Prozessorganisation der kirchlichen Verwaltung	Prozentsatz der Gemeinden, in denen Vertreter des Kirchengemeindeamtes mindestens einmal pro Jahr in einer Pfarrgemeinderatsitzung die Leistungskapazität des KGA erläutert haben		Kirchengemeindeamt stellt den Gemeindezentrale Leistungsprozesse dar	

7.4.5 Die Wissens- und Entwicklungskarte

Das Dekanat benötigt Mitarbeiter und Mitarbeiterinnen, die kompetent sind, die sich auf neue Aufgaben hin entwickeln können, die sich in der Kirche geborgen fühlen, die Kraft haben und Mut. Ob hauptamtlich oder ehrenamtlich, muss die Kirche ihre Mitarbeitenden hegen und pflegen, anstiften und fördern. Sie kann und darf dies nicht den Gemeinden alleine überlassen, sondern muss auf Dekanatsebene Hilfe- und Weichenstellungen organisieren. Der Fortbildungsbedarf muss auf Dekanatsebene systematisch an den Diskrepanzen zwischen fachlichen Kompetenzen und Zielstellungen ausgerichtet werden. Die Kirchenverwaltungen müssen ergänzend zum klassischen Personalwesen auch Instrumente und Verfahren der Personalentwicklung und Personalführung einbeziehen, Kirchenmitarbeiter mit Leitungspositionen müssen auch führen und leiten können (und wollen) -, und die kirchlichen Mitarbeiter sollten auch in ihrer Arbeitspraxis den Unterschied erfahren können, worauf es ankommt und worauf nicht.

Ein „Vorteil“, den die Dekanatsebene gegenüber der Kirchengemeinde hat, liegt darin, dass die in den Dekanatsgremien tätigen ehrenamtlichen Kräfte in aller Regel Leitungserfahrung und ein ausgeprägteres Leitungsverständnis mitbringen als auf Gemeindeebene.

Abb. 56: Die Wissens- und Entwicklungskarte

Ziel	Kennzahl	Zielwert	Aktionen	Wer?
Systematische MA-Entwicklung	Prozentsatz der Mitarbeiter/innen, mit denen ein MA-Jahresgespräch geführt wurde		Einführung Mitarbeiterjahresgespräche; Schulung der Personen mit Leitungsaufgaben; Klärung der arbeitsrechtlichen Seite; Unterstützung bei der Implementierung	
Verbesserung der fachlichen Kompetenz hauptamtlicher Mitarbeiter/innen	Anteil der Schulungs- und Fortbildungstage, die sich auf Themen der Dekanatsentwicklung beziehen		Entwicklung eines systematischen Schulungs- und Fortbildungsprogramms; Aufbau individueller Wissenskarten	

Ziel	Kennzahl	Zielwert	Aktionen	Wer?
Verbesserung der Kompetenz ehrenamtlicher Mitarbeiterinnen	Anzahl der Fortbildungstage insgesamt; Zufriedenheit mit Fortbildungswerk auf Messskala		Entwicklung eines systematischen Fortbildungsprogramms	
Verbesserung der Leitungskompetenzen der geschäftsführenden Pfarrer/innen	Gesamtnote in der Selbst-Beurteilung der Leitungsqualität durch Pfarrer- und Pfarrerinnen		Aufbau eines kollegialen Coachingsystems	
Verbesserung der Arbeitszufriedenheit	Indexnote bei MA-Befragung		Durchführung einer standardisierten Mitarbeiterbefragung; Aufstellung eines darauf aufbauenden Maßnahmenplanes	
Investitionen in Verbesserung der fachlichen Kompetenz von Ehrenamtlichen	Hauptamtliche Arbeitsstunden/ Jahr Geld		Klärung, wer auf Leitungsebene verantwortlich ist; Recherche über Erfahrungen in anderen Städten mit spezifischen Fort- und Weiterbildungsangeboten; Durchführung einer empirischen Erhebung des Qualifizierungsbedarfs bei Ehrenamtlichen	

7.5 Gemeindekooperationen

Kooperationsprojekte, auch wenn sie zart eingefädelt werden, werden zu Beginn gerne als Zerstörungsprojekte der Gemeindeidentität, der Gemeindetradition und weitgehend auch des Abendlandes wahrgenommen. Aber doch, wenngleich meistens in der Not geboren:

Gemeinden machen sich allenthalten auf den gemeinsamen Weg der Zusammenarbeit, der Kooperation und hin und wieder auch der Fusion. Auch bei solchen Kooperationsprojekten erscheint uns die Balanced Church Card tauglich, da sie Verbindlichkeit und Wechselwirkungen dokumentiert, Austauschprozesse verdeutlicht und als gemeinsames Zielsystem der kooperierenden Gemeinden schon einen kleinen Tagtraum auf eine gemeinsame Zukunft hin zulässt. Kooperationen zwischen Kirchengemeinden beginnen in aller Regel nicht, weil man sich qualitative Sprünge oder synergetische Angebotseffekte erwartet, sondern weil man in Not ist, weil das Geld nicht reicht, weil Stellen abgebaut werden, kurzum: weil man aus dem letzten oder vorletzten Loch pfeift. Der in den letzten Jahrzehnten eingeübte Weg, bestehende Kirchengemeinden wegen Bevölkerungswachstum im Kirchensprengel zu teilen, und neue Gemeinden zu gründen, macht kehrt: aus zwei, oder gar aus drei oder vier, mach eins.[8] Der ökonomische Druck steht Pate, und nicht so sehr gemeinsame Vorstellungen und Ideen von kirchlicher Entwicklung.

8 Oder mehrere Gemeinden schließen sich, bei weiterer Selbstständigkeit, zu Seelsorgestützpunkten zusammen.

So plausibel Kooperationsprojekte auch aus Gründen der Ressourcenschrumpfung erscheinen, und so traditionell Kooperationen und Netzwerke unter einen positiven Anfangsverdacht gestellt werden, so wichtig auch ökumenische Kooperationsmodelle an sich sind, so verlangt eine systematische Kirchenentwicklung eben nicht nur nach „Notplänen", sondern nach der Optimierung von Kooperationen: Kooperationen sollten materiell wie ideell mehr Ertrag bringen als sie Aufwand verursachen.

Auf der Kostenseite lassen sich ja nicht nur die direkten Kosten einer Kooperation verbuchen, sondern auch diejenigen „Transaktionskosten", die zur Herstellung und zur Pflege von Kooperationen aufzuwenden sind. Hierbei handelt es sich im Wesentlichen um Analyse-, Besprechungs- und Verwaltungszeiten. Zusätzlich zu berücksichtigen sind auch die sogenannten „Opportunitätskosten" von Kooperationen, welche anzeigen, was die Gemeinde nicht machen konnte, weil sie kooperiert. Die Vorbereitung und Durchführung einer Gemeindekooperation kann, mit gemeinsamen Seminaren, Sitzungen und vorbereitenden Arbeiten, ohne weiteres 1000 Zeitstunden pro Gemeinde umfassen. Neben diesen Transaktionszeitkosten stünden dann noch die Opportunitätszeitkosten: zum Beispiel könnte man mit diesem Stundendeputat zwei Kinderbibelwochen durchführen.

Um festzustellen, ob sich Kooperationen zwischen Gemeinden lohnen, und insbesondere um klären zu können, welche Formen der Zusammenarbeit in welchen Arbeitsfeldern am besten geeignet sind, könnte man mit folgender Tabelle starten.

Voraussetzung dieses Verfahrens ist freilich, dass sich die über eine Kooperation nachdenkenden Gemeinden bereits kennen gelernt haben, voneinander wissen, sich ihre Stärken und Schwächen erzählt haben und insofern einen schon etwas verdichteten Eindruck der Unterschiede und möglichen Gemeinsamkeiten gewonnen haben.

Abb. 57: Kooperationstabelle 3 Gemeinden

Gemeinde	Angebote	Einsparung Geld	Einsparung Zeit	Qualitäts-verbesserung	Wichtigkeit
Gemeinde A					
Gemeinde B					
Gemeinde C					
...					

Um die verschiedenen Vergleichsdimensionen wie Geld, Zeit, Qualität und Wichtigkeit miteinander in Beziehung setzen zu können, und um die Strömungen innerhalb der Gemeinden systematisch aufnehmen zu können, empfiehlt sich der Einsatz eines Verfahrens, das an der sogenannten „Nutzwertanalyse" orientiert ist. [9]

Im ersten Schritt gewichten die Mitglieder des Kirchenvorstandes und weitere in das Verfahren einbezogene Gemeindeglieder die einzelnen Angebote/Arbeitsfelder nach ihrer Wichtigkeit, nach erwarteten Qualitätseffekten, nach Einsparungspotenzialen.

9 Die Nutzwertanalyse wird eingesetzt, wenn Entscheidungen zwischen Alternativen zu treffen sind, in denen zwar die Kosten, nicht aber die Nutzen, (ausschließlich) in Geldeinheiten übersetzt werden können.

Jede Gemeindeaufgabe wird pro Dimension von jedem „Probanden“ mit einem Punktwert zwischen 0 und 10 versehen. Hierdurch ergibt sich ein addierter Zeilenwert, der angibt, wie viel „Pluspunkte“ in einer Kooperation erwartet werden.

Um Überforderungen, die sich daraus ergeben könnten, dass alle möglichen und denkbaren Arbeitsfelder äußerst optimistisch beurteilt werden, zu vermeiden, bietet es sich an, die von den Teilnehmern insgesamt zuteilbare Punktzahl zu begrenzen.

In der folgenden Tabelle sehen wir 20 auf jeweils drei Dimensionen zu beurteilende Arbeitsfelder. Jedem Angebot wird in der Spalte „Wichtigkeit“ ein Wert zwischen 1 und 5 zugewiesen. Bei den Spalten „Qualitätseffekte, finanzielle und zeitliche Sparpotenziale“ wird pro Spalte ein Wert zwischen 1 und 10 vergeben, insgesamt also pro Arbeitsfeld ein addierter Maximalwert von 30 Punkten. Dieser Summenwert wird nun mit dem „Wichtigkeitswert“ multipliziert, so dass sich pro Zeile ein Maximalwert von 150 Punkten ergeben kann. Um den Zwang zur Sortierung und Schwerpunktsetzung zwischen den Arbeitsfeldern anzustiften, sollte man die pro Person maximal zu vergebenden Punkte auf die Hälfte der Maximalpunktzahl, und somit in diesem Beispiel auf 1500, beschränken.

Abb. 58: Beispielstabelle Kooperation

Angebote	**Wichtigkeit**	**Qualitätseffekte**	**Finanz. Sparpotenziale**	**Zeitliche Sparpotenziale**	**Summe**
Sonntagsgottesdienste					
Kindergottesdienste					
Bibelwoche					
Jugendarbeit					
Miniclubs					
Kirchenmusik					
Seniorenkreis					
Männerwerk					
Ökumene					
Eine Welt Projekt					
Besuchsdienste					
Sozialdienste					
Erwachsenenbildung					
Kindergärten					
Pfarramtsorganisation					
Ökumene					
Kasualien					

Angebote	Wichtigkeit	Qualitätseffekte	Finanz. Sparpotenziale	Zeitliche Sparpotenziale	Summe
Gemeindezentren					
Gemeindebrief					
Homepage					

In einem zweiten Schritt werden die Werte nun in einer (Excel)Tabelle durch Addition zusammengefasst und durch die Anzahl der eingegangenen Fragebögen dividiert. Nun hat die Gemeinde pro Feld, pro Dimension und pro Arbeitsfeld ihre Durchschnittswerte gewonnen und kann sich daran setzen, die Priorisierung der Arbeitsfelder zu diskutieren. Im Gegensatz zur kompletten Fusion von Gemeinden oder zur Auflösung einzelner Gemeinden setzen Kooperationen immer auf Zwischenlösungen zwischen eigener Gemeindeidentität und Angeboten, die über die Gemeindegrenzen hinweg hergestellt werden. Es ist denkbar, dass Gemeinden eher die Kooperation im Verwaltungsbereich suchen, oder eher Kooperation bei ihren sozialen Aktivitäten oder eher Kooperation in der Jugendarbeit oder in der Kirchenmusik, oder in der Gebäudeverwaltung. Viele Spielarten und Spielfelder sind bei Kooperationen denkbar. Aber auch hier hängt der Erfolg von der Beschränkung und Konzentration ab, von der klaren Definition, welche Arbeitsfelder in Austauschprozesse überführt werden sollen, und welche weiterhin in der Selbstregie einzelner Gemeinden bleiben sollen. Insofern ist es für das Gelingen solcher Projekte wichtig, dass nicht alle Themen, nicht alle Ideen und nicht alle Problemfälle in den Kooperationskorb gelegt werden, sondern ausgewählte Arbeitsfelder, die eben eine besonders hohe Anzahl von „Kooperationspunkten“ erlangt haben.

7.5.1 Beispiel: Kindertagesstätten

Kindergärten stellen für Kirchengemeinden häufig ein Identitätsmerkmal dar. Allerdings zeigt die kirchliche Praxis, dass große Unterschiede zwischen den Gemeinden in der inhaltlichen Verkoppelung der Kindergartenarbeit und der Gemeindeentwicklung existieren.

Auf jeden Fall beschäftigen sich alle Gemeinden irgendwie mit ihren Kindergärten; zumeist jedoch tun sie dies organisatorisch und finanziell. Wenn der Kindergarten auf der Tagesordnung des Kirchenvorstandes auftaucht, dann geht es oft um Haushalts- und Finanzfragen sowie um Bauaspekte und Stellenpolitik. Manchmal tagt noch ein Kindergartenausschuss.

Zusätzlich zu diesen Gremienzeiten fallen Verwaltungszeiten im Pfarramt an, die allerdings stark degressiv zugeschnitten sind. Für Abrechnungen, Zuwendungsanträge oder Einkauf bleiben die Verwaltungszeiten für einen, zwei oder drei Kindergärten nahezu konstant. Bei der Kita-Verwaltung lässt sich also mit der Anzahl der Kindergärten eine starke Kostendegression feststellen. Neben den Gremienzeiten lassen sich die Verwaltungszeiten auf 315 Jahresstunden pro Einzel-Kindergarten veranschlagen. Und für zwei, drei Kindergärten scheint der administrative Zeitaufwand nicht wesentlich höher zu liegen.[10]

10 Diese Angaben basieren auf einer kleinen Untersuchung von 7 kirchlichen Kindergärten in Nachbargemeinden

Kooperierende Kindergärten sind jedoch nicht nur administrativ kostengünstiger, sondern auch leistungsfähiger. In der Personalplanung, Personalführung, im Qualitätsmanagement und in der Konzeptentwicklung gibt es ebenso „Größeneffekte" wie im Marketing und in der Flexibilisierung von Jahres-, Wochen- und Tagesöffnungszeiten.

Für ihre Kooperation im Kindergartenbereich bieten sich den Gemeinden unterschiedliche Möglichkeiten der Ausgestaltung. Als vorsichtigste Form (Konzept A) bietet sich die gemeinsame Verwaltung von gemeindeeigenen Kindergärten an. Ein Pfarramtsekretariat übernimmt die gesamte Verwaltung. Etwas mutiger wäre die Fusion der Kindergärten zu einer Organisation (Konzept B) mit entsprechenden Chancen der Personalplanung, des Qualitätsmanagements und einer abgestimmten Politik der Öffnungszeiten.

Und denkbar ist auch das „Outsourcing" der Kindergärten an einen anderen kirchlichen Träger (Konzept C), in der Regel unter dem Dach der Caritas bzw. Diakonie, bei vertraglicher Vereinbarung der Schnittstellengestaltung zur Gemeinde hin.

Auch hier könnte man entsprechende „Nutzwertpunkte" vergeben.

Abb. 59: Vergleichstabelle KITAs

	Konzept A	Konzept B	Konzept C
1. Finanzielle Effekte für die Gemeinden			
2. Personelle Effekte für die Kirchengemeinde und für den Kindergarten			
3. Qualitative Effekte für Kinder und Eltern			
4. Qualitative Effekte für die Erzieher/innen			
5. Qualitative Effekte für die Kirchengemeinde			
Ergebnis			

7.5.2 Beispiel: Pfarrämter

Besonders attraktiv, aus Kosten- wie auch aus Qualitätssicht, gestalten sich die Chancen im Verwaltungsbereich, und hier ganz besonders in der Kooperation zwischen Gemeinden.

Ein Kooperationsthema für Kirchengemeinden könnte mit der Frage beginnen, ob denn zwei, drei, vier Gemeinden nicht ein gemeinsames Pfarramt betreiben könnten. Gerade die Entwicklungen der Informationstechnologien bieten auch Kirchengemeinden Chancen für Rationalisierungen im Verwaltungsbereich, die für die kontaktierenden Menschen nicht notwendigerweise mit Qualitätseinbußen verknüpft sein müssten. Möglicherweise bieten sich durch Kooperation Möglichkeiten, die eigene Dienstleistungsqualität der Pfarrämter aufrecht zu erhalten und trotzdem im Verwaltungsbereich Kosten einzusparen. Letztlich stellt sich die Frage, ob die Kirche ihre Angebote und ihre Servicequalität mit weniger Personalkapazitäten und weniger Raumkapazitäten herstellen kann.

Viele Gemeinden gleichen Wagenburgen voller Traditionsladungen, das eigene Pfarramt gilt als unverzichtbar: Weil sich die Menschen daran gewöhnt haben, weil der Bedarf besteht, weil die Hauptamtlichen ohne direktes Sekretariat nicht funktionieren, weil enge persönliche Beziehungen bestehen, weil das Pfarramt wesentlicher Bestandteil der Gemeindeidentität ist, und im übrigen: weil weil weil.

Analysen der Kontaktdichten, Kontaktthemen und Kontaktarten von Pfarrämtern begegnen regelmäßig dem festen Glauben, dass das eigene Pfarramt unverzichtbar sei. Das Pfarramt als symbolischer Ortsbezug wiegt schwer und kann, wenn überhaupt, nur durch einen nüchternen, kalten empirischen Blick in seiner realen Bedeutung als unverzichtbarer Treffpunkt relativiert werden.

Welche Geschäftsprozesse müssen unbedingt vor Ort im Pfarrbüro laufen und welche Prozesse können möglicherweise effizienter und kostengünstiger in Kooperation erstellt werden? Welche Alternativen zur wichtigen Funktion, Anlaufstelle für informelle Kommunikation zu sein, sind denkbar?

Im Kapitel 6 haben wir einige empirische Ergebnisse über die Nutzungsmuster von Pfarrämtern dargestellt. Es zeigte sich, dass der überwiegende Anteil von nicht-internen Tätigkeiten und Serviceleistungen durch Anfragen eingeleitet werden, die per Telefon, Fax oder E-Mail an die Pfarrämter herangetragen werden. Wenn Termine wegen Taufen, Hochzeiten oder Beerdigungen vereinbart werden, geschieht dies meistens nicht durch persönliche Pfarramtsbesuche. Die Erreichbarkeit der Pfarrämter ist also weniger eine räumliche Frage als an die Öffnungszeiten gekoppelt. Sie könnte daher durch ein kooperatives Pfarramt für die Mitglieder der verschiedenen Gemeinden deutlich verbessert werden. Eine Neu- und Umorganisation bisheriger Arbeitsprozesse durch Kooperation würde auch eine effizientere, weil ungestörtere, Bearbeitung von Verwaltungs- und Schreibtätigkeiten ermöglichen, die ohne direkten „Kundenkontakt“ ablaufen. Solche Arbeiten betreffen die Erstellung der Gemeindebriefe, die Buchhaltung, die Pflege von Pfarreidatenbanken, die Führung der Gabenkassen, die Aktualisierung der Homepage, Protokolle von Gremiensitzungen, die Korrespondenz, die Ablage, die Vorsortierung von Belegen oder Abrechnungsarbeiten für den Gemeindepflegeverein oder den Kindergarten.

Mit Ausnahme der äußerst seltenen Fußwege zum jeweiligen Pfarramt bleiben für die Gemeindglieder auch bei einem „Kooperationspfarramt“ die sonstige Wege gleich: der Weg zur Kirche, zum Kindergarten, zum Gemeindezentrum oder zur Pfarrerin bzw. zum Pfarrer.

Das gemeindeübergreifende Pfarramt bleibt weiterhin die „telefonische Visitenkarte“ der Pfarrei, Termine mit den jeweiligen Gemeindeseelsorgern können über elektronische Kalender unkompliziert vereinbart werden, die Effizienz ließe sich mit großer Wahrscheinlichkeit verbessern – und die Nachteile für die Menschen wären marginal. Die Ehrenamtlichen erhalten bessere Zugangsmöglichkeiten zu einer besseren Bürotechnik und bessere Öffnungszeiten.

Ein Blick auf die folgenden Tabellen zeigt „in Echtzeit“ eine Simulation der Öffnungszeiten der Pfarrämter von fünf Kirchengemeinden.

Abb. 60: Öffnungszeiten Pfarrämter

	Vormittags					Nachmittags					Öff. Std. ins.	MA Std. *	Std. je MA
	Mo	Di	Mi	Do	Fr	Mo	Di	Mi	Do	Fr			
Gemeinde A (8-12 Uhr)	4	4		4	4						16	25	0,64
Gemeinde B (9-13, 15.30–17.30 Uhr)	4	4	4	4	4		2				22	15	1,47
Gemeinde C (9-12, 8-10, 14-17 Uhr)	3	3	2	3	3				3		17	92	0,18
Gemeinde D 10-12 Uhr)	2	2	2	2	2						10	42,25	0,24
Gemeinde E (9-11.30; 14–17.30 Uhr)	2,5	2,5	2,5	2,5	2,5	3,5	3,5		3,5		23	63,5	0,36
Summe	15,5	15,5	10,5	15,5	15,5	3,5	5,5		3,5		88	237,75	0,37
Summe o. Gemeinde E	13	13	8	13	13		2		3		65	174,25	0,37

* Aktuelle Stunden, die über Kirchensteuern finanziert werden.

Natürlich sind topographische, historische und sozialkulturelle Besonderheiten zu berücksichtigen. Und auch die kleineren Statusverluste, die sich die eine oder der andere beim „Verlust seines Pfarramtes" einhandelt, können ärgerlich sein. Aber „unter dem Strich" fällt die Bilanz bei solchen Kooperationen im Pfarramtsbereich[11] in der Regel positiv aus.

7.5.3 Die BCC kooperierender Kirchengemeinden

Die Gemeinden werden auf Basis ihrer „Punktelisten" Präferenzen für Themen haben, die sie bevorzugt in die Kooperation einbringen wollen. Auch bei ausgeprägter Solidarität ist zu vermuten, dass sich zwischen den kooperationswilligen Gemeinden nicht spontan eine Gleichgewichtssituation einstellen wird. Wahrscheinlich überwiegen solche Arbeitsfelder, in denen die einzelnen Gemeinden Nachholbedarf verspüren, und wahrscheinlich bleiben solche Arbeitsfelder unterbelichtet, in denen sich die Gemeinden als „gut aufgestellt" betrachten. Damit in der Kooperation keine eindeutige Schieflage entsteht, und ein skeptisches Klima vermieden wird, sollten die Gemeinden schon in der Erstellung ihrer Kooperationsthemen darauf achten, dass das Verhältnis zwischen ihrem Einsatz und ihrem Ertrag, zum Beispiel in Arbeitsstunden gemessen, ungefähr ausbalanciert ist.

Da, trotz aller inhaltlichen Gestaltungsmöglichkeiten, Kooperationsprojekte in aller Regel an Organisationsmerkmalen der Gemeinden ansetzen, muss auch die „Kooperations Balanced Church Card" nicht mit den Vorstellungen gemeinsamer Aufgaben beginnen, sondern sie kann auch an gemeinsamen Organisationsprozessen ansetzen.

Wo stecken die Prozesse, die durch Kooperation rationalisiert werden können, in denen Ressourcen lagern, die für andere Aufgaben herangeholt werden können? Angesprochen sind damit einmal die klassischen „Vorhaltekosten", die für Bereitschaftsleistungen ausgegeben werden. Für die einzelne Kirchengemeinde ist die telefonische Rufbereitschaft in den Abendstunden wahrscheinlich nicht zu stemmen, für vier Kirchengemeinden jedoch? Wo sind potenzielle Synergien? Vielleicht in der Konfirmandenarbeit? Im Kirchenchor? In der

11 Und wenn die mangelnde Erreichbarkeit das Gegenargument wäre: Dann bitte eben ein ökumenisches Pfarramt im Gemeindesprengel

Kindergartenverwaltung? Im gemeinschaftlichen Einkauf von Strompreisen? Im Gemeindebrief? In den Ministrantenfreizeiten?

Und wo liegen die noch nicht gehobenen Schätze auf der Personal- und Konzeptseite?

Gemeinden mit eigenem Zielsystem benötigen bei Kooperationsprojekten in der Regel keine gemeinsame Aufgabenkarte. Freilich können im Einzelfall auch gemeinsame Aufgabenstellungen formuliert werden, die sich zum Beispiel dadurch ergeben, dass Gemeinden im gleichen Sozialraum tätig sind. Aber die Gemeinde bleibt auch weiterhin das Zentrum kirchlichen Lebens, und die Kooperation mit Nachbargemeinden dient im Wesentlichen als Ressourcenquelle zur Qualitätssteigerung und/oder zur quantitativen Aufgabenbewältigung.

Auf der Suche nach solchen Synergieeffekten beginnt die Aufstellung einer kooperativen Balanced Church Card mit der Prozesskarte.

Von unseren Mustergemeinden sind folgende Themen für die Kooperation ausgewählt worden: Pfarramtsorganisation, Konfirmandenarbeit, Gemeindebrief, Kindergarten, Kirchenmusik. Bei diesen Themen vermuten die beteiligten Gemeinden positive Kooperationseffekte, die dazu beitragen, dass das gewohnte Angebot trotz Mittelkürzungen aufrecht erhalten werden kann oder sich sogar verbessern lässt.

Abb. 61: Prozesskarte

Ziel	Kennzahl	Zielwert	Aktionen	Wer?
Optimierung der Pfarramtsabläufe	Öffnungsstunden des Pfarramtes insgesamt pro Woche; Garantierte Bearbeitungsfristen ausgewählter Anfragen		Konzentration auf ein gemeinsames Pfarramt. Durchführung von Geschäftsprozessanalysen; Definition der zentralen Arbeitsprozesse	
Qualitative Verbesserung der Konfirmandenarbeit	Prozentsatz der Konfirmanden, die im Folgejahr in den Gemeinden aktiv sind		Entwicklung eines gemeinsamen Konzeptes; Durchführung gemeinsamer Konfirmandenfreizeiten; Auswahl einer Gemeinde, die qualitativ und personell besonders gute Jugendarbeit macht; Zeitanalyse	
Verbesserung der Kommunikation durch gemeinsamen Gemeindebrief	Rücklaufquote eines beigelegten Fragebogens Annonceneinnahmen		Konzeptentwicklung; Definition der Arbeitsprozesse	
Optimierung des Kindergarten-managements	Kostenersparnis in Euro Ergebnisverbesserung		Kostenplanung auf Basis einer Vollkostenrechnung; Definition der Arbeitsprozesse; Fusion der Kindergärten zu einem Kitaverein	
Stabilisierung der Kirchenmusik	Anzahl der Gottesdienste mit Kirchenmusik		Erstellung einer Aufgabenliste für die Kirchenmusiker; Aufbau eines gemeinsames Chores und Kinderchores; Qualifizierung ehrenamtlicher Organisten	

Aus diesen Prozessverbesserungen durch Kooperation entstehen nun auf der Ressourcenkarte im zweiten Schritt im Wesentlichen Einsparungsziele in Geld und Arbeitsstunden. Die Einsparungen fallen natürlich zwischen den kooperierenden Gemeinden unterschiedlich aus. Die Pfarrerin der Gemeinde A, die besondere Kompetenzen in der Jugendarbeit aufweist, „spart" in der Konfirmandenvorbereitung keine einzige Stunde, ganz im Gegenteil, sondern bekommt die Konfirmanden der Kooperationsgemeinden noch dazu. Die Konfirmandenarbeit ist in guten Händen, die Frequenz der Treffen bleibt gleich, die notwendigen Arbeitsstunden allerdings betragen nur noch ein Drittel des Zeitbudgets im Nicht-Kooperationsmodell.
Die von der Konfirmandenarbeit weitgehend entlasteten Pfarrer/innen haben nunmehr Zeit gewonnen, die für andere Aufgaben zur Verfügung steht. Unter dem Strich müssen Kooperationen für die einzelnen Gemeinden möglichst „eins zu eins" aufgehen. Man investiert Stunden, und bekommt Stunden zurück, – und kann durch diese Kooperation trotz schrumpfender Ressourcen eine bessere Leistungsqualität aufrechterhalten.

Die Ressourcenkarte hat bei Kooperationsmodellen eher den Charakter einer Bilanz. Sie dokumentiert die finanziellen und zeitlichen Effekte der jeweiligen Kooperationsebenen für alle beteiligten Gemeinden, sie weist sozusagen die „Beute" der Kooperation aus, die dann zwischen den Gemeinden verteilt werden kann.

Abb. 62: Ressourcenkarte

	Finanzielle Effekte	**Hauptamtliche Zeiteffekte**	**Ehrenamtliche Zeiteffekte**	**Aktionen**
Konfirmandenarbeit				Verteilung auf die Gemeinden
Gemeindebrief				Verteilung auf die Gemeinden
Kindergärten				Verteilung auf die Gemeinden
Kirchenmusik				Verteilung auf die Gemeinden
Pfarrämtern				Verteilung auf die Gemeinden

Die (nicht notwendige) Angebotskarte

Durch Kooperationen gewonnene Netto-Ressourceneinsparungen an Zeit, Geld und Räumen wandern nun bei „smarten Kooperationen", in Abgrenzung zu tendenziellen Gemeindefusionen, nicht auf eine gemeinsame Angebotskarte, sondern auf die Angebotskarten der einzelnen Gemeinden. Sie bieten Chancen, neue Arbeitsfelder aufzubauen oder bestehende Arbeitsfelder abzusichern. Einigen sich drei Gemeinden auf eine gemeinsame Konfirmandenarbeit, die von einer Pfarrerin der Gemeinde X maßgeblich durchgeführt wird, so tritt bei den Pfarrern der beiden anderen Gemeinden eine Arbeitsentlastung in der Größenordnung von vielleicht 90 Arbeitsstunden ein. Für den Pfarrer der Gemeinde Y wird es nun möglich, zusätzliche 180 Besuche im Pflegeheim durchzuführen, bei der Gemeinde Z fließen diese gewonnenen Stunden in die Betreuung ehrenamtlicher Helfer.

Die (nicht notwendige) Wissens- und Entwicklungskarte

Auch ergeben sich für die kooperierenden Gemeinden nicht notwendig gemeinsame Schritte in der Entwicklung, Förderung und Weiterbildung der Mitarbeiter. Wenn das Pfarrsekretariat der Gemeinde Y die Verwaltung aller kooperierenden Kindergärten übernimmt, und die Öffentlichkeitsarbeitsgruppe der Gemeinde Z den gemeinsamen Gemeindebrief erstellt, und die Kantorin der Gemeinde Y den gemeinsamen Kirchenchor leitet, dann bleibt die Verantwortung für fachliche Qualität, für die Entwicklung und Unterstützung der beteiligten Personen bei der jeweiligen Gemeinde.

Kapitel 8 „Der Weg zur Hölle ist mit guten Vorsätzen gepflastert"[1] Die Wirksamkeit strategischer Ziele sichern

Nehmen wir an, es steht mit einer ausgereiften „Balanced Church Card" ein kirchliches Zielsystem auf dem Papier – es wird stolz präsentiert, von den Verantwortlichen angenommen, beschlossen und gefeiert. Jetzt beginnt eine neue abenteuerliche Etappe: Die Umsetzung der Maßnahmen, die zur Erreichung der Zielvorgaben führen sollen. Das Leben mit zielorientierter kirchlicher Arbeit, nicht allein die Konzeptqualität entscheidet darüber, ob der Umschwung in ein aktives Organisationshandeln gelingt. Und umgekehrt: Die mit konsequenter Zielorientierung verbundenen alltagspraktischen Veränderungen in Zusammenarbeit und Leitung müssen konzeptionell vorbereitet und erwünscht sein.

8.1 Stolpersteine zu Trittsteinen machen

8.1.1 Konzept und Alltag

Das Leben – das Vorfindliche, das Ungesteuerte und nicht Planbare – ist allemal stärker als jede noch so bedeutsame Organisationsentscheidung. Der kirchliche, vor allem der gemeindliche Lebens- und Arbeitsalltag wird nie auch nur zu überwiegenden Teilen, geschweige denn ganz dem Grundprinzip eines zielorientierten Vorgehens entsprechen.

(O-Töne aus BCC-Gemeinden)

„Wir haben viele sehr gute Beschlüsse, aber es passiert dann immer nichts."

„Auf die landeskirchlichen Sparplanungen reagierte man nicht BCC mäßig, sondern mit Depression, Trauerarbeit und Feilschen."

„BCC ist eher Impuls, Hinweis zur Systematisierung, aber im Alltagsgeschäft menschelt es eher."

Im Sozialbereich haben Organisationsentscheidungen typischer Weise weniger Kraft als bei einem Automobilkonzern, und in einer Kirchengemeinde deutlich weniger als bei der örtlichen Caritas. Das liegt an den besonderen Bedingungen der jeweiligen Organisation.

Im kirchlichen Bereich ist (neben anderen bereits beschriebenen organisationskulturellen Merkmalen[2]) z.B. die Tatsache bedeutsam, dass hier in viel größerem Umfang als sonst irgendwo Ehrenamtliche die Arbeit machen und die Leitung innehaben. Ehrenamtliche binden sich ausschließlich auf der Basis von persönlicher Motivation und Überzeugung an ein gemeinsames Konzept. Oft spielt die Beziehungsebene dabei eine große Rolle. Die Priester, Pfarrerinnen und Pfarrer wiederum als mächtigste Berufsgruppe unter den Hauptamtlichen sind vom traditionellen und tief verankerten Berufsbild her keine Teamspieler. Trotz

1 Zulehner (2003: 38) : „ ... – analog dazu lässt sich sagen, dass der Weg in den ortskirchlichen Untergang mit ungeerdeten Kirchenvisionen gepflastert ist. Was es also braucht, ... sind ... nachhaltige Projekte". Diese Mahnung reflektiert die Erfahrung, dass Nachhaltigkeit in den letzten Jahren nicht zu den auffälligen Eigenschaften kirchlicher Reformprojekte gehört hat.

2 Siehe Kapitel 2

manch gegenläufiger neuerer Elemente im professionellen Selbstverständnis stellen sie z.B. bei einem Wechsel in eine neue Gemeinde instinktiv eher die Frage: „Was kann ich hier aufbauen?“ – und eher nicht: „Welche Ziele der Gemeindeentwicklung liegen hier vor, für die ich mich einsetzen kann?“. Dem entsprechend und aufgrund der bisher starken Traditionsleitung werden die leitenden Gremien auf allen Ebenen bislang kaum dafür in Anspruch genommen, dass sie einen orientierenden und begrenzenden Rahmen für die Hauptamtlichen setzen. Noch fehlen dafür auch weitgehend die theologischen Konzepte, die das ordinationsgebundene Amt seinerseits an legitimierte, konkrete Ziele der Kirchenentwicklung rückbindet[3]. Die organisationssoziologischen und -psychologischen Voraussetzungen für eine verbindliche Umsetzung von strategischen Steuerungskonzepten sind also denkbar schwierig.

(O-Töne aus BCC-Gemeinden)

„Hauptproblem: Hauptamtliche, insbesondere Pfarrer können bremsen.“

„System ist für manche zu schwierig. Viele kapieren den Sinn überhaupt nicht.“

„Vorschläge für Gottesdienste z.B. werden von den Pfarrern aufgenommen, begrüsst und nicht umgesetzt.“

„Die BCC treibt gut an, aber es passiert wegen den Pfarrern nichts.“

(O-Töne aus BCC-Gemeinden)

„Auch wenn etwas nicht klappt (Seniorenarbeit), gibt man die Aufgabe nicht ab.“

„Viele in der Kirche sind nur engagiert beim Reden.“

(O-Töne aus BCC-Gemeinden)

„Ziele für eigenes Engagement sind emotionaler, deshalb Skepsis gegenüber einer systematisierenden Methode.“

„Man braucht Ehrenamtliche, die über ihr Steckenpferd hinausschauen wollen und können.“

„BCC-Modell passt nicht für alle Menschen, die Projekte machen wollen.“

Steuerung ist – am Beispiel eines Dekanatsprojektes, das sich leicht auch auf Gemeinden, Regionen, Einrichtungen übertragen lässt – grundsätzlich in dreifacher Weise möglich, wenn man das entlang den klassischen Steuerungsmedien „Geld“, „Macht“ und „Kommunikation“ bedenkt:

3 Eine weitere pastoraltheologische Reflexion dieses (wie auch anderer) Modelle für strategische Kirchenentwicklung ist unumgänglich. Die Ausgangsfragen dabei könnten lauten: Inwiefern bilden die „konziliar“ gefundenen Ziele für Kirchen- und Gemeindeentwicklung ein gemeinsames Dach, das auch für die ordinationsgebundenen Ämter den Rahmen setzt? Könnte sich in der Verantwortung für einen Zielfindungsprozess und seine theologische Qualität die dem Amt auferlegte Sorge für die Einheit der Gemeinde ausdrücken (vgl. Hermelink 1998)? Wie verhalten sich dazu die Rollen externer Moderation und Fachberatung? Wie hätten sich solche Perspektiven in den Ausbildungsinhalten für die theologisch-pädagogischen Berufe niederzuschlagen?

1. Durch finanzielle Weichenstellungen in den dekanatlichen Gremien und den dazu gehörigen Ausschüssen, z.B. Finanzierung von Stellen für die Controllingaufgaben, Bonus-malus-Regelungen anhand von Entwicklungszielen bei der Zuschussvergabe an Gemeinden und Einrichtungen, Finanzierung von Großveranstaltungen, Finanzierung der externen Beratung: Geld.
2. Durch Schwerpunktsetzung in der operativen Leitung, z.B. Konzentration der Dekane u.a. Leitungspersonen auf die Umsetzung bestimmter Inhalte: Personale Macht.
3. Durch die Förderung gemeinsamer Willensbildung in den Gemeinden und Einrichtungen des Dekanates, also durch die Nutzung des Kommunikationsnetzes für Anregungen, Beschlussvorlagen, Empfehlungen und Vereinbarungen: Kommunikation.

In allen drei Bereichen ist der Einsatz von formell vorhandenen und demokratisch legitimierten Steuerungsmitteln ausbaufähig. Über Geld auch inhaltlich Einfluss auszuüben, ist in den Prosperitätszeiten unmodern geworden, heute aber wieder sinnvoll. Personale Machtausübung geschieht bislang häufig eher unbewusst und ist mit großen Tabus belegt; sie wird aber umso sympathischer, je klarer sie angesagt und an die Unterstützung von gemeinsam ausgehandelten Zielen gebunden wird. Formelle Vereinbarungen zwischen einzelnen kirchlichen Instanzen gibt es bisher kaum; sie sind aber gerade in den spezifischen kirchlichen Strukturen ein nahe liegender Weg. Für die Umsetzung von beschlossenen Maßnahmen und im Interesse der inhaltlichen Ziele müssen die Verantwortlichen möglichst viele dieser Steuerungsmöglichkeiten möglichst konsequent einbeziehen. Ein Projekt zur strategischen Kirchenentwicklung, das in der Umsetzung von den zentralen Steuerungsressourcen abgeschnitten wird, stellt sich schnell als lame duck bzw. als Spielwiese für einige gutwillige Naivlinge dar.

8.1.2 Hilfe, Konsequenz!

Eine gemeinsam entwickelte und durch kirchliche Gremien beschlossene Balanced Church Card als Entwicklungs- und Steuerungskompass hebelt nicht automatisch eine dominante Führungskultur aus. Der aus seinem Wochenendseminar mit einer schönen BCC zurückgekehrte Kirchenvorstand, Pfarrgemeinderat, Dekanatsausschuss oder Katholikenrat hat sehr schnell wieder in seine alten Sitzungsroutinen zurückgefunden, seine Themen, wie gewohnt, durch Zuruf, durch Dramatisierungen und persönliche Präferenzen bestimmt und sich von der eigentlich beschlossenen Steuerungslogik verabschiedet.

(O-Töne aus BCC-Gemeinden)

„Im 1. Jahr hat das Entscheidungscontrolling gut geklappt: positive Bilanz. Im zweiten Jahr: war da was?“

„Eine kleine Enttäuschung: vieles, was man sich vorgenommen hatte, ist im Sande verlaufen, die Gemeinde hat keinen großen Sprung nach vorne gemacht.“

Umso wichtiger und diffiziler ist es, die Korridore zu finden bzw. zu bauen, mit deren Hilfe die dafür Zuständigen ein Konzept umsetzen und die gemeinsam ausgehandelten Ziele erreichen können. Die Enttäuschungen und Schuldzuweisungen (an die Beratungsfirma, an die Leitungspersonen, an die konservativen Kirchenvorstände, an das Schicksal, das uns einfach keine reformatorischen Aufbrüche bescheren mag ...) im Kielwasser erfolgsarmer

Entwicklungsprojekte sind verständlich, aber sie helfen nur dann weiter, wenn die daraus abzuleitenden Konsequenzen durchdacht werden. Unser Vorschlag dazu lautet: Die Umsetzung eines Konzeptes ist als Teil des Gesamtprojektes zu betrachten, und Grundbedingungen dafür müssen die Verantwortlichen von vornherein mit bedenken.

Drei Schwierigkeiten kreisen karussellförmig um die Köpfe derer, die sich um Zielorientierung im kirchlichen Alltag bemühen. Wenn Umsetzung nicht klappt, ist und bleibt es oft hartnäckig unklar, ob es

a) daran liegt, dass die Verantwortlichen nicht wirklich Verantwortung übernommen haben,
b) daran, dass keine geeigneten Verfahren bekannt sind, um neue, stärker zielorientierte Arbeitsweisen in den kirchlichen Alltag einzufädeln, oder
c) daran, dass nicht genug Motivation für die lange Strecke der Umsetzung da ist, weil die intendierten Veränderungen, also die konzeptionellen Entscheidungen inhaltlich nicht überzeugen.

Wer immer einen dieser Problembereiche anspricht und dafür nach Lösungen sucht, muss damit rechnen, dass in den Augen der Gesprächspartnerin eigentlich der andere oder gar der dritte Bereich das entscheidende Hindernis darstellt. Es gilt, das Karussell zum Stillstand zu bringen und den Dreiklang aufzulösen in drei bearbeitbare Fragestellungen:

1. Wie kommt es dazu, dass die Rollen gut besetzt und verbindlich ausgefüllt werden, die für die Umsetzung eines strategischen Konzeptes notwendig sind?
2. Welche Steuerungsinstrumente sind für die Zielorientierung im kirchlichen Alltag notwendig und hilfreich?
3. Wie können innere Überzeugung und persönliches Engagement der Akteure als Kraftquelle für die Umsetzungsaufgaben auch über längere Zeiträume und im ambivalenten Feld der Alltagserfahrungen erhalten bleiben?

(O-Ton aus einer BCC-Gemeinde)
„Komplexität ständig zu bewahren, ist schwierig."

8.1.3 Lernprozesse und ihre Vehikel

Für das Kapitel „Umsetzung" ergibt sich als erstes die Aufgabe, die persönliche Verantwortung für Maßnahmen und Zielerreichung zu klären[4] und kreativ zu sein in der effektivierenden Verteilung von einzelnen Funktionen und Rollen. Die Zumutung lautet: Die vorhandenen Kräfte müssen sich auf die neuen Anforderungen im Arbeitsalltag ausrichten. Das erfordert Umdenken und Umschichten – auch Kürzung bei bisherigen Tätigkeiten. Es

4 Vgl. Eisenreich/Halfar/Moos (2005: 96 f.): Die Vermeidung von „funktionalen Doppelstrukturen", wie sie auch in der Sozialwirtschaft bei Entwicklungsprojekten oft zu beobachten sind, verdient dabei besondere Beachtung. Hier entsteht nämlich die Gefahr, dass gut funktionierende Projekte nur dann und deshalb gut funktionieren, weil und solange dafür eigene Umsetzungsstrukturen aufgebaut werden. Das aber saugt so viel Energie ab, dass letztlich zu wenig Kraft für die Zielerreichung – und damit für die Menschen, denen diese Ziele dienen sollen – übrig bleibt. Maßstab bleiben unter dem Strich bei gleich bleibenden oder sogar reduzierten Kräften die intendierten qualitativen Veränderungen im „Leistungsspektrum" der Organisation, also etwa die spürbar deutlichere Mitgliederorientierung, eine Verstärkung der Ökumene, die entschiedene Entwicklung von Kooperationsprojekten.

ist wichtig, sich klarzumachen, dass die an einem Entwicklungsprojekt aktiv beteiligten Personen – wo auch immer ihr Ort innerhalb der Hierarchie ist – die Gelegenheit haben müssen, in die durch zielorientiertes Vorgehen neu entstehenden Rollen hineinwachsen zu können.

Es kann als empirisch gesichert gelten, dass die Umsetzung von Entwicklungskonzepten mit passgenauen Steuerungsinstrumenten erheblich größere Erfolgsaussichten hat als eine, die dem guten Willen Einzelner überlassen bleibt. Die zweite Aufgabe besteht deswegen in einer Sichtung, Anpassung und Vermittlung geeigneter Controllinginstrumente. Diejenigen, die Controlling per se ablehnen, müssen sich auf die Frage gefasst machen, was sie gegen das vorliegende Konzept haben. Bei allen verständlichen Widerständen dagegen, eine solche systematische Form von zielorientierter Kommunikation in den kirchlichen Alltag hineinzubringen – man kann dabei doch an eine einfache Erfahrung anknüpfen: Es tut Haupt- wie Ehrenamtlichen prinzipiell gut (und der Sache sowieso), wenn sie ab und zu unterstützend, d.h. fördernd und fordernd nachgefragt werden im Blick auf ihre Aufgabenerfüllung und auf irgendwann einmal vereinbarte Maßnahmen.

Ein Controllingsystem geht von der bewährten Annahme aus, dass die Einzelnen mit der Aufgabe überfordert sind, sich die für zielorientiertes Verhalten relevanten Daten und Informationen zu beschaffen. Es setzt voraus, dass eine Organisation systematisches Wissen über ihre Soll- Ist- Differenzen braucht, wobei in den modernen Controlling-Versionen der Blick auf die Unternehmensziele insgesamt gerichtet ist, in Verknüpfung von monetären und inhaltlichen Zielen, während früher das Controlling fast ausschließlich dem Rechnungswesen und damit den finanziellen Zielen zugeordnet wurde.

In Kirchengemeinden und Dekanatsbezirken gibt es zwar durchaus Informationsgrundlagen, aber das Beispiel der Haushaltspläne zeigt, dass diese vorhandenen Informationen oft nicht aufgabenorientiert aufgebaut und damit nicht direkt für unsere Zwecke zielorientierter Leitung nutzbar sind. Die Entwicklung und Umsetzung eines Controllingsystems erfolgt möglichst eng angelehnt an der Balanced Church Card und stellt deren logische Fortführung dar. Die Inhalte werden durch die BCC mehr oder weniger vorgegeben, während die Verfahrensweisen und die konkrete Umsetzung unter Einbeziehung der Beteiligten, insbesondere der Leitungspersonen, zu entwickeln sind.

8.1.4 Für Bewegung sorgen

Das Ziel, im Arbeitsalltag die Verbindlichkeit zu erhöhen und die Einführung eines kirchengemäßen Controlling bedingen sich gegenseitig; beides gemeinsam löst häufig Bremsvorgänge aus, die spontan aus den kulturellen Tiefenschichten kommen. Manche Hauptamtliche fühlen sich – allen Controlling-Definitionen (s.u. 8.3) zum Trotz – durch die Informationsbeschaffung und Umsetzungssteuerung „kontrolliert“. Und natürlich gerät dabei (aus Sicht der Zielverantwortlichen allerdings eher am Rande) auch der persönliche Einsatz und Erfolg Einzelner ins Blickfeld. Manche erleben dies als Unterstützung eigener Bemühungen. Das Gegenteil von Controlling ist die tendenziell naive Annahme, ein gutes Konzept müsse von alleine laufen, wenn es von den Betroffenen angenommen wurde. Aus deren Optik sieht das aber so aus: Man „hört nichts mehr davon“, kann sich umso leichter der Mitverantwortung entziehen und zur gewohnten Tagesordnung übergehen (die ja in sich fordernd genug ist), weil die im Konzept formulierten Ziele offensichtlich doch nicht so ernst gemeint waren.

Ob der mit Controlling und Projektsteuerung gegebene Kommunikationsvorgang eher positiv oder eher negativ erlebt wird, hängt von vielen Faktoren ab – von der persönlichen Identifikation mit dem Ziel, vom Grad der Autoritätsängste und ganz besonders vom eigenen Rollenverständnis innerhalb der Gemeinde oder Gesamtkirchengemeinde. Hier zeigen sich die „Nebenwirkungen" einer zunächst ganz technisch daherkommenden Methode im Bereich des Gemeindebildes: *Wenn* überhaupt Zielvereinbarungen auf Gemeinde- oder Dekanatsebene (oder auch auf regionaler Ebene bei Kooperationen) sinnvoll sind, weil sie auch *umgesetzt* werden, dann müssen viele Einzelne dazu eine innere und äußere *Verbindlichkeit* entwickeln. Dies verändert auch das Verständnis der Ortsgemeinden, die nun konkreter als Teile eines größeren Ganzen erlebt werden, es verändert die Stellung der Hauptamtlichen einschließlich der Geistlichen innerhalb einer Gemeinde (eines Dekanates, einer Diözese, einer Region), weil sie stärker als bisher auf gemeinsame Ziele verpflichtet werden, und es verändert die Rolle der Leitungspersonen und Leitungsgremien, die das Gemeinsame in Gestalt konkreter Ziele konsequenter repräsentieren. Neben dem Selbstverständnis der Geistlichen kommen besonders das Selbstverständnis und die Arbeitsweise von ehrenamtlichen Mitgliedern der Leitungsgremien in den Blick.

(O-Töne aus BCC-Gemeinden)

„Unsere Arbeit wurde verbindlicher. Wir hören erst auf, wenn wir hinter die Karten einen Haken gemacht haben. Und wer mit dieser Methode arbeitet, lebt mit der Methode, dass es dann schon wieder weitergeht."

„Ehrenamtliche, selbst solche mit Herzblut, arbeiten zu unkonstant, so dass die Projekte meistens im Sand verlaufen."

Insofern können die Entwicklung neuer Rollen und die Anwendung sinnvoller Instrumente nur dann gelingen, wenn die Motivationsfragen mit geklärt und bearbeitet werden. Das Bereitstellen von Informationen über den Verlauf der Umsetzungsbemühungen hat selbst schon steuernde und motivierende Wirkung. Folgende Fragen werden z.B. ausgelöst: Bewegt sich genug bei uns? Haben wir genug ‚Stoff', Energie, Überzeugung? Wenn nein, warum nicht? Was lernen wir daraus? Wie kommen wir weiter? Durch Begegnung, Gespräch, Konflikt? Durch strukturelle Konsequenzen? Diejenigen, die in den leitenden Gremien Mitverantwortung für ein Projekt übernommen haben, sollten merken: Man kommt an den Projekt-Verantwortlichen nicht so leicht vorbei und wird andererseits mit eigenen Erfahrungen, Ideen, Anmerkungen und Kritik ernst genommen. Durch Kommunikation der Ziele nach innen und außen, durch Konflikte und Reflexionen erneuert sich die persönliche Motivation; zugleich klären und konkretisieren sich dadurch die inhaltlichen Perspektiven innerhalb des Projektrahmens und für die Zeit danach.

Im weiteren Sinn gehören zur Entwicklung einer neuen Steuerungsfähigkeit also

- der Aufbau einer grundlegenden gemeinsamen *Verbindlichkeit*,
- bei größeren Projekten eine detaillierte *Umsetzungsplanung*,
- die interne und ggf. auch externe *Kommunikation von Umsetzungserfahrungen* als Basis für eine fortlaufende Revision der Umsetzungspläne und
- eine bewusste Weiterentwicklung der *Leitungs- und Controllingfunktionen.*

Für alle diese Aspekte ist es erforderlich, eine externe Begleitung zu beauftragen. Der Umfang, in dem die externe Beratung gebraucht wird, schmilzt gegenüber der Konzeptphase deutlich zusammen. Aber sie bildet den Haken, an dem die Prozessverantwortlichen das empfindliche, neu gebastelte Mobile der Umsetzungshilfen aufhängen können. Sie achtet darauf, dass in dem Lernprozess, der nun stattfindet, keine Chancen ausgelassen werden, um zielorientiertes Vorgehen auf der Basis des gemeinsam erarbeiteten Konzeptes Wirklichkeit werden zu lassen. Sie ist gewissermaßen das „BCC-Gewissen“ im Alltag – so lange, bis sich dieses als Merkmal einer veränderten Arbeitskultur allgemein etabliert hat. Sie sorgt meist eher im Hintergrund – z.B. durch regelmäßige telefonische Nachfragen bei den Umsetzungsverantwortlichen – für einen möglichst hohen Grad von Verbindlichkeit, organisiert Trainingseinheiten für Einzelne und Teams und gibt in größeren Abständen in der Runde der Verantwortlichen Beobachtungen und Rückmeldungen weiter. Weil diese „streng“ sein müssen und auch das Konfliktpotenzial betreffen, das in jeder Kulturveränderung unweigerlich steckt, ist der externe Charakter für diese Funktion ebenso zwingend wie eine vertrauensvolle Arbeitsbeziehung zwischen den Beteiligten.

(O-Töne aus BCC-Gemeinden)

„Für Ehrenamtliche wurde die vorgenommene Schwerpunktsetzung immer weniger präsent. Sie rutschte weg.“

„Peu a peu sind Vereinbarungen der BCC eingeschlafen.“

„Jeder hat im KV seine eigene Baustelle, seine eigenen Werte. Verbindlichkeit zu gering.“

„Telefonbefragung war gut, aber bei der Evaluation konnten wir ohne Unterstützung nichts machen. Messmethoden wurden nicht angewandt.“

8.2 Neue Rollen, neue Verbindlichkeit

8.2.1 Matrosen, Kümmerer, Terrier und Co.

Eine angemessene Verteilung von Umsetzungs-, Führungs- und Controllingfunktionen ist spielentscheidend und muss von Anfang an Thema sein. Folgende Rollen sind zu vergeben:

„Matrosen“ (in Anlehnung an das bekannte Lied „Ein Schiff, das sich Gemeinde nennt“): Setzen einzelne geplante Maßnahmen in die Tat um und übernehmen dafür die Verantwortung. Zum Beispiel: Im Kindergarten sollen durch eine veränderte Dienstplangestaltung neue Öffnungszeiten ermöglicht werden; die Verantwortung dafür übernimmt die Kindergartenleiterin. Mit den neuen Öffnungszeiten soll die Zufriedenheit mit der Angebotsqualität im Kindergarten bei den Eltern wachsen; die Umfrage dazu übernehmen zwei Personen aus dem Kindergartenelternbeirat.

„Kümmerer“: Sind zuständig für die Zielerreichung und haben deswegen eine koordinierende und motivierende Aufgabe; sie sorgen dafür, dass die Maßnahmen umgesetzt werden. Sie stiften an und sie helfen durch aktives Nachfragen und Beratung, Hindernisse und Müdigkeiten zu bewältigen. Sie haben die Schlüsselfunktion, nämlich die Initialzündung (die immer wieder gebraucht wird, weil jeder Motor unterwegs einmal abstirbt). Im Kindergarten-Beispiel ist das die ehren- oder hauptamtliche Person, die mit der Kindergartenleiterin und mit den Personen aus dem Elternbeirat die Aufgaben bespricht, die Termine vereinbart und die Ergebnisse einholt. Wie das Beispiel zeigt, können die „Kümmerer“ manchmal Maßnahmen anweisen, häufig aber müssen sie die Mitarbeit „einwerben“.

„Terrier": Rennen von einer Person zur anderen, bellen und wedeln und sorgen dafür, dass möglichst nichts wegrutscht, und unterstützen so die „Kümmerer". Einerseits ist das in der Projektphase die Aufgabe einer internen Projektleitung und in der Umsetzungsphase eine Übergangsrolle für die externe Beratung, die dazu hilft, dass neue Techniken und Haltungen in Leitung und Zusammenarbeit eingeübt werden. Andererseits ist es bei Gemeindeverbünden, Dekanaten, Diözesen oder noch größereren Organisationseinheiten eine dauerhafte Rolle für eine interne Stabsstelle im Verwaltungsbereich; sie sorgt dafür, dass die Informationen über den Umsetzungsstand bereitgestellt und beachtet werden (Controlling). Sobald die „Kümmerer"-Funktion sehr gut ausgebildet ist, können also die „Terrier" zu Ruhe kommen und unspektakuläre Controllingaufgaben verrichten; das ist die Stunde des Abschieds für eine externe Beratung und eine interne Projektleitung.

Die Anschlussstellen für diese Aufgaben bei den bereits bestehenden Rollen und Funktionen sind je nach Größe der Organisationseinheit unterschiedlich.

Auf Gemeindeebene sind potenziell alle Gemeindemitglieder „Matrosen" – und sogar Nicht-Mitglieder, sofern man sie um einen Beitrag zum Gemeindeleben bitten kann (z.B. der Friseur, der ein Kirchenkonzert bewirbt). Die „Kümmerer" sind bei einer Gemeinde oder Einrichtung in erster Linie die Personen, die den Vorsitz im Kirchenvorstand bzw. Pfarrgemeinderat bzw. Leitungsgremium einer Einrichtung haben; in zweiter Linie andere Haupt- und Ehrenamtliche mit Personalverantwortung; in dritter Linie alle weiteren Personen, die im Auftrag des Leitungsgremiums Verantwortung übernehmen können.

Die zentrale Funktion ist die der „Kümmerer"; sie muss in der Projektphase mit möglichst vielen Personen – Haupt- und Ehrenamtlichen – eingeübt und auch in der Zeit nach dem Projekt weiterentwickelt werden. An präzise formulierten Zielen „dranzubleiben", auch wenn der Alltag die Präzision durch Widerstände und Zeitverschiebungen verwischt, ungeahnt zähe Verläufe in neue Planungen zu überführen und sich Unterstützung zu holen, wenn die eigenen Kräfte erlahmen – das sind Herausforderungen! Mittelfristig ergibt sich aus den Rollenfragen z.B. das Ziel, für die Wahl leitender ehrenamtlicher Gremien Personen als Kandidatinnen zu finden, die zielorientiertes Arbeiten und koordinierende Tätigkeiten aus dem eigenen beruflichen oder privaten Umfeld kennen oder zumindest ihr Verständnis von Gemeinde- und Kirchenleitung mit solchen strategischen Aufgaben vereinbaren können.

(O-Töne aus BCC-Gemeinden)

„Interessenten an KV Arbeit wollen ihr Arbeitsfeld vertreten, aber haben meist keine Motivation für Kirchenleitung."

„Schwierigkeit, Aufgaben zu delegieren, weil die Verbindlichkeit bei Ehrenamtlichen zu unsicher. Man müsste sich nämlich auf einen anderen Leitungsstil einlassen."

„Kümmerer müssen klarer definiert werden: eigentlich sollen die doch nur daran erinnern, dass es das Thema gibt."

Als Terrier ist für die Gemeinde oder Einrichtung der Dekan geeignet, weil er dabei an die klassische visitatorische Aufgabe anknüpfen kann. Er ruft ab und zu bei den Kümmerern an, trifft sich mit ihnen alle drei bis vier Monate – z.B. im Rahmen einer Sitzungsvorbereitung für das jeweilige Leitungsgremium – und sorgt durch Erfahrungstransfer zwischen den Gemeinden und Einrichtungen für positive Verstärkung sowie für die Verbreitung gelungener Beispiele.

Abb. 63: Rollen im Beispiel

	Matrosen	Kümmerer	Terrier
Gemeinde/ Einrichtung	Hauptamtliche und Ehrenamtliche	Geschäftsführende Personen u.a.	Dekanin
Dekanat	Dekan u.a. Leitungspersonen	Ehrenamtliches Mitglied des leitenden Gremiums (Präsidium der Dekanats-synode, Vorsitz des Katholikenrates) und interne Projektleitung	Externe Beratung
Kooperation	Hauptamtliche, v.a. die mit geschäftsführenden u.a. leitenden Aufgaben	Dekan	Ehrenamtliches Mitglied des leitenden Gremiums (Präsidium der Dekanats-synode, Vorsitz des Katholikenrates)

8.2.2 Zusammenspiel

Wer an dieser Stelle Bedenken bekommt, es könnte sich ein allzu hierarchischer oder gar autoritärer Zug einstellen, möge bedenken: Erstens: Die Ziele haben die Verantwortlichen in der Gemeinde oder Einrichtung selber definiert. Die Dekanin als Terrier steuert nicht (auch nicht über Ziele), sondern stützt und erinnert, damit eine Gemeinde ihre eigenen Ziele behält und verfolgt, sie fragt anhand der vorliegenden gemeindeeigenen BCC nach. Es können natürlich Übereinstimmungen und inhaltliche Überschneidungen zwischen gleichzeitig entstandenen Gemeinde- und Dekanats-BCC.s auftreten, wenn z.B. eine Gemeinde sich zum Ziel gesetzt hat, dass ihr Kirchenraum für mehr Menschen zur geistlichen Heimat wird, oder sich vorgenommen hat, die Zonen der Bildungsarmut im Stadtteil aufzusuchen, und das Dekanat genau für diese oder jene Zielsetzung die Mitwirkung von Gemeinden sucht. Dann hätte der Dekan für die Gemeinde die Terrierfunktion und zugleich aus Dekanatsperspektive das Matrosengesicht. Dies zeigt, zweitens: Die hierarchisch angesiedelte Terrier-Rolle hat einige vernünftige Vorteile. Der höhere Informationsgrad einer Dekanin wird auf kurzem, persönlichen Weg für die Gemeinde oder Einrichtung nutzbar, und umgekehrt wird ein Dekan sehr schnell auf Umsetzungshindernisse aufmerksam, die ohnehin seiner Mitwirkung bedürften (z.B. schwelende Teamkonflikte oder unklare Dienstanweisungen). Drittens ein Erfahrungsargument: Nach anfänglichem Befremden über den Gedanken einer solchen „Einmischung“ sind die Verantwortlichen in einer Gemeinde oft sehr zufrieden mit einer intensiveren Begleitung durch die Leitungsperson, zumal wenn sie im Rahmen der BCC-Arbeit den hier geschilderten Regeln folgt[5].

> (O-Ton aus einer BCC-Gemeinde)
>
> „Dekane sind Schwachstelle, haben Prozess nicht unterstützt. Null Feedback und Unterstützung.“

5 Der fränkische O-Ton höchsten Lobes dazu lautet: „Früher hat mer ja den Dekan nur g'sehn, wenn's Probleme geben hat, gell.“

Bei Dekanatsprojekten sind die Dekane und andere Leitungspersonen (z.B. aus der Verwaltung) die „Matrosen", die die Umsetzungsarbeit machen. Einen Teil können sie an Mitarbeiterinnen in Stabsstellen oder eigens zu bildende Teams delegieren. Als Kümmerer sollten, wenn möglich, ehrenamtliche Leitungspersonen aus den Dekanatsgremien gewonnen und – wie auch die Dekane für die Gemeindebegleitung – durch eine Beratung von außen geschult und gestützt werden. Einmal im Monat sollten sie mit der Dekanin und anderen „Matrosen" zusammenkommen, z.B. im Rahmen der üblichen und nun erweiterten Dienstbesprechung, um die Lage zu besprechen; dazu sind die Projektpläne und Beschlussdateien hilfreiche Instrumente (s.u. 8.3). Der Berater fungiert als Terrier und gibt im Abstand von etwa sechs Monaten Rückmeldungen und Impulse – wenn nötig auch „ungemütliche".

Deutlich ist, dass besonders die Dekane, aber auch andere Beteiligte, Rollenflexibilität mitbringen oder entwickeln müssen, z.B. um sich bei einem Dekanatsprojekt von Kümmerer oder Terrier nicht bevormundet zu fühlen. Die hier vorgeschlagene Rollenverteilung ist ohnehin als ein Modell zu sehen, vor dessen Logik in der Praxis im Zweifelsfall immer die Logik der Personen Vorfahrt hat: Wer Lust und Engagement für die eine oder andere Aufgabe hat, sollte sie auch ausüben können. Und umgekehrt: Wer überhaupt nicht einsieht, wozu diese Aufgabe ihm übertragen wird, sollte es ehrlich sagen – und lassen.

Die Beraterin hat im vereinbarten Projektzeitraum dafür zu sorgen, dass Matrosen, Kümmerer und Terrier gut zusammenzuspielen lernen, dass z.B. die telefonischen Nachfragen zur guten Routine im angemessenen Zeittakt werden, dass Rückmeldungen ausgetauscht werden über das, was hilfreich ist und über das, was in der Zusammenarbeit noch fehlt. Dazu reichen Zwischenchecks im Abstand von drei bis vier Monaten aus.

8.2.3 Merkposten

Wie die Rollen und Aufgaben in einem geklärten Umsetzungssystem aufzuteilen und zu entwickeln und schließlich je nach Lage in die vorhandenen Aufgabenbereiche einzuordnen sind, muss von den Projektverantwortlichen sauber zuende gedacht werden. Bei E.i.N. ist hier viel Lehrgeld gezahlt worden. Folgende Erkenntnisse sind daraus hervorgegangen:

1. Wenn bei einem Gemeinde-BCC-Projekt der geschäftsführende Pfarrer nicht nur die „Kümmerer"-Funktion übernimmt, sondern gleichzeitig als *der* Matrose vom Dienst viele Umsetzungsaufgaben erledigen soll, ist die Überlastung vorprogrammiert. Es dürfen nicht zu viele Aufgaben an einer Person hängenbleiben.
2. Diejenigen, die den Vorsitz im Leitungsgremium und selber eine aktive und tragende Rolle als „Kümmerer" haben, sollten im Rahmen der Sitzungsvorbereitung ein Gespräch oder eine telefonische Verständigung mit den anderen BCC-Kümmerern einplanen. Auch für die Unterstützung mit der Terrier-Rolle ist in größeren Abständen die Sitzungsvorbereitung für das leitende Gremium eine gut geeignete Anschlussstelle, derer sich auch der Berater bedienen kann. So können im Detail die Umsetzungsvorgänge für die BCC mit den vorhandenen Leitungsformen verkoppelt und Doppelstrukturen vermieden werden.
3. Matrosen sind immer konkrete Menschen! Ausschüsse können keine Umsetzungsverantwortung übernehmen, sie sind eher eine Garantie dafür, dass sich niemand persönlich verantwortlich fühlt. Wenn die Ausschüsse oder andere Gremien einbezogen werden, sollte der/die jeweilige Vorsitzende als „Matrose" oder „Kümmerer" fungieren.

(O-Töne aus BCC-Gemeinden)

„Der Kirchenvorstand ist ein Leitungsgremium, und nicht die Verteilstation für alle Arten von ehrenamtlichen Arbeiten."

„KV Mitglieder sind eh überlastet, und übernehmen BCC Aufgaben letztlich mit dem Wissen, dass sie alles selbst machen müssen. Wer für den Gottesdienst verantwortlich ist, schleppt die Bänke selber."

4. Ehrenamtlichen, die bereits ausgelastet sind, darf keine Umsetzungsverantwortung zugewiesen werden, auch wenn sie im freudigen Schwung des BCC-Wochenendes zu Vielem bereit sind – es sei denn, sie geben bisherige Aufgaben dafür ab. Besser ist es allemal, Themen solange ruhen zu lassen, bis neue Kräfte gefunden sind. Die Verantwortung dafür, neue Kräfte zu finden, ist deutlich zu klären (2. Karte!).
5. Ganz besonders die „Kümmerer" müssen möglichst klar und konkret ihre evtl. vorhandene Skepsis gegenüber Zielen benennen und sollten die Verantwortung dafür keineswegs „freundlich-formal" übernehmen, wenn sie nicht vollständig davon überzeugt sind. Für die Ausübung der Kümmerer-Funktion ist u.U. sehr viel Überzeugungskraft nötig!
6. Die Kooperationsentwicklung braucht auf der Matrosen-Seite eine hauptamtliche Person für jedes einzelne Vorhaben, die sich „den Hut aufsetzt" und die jeweiligen Kooperationsziele verfolgt. Als Kümmerer ist hier die Dekanin geeignet, v.a. weil nirgendwo sonst die Widerstände von Hauptamtlichen, besonders von Pfarrern, größer sind als bei Kooperationsprojekten, die ja notwendigerweise die Einfluss- und Machtbereiche neu ordnen. Kooperationsprojekte sollten auch im leitenden Gremium verankert werden; daher der Vorschlag, dass von dort ein „Terrier" zur Nachhaltigkeit beiträgt.
7. Die Leitungspersonen müssen aktiv in ihre Rollen hineinwachsen. Bei E.i.N. war auf Seiten der Projektbeteiligten das Bewusstsein sehr klar, dass ohne den Einsatz der Dekane das Projekt scheitern würde; für einige der neu hinzugekommenen Dekane war die Unterstützung von E.i.N. sogar in der Stellenausschreibung gefordert. Deswegen haben die Projektverantwortlichen auf regelmäßigen Austausch und auf die Entwicklung aktiver Rollen geachtet. An einer frühen Stelle und in einem kritischen Augenblick der Projektentwicklung haben einige Ehrenamtliche in der großen Runde einer E.i.N.-Planungsveranstaltung die reservierteren (um nicht zu sagen: die heimlichen Heckenschützen) unter den Dekanen massiv angegangen und an ihre Verpflichtung erinnert, aktiv für eine Weiterentwicklung von E.i.N. zu wirken. Kommunikation, mitunter Konfrontation: Solche Bemühungen, die in allen weiteren Phasen von E.i.N. fortgesetzt wurden, führten Schritt für Schritt dazu, dass alle Dekane in der Umsetzung eine tragende und prägende Rolle spielten.
8. Bei größeren kirchlichen Einheiten ist auf Dauer keine strategische Leitung ohne ein Berichts- oder Controllingsystem denkbar, das es den Leitungspersonen ermöglicht, an ihren „Kümmerer"-Aufgaben dranzubleiben.
9. Wenn es für die Umsetzungsphase keine Vereinbarung über externe Begleitung gibt, fehlt bei größeren Projekten die „Terrier"-Funktion bzw. ist zu schwach ausgebildet. Dadurch kommen wiederum die „Kümmerer" wie die „Matrosen" mit ihrem Latein schneller ans Ende als es für den Projektverlauf gut ist.

10. Die externe Beratung kann und soll sich erst nach einer zu Beginn zeitlich definierten Umsetzungsphase des Projektes zurückziehen. Sollte an deren Ende deutlich werden, dass die Rollenentwicklung an manchen Stellen noch nicht weit genug fortgeschritten ist, um ein selbsttragendes System strategischer Leitung zu ermöglichen, sollte die Beratung einzelne, konkrete Maßnahmen von Coaching oder Supervision vorschlagen. Die extern moderierte Erneuerung des BCC-Konzeptes im Abstand von zwei bis drei Jahren ist ein weiterer Stützpunkt für eine konsequente Entwicklung strategischer Steuerungsfähigkeit und der dafür nötigen Rollenkompetenzen.

8.2.4 „Cobra, übernehmen Sie!": Vereinbarungen

Persönliche Verantwortung muss sich letztlich darin dokumentieren, dass die Umsetzungsplanung eine deutliche Spur in die Terminkalender der verantwortlichen Personen legt. Der Ausgangspunkt für die Verteilung von Umsetzungsaufgaben ist auf der Konzeptebene im Karten-Schema der BCC die Spalte „verantwortlich". Hier sind die Personen verzeichnet, die entweder für die Zielerreichung und/oder für die Themenbearbeitung und/oder für die Messung der Ergebnisse zuständig sind. In kleinen Formen einer persönlichen Vereinbarung können die Beteiligten Charakter und Umfang dieser Zuständigkeiten sicherstellen.

In einer ganz einfachen Variante, die auf Gemeindeebene oder bei kleineren Einrichtungen praktikabel ist, werden die Personen, die als „verantwortlich" gesetzt sind, von den „Kümmerern" eingeladen und übernehmen im direkten Gespräch persönlich die Umsetzungsaufgaben. So können die Ehren- und Hauptamtlichen, die nicht Mitglieder im Leitungsgremium sind und an irgendeiner Stelle zum Gesamtvorhaben beitragen sollen, direkt zum Konzept und seinen praktischen Qualitäten Stellung nehmen. Das hat zwei wichtige Nebeneffekte. Zum einen ist diese Form einer direkten Kommunikation wohl die bestmögliche Motivationsgrundlage für die einzelnen Beteiligten; zum anderen bekommen die „Kümmerer" und evtl auch das Leitungsgremium einen Eindruck von möglichen Hindernissen oder konzeptionellen Unschärfen und damit die Chance, konzeptionell nachzubessern. Voraussetzung ist allerdings, dass ein solches Vereinbarungsgespräch gut strukturiert ist:

- Jede/r muss vorher über die Anforderungen an die eigene Person informiert sein, sie im Zusammenhang der Ziele verstehen und sich eine eigene Meinung dazu bilden können.
- Die Gesprächsleitung muss größtmögliche Ehrlichkeit fördern und den Horizont eines gemeinsamen Lernweges darstellen.
- Die Vereinbarungen zwischen Leitungsgruppe und Einzelnen werden erst dann geschlossen, wenn die jetzt klärbaren Fragen geklärt und die jetzt nicht klärbaren Fragen festgehalten sind. Wenn nötig, findet ein zweites oder gar drittes Treffen mit denen statt, die ihre Aufgaben erst noch weiter durchdenken oder sie modifizieren wollen.

(O-Töne aus BCC-Gemeinden)

„Es ist keine schöne Aufgabe, den „Kümmerern" immer hinterherfragen zu müssen. Kümmerer melden sich eigentlich nie, um über ihre Aufgaben und den Sachstand zu berichten. Manche tauchen für immer ab."

„Wer kümmert sich um die Kümmerer der einzelnen Ziele? Das war uns nicht klar."

„Projekte, für die hauptamtliche Personen die Kümmereraufgabe übernommen haben, klappen."

Bei größeren Projekten auf Dekanats- oder noch weiterer Ebene ist die Aufgabe, durch Vereinbarungen eine Grundlage für Controlling zu schaffen, etwas umfangreicher. Das Beispiel aus der E.i.N.-Werkstatt zeigt ein zweistufiges Vorgehen. Die erste Stufe klärt – genau wie bei Gemeindeprojekten – die Aufgaben der „Matrosen“ (hier: Die sechs Nürnberger Dekane; in anderen Dekanaten könnten neben dem Dekan/der Dekanin z.B. die Leitung der örtlichen Diakonie, die Leitung der Verwaltung oder andere Leitungspersonen Teile dieser Aufgaben übernehmen). Bereits am Ende der Konzeptionierungsphase hatten die Projektverantwortlichen den Dekanen genaue Ausarbeitungen dazu vorgelegt, was ihre Umsetzungsverantwortung, die Teil des Synodenbeschlusses wurde, beinhaltet. Anhand eines konkret vorliegenden Konzeptes – des E.i.N.-Entwicklungsprogrammes – konnte detailliert aufgezeigt werden, was hier die „Matrosen“ leisten sollten:

„1. Die Dekane übernehmen Ergebnisverantwortung“

Die E.i.N.-Ziele (% geöffneter Kirchen, Durchführung der Jahresgespräche, Schwerpunktbildung in Gemeinden etc.) brauchen für die Umsetzung verantwortliche Leitung: In ihrer Rolle als Dekane in den Prodekanatsbezirken stiften die Dekane die Gemeinden an, sie entwickeln gemeinsam mit den Kirchenvorständen die genaue Ei.N.-Zielsetzung, helfen ihren Gemeinden bei der Umsetzung von deren Zielen, sie beraten, fragen nach und sorgen für Unterstützung.

Themen-Zuständigkeit

Mit der Themenübernahme ist nicht die Verantwortung für die jeweiligen E.i.N.-Ergebnisziele verbunden, sondern die Sicherstellung der methodischen und inhaltlichen Unterstützungen, die Gemeinden (Einrichtungen) benötigen, um die Ergebnisziele zu erreichen.

Also: Unterstützende AG.s und Beratungsressourcen organisieren und anstiften, Anforderung von umsetzungsfähigem Material und guter Aufbereitung der Themen, Organisation von Feedback und Diskussion zum jeweiligen Thema.“[6]

Zum einen sollte also jeder Dekan im eigenen Prodekanatsbezirk die Gemeinden für die Beteiligung an der Umsetzung von E.i.N.-Zielen motivieren, zum anderen sollte jeder verantwortlich ein E.i.N. – Grundthema übernehmen. Die einzelnen Dekane waren als „Themendekane“ lebende Kompetenzcenter.

Zugleich mit der Beschlussfassung zum E.i.N.-Entwicklungsprogramm setzte die Dekanatssynode eine kleine Gruppe ein mit dem Auftrag, auf der Basis dieser Vorschläge gemeinsam mit den Dekanen eine Rollen- und Aufgabenklärung zur Umsetzungsverantwortung vorzunehmen. Das geschah in drei Sitzungen und wurde dem Dekanatsausschuss zwei Monate später als Ergebnis des ersten Umsetzungsschrittes zur Kenntnis gegeben:

6 E.i.N.-Steuerungsgruppe, Entwurf für einen Projekt- und Zeitplan zur Umsetzung von „Kirche – persönlich!“. Tischvorlage zur Sitzung der Dekanerunde am 23.4.02, unveröffentlicht

1. Die „Themendekane"

„Ergebnisverantwortung" beinhaltet, dass die Dekane initiativ werden können, damit die im Entwicklungsprogramm formulierten (qualitativen und quantitativen) Ziele erreicht werden. Sie können das auf der Ebene des Dekanates, wenn sie jeweils einen inhaltlichen Schwerpunkt im Auge behalten und dafür sorgen, dass die nötigen Maßnahmen zur Umsetzung der Ziele ergriffen werden. In der Regel beinhaltet das keine Gemeindekontakte.

Grundlegung (1. Sitzung)

Der Dekan sichtet mit 1 – 2 Leuten seiner Wahl und der E.i.N.-Projektleitung die für den jeweiligen Schwerpunkt formulierten Ziele und das vorliegende Material, legt Arbeitsaufgaben, Vorgehensweisen und eine Zeitplan fest.

bis Ende Juli

Wer setzt die Aufgaben um? Welche EA / HA / Kirchenglieder könnten angefragt werden? Welche Fachleute sollen womit beauftragt werden?

bis Ende Sept.

Erste Überprüfung

Im Rahmen einer DR[7] werden Umsetzungs-Konzeption und Ist-Stand (welche Gemeinden machen voraussichtlich was? welche Beratungsressourcen sind da? wo fehlt's?) der thematischen Bereiche vorgestellt und diskutiert.

Anfang Okt.[8]

In der folgenden Zeit haben die Dekane auf dieser Basis die in ihren jeweiligen Themenbereichen enthaltenen Entwicklungsziele – mit sehr unterschiedlichen Ergebnis-Werten[9] – verfolgt, unterstützt vom Projektbüro, von intern besetzten Arbeitsgruppen und fallweise von externen Kräften.

8.2.5 Kontraktmanagement

Der Begriff „Kontraktmanagement" eignet sich gut, um das Gegenüber des Dekanates zu den Gemeinden und Einrichtungen zu charakterisieren. Er signalisiert einerseits die (relative) Unabhängigkeit beider Kontraktpartnerinnen: Nur die wenigsten kirchlichen Dienststellen sind über Leitungspersonen des Dekanates ganz direkt zu steuern. Die meisten sind (wie die Gemeinden) weitgehend oder (wie z.B. Bildungswerke mit dekanatlicher (Mit-)Finanzierung, aber eigenem Vorstand und eigener Satzung) überwiegend frei in ihrem Handeln. Andererseits signalisiert der Begriff eine Verbindlichkeit, die über gemeinsame, im kirchlichen Auftrag verwurzelte Handlungsziele begründet wird. Diese Art von Verbindlichkeit wird auch der polyzentrischen, auf individuelle Verantwortung gerichteten Struktur protestantischer Kirchen gerecht. In der Sache kann mit Hilfe von Kontraktmanagement der Steuerungsrahmen dekanatlicher Leitungspersonen und –gremien ausgeschöpft

7 DR bedeutet „Dekanerunde", das ist die wöchentliche Dienstbesprechung der Nürnberger Dekane
8 Evangelisch in Nürnberg: Den Menschen sehen, Projektplan – Bausteine, 24.6.02, unveröffentlicht
9 Siehe dazu: Bammessel/Borger (2005)

werden. Das geschieht durch eine Reihe von schriftlichen Vereinbarungen, und zwar in dem Umfang, wie es vom Konzept her nötig ist und wie es machbar erscheint.

Theoretisch sind zwei Grundmodelle denkbar:

1. Ein kirchliches Entwicklungskonzept, das sich nur auf die von dekanatlichen bzw. diözesanen Gremien, Dienststellen und Leitungspersonen direkt steuerbaren Bereiche bezieht (z.B. Öffentlichkeitsarbeit, interne Prozesse der Verwaltung, Arbeit mit den dekanatlichen Gremien).
2. Ein Konzept, das auf die Mitwirkung der Gemeinden und Einrichtungen im Dekanatsbezirk bzw. in der Diözese setzt (z.B. das Ziel eines Dekanates im Erzgebirge, sozialdiakonische Kompetenz zu zeigen und für die Menschen eine spürbare Hilfe beim Kampf gegen die Niedriglohnentwicklung darzustellen).

In Wahrheit lassen sich die Grenzen zwischen beiden „Typen“ nicht scharf ziehen. Die primär dekanatlichen Aufgaben sind immer mit Gemeinden und Einrichtungen verflochten. Andererseits lässt sich jedes Thema mehr oder weniger auf den dekanatlich darstellbaren Bereich eingrenzen (bei unserem Erzgebirgs-Beispiel etwa auf das öffentlich sichtbare Engagement der Leitungsgremien und -personen). Die meisten Themen sind nur in einer Zusammenarbeit zwischen Dekanat und Gemeinden bzw. Einrichtungen effektiv zu bearbeiten. Für viele Bereiche gibt es auch formell eine Misch-Zuständigkeit – z.B. – bei der Erwachsenenbildung, bei der Personalführung und -entwicklung, bei der Kindergartenträgerschaft, bei der Gebäudepflege etc. Trotzdem ist es gut, sich diese beiden Pfade zu verdeutlichen, weil sie unterschiedliche Akzente für Umsetzungs- und Controllingmaßnahmen beinhalten.

Die zweite Stufe in der Klärung von Umsetzungsverantwortung betrifft also bei Dekanatsprojekten oder noch größeren Einheiten die Beteiligung der dazugehörigen (teil-)selbständigen Organisationseinheiten. Für die Umsetzung von kirchlichen Entwicklungskonzepten und für den Aufbau von Controlling-Kommunikation ist das ein zentraler Aspekt. Die für die Umsetzung Verantwortlichen müssen eine Verbindlichkeit gegenüber formell beschlossenen Entwicklungsprogrammen und ihrer Umsetzung aufbauen, pflegen, einfordern und absichern.

Das Entwicklungsprogramm E.i.N. enthielt eine ganze Reihe von Zielen, deren Umsetzung von den Gemeinden und Einrichtungen des Dekanates abhing: Zum einen die beiden Standards, die möglichst in allen Gemeinden und Einrichtungen erreicht werden sollten (Einführung der MitarbeiterInnen-Jahresgespräche nach einem eigenen Modell und regelmäßiger Versand eines Begrüßungsbriefes für Neuzugezogene), und zum anderen die Entwicklung von Prioritäten / Posterioritäten, bei der es für die Gemeinden und Einrichtungen eine Reihe von Vorschlägen gab, aus denen auszuwählen und die vor Ort umzusetzen eigene Entscheidungen der jeweiligen Gemeinde- bzw. Einrichtungsleitung erforderte.

So hat die konzeptionelle Struktur von E.i.N. drei Kontraktbereiche geschaffen mit jeweils eigenem Charakter:

- Für die zwei „Standards“ konnte ein hoher Konsens in den Gemeinden und Einrichtungen des Dekanates erwartet werde; dementsprechend haben die zuständigen Dekane hier die Umsetzung damit begonnen, dass sie die Kirchenvorstände und Einrichtungsleitungen schriftlich um einen förmlichen Umsetzungsbeschluss gebeten haben. Der Rücklauf dazu war die Basisinformation für spätere Nachfragen.
- Die angestrebten Gemeindeschwerpunkte wollten die Dekane mit Vereinbarungs- und Beratungsgesprächen auf den Weg bringen. Als Leitfaden und Sicherungsinstrument für diese Gespräche diente ein Vereinbarungsformular (s. Abbildung unten), auf dessen Rücksei-

te noch einmal grundlegende Formulierungen aus dem Synodenbeschluss zitiert waren. Im Sinne der Dekanats-BCC und ihrer Ziele war entscheidend, wie viele Gemeinden sich jeweils an einem Schwerpunktbereich beteiligen. Das konnten die Dekane in ihrer Rolle als Themendekane, die ihre Dekanatsziele umsetzen wollten, anhand der vorliegenden Vereinbarungsformulare sehen. Andererseits waren die damit angestoßenen Projekte auf Gemeindeebene Sache der Dekane i.S. von „Kümmerern" für Gemeindeentwicklungsziele.

- Begleitende Maßnahmen zur Unterstützung der Gemeinden bedurften wiederum einer Reihe von Vereinbarungen, z.B. wurde dazu die Beteiligung des Bildungswerkes angestrebt (s. Abbildung unten).

Abb. 64: Vereinbarungsformular Dekanat / Gemeinde

E.i.N. Evangelisch in Nürnberg: Den Menschen sehen

Gemeinde:

Schwerpunktthema:

Zielsetzung:

Erwartete Ergebnisse (Was soll erreicht werden?)

Nötige Schritte (Was soll getan werden?)

Verantwortlich in der Gemeinde:

Kräfte aus der Gemeinde:

Unterstützung durch E.i.N.:

Termine, Meilensteine

Start:

Planungsphase:

Abschluss der Planung: KV-Sitzung am (Bericht des Teams)

Realisierung:

Zwischenbericht: KV? Prodekanatssynode?

Auswertung:

Abschlussgespräch: *mit Dekan?*

Nürnberg, den

Abb. 65: Beispiel für einen Kontrakt zwischen Dekanat und Einrichtung

Entwurf für eine Vereinbarung zwischen dem Evang. Bildungswerk Nürnberg

und dem evang.- luth. Dekanat Nürnberg

Die Dekanatssynode hat am 9.März 2002 den Stadtdekan beauftragt, verschiedene Einrichtungen im Dekanatsbezirk zu fragen, welche Beiträge sie zur Umsetzung des E.i.N.-Programmes ermöglichen können.

Gegenüber dem Bildungswerk vertritt der Stadtdekan in diesem Zusammenhang folgende *Ziele*:

Ehrenamtliche sollen die Möglichkeit haben, das E.i.N.-Konzept als Ganzes und in seinen Teilen kennenzulernen und für ihr eigenes Arbeitsfeld fruchtbar zu machen.

Einzelne Projekte, die von der Dekanatssynode im Rahmen von E.i.N. beschlossen wurden, sollen durch Qualifizierungsmaßnahmen unterstützt werden.

Daraus ergeben sich *konkrete Anliegen* an das Bildungswerk:

1. Folgende Veranstaltung könnte durch das Bildungswerk durchgeführt werden:

„Das lassen wir in Zukunft bleiben – aber wie?“. Konzentration und Konsequenz sind gefragt, wenn die Umsetzung von E.i.N. gelingen soll. Wie treffen Kirchenvorstände Entscheidungen – und wie sind die durchzuhalten?

„Gremienarbeit effektiv gestalten – (auch) mit den Vorschlägen von E.iN.“

„Zusammenarbeit gestalten“ – Informations- und Gesprächsabend über das Ehrenamtsgesetz der bayrischen Landeskirche und über eine neue Form, die Zusammenarbeit zwischen Ehrenamtlichen und Hauptamtlichen in den Gemeinden gründlich zu verbessern.

Den Kirchenraum aufschliessen. Begleitende Gesprächsabende für Ehrenamtliche aus Gemeinden, die im Rahmen von E.i.N. ihren Kirchenraum zu einem Schwerpunktthema machen.

2. Folgende Veranstaltungen könnten unter dem Dach des Bildungswerkes angeboten werden (d.h. Aufnahme in den Veranstaltungsprospekt und organisatorische Verantwortung: Raum, Anmeldung, hausinterne Absprachen, Infrastruktur):

„Kirche ist persönlich“ – ein Informations- und Diskussionsabend für Ehrenamtliche über das von der Dekanatssynode verabschiedete Dekanatsentwicklungsprogramm

(inhaltliche Verantwortung: G und B)

„Inspiration Evangelium“. Wir fragen gemeinsam nach unseren spirituellen Quellen. Impulsabend zu einem Vorschlag von E.i.N. Die TeilnehmerInnen können sich bei Interesse an nachfolgenden Veranstaltungen in Gemeinden des Dekanates beteiligen.

(inhaltliche Verantwortung: Dekan Z und weitere Mitglieder der AG 3)

„Spiritualität im Sonntagsgottesdienst". Informationsabend zu einem Vorschlag von E.i.N. für Ehrenamtliche, denen die Weiterentwicklung und Pflege des Sonntagsgottesdienstes am Herzen liegt. Auch Hauptamtliche sind willkommen.
(inhaltliche Verantwortung: A und B)

Die „Balanced Church Card" – Gemeinde zielorientiert leiten. Informationsabend für KirchenvorsteherInnen zu einem Vorschlag von E.i.N. (inhaltliche Verantwortung: B).

Auf die Steuerungsgrenzen zum Gemeindebereich hin ist bei Kooperations- oder Dekanatsentwicklungsprojekten ganz besonders zu achten. Je mehr Gemeinden und Einrichtungen mit ins Boot kommen sollen, desto deutlicher müssen die Arbeitsformen intern vorher abgesprochen werden. Kein Dekanat, keine Diözese sollte Entwicklungsziele beschließen, ohne sich zuvor mit den Gemeinden und Einrichtungen über die verbindliche Zusammenarbeit in der Umsetzung geeinigt zu haben.

Folgende Erfahrungen stehen im Hintergrund dieser These: Bei E.i.N. erwies sich die Aufgabe für die Dekane, Kontraktpartner der Gemeinden und Einrichtungen zu sein, als spezielle Herausforderung (und als besonderer Stachel im Blick auf die Rollenentwicklung). Vorgesehen war, dass der jeweils für einen Themenbereich des Dekanatsentwicklungsprogramms zuständige Dekan mit den an diesem Thema interessierten Kirchenvorständen anhand des Vereinbarungsformulars (s.o. Abb.) den Rahmen des Gemeindeprojektes bespricht – Ziele, zeitliche Marken etc..

Die Leitfragen für Kontraktgespräche lauteten:

- Wo kommen die E.i.N.-Ziele und die Anliegen der Gemeindeentwicklung bzw. das Konzept der Einrichtung zusammen?
- Was könnte „unser E.i.N.-Projekt" werden?
- Welche Ziele formulieren wir dafür?
- Welche Maßnahmen / Methoden aus dem E.i.N.-Konzept sind dafür einschlägig?

Zusätzlich gab es verschiedene Unterstützungsangebote. Zum einen das Angebot, dass E.i.N.-GemeindeberaterInnen, für die und mit denen von der Projektleitung eigens die Qualifikationsmerkmale und Arbeitsbedingungen festgelegt wurden, i.S. von Prozessbegleitung die Gemeinden vor Ort in ihrem E.i.N.-Projekt unterstützen: Zielorientierung einüben, ggf. notwendige fachliche Beratung vermitteln, Motivation stützen und fördern, für frischen Wind sorgen, wo möglich – und für Struktur, wo nötig. Zum anderen gab es das Angebot, dass der jeweils zuständige Fachdekan oder die Projektleitung auf konkrete Anfrage hin fachliche Unterstützung für Gemeindeprojekte organisieren.

Trotz dieser Angebote erwies sich bei E.i.N. die Hürde, miteinander in einen klaren Umsetzungsvertrag zu kommen, fast überall als unüberwindlich. Der Prozess der Zielfindung auf Gemeindeebene ist sehr aufwändig und kann nicht – wie bei E.i.N. geplant – im Rahmen einer Sitzung bewältigt oder zumindest angebahnt werden. Das Angebot, E.i.N.-eigene Beraterinnen zu schicken, die den Gemeinden helfen, ihre Ziele zu definieren, haben diese nicht angenommen. So blieb den Themendekanen nichts weiter übrig, als die Entwicklung der Schwerpunktprojekte in den Gemeinden zu beobachten und ab und zu Unterstützungsangebote zu organisieren. Wären klare Vereinbarungen zustande gekommen, wie sie im Vereinbarungsformular vorgesehen sind, hätte es einerseits größere Erfolgschancen für tatsächlich entstehende Schwerpunktbildungen und damit für die Zielsetzungen von E.i.N. gegeben, andererseits wären die Impulse für Gemeindeentwicklung dadurch wesentlich deutlicher ausgefallen. In der Rückschau haben die Dekane – neben vielen anderen Einflussfaktoren – ihre sehr vorsichtige Haltung bei den Vereinbarungsgesprächen als einen Grund dafür benannt, dass diese Weichenstellung nicht geklappt hat.[10]

Dass „die Kirche" im Allgemeinen Schwerpunkte in der Seelsorge, der Gottesdienstentwicklung, der Öffentlichkeitsarbeit und der caritativen Arbeit setzt, lässt sich auch in den Leitungsgremien leicht bejahen, selbst wenn es sich um das eigene Dekanat handelt – solange damit keine Verpflichtung zum Mitmachen verbunden ist. Wenn auf Schwerpunktsetzung abzielende Dekanatsentwicklung klappen soll, müssen die Leitungsgremien und -personen der Gemeinden und Einrichtungen im Unterschied zu solch unverbindlicher Zustimmung ein *aktives* „Ja" zu inhaltlichen Zielen sagen, indem sie Arbeitsformen wie die hier dargestellten zugleich mit den inhaltlichen Aussagen „unterschreiben".

Eine Umfrage zum BCC-Konzept und seinen Umsetzungsvoraussetzungen unter den Gemeinden und Einrichtungen (bevor die Dekanatssynode darüber beschließt) kann die geeignete Form dafür sein. Allerdings müssen in einer solchen Umfrage – anders als im unten gegebenen Beispiel aus der E.i.N.-Werkstatt – die Verbindlichkeiten sehr deutlich und konkret benannt und die Bereitschaft, sich darauf einzulassen, direkt abgefragt werden. Ideal wäre es, wenn dabei ein Dekanat, eine Diözese oder ein Kirchenkreis auch die eigenen Unterstützungsangebote benennen oder sogar beziffern könnte.

Abb. 66: Umfrage zur Stärkung der Verbindlichkeit gegenüber einem Konzept auf Dekanatsebene (Beispiel)

„Kirche ist persönlich"
Rückmeldebogen für KirchenvorsteherInnen zum Dekanatsentwicklungsprogramm

März /April 2002

Die Nürnberger Dekanatssynode hat am 9. März 2002 das Konzept von E.i.N. diskutiert und dazu u.a. folgenden Beschluss gefasst:

„Die Dekanatssynode bittet die Kirchenvorstände der Gemeinden im Dekanatsbezirk um Meinungsbildung und Rückmeldung bis Ende April, besonders zu den Punkten 1 und 2, möglichst auch zu Punkt 3:

Stimmt die inhaltliche Zielsetzung insgesamt? Trifft die Grundthese „Kirche ist persönlich" die derzeitige Situation? Können die dazu formulierten Aufgaben und Zielsetzungen dazu helfen, das kirchliche Leben im Dekanat Nürnberg zu profilieren?

Welche der Maßnahmen scheinen Ihnen für unser kirchliches Leben im Dekanatsbezirk besonders wichtig und aussichtsreich zu sein? Welche würden Sie eher hintanstellen?

Haben Sie „auf den ersten Blick" von Ihrer eigenen Gemeindesituation her Interesse an bestimmten Maßnahmen, die Sie gerne in Ihrer Gemeinde umsetzen würden?

Dazu hat die Projektleitung von E.i.N. folgenden Fragebogen entwickelt, den wir Sie am Ende des Gespräches in Ihrem Kirchenvorstand auszufüllen bitten. Die Fragen 1 – 3 sollten individuell beantwortet werden, die Frage 4 – wenn möglich – vom Kirchenvorstand insgesamt.

10 Vgl. Bammessel/ Borger (2005: 45)

1. „Kirche ist persönlich" – das sollen unsere Mitglieder deutlicher spüren. Diese Grundausrichtung des vorliegenden Dekanatsentwicklungsprogrammes

☐ überzeugt mich sehr ☐ überzeugt mich teilweise
☐ überzeugt mich nicht so sehr ☐ überzeugt mich gar nicht
☐ finde ich völlig falsch ☐ ich kann dazu im Moment nichts sagen

Bemerkungen dazu:

2. Dass sich die Gemeinden und Einrichtungen im Dekanatsbezirk ein gemeinsames Programm geben und alle an der Umsetzung mitwirken sollen, finde ich
(Mehrfachnennungen möglich!)

☐ sehr gut ☐ richtig ☐ hilfreich
☐ überflüssig
☐ normal ☐ beschwerlich ☐ eine Zumutung

Bemerkungen dazu:

3. Die vorgesehene Form der Umsetzung „2+1" (zwei gemeinsame Aktionen + eine Schwerpunkt-Maßnahme in der Gemeinde) finde ich

☐ sehr motivierend ☐ gut machbar
☐ ziemlich anspruchsvoll
☐ schwer umsetzbar ☐ völlig überzogen

Bemerkungen dazu:

4. In unserer Gemeinde könnten wir uns folgenden Schwerpunkt gut vorstellen:

☐ ______________________________

☐ ______________________________

☐ ______________________________

Vielen Dank!

8.3 Leitplanken

(O-Ton aus einer BCC-Gemeinde)

„Wer fragt wen, wer Zielstellungen übernimmt? Was ist, wenn sich niemand meldet? Wer überprüft wie die BCC- Verpflichtungen ? Das fällt uns schwer."

8.3.1 Messvorgänge als Mittel der Prozesssteuerung

Die methodenkritischen Überlegungen dieses Absatzes möge überspringen, wer Controlling in der bewussten Steuerung einer Organisation ohnehin für selbstverständlich hält.

Controlling hat die Aufgabe, die Rationalität von Führung sicherzustellen.[11] Eine entscheidende Frage für jedes Controllingsystem und jede Controlling-Praxis lautet: Weiß jede/r, was er/sie wissen muss, um effektiv, d.h. zielorientiert, handeln zu können?

Controlling im landläufigen Sinn, wie es in Organisationen mit klarer Aufbau- und Ablauforganisation üblich ist, leitet wichtige Informationen aus dem laufenden Betrieb (z.B. aus der Lagerhaltung oder dem Außendienst) fortlaufend den Verantwortlichen (Mitarbeitern, Abteilungsleiterinnen, Führungskräften) zu. Controllerinnen haben die Aufgabe, diese Informationen zusammenzustellen und für ihre Qualität (für die Validität und Aktualität der Daten, für ihre Anschaulichkeit und intelligente Verknüpfung) zu sorgen. Der entscheidende Machtfaktor des Controlling besteht in der Auswahl und Kommunikation von bestimmten Informationen; es unterscheidet sich also von der deutschen wortverwandten „Kontrolle“ in einem feinen, aber eminenten Sinn: Controlling ist nicht dazu da, um Abläufe oder Personen direkt zu beeinflussen, sondern verschafft Personen – je nach Betriebsaufbau, Betriebskultur und entsprechender „Controlling-Philosophie“ sind das einzelne Führungskräfte oder ganze Belegschaften – die *Informationsgrundlagen*, um die ihnen zugewiesenen Abläufe und Vorgänge steuern (to control), ggf. dabei auch auf andere einwirken zu können. (Ob und wie diese Personen dann tatsächlich steuern, ist wiederum eine andere Frage.)

Jeder Messvorgang ist nur dann sinnvoll, wenn zuvor die Frage beantwortet ist: Wer erhält die Informationen über das Ergebnis mit welcher Konsequenz? Konkret: Wirken die Messergebnisse steuernd auf die Tätigkeit der Dekane, der Projektleitung, der Ehren- und Hauptamtlichen im Pfarrgemeinderat oder Kirchenvorstand und der Berater ein? Andersherum gefragt: Welche Informationen brauchen die einzelnen Personen und Gremien, um ihre Verantwortung in der Umsetzung des Konzeptes wahrnehmen zu können? Welche Informationen können sie verarbeiten?

Um ein Controllingsystem zu entwickeln, müssen zu den einzelnen gewünschten und idealerweise bereits in der BCC vermerkten Messvorgängen Erhebungsinstrumente und notwendige Informationsvorgänge vorstellbar werden. Dann kommt auch in den Blick, dass die Summe der Messvorgänge in einem sinnvollen Verhältnis zu den Maßnahmen und Effekten stehen sollte. Die Messvorgänge sind Bestandteile der internen und externen Kommunikation und beeinflussen das Klima und Erscheinungsbild mit. Sie stellen einen eigenen Prozess dar, der selber (durch sein „Design“) Inhalte transportiert. Drei Aspekte hierzu:

1. Ein Controllingsystem ist so übersichtlich wie möglich anzulegen; nur so kann es auch seine motivierende Wirkung entfalten.
2. *Was* gefragt wird, hat Einfluss auf das wachsende Verständnis von Zielen und ihrer Intention. Wenn z.B. die Gottesdienstbesucherinnen im Rahmen eines Gemeindeprojektes gefragt werden, ob sie Veränderungen in der Liturgie und der Atmosphäre bemerkt haben, wird die Botschaft mit transportiert: „Wir bemühen uns um eine Verbesserung der Gottesdienste, das ist ein Schwerpunkt unseres Interesses und unserer Arbeit.“
3. *Wie* gefragt wird, hat Einfluss auf die Akzeptanz gegenüber dieser neuen Spielart innerkirchlicher Kommunikation; „Verbindlich“ hat nicht umsonst den Bedeutungsaspekt

11 Vgl. Weber (2002: 48 ff.)

„höflich, freundlich, einladend, beziehungsstiftend". In diesem Sinn einen guten Stil im Controlling zu prägen, ist eine professionelle Anforderung an die Controller und Führungspersonen.

Manche Ziele sind objektiv messbar (z.B.: Eine bestimmte Anzahl von Gemeinden führt diese oder jene Maßnahme durch). Für andere Ziele müssen folgende Fragen beantwortet werden: Wie sollen sie gemessen werden? Durch wen? Und wann? Grundsätzlich ist bei Messungen, die auf der subjektiven Einschätzung Einzelner beruhen, an Befragungen zu denken, evtl. angelehnt an das EFQM-Modell, in dem eine interne Selbstbewertung mit externen Assesoren verknüpft wird[12]. Das entspräche dem Grundgedanken, dass die kirchlich Aktiven in höherem Maße als bisher mit der Breite der Kirchenmitglieder in Kontakt kommen sollten. Bei Befragungsinstrumenten gibt es eine methodische Bandbreite von Interviews bis hin zu Ampel- oder Thermometer-Methoden.

(O-Ton aus einer BCC-Gemeinde)

„Kirchenvorstand erhält das Bewusstsein, dass man Schwerpunkte setzen kann und die eigene Arbeit messen kann."

Ein ausgeführtes Controllingkonzept dient dazu,
- die laufende Information über den Projektfortschritt zu systematisieren;
- ein frühzeitiges Gegensteuern zu ermöglichen; und
- die durch die Balanced Church Card entwickelte Zielorientierung im Arbeitsalltag zu verstetigen.

Das Controllingkonzept folgt dabei den besonderen Nebenbedingungen
- der jeweils spezifischen Projektstruktur,
- dem spezifischen Katalog von Kategorien und Zielen einer Balanced Church Card, und
- den spezifischen Entscheidungs- und Steuerungsprinzipien einer kirchlichen Organisationseinheit.

8.3.2 Controlling auf Gemeindeebene

Als Umsetzungshilfen blieben bei den BCC-Gemeinden im Rahmen von E.i.N. nach etlichen weitergehenden Versuchen neben den „BCC-Kümmerern" vier „Leitplanken" übrig:
- Eine To-do–Liste für die BCC-Kümmerer, die in zeitlicher Abfolge die unterschiedlichen Maßnahmenschritte im Überblick auflistet; sie ist kurz- und mittelfristig angelegt.
- Eine langfristige KV-Jahresplanung, in die die Umsetzungsschritte (auch: die „Meilensteine" zur Rückmeldung und Überprüfung von Zielerreichungsgraden) übertragen werden.
- Eine KV-Beschlussdatei.
- Ein Übersichtsplakat, das im Sitzungsraum, aber auch an anderen Orten der Gemeinde aufgehängt wird und die Ziele der BCC insgesamt abbildet

12 Siehe: Klausegger/Scharitzer (2003: 436 ff.)

(O-Ton aus einer BCC-Gemeinde)

„Es gibt bei der Vorbereitung von Sitzungen und bei Projektplanungen Spuren der BCC und Lerneffekte (z.B. Wiedervorlagelisten).“

Die Instrumente sind nicht neu; neu aber wäre es, sie anhand einer Terminplanung systematisch und routiniert einzusetzen. Zunächst lautete der Controlling-Ansatz, alle 6 Monate den Umsetzungsstand für alle BCC-Ziele zu erfragen. Praktisch ergaben sich aber bei verschiedenen Zielen und Maßnahmen unterschiedliche Zeittakte; das erfordert eine differenzierte Abstimmung der Umsetzungsvorgänge v.a. mit der Sitzungsplanung von Kirchenvorstand bzw. Pfarrgemeinderat.

Abb. 67: Controllinginstrumente auf Gemeindeebene
Kirchenvorstand – Sitzungsplan von Januar bis Dezember 2005

Termine	Schwerpunktthemen	Vorbereitung
08.01.05	Beschluss zur BCC Initiative für Arbeitskreise	
12.02.05		
12.03.05	KV-Jahresplanung Rückmeldung aus den Arbeitskreisen, Vereinbarungen mit den Arbeitskreisen	
09.04.05	Dienstordnungen für die PfarrerInnen und Konzeption KU	
14.05.05	Vorbereitung eines Treffens von KV-Mitgliedern und allen interessierten Ehrenamtlichen zum Thema BCC	
11.06.05	Landesstellenplanung und Gemeindeentwicklung E.i.N.-Konzept	AK Personal AKFinanzen
09.07.05	Familien-(gottesdienst)arbeit überprüfen	AK Gottesdienst, AK Familien- und Kinder-(Gottesdienst-)Arbeit
10.09.05	Gemeinsame Sitzung mit dem PGR St.Clemens	ÖAK
8.10.05	Andreasbote und Arbeit im südlichen Sprengel	AK Öffentlichkeitsarbeit
12.11.05	Konzeption für die Seniorenarbeit	

KV – Entscheidungen

Inhalt der Entscheidung	Sitzung vom	Wiedervorlage am / durch

To do – Liste 2005

Aufgabe	Bis wann?	Wer?

8.3.3 Controlling auf Dekanatsebene

Controlling beginnt hier damit, dass die Konzept-Verantwortung auf möglichst breite Basis gestellt wird und so die Anknüpfungspunkte für eine gemeinsame Umsetzung entstehen.

Abb. 68: Schema für ein Controllingkonzept auf Dekanatsebene

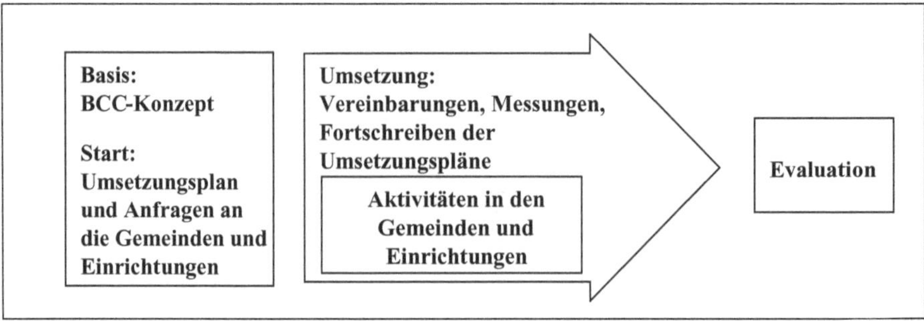

Dazu ein Beispiel: Im E.i.N.-Konzept lautet ein Ziel, dass alle in den Gemeinden des Dekanates neu zuziehenden Gemeindemitglieder innerhalb einiger Wochen zuverlässig einen Begrüßungsbrief erhalten[13]. Für die Zielerreichung und damit für die Umsetzung der diesem Ziel zugeordneten Maßnahmen ist einer der sechs Dekane zuständig. Alle Dekane werden von der Projektleitung und dem Projektbüro unterstützt. Controlling beinhaltet in diesem Fall:

1. Projektleitung und Dekan erstellen einen Umsetzungsplan (s.u. Abb.10), in dem die vorgesehenen (und die später als notwendig erkannten) Maßnahmen in einer zeitlichen Anordnung erscheinen;
2. Zu diesen Maßnahmen gehört z.B., dass das E.i.N.-Büro die Kirchenvorstände aller Gemeinden (bzw. deren Vorsitzende) schriftlich fragt, ob sie bereit und in der Lage sind, zeitnah einen Begrüßungsbrief an neuzugezogene Gemeindeglieder zu schreiben, ob sie das bisher vielleicht schon tun und ob sie dafür irgendeine Unterstützung brauchen.
3. Die bei dieser Umfrage gewonnenen Informationen dienen als Grundlage für die weitere Maßnahmenplanung: Erstellen eines Musterbriefes, Bearbeitung von Problemen im Bereich des Datenflusses, Überzeugungsarbeit im Blick auf das Ziel etc.
4. Zu einem späteren Zeitpunkt werden die Gemeinden erneut gefragt, ob das Versenden der Begrüßungsbriefe gelingt, und ob (und welche) Schwierigkeiten dabei noch bestehen.
5. Nach eineinhalb Jahren untersucht eine kleine Gruppe von Studierenden der örtlichen Evangelischen Fachhochschule im Rahmen ihres Praxisprojektes, ob und welche Effekte in den Gemeinden zu verzeichnen sind. Diese Evaluation geht über den Rahmen eines Controlling hinaus, sie stellt eine (zunächst) abschließende Bilanz dieses Projektzieles und seiner Umsetzung dar.

Abb. 69: Projektablaufplan (Teilprojekt „Kontakt und Information")[14]

	Sept.	**Okt.**	**Nov.**	**Dez.**
Gemeindeprojekte Unterstützungsebene	Klärung der Zuständigkeit für „Kirchenraum" (beidseitig: Offene und ansprechende Kirche / spiritueller Charakter des Kirchenraumes ?) Werbung für Schulungen	Verteiler aufbauen („Kirchenraum-Gemeinden", „Kommunikations-Gemeinden" ...) Brief an Gemeinden. BeraterInnen? „Zugängliche Kirche" propagieren (Hauptkonferenz?)		Ende d.M.: Abschluss der Vereinbarungsgespräche mit Kirchenvorständen
Neuzugezogenen-Musterbriefe	Brief an alle KV-Vorsitzende und VL: Bitte um (freigegebene) Muster und Rückmeldung zum eigenen Bedarf und zur Adressierung des Musterpaketes. Infozurtechn.Seite	Auswahl der Muster + Formulieren von Begleitbrief (Charakterisierung der mögl. Modelle) „Musterpakete" landen in den Gemeinden (Mitte Okt.)		

13 Vgl. Bammessel u.a. (2002: 27)

14 Mit freundlicher Genehmigung durch die Nürnberger Dekane; alle ursprünglich enthaltenen Namen wurden anonymisiert.

	Sept.	Okt.	Nov.	Dez.
Gottesdienst-Informationen	Recherche Sonntagsblatt	Prozesskette Acta 2/ Internet klären	Gottesdienst-Hotline	Vorbereitende Gespräche mit Presse
Internet		Gespräch mit L, E, (G? B? D?) : Baum-Struktur Zuständigkeiten Gemeinsame Ziele	Gottesdienst-Informationen. „Voll gelungen!" ins Internet Materialbörse für HA?	
Öffentlichkeitsarbeit intern Öffentlichkeitsarbeit extern	Gemeindebriefartikel 1 Gesamtkonzept schreiben (bis 18.9.) Terminabstimmung mit H und R		„Gottesdienst-Informationen" in Pfarrkonferenzen?	Gemeindebriefartikel 2 („Voll gelungen!", Gottesdienst-Informationen) + „Telegramm der Woche"
	Gespräch mit B und D zum Gesamtkonzept		Presseartikel zum Neuzugezogenen-Projekt? Einladung zur „SinN-Stiftung"?	
Sonstiges		Rolle des i-Punktes für Aktive deutlicher machen!	Eingabe für März-Synode zur KI vorbereiten? (Team zusammenstellen; Auswertung von „Treten Sie ein!", Ziele zu „Kommunikation" formulieren, Bedürfnisse/ Zusammenspiel von Mitgliedern/Gemeinden/Dekanat/ Landeskirche ...)	

8.3.4 Ein Modell für die Dekanatsebene und größere Einheiten

Das hier vorgestellte Modell eines Controlling i.S. der Prozesssteuerung fußt auf Anfangserfahrungen bei E.i.N. Als Ausgangspunkt dienen zum einen die im Sinne der Dekanats-BCC gezielten Tätigkeiten in den Gemeinden und Einrichtungen des Dekanates, und zwar aus Sicht der jeweiligen Teams vor Ort. Der zweite Ausgangspunkt des Modells ist die Tätigkeit der Dekane. Das Modell ist u.E. praxistauglich für Dekanate oder, in leicht abgewandelter Form; für Diözesen oder Landeskirchen.

Zunächst stellen wir den Teil des Controllingsystems vor, der an der Entwicklung von Gemeinde-Schwerpunkten und den Kontraktinhalten mit Einrichtungen anknüpft.

Abbildung 51 erläutert den geplanten Prozess der Rückmeldungen für die Gemeinde- und Einrichtungsprojekte und die Rollenaufteilung zwischen technisch-organisatorischen Controllingaufgaben ((Projektbüro oder Controllingabteilung im Dekanat), Controlling-Kommunikation (Dekanin) und Selbstevaluation (Kirchenvorsteherinnen u.a. Leitungspersonen in den kleineren Einheiten).

Abbildung 52 zeigt den Rückmeldebogen für die Teams und Leitungspersonen in Gemeinden und Einrichtungen.

Abbildung 53 zeigt einen Entwurf, wie die Fragestellungen über einen größeren Zeitraum und die angenommenen Phasen der Projektentwicklung in den Gemeinden und Einrichtungen aussehen könnten, also einen längerfristig angelegten Bogen der Rückmeldungen, in den auch die für die Begleitung der vielen kleineren Projekte vorgesehenen Personen einbezogen sind.

Abb. 70: Prozess der Rückmeldungen

Prozess der Rückmeldungen

...

0. Das Dekanatsbüro erstellt eine Liste der Gemeinden und Einrichtungen, geordnet nach Fachgebieten und mit den Spalten „Vereinbarungsformular/ Beratung/Rückmeldung 1/Rückmeldung 2/Rückmeldung 3““

1. Der Dekan informiert per Rundfax die KV-Vorsitzenden und Leitungen der Einrichtungen.

   „Ich wende mich an Sie in meiner Rolle als Verantwortlicher für den Prozess der Dekanatsentwicklung. Die Umsetzung der guten Ideen und Konzepte, die wir in der Dekanatssynode beschlossen haben, ist kein „Selbstläufer“. Sie wird uns im Getümmel der laufenden Aufgaben nur dann gelingen, wenn wir ständig „dranbleiben“, d.h. wenn wir als Prozessverantwortliche auf Dekanatsebene wissen, auf welchem Stand die einzelnen Projekte in den Gemeinden und Einrichtungen sind. Auch auf der Ebene der Gemeinde, v.a. des Kirchenvorstandes, sollte das Thema Dekanatsentwicklung auf der Tagesordnung bleiben, damit es nicht „hinten runterrutscht“.

   Wir haben uns deswegen ein Rückmeldeverfahren ausgedacht, das in sehr knapper Weise abläuft, so dass Sie und die weiteren Leitungspersonen Ihrer Gemeinde oder Einrichtung zeitlich minimal beansprucht werden. Wir bitten Sie, alle drei Monate in einer KV-Sitzung oder Leitungssitzung einer Einrichtung 10 Minuten Zeit dafür einzuplanen (beim ersten Mal: 15 Minuten). In dieser Zeit wird den Beteiligten ein Rückmeldeblatt vorgestellt (5 Minuten, beim ersten Mal 10 Minuten). Das wäre Ihre Aufgabe; NN wird Sie Ihnen gerne in einem kurzen Telefonat erläutern. Die Beteiligten füllen dann ohne Namensnennung den Bogen aus (5 Minuten). Sie geben die eingesammelten Bögen ans Dekanatsbüro zurück – fertig.

   Im Dekanatsbüro werden die Inhalte der Rückmeldungen, geordnet nach Gemeinden/Einrichtungen und nach Fachgebieten in eine Datei eingegeben, deren Stand Sie jederzeit abfragen können, falls Sie persönlich oder Ihr Team oder Ihr Kirchenvorstand daran Interesse haben.

   Ich bedanke mich im Voraus für Ihre Unterstützung; falls Sie Rückfragen haben, stehe ich Ihnen selbstverständlich gern zur Verfügung.“

2. Das Dekanatsbüro bzw. der Controller verschickt auf der Basis der Vereinbarungsformulare die „Rückmeldung 1“ in ausreichender Zahl (KV-Mitglieder) an KV-Vorsitzende/n und Leitung der Einrichtungen und rufen diese/n an. Zeitgleich schicken sie „Rückmeldung 1a“ an den Dekan.

3. Die Befragten füllen das Formular im Rahmen einer Sitzung aus. Der/die Vorsitzende schickt die Bögen ans Dekanatsbüro zurück.

4. Controller legt im Büro-Kalender die Spur für die Versendung der folgenden Rückmeldebögen.

5. Dekanatsbüro gibt die Daten der Rückmeldebögen laufend in eine Datei ein, mit deren Auswertungsfunktion
   die laufende Entwicklung in einer Gemeinde/Einrichtung
   die laufende Entwicklung in den Fachgebieten (evtl. auch Regionen)
   die laufende Entwicklung bei allen Gemeinden darstellbar ist.

6. Die Auswertung erfolgt
   auf Ebene der Teilprojekte, so oft, wie gewünscht
   2x/Jahr im Rahmen einer gemeinsamen Sitzung von Dekanerunde und Projektleitung für das Gesamtprojekt

Abb. 71: Formular „Rückmeldung zur Umsetzung der BCC auf Dekanatsebene"

Projekt					
Gemeinde / Einrichtung					
Name					
Rückmeldung für Januar bis April					

Unsere Dekanatsentwicklung ist ein langdauerndes Projekt mit vielen Teilprojekten und Mitarbeitenden. Um den Überblick zu behalten und die gemeinsamen Vorhaben letztlich zu einem Gesamten zusammenzuführen, benötigen wir regelmäßige Rückmeldungen aus den einzelnen Projekten. Dazu dient dieses Blatt. Bitte teilen Sie uns mit, wie es Ihnen mit der Umsetzung Ihrer Ziele geht, wie Sie vorankommen und welche Unterstützung Sie benötigen. Jede Rückmeldung ist hilfreich! Vielen Dank.
BITTE FÜLLEN SIE DIESEN RÜCKMELDEBOGEN HANDSCHRIFTLICH ODER ALS WORD-FORMULAR AM COMPUTER AUS UND SENDEN IHN PER E-MAIL ODER PER FAX ZURÜCK.
Hinweis für die Nutzung als Word-Formular: Bitte vergessen Sie nicht, die Änderungen zu speichern! Sie erhalten das Originalformular bei der nächsten Auswertungsrunde erneut.

	Trifft voll zu	Trifft weitgehend zu	Trifft teilweise zu	Trifft eher nicht zu	Trifft nicht zu
Wir stehen klar zu den Zielen der Dekanatsentwicklung	☐	☐	☐	☐	☐
Die Ziele sind auf unserer Ebene konkret und umsetzbar formuliert	☐	☐	☐	☐	☐
Wir haben zuständige MitarbeiterInnen	☐	☐	☐	☐	☐
Wir kommen mit der Umsetzung des Projektes voran	☐	☐	☐	☐	☐
Wir brauchen Unterstützung	☐	☐	☐	☐	☐
Welche?					

Unser Projekt zeigt erste Ergebnisse	☐	☐	☐	☐	☐
Welche?					

Abb. 72: Übersicht: Konzept für Rückmeldungen zur Umsetzung der BCC auf Dekanatsebene

Rückmeldung 1: Kirchenvorstand/ Leitungsgruppe nach der Zielklärung	**Rückmeldung 1a: Dekanin nach der Zielklärung**	**Rückmeldung 2: Kirchenvorstand/ Leitungsgruppe drei Monate nach Beginn der Umsetzung (3: nach weiteren drei Monaten)**	**Rückmeldung 2a: Dekanin drei Monate nach Beginn der Umsetzung**	**Rückmeldung 10: KV nach Abschluss des Projektes**	**Rückmeldung 10a: E.i.N.-Beraterin nach Abschluss des Gemeindeprojektes**
Für die Glaubensentwicklung der Menschen in unserer Gemeinde / in unserer Region sind das gute Ziele. Die Ziele sind realistisch. Wir sind von den Zielen überzeugt. Wir kommen mit dem Projekt gut zurecht. Die Beratung durch den Dekan war bisher hilfreich. Die Beratung durch andere Fachleute war bisher hilfreich.	Die Ziele der Gemeinde/ Einrichtung nehmen die Grundgedanken der Dekanatsentwicklung auf. Die Ziele sind ehrgeizig genug. Das Team ist gut motiviert. Die Zusammenarbeit war bisher konstruktiv. Der Arbeitsplan ist realistisch.	Die Ziele unseres Projektes stimmen aus meiner Sicht noch; Wir kommen mit der Umsetzung unseres Planes voran; die Ziele sind zu x % erreicht. Es macht uns Freude, an diesem Projekt zu arbeiten. Die Unterstützung durch die Dekanin ist gut. Die Unterstützung durch externe Fachkräfte ist gut.	Die Ziele sind motivierend. Die Ziele lassen die Grundgedanken der Dekanatsentwicklung (...) erkennen. Der KV ist gut motiviert. Das Team ist gut motiviert. Wir kommen mit der Umsetzung voran; die Ziele sind zu x % erreicht. Die Zusammenarbeit ist gut. Die Zusammenarbeit mit der Projektleitung ist gut.	Wir haben uns auch in der Rückschau die richtigen Ziele gesetzt. Sie haben unsere Kontaktfähigkeit gegenüber den Menschen in unserer Gemeinde / in unserer Region gestärkt. Wir haben unsere Ziele zu x % erreicht. Wir sind mit dem Projekt gut zurechtgekommen. Besonders erfreulich waren ... Besonders beschwerlich waren ... Die Unterstützung durch den Dekan war gut. Die Unterstützung durch externe Fachkräfte war gut. Das Projekt ist in der Gemeinde verankert. Das Projekt hat uns zu weiteren Schritten ermuntert, nämlich: ...	Die Ziele waren motivierend für den KV / für das Team. Die Ziele haben die E.i.N.-Grundgedanken (Kontaktfähigkeit, Konzentration, Verbindlichkeit) erkennen lassen. Die geplanten Ergebnisse wurden zu x % erreicht. Der KV und das Team waren gut motiviert. Die Zusammenarbeit mit dem Dekan war gut. Die Zusammenarbeit mit der Projektleitung war gut. Das Projekt wird fortgesetzt bzw. findet Folgeprojekte. Das Projekt findet Zuspruch in der Gemeinde.

Die Informationen können auf folgende Weise verarbeitet werden:

Die Ampel-Ergebnisse 1-4 gehen an den zuständigen Dekan im Teilprojekt und an die Projektleitung. Die Verarbeitung erfolgt zum einen individuell durch die Dekane und zum anderen im Rahmen der Teilprojekt-Besprechungen gemeinsam mit der Projektleitung (dem „Kümmerer“).

Die Dateneingabe erfolgt im Projektbüro; damit entsteht auch die Grundlage für eine Aggregation der Daten des Gesamtprojektes, aufbereitet nach Teilprojekten, zeitlichem Verlauf etc. Diese sind Material für Leitungsbesprechungen zum BCC-Verlauf etwa im Rahmen einer Sitzung des Katholikenrates oder des Dekanatsausschusses. Falls die beteiligten Gemeinden ebenfalls mit BCC arbeiten, haben auch die dortigen „Terrier“ und „Kümmerer“ die eigenen Rückmeldungen als Planungs- und Gesprächsbasis.

Neben dem Teil „Rückmeldungen für die Gemeindeprojekte“ enthält das E.i.N.-Controlling-Modell als zweiten Teil die Bündelung der Umsetzungserfahrungen aus Sicht der Dekane. Hierfür waren die Projektpläne die Grundlage, in denen die in der BCC enthaltenen Ziele in eine zeitliche Struktur und in den Rahmen der einzelnen Teilprojekte gestellt wurden, für die jeweils ein Dekan zuständig war. Alle zwei bis drei Monate erfolgte eine Eigenbewertung durch den Dekan, inwieweit die Projektpläne eingehalten und die den einzelnen Zielen zugeordneten Maßnahmen umgesetzt werden konnten.

Abb. 73: Bewertungsschema

100% ⇦	75 % ⇦	50 % ⇦	25 % ⇦	0 %
Die Maßnahme ist systematisch und vollständig umgesetzt mit einem klaren Ergebnis.	Die Maßnahme wird gerade umgesetzt; Ergebnis noch nicht ganz klar.	Vorbereitung läuft, dafür nötige Entscheidungen und Absprachen sind getroffen, Planungen abgeschlossen, Termine klar.	Absprachen werden z.Zt. getroffen, Termine für Planungen stehen.	Nichts geschehen.

Auf dem Projektplan konnten die Dekane für die einzelnen Maßnahmen den jeweiligen Stand anhand dieses Bewertungsschemas notieren und dann in eine Gesamt-Bewertung zusammenfassen. Dadurch entstand bei den Treffen der Teilprojektleitungen ca. alle zwei Monate ein Gesamtbild der Umsetzungsgrade, das durch die inhaltlichen Notizen auf den Rückmeldebögen ergänzt und interpretierbar wurde.

Die Dekanerunde sollte systematisch für Rückmeldungen und Reflexionen zum Umsetzungsgeschehen genutzt werden.

Abb. 74: Die Leitungsgruppe im Controllingprozess

„Einmal im Monat wird eine freitägliche Dekanerunde für ein E.i.N.- Thema reserviert.

Der jeweilige „Themendekan“ berichtet über Inhalts-, Methoden- oder Verfahrensaspekte, die Dekane berichten über die Umsetzung des gewählten Themas in ihren Prodekanaten, es wird diskutiert.

Die Ergebnisse dieser Dekanerunden werden vom zuständigen „Themendekan“ protokolliert und weitergeleitet an: Dekane, Dekanatsausschuss, E.i.N.- Büro, thematische Arbeitsgruppe.

Die Themen dieser Schwerpunktfreitage sollten möglichst langfristig eingeplant werden (Jährlicher Sitzungsplan)[15]“

15 Projektplan Umsetzung Entwurf April 2002, S. 4

Abb. 75: Rückmeldeformular für Umsetzungsverantwortliche auf Dekanatsebene

E.i.N.-Dekane-Monatsbericht					
Name					
Rückmeldung für den Zeitraum					
Bitte füllen Sie diesen Rückmeldebogen handschriftlich oder als Word-Formular am Computer aus und senden ihn per E-Mail oder per Fax zurück an die Projektleitung. Hinweis für die Nutzung als Word-Formular: Bitte vergessen Sie nicht, die Änderungen zu speichern! Sie erhalten das Originalformular bei der nächsten Auswertungsrunde erneut.					
	Trifft voll zu	Trifft weitgehend zu	Trifft teilweise zu	Trifft eher nicht zu	Trifft nicht zu
Mir macht die Arbeit als Teilprojektleiter von EiN Freude	☐	☐	☐	☐	☐
Mir macht die Beschäftigung mit EiN insgesamt Freude	☐	☐	☐	☐	☐
Häufigkeit der Arbeitstreffen im eigenen Teilprojekt (außer Gemeindebesuchen)	Anzahl:				
Häufigkeit der EiN-Arbeitstreffen insgesamt	Anzahl:				
Anzahl und Daten der KV-Kontakte für EiN	Anzahl:				
Anzahl und Daten der Gemeindekontakte für EiN	Anzahl:				
Bitte überprüfen Sie den vergangenen Monat anhand des Projektplans: Zu wieviel Prozent wurden die gesteckten Ziele des vergangenen Monats erreicht?	☐ Der Projektplan wurde systematisch eingehalten (100 %)	☐ Der Projektplan wurde weitgehend eingehalten (75 %)	☐ Der Projektplan befindet sich in Arbeit (50 %)	☐ Vorbereitungen/ Planungen laufen (25 %)	☐ Es ist nichts geschehen

8.3.5 Controller gesucht!

Das bei E.i.N. entwickelte Controllingmodell wurde, soweit möglich, unter Projektbedingungen umgesetzt. Zu diesen Sonderbedingungen gehört, dass eine Person – die Projektleitung – in der neuen Rolle als Controllerin agieren konnte. Sie hat sich auf die möglichen und notwendigen Informationen und die geeigneten Formen der Informationsbeschaffung konzentriert, dadurch die Dekane von einem Teil der Umsetzungsarbeit entlastet und gleichzeitig eine koordinierte Informationsbeschaffung ermöglicht, so dass nicht z.B. alle drei Tage ein anderer Dekan bei den Gemeinden angerufen hat, um den Stand irgendeiner Maßnahme zu erfragen.

Wenn innerhalb und zwischen kirchlichen Gemeinden und Einrichtungen Informationen zu inhaltlichen Schwerpunkten regelmäßig und in einer standardisierten, deswegen leicht erhebbaren und auswertbaren Form zur Routine würden, wenn diese Informationen von den Verantwortlichen auf Maßnahmenplanung hin interpretiert würden, wenn also – z.B. – jedes Jahr die Gemeinden zum Neuzugezogenen-Kontakt und zu weiteren vereinbarten Standards befragt würden, so dass die Dekanatssynodalinnen und Dekane ggf. neue Initiativen zur Unterstützung und Absicherung solcher Standards oder auch der Vereinbarungen zur Aufgabenteilung ergreifen könnten, dann wäre aus dem oben beschriebenen E.i.N.-Projektcontrolling ein allgemeines Controlling auf Dekanatsebene geworden, das als Zuarbeit zur Aufgabenerfüllung von Dekaninnen, Dekanatsausschuss und Dekanatssynode routiniert ablaufen kann, sofern die Dekanatssynode die Erreichung bestimmter Ziele und Standards auf ihrer Tagesordnung hält. Dasselbe lässt sich analog dazu für die Abstimmung mehrerer Kooperationspartner und deren gemeinsamer Entwicklung kirchlicher Angebote z.B. in einem Stadtteil oder einem Verbund mehrerer Dörfer sagen.

Die Controlling-gestützte Entwicklung sinnvoller kirchlicher Standards und Aufgabenteilungen innerhalb einer größeren kirchlichen Einheit ist ein praktikabler Weg zu konsequenter Schwerpunktsetzung und Priorisierung kirchlicher Aufgaben. Auf übergemeindlicher Ebene, bei der Entwicklung von Gemeindekooperationen und -verbünden, aber auch bei Gemeindeentwicklungsprojekten, die es zu klaren Schwerpunktsetzungen bringen, sind wir erst damit in einer tragfähigen Praxis zielorientierter Kirchenentwicklung gelandet.

Dazu gehört, die Rolle des Controllers auf Gemeindeebene, für das Management mehrerer Gemeinden und als leitungsergänzende Funktion auf Dekanatsebene (und aufwärts) zu entwickeln. Für Angehörige unterschiedlicher Berufsgruppen und auch für Ehrenamtliche mit einschlägigen Vorbildungen könnte das eine interessante (berufliche) Perspektive sein. Die Kirchen müssten sich die dafür geeigneten Personen und die für ein solches Qualifikationsbild notwendigen Ausbildungen gezielt aufbauen. Zum Berufsbild gehören folgende Grundanforderungen:

- Ziele inspirierend und zugleich handhabbar formulieren zu können;
- Inhaltliche Ziele von Kirchenentwicklung in Kennzahlen übersetzen zu können; das setzt im kirchlichen Bereich sowohl theologisches wie betriebswirtschaftliches Verständnis für Kirchenentwicklung voraus;
- Für die Erstellung und Pflege von Kontrakten zu sorgen (Kenntnisse in Organisationsentwicklung);
- Eine kirchengemäße Kommunikation unter Nutzung der neuesten Medien und eines zeitgemäßen Kommunikationsstiles aufzubauen;
- Daten aufbereiten und anschaulich machen zu können und mit den Ehren- wie mit Hauptamtlichen ihre Interpretation erörtern zu können (IT-Kenntnisse, Statistik).

Diese Anforderungen sind in den bisherigen Berufsprofilen nicht abgedeckt.

Eine mögliche angemessene Antwort darauf, die im evangelischen Bereich diskutiert und praktiziert wird,[16] ist die Weiterbildung z.B. von (geschäftsführenden) Pfarrerinnen. Andererseits könnte – wie es in der katholischen Situation näher liegt – der Gedanke leitend werden, die pastoralen Berufe zu entlasten zugunsten eines Berufsprofils „Kirchenmanagement". Die Anknüpfungsmöglichkeit läge dann eher im Bereich der kirchlichen Verwaltungsberufe. Auf jeden Fall fügt sich diese Perspektive in die Tendenz zur Ausdifferenzierung und gezielten Professionalisierung kirchlicher Berufe und besonders der theologisch geprägten Berufsrollen ein und bildet andererseits einen mittelfristig unerlässlichen Bestandteil für strategisches Kirchenmanagement.

16 Vgl. Abromeit (2001)

8.4 Bei Kräften bleiben

Was muss passieren, damit eine – häufig gerade in der Startsituation spürbare – Begeisterung nicht allzu schnell verklingt? Wie kann die Bewegung von den einzelnen auf ihre Umgebung übergehen und umgekehrt? Wie kann sie über längere Strecken weitergehen?[17]

Mit Schwankungen in der Motivation aufgrund wechselnder Tagesformen und unterwegs verblassender Ziele ist ebenso zu rechnen wie mit dem Abnutzungseffekt, den neue Methoden und frische Vorsätze nach kürzerer Zeit erleiden. Es gibt aber durchaus auch gute und erprobte Möglichkeiten, wie Motivation unterstützt werden kann. Es gilt, die neuen Kräfte bestmöglich zu organisieren und zu schützen. Wir halten dazu abschließend unsere gesammelten „11 goldenen Motivationsregeln“ fest:

8.4.1 Elf goldene Motivationsregeln

1. Zeit neu organisieren.

Überlastung und Überforderung töten Motivation schnell und gründlich. Wenn die Einzelnen im Grunde keine Chance haben, auf dem Weg der fröhlich gemeinsam gesteckten Ziele voranzukommen, weil ihnen die Bleisäcke „selbstverständlicher“ Arbeit dabei am Hals hängen, liegt die BCC im Grunde bereits in der Tonne. Von daher fällt noch einmal ein besonderes Licht auf die in den vorhergehenden Abschnitten besprochenen Aufgaben: Verantwortung klären heißt auch, zeitliche Möglichkeiten zu schaffen und zu schützen; Controlling beinhaltet auch, auf entsprechende Problemanzeigen unterwegs zu achten; Leitung muss auch den für Umsetzungsaufgaben vereinbarten Spielraum der einzelnen verteidigen bzw., wenn nötig, auszuweiten helfen; Verbindlichkeit trägt nur, wenn die Zielmarken den vielleicht wirklich einmal unverrückbaren Gegebenheiten flexibel angepasst werden. Klare zeitliche Grenzen für die Umsetzungsbemühungen sind eine weitere wichtige Voraussetzung für den schonenden Umgang mit den eigenen Kräften. Wir illustrieren diese Postulate mit einem Arbeitsplan für die Nürnberger Dekane, der die Umsetzung der E.i.N.-Ziele absichern sollte. Er zeigt: Nur wenn die einzelnen Arbeitsschritte genau aufgelistet werden, ist die Zeitstruktur angemessen planbar.

Abb. 76: Arbeitsplan (Skizze) für Umsetzungsverantwortliche auf Dekanatsebene

Zeitraum	Umsetzung im Prodekanat	Entwicklung des Schwerpunktthemas	Zeitraum
6./7./ 8./10. Mai	Informationsgespräch bei E.i.N., ob und welche Gemeinden Themeninteressen haben	Übernahme eines Themas	
Mai oder Juni	Teilnahme an Workshop „Balanced Churchcard“ zur Gemeindeentwicklung und Gemeindesteuerung: Entlastung und Selbstbegrenzung		

17 Zur Phase der „Institutionalisierung“ bei Organisationsentwicklungsprozessen Schmidt/ Berg (2004: 57f.): „Dabei ist davon auszugehen, dass gute Ab- und Einsichten Einzelner oder von Teams die Organisation auf die Länge nicht beeinflussen können, wenn sie nicht in die Struktur der Organisation ‚einwandern‘ und so unabhängig vom guten Willen und und von guter Laune werden.“

Zeitraum	Umsetzung im Prodekanat	Entwicklung des Schwerpunktthemas	Zeitraum
Mai bis September	KV Besuche. Grundlagengespräch für Vereinbarung (Instrument: Vereinbarungsmodell)	Einarbeitung in E.i.N. Papiere; Entwicklung einer eigenen Arbeitskonzeption	
	Besuche der „anderen", noch nicht interessierten Gemeinden, um mögliche Beteiligungen auszuloten	Rücksprache der Konzeption mit E.i.N. Büro; Absprache von Ressourcen, Unterstützung	
	Klärung mit E.i.N., welche Hilfestellungen für die Gemeinden denkbar sind	Vorbereitung und Organisation einer thematischen Arbeitsgruppe bzw. Unterstützungsgruppe	
Mai bis Oktober	Entwicklung von Arbeits- und Zeitprogrammen zusammen mit den Gemeinden	Rücksprache in der Dekanerunde, welche Gemeinden das eigene Thema anpacken wollen und welchen inhaltlichen, methodischen Unterstützungsbedarf die Prodekane haben.	
	Präzisierung der Arbeits- und Zeitprogramme incl. E.i.N. Unterstützung in einem „Kontrakt"	Erarbeitung bzw. Überarbeitung einer inhaltlich-methodischen Hilfestellung für Gemeinden, die Thema X angehen wollen	
	Übersetzung der Kontrakte in eigenen Kalender	Erstellung eines Arbeits- und Zeitplanes	
Ende September	Organisation einer Prodekanatssynode, um die gemeinsamen Schritte der Gemeinden zu starten und möglicherweise zu vernetzen	„Schulung" der Prodekane in Dekanerunde über „Themenpaket"	
	Erarbeitung eines Prodekanats-„Netzplans": Welche Schritte wann mit welchem Zeitbedarf	Beobachtung der Erfahrungen in den Gemeinden (in der Regel durch Gespräch mit Prodekanen)	
	Abstimmung der Netzplanes mit E.i.N., um E.i.N. Ressourcen zielgerichtet einsetzen zu können	Auswertung der Erfahrungen durch Gespräche mit Unterstüt-zungspersonen und –gruppen, E.i.N., Prodekanen, Gemeinden	
	Bericht in der Dekanerunde über Stand im eigenen Prodekanat	Organisation und Durchführung eines Treffens der Gemeinden mit Thema X: Was geht? Was geht schwierig? Was funktioniert nicht? Wo liegen die „benchmarks"?	
Ende Oktober	Offizieller Startschuss auf Prodekanatsebene	Möglicherweise: Überarbeitung der Konzeption, der Methoden und Verfahren	
	Zuteilung von „Verfügungszeiten" des Dekans für einzelne Projektgemeinden für die nächsten 6 Monate	Vorstellung und Diskusssion in Dekanerunde	
	Regelmäßige Beobachtung der Gemeindeaktivitäten – Klärung von Unterstützungsbedarf	Vorstellung und Diskussion im Dekanatsausschuss	

Zeitraum	Umsetzung im Prodekanat	Entwicklung des Schwerpunktthemas	Zeitraum
	Klärung des Unterstützungsbedarf mit E.i.N. Büro und/oder mit „Themendekan“, falls notwendig	Vorstellung und Diskussion auf Synode	
	Erinnerung der Gemeinden an vereinbarte Zielkontrollen und Dokumentation des Ergebnisstandes		
	Anstiftung der Gemeinden, die eigene Entwicklung systematischer zu gestalten (möglichst BCC). Vermittlung von E.i.N.-Ressourcen		
	Bericht und Diskussion des Entwicklungsstandes in Dekanerunde		
	Bericht und Diskussion des Entwicklungstandes „Prodekanat“ im Dekanatsausschuß		
Herbst	Bericht und Diskussion des Entwicklungsstandes auf der Synode		

2. Sammlung und Schutz der Motivierten

Um die fast immer vorhandenen wirklich motivierten Personen besonders zu unterstützen und vor Erschöpfung zu bewahren, können Berater und Leitungspersonen dafür sorgen, dass frische Kräfte hereinkommen; für die Beraterinnen ist das sogar Pflicht, dass sie das eine oder andere Fenster aufmachen, ob durch neue Arbeitsformen oder durch die Vermittlung von außerkirchlichen, „kulturfremden“ Kontakten. Sie müssen aber innerlich auf ihre Distanz achten, um nicht der Gefahr zu erliegen, die nicht vorhandenen Kräfte durch eigenen Einsatz ersetzen zu wollen, was bekanntlich überhaupt nicht funktionieren kann und der Beraterrolle zuwiderläuft. Für Leitungspersonen wiederum ist es Pflicht, sich mit aller Kraft einzusetzen, andere mitzuziehen, wie es nur eben geht und im Notfall auch Konflikte einzugehen. Grundsätzlich ist es sinnvoll, mit den Kräften zu arbeiten, die wirklich gut in Form sind, und nicht zu viel Überzeugungskraft auf lust- und verständnislose Personen zu richten, sondern auf die „Ansteckungswirkung“ zu setzen[18]. Warum nicht, wenn die leitenden Ehrenamtlichen in einer Gemeinde in ihrer Motivation verbraucht und festgefahren sind, mit Hilfe einer pfiffig beworbenen und herzlich gestalteten Gemeindeversammlung neuen Kräften eine Chance geben? Warum nicht diejenigen Hauptamtlichen zumindest zunächst in Ruhe lassen, die notwendige Veränderungen offensichtlich nicht mittragen wollen?

18 Anders das Generalthema „Widerstand“, das in jedem guten Buch über Organisationsentwicklung berechtigten Raum einnimmt, vgl. z.B. Doppler/Lauterburg (2005: 293-304)

(O-Töne aus BCC-Gemeinden)

„Für die Hälfte der KV-Mitglieder ist die Methode kulturell fremd und deshalb schwierig, in dieser Methode zu denken."

„Man soll nicht nur beschließen, was abzuarbeiten ist, sondern auch Schwerpunkte so in die Gemeinde reintragen, dass man das Reservoir an Leuten, die sich beteiligen wollen, ausschöpft."

„Für KV Mitglieder, die in ihrem Berufsleben Managementmodelle kennen, ist die Methode und das daran geknüpfte Denken vertraut. Man freut sich darauf, dass die Kirche systematisch vorgehen will."

3. Gute Teams formen

Der Motivation freundlich sind gute Teams[19], auch weil sie für einen internen Ausgleich sorgen, wenn bei Einzelnen Motivationskrisen und schlechte Tagesformen auftreten; von daher haben die „Kümmerer", die für die „Matrosen" als Ansprechpartnerinnen und Organisatoren gemeinsamer Arbeit auftreten, einen hohen Einfluss auf die Motivationsentwicklung. Gut geleitete, gut vorbereitete Teamsitzungen helfen über viele Stolpersteine hinweg und können immer wieder den inneren Kontakt zu den inhaltlichen Zielen und ihrer motivierenden Kraft herstellen[20].

4. Verbindlicher Arbeitsstil

Im Stil der Umsetzung, auch durch die Art, wie die Einzelnen in Absprachen und in gemeinsamer, gegenseitiger Bestärkung arbeiten, in der Art, wie an vielen Stellen Kontakt und Rückmeldungen methodisch eingeplant sind, sollte spürbar werden: „Hier sind wir an zentralen Stellen unserer Aufgabe als Kirche, und es ist richtig, sich hierfür zu entscheiden und darauf Kraft zu konzentrieren. Wir tun hier das, wofür wir da sind." Wenn so die jeweilige Lage vor Ort und auch das Engagement der einzelnen – Ehrenamtlichen wie Hauptamtlichen – in einen größeren Zusammenhang gemeinsamer Zielorientierung treten(„Wir ziehen an einem Strang!"), können Personen und Gemeinden an Schwung und Motivation gewinnen und dabei stärker als es bisher üblich ist, die Unterstützung spüren, die von der Gemeinschaft ausgeht. Solche Effekte waren – allerdings erst nach einer längeren Zeit und erheblichen Investitionen in vertrauensbildende Maßnahmen durch den zuständigen Dekan – in Teilbereichen von E.i.N. durchaus zu beobachten.

(O-Töne aus BCC-Gemeinden)

„Sitzungen sind kürzer geworden, weil die Stimmung insgesamt besser geworden.ist."

„Entscheidungen aber über klitzekleine Dinge dauern umso länger, je schlechter die Stimmung. Grund: BCC schafft größeres Vertrauen in die Leitung. Muss auch so sein, weil viele Entscheidungen die Kompetenz der KV Mitglieder übersteigen."

Wir veranschaulichen Unterstützung, Austausch und Vernetzung mit einem kleinen „Werkstück" aus diesem Teilbereich:

19 Zu den Vorteilen von Teamarbeit vgl. Doppler/Lauterburg (2005: 118 f.)

20 Übersichtlich, fundiert und anregend zum Thema Teamentwicklung z.B. Schmidt / Berg (2004: 264 ff.)

Abb. 77: Kommunikation der Umsetzungserfahrungen auf Dekanatsebene

für alle „kirchenraum – gemeinden“ bei E.i.N.

Verteiler:Geschäftsführende PfarrerInnen und
Vertrauensfrauen / -männer der Kirchenvorstände
– Bitte ggf. weiterleiten an die für das Projekt „Kirchenraum“ Engagierten! –

Sehr geehrte Damen und Herren,
dies ist ein zweiter Anlauf! Und wir unternehmen ihn mit großer Hoffnung, dass diesmal der Zeitpunkt besser gewählt ist als im letzten Dezember, und dass in Ihrer Gemeinde der E.i.N.-Schwerpunkt „kirchenraum“ immer noch eine wichtige Fährte für die Gemeindeentwicklung darstellt – trotz und mitsamt Landesstellenplanung und der vielfältigen Alltags-Ansprüche in Ihrer Gemeinde.

„Wir“, das ist (...)
Wir laden Sie als VertreterInnen der „Kirchenraum-Gemeinden“ ein zu einem Abend in der (...) -Kirche, (...)

Wir werden mit einem kleinen Imbiss beginnen, an den sich folgende Programmpunkte anschliessen:

- Die Maxfelder Kirche entdecken. Eine kleine Kirchenraum-Erfahrung
- Unsere Kirchenräume zugänglich(er) machen: Erfahrungsaustausch zu den Zielen, Erfolgen und Fragen der Kirchenraum-Projekte bei E.i.N.
- Vandalismus: Befürchtungen, Realität und geeignete Maßnahmen. Impulsreferat und Diskussion zu einem verbreiteten Stolperstein für Kirchenraum-FreundInnen
- Wie können wir uns gegenseitig unterstützen? Verabredungen, Ideen, Perspektiven

Wir würden uns sehr freuen, wenn Sie durch diese Stichworte ermutigt werden, zu kommen. Bitte geben Sie diese Einladung auch an andere weiter, die in Ihrer Gemeinde für das E.i.N.-Projekt „Kirchenraum“ engagiert und verantwortlich sind.

5. Sicherung der Anfangsmotivation

Ein großes Handicap für kirchliche Entwicklungsprojekte ist die enorme Höflichkeit und prinzipielle Einsatzbereitschaft der Beteiligten. Wer gibt schon gern zu: „Ich habe momentan überhaupt keine Lust, mich für die Verbesserung meiner Kirche einzusetzen!“? Nachdem alle wissen: „ecclesia semper reformanda“, muss man einfach wollen. So kommt es dann, dass lustlose Leute im Boot sitzen, die nach ein paar schein-starken Ruderschlägen erschöpft die Riemen sinken lassen. Wenn Verabredungen schief gehen, kann es sein, dass sie von vornherein schiefhingen. Die Handlungsmöglichkeiten gegenüber dieser Situation: Zum einen genau hinzuschauen, was bei den Beteiligten los ist und auch zuzugestehen, dass es – manchmal über längere Zeit – flaue Situationen gibt, in denen sich so gut wie nichts bewegt. Manchmal hilft dieses Zugeständnis schon den Kräften auf.

6. Konfliktfähigkeit gegenüber dem Abtauchen

Ernster ist die Situation, wenn wichtige Personen erkennbar aus dem gemeinsamen Wollen aussteigen. Hier entstehen Risse in der gemeinsamen Verbindlichkeit, die auf die eine oder andere Weise zum Stillstand führen – entweder „leise" oder dadurch, dass es zum Streit kommt, der die Kräfte bindet. Ein Kirchenvorstand, ein Dekanatsausschuss oder ein Katholikenrat darf von den Hauptamtlichen erwarten, dass sie bereit sind, einen begonnenen Weg der Veränderung weiter mitzugehen. Andernfalls liegt ein Konflikt vor, der gelöst werden muss. Wenn Hauptamtliche, die von ihrer Rolle her für die Umsetzung vereinbarter Ziele „stehen", sich nonchalant-schlampig dazu ins Verhältnis „setzen", vorliegende Hilfsmittel nicht nutzen, eher in der Zuschauerhaltung als in einer aktiv-engagierten Haltung anzutreffen sind, fehlen die Grundlagen für eine strategische Kirchenentwicklung. Es kann der Tag kommen, an dem Einzelnen, die blockieren, deutlich zu machen ist, wo die Reise trotz ihrer andersgelagerten persönlichen Präferenzen hingeht – dann nämlich, wenn sich eine Mehrheit von Handlungswilligen in der Geiselhaft von wenigen, betont langsamen Personen vorfindet.

(O-Ton aus einer BCC-Gemeinde)

„Die Pfarrer signalisieren immer Überforderung, geben aber nichts ab."

7. Vorbildfunktion der Leitungspersonen

Was aber, wenn die leitenden Personen selber quer stehen? In kirchlichen Entwicklungsprojekten – egal, auf welcher Ebene – sind nicht selten gerade die Hauptamtlichen mit geschäfts- und personalführenden Aufgaben Garanten für Zähigkeit, verschleppte Prozesse und versandende Beschlüsse – in aller Regel nicht, weil sie unfähig oder unwillig wären, sondern weil an ihnen für die Pflege der Motivation sehr viel hängt und weil die dafür nötigen Management- und Führungsqualitäten bisher nicht ins Zentrum ihres Berufsbildes gehören. Von Person zu Person sind die „natürlichen" Neigungen und Fähigkeiten sehr unterschiedlich ausgeprägt, die für den Aufbau und die Pflege einer zielorientierten kirchlichen Arbeitskultur nötig sind: Nachzufragen, konsequent anzuschieben, begeistert immer neue Umsetzungsideen zu entwickeln, Rückschläge und Widerstände kreativ zu verarbeiten – das muss eine/r ja mögen! Falls er/sie es nicht (entwickeln) mag und es doch ins Zentrum der persönlichen beruflichen Verantwortung rückt, gibt es zwei Möglichkeiten: Delegieren oder – das Projekt geht in die Binsen.

8. Gemeinsames Lernen ermöglichen

Aufbauende Schulungseinheiten und workshops für die „Kümmerer" und Terrier" (z.B. zur Funktion von Zielformulierungen) sind angemessene und notwendige Investitionen. Es ist unabdingbar, Schulungen und Auswertungsrunden einzuplanen. Zielorientierung mit ihren einzelnen Bestandteilen (Ziele gut formulieren können, die richtigen Ziele finden, Vereinbarungsgespräche führen) handhaben und methodisch an andere weitervermitteln zu können, ist die wichtigste neue Rollenanforderung, die trainiert werden kann und sollte. Aber auch für das, was nicht allgemein vorhersehbar ist, sollte im Zusammenspiel zwischen den Akteuren Raum sein, sich, wo nötig, Unterstützung und Lernfelder zu organisieren.

(O-Ton aus einer BCC-Gemeinde)

„Bei den meisten ist die Methodik nicht in die Köpfe reingekommen, dieses Denken haben viele nicht kapiert.“

9. Reflexionskultur

Außerdem empfiehlt es sich, immer wieder Zwischenchecks mit den für die Umsetzung Verantwortlichen einzulegen: „Ich und meine Ziele – wie stark stehe ich noch dahinter, welche Ziele will ich modifizieren oder zurückgeben?“[21] Dies ist ein doppeltes Zeichen von Wertschätzung: Zu einen gibt man die Ziele nicht den Erosionsprozessen preis, zum anderen lässt man die einzelnen nicht allein mit wegrutschenden oder schlecht handhabbaren Ziel-Verantwortungen.

(O-Ton aus einer BCC-Gemeinde)

„Manche Themen müssen reifen.“

Über das laufende Controlling hinaus sollten die Verantwortlichen und Beteiligten – etwa im Jahresturnus – gemeinsam die Erfahrungen bei der Umsetzung einer BCC gründlich auswerten, nicht erfolgsorientiert im oberflächlichen Sinn, sondern mit Fehlerfreundlichkeit und gelassenem Interesse an Erfahrungen jeder Art, aber auch mit der gutachterlichen Kraft einer Fremdbeobachtung (externe Beratung). Auch auf diese Weise erneuert sich die persönliche Motivation, die vielleicht durch Umsetzungswiderstände und Zeitprobleme abgeschliffen wurde: Nach einer Runde intensivem Erfahrungsaustausch können die Meilensteine neu gesetzt werden. Als Beispiel zeigen wir hier das Gerüst für eine Zwischenauswertung der Nürnberger Dekanerunde nach gut der Hälfte der Umsetzungszeit von E.i.N. (Laufzeit der Umsetzung insgesamt: Mai 2002 bis Juni 2005).

Abb. 78: Reflexion der Ziele auf Dekanatsebene

E.i.N. / Dekaneklausur Januar 2004: Ziele-Revision der Dekane

Leitfrage:Was kann unter welchen Voraussetzungen noch gelingen?

1. Die jeweiligen Ziele in ihrer theologischen, geistlichen und kirchenpraktischen Bedeutung durchmeditieren und persönlich bewerten: „Wie wichtig ist mir das?“ (Skala 1-10) Maßstab: Überzeugungsfähigkeit („Das will ich erreichen. Und ich kann Euch sagen, warum.“)

Ziele/ Maßnahmen	**Was ist erreicht? (%)**	**Warum? Warum nicht?**	**Dringlichkeit (1-10)**	**Was brauche ich für die Umsetzung?**

21 Eine gute Checkliste z.B: bei Doppler / Lauterburg (2005: 291)

2. Die Umsetzung der Ziele mit Hilfe der bekannten Instrumente genau planen (einzelne Schritte in zeitlicher Abfolge).
3. Dabei die zur Verfügung stehenden Ressourcen einbeziehen (Delegation an Mitglieder der Fachgruppen, E.i.N.-Sekretariat, dekanatliche oder landeskirchl. Dienststellen, xit o.a.).
4. Die Umsetzungsschritte und ihre Qualität im Auge behalten, abfragen, reflektieren (eigene Terminplanung!), ggf. Projektplan korrigieren (Zwischenschritte einziehen, Zeitplan erneuern etc.)
5. 1-2 Personen zur Unterstützung bei den Schritten 2-4 heranziehen (Controllingfunktion: Planungs- und Reflexionseinheit ca. alle 6-8 Wochen).
6. In größeren Abständen Rückkoppelung in die Dekanerunde und ggf in den DA bzw. die DS:
   - Kein persönliches Steckenpferd, sondern gemeinsam gewollt und getragen (notwendige Ergänzung zu 1.)!

10. Erfolge verdeutlichen

Dass z.B. bei einer Gemeinde, die sich einen Schwerpunkt im Bereich der Seelsorge gesetzt hat, die Aktiven in der Gemeinde tatsächlich neue Kontakterfahrungen machen, die das Gemeindeleben bereichern, dass Hauptamtliche aufgrund einer konkreten Zielsetzung im Bereich der Kirchenraumgestaltung frische Impulse durch neue GesprächspartnerInnen (z.B. einen pfiffigen Architekten) erhalten, dass sich für einen Dekan im Zusammenhang mit dem BCC-Projekt die eigene – bisher zumindest teilweise diffuse – Rolle geklärt hat: Solche konkreten Erfolgserlebnisse zielorientierter strategischer Kirchenentwicklung werden im kirchlichen Alltag allzu leicht übersehen.

(O-Ton aus einer BCC-Gemeinde)

„Die Methode der BCC rutscht mit der Zeit etwas weg. Deshalb: ständige Rückkoppelung an KV-Arbeit, Mut machen, dass einige Ziele schon umgesetzt sind, Mut machen, dass gut an Teilzielen gearbeitet wird.“

Erfolge und wichtige Erkenntnisse sollten sichtbar und hörbar werden – und zu gegebener Zeit gefeiert werden. Ein schön gestaltetes BCC-Plakat (unser Beispiel stammt aus der Thomasgemeinde im Nürnberger Westen), eine liebevoll gestaltete Präsentation der BCC-Überprüfung beim Neujahrsempfang für die Ehrenamtlichen der Gemeinde, ansprechende Gemeindebriefartikel und (bei größeren Projekten) eine Pressekonferenz zu Umfrageergebnissen oder ein festliches gemeinsames Essen für aktiv am Projekt Beteiligte – das sind einige Möglichkeiten, die „Meilensteine“ eindrücklich und ermutigend zu gestalten.

11. Wertschätzung zeigen

Es geht hierbei nicht um Selbstbeweihräucherung (die ohnehin keine motivationsfördernde Wirkung hat), sondern es geht darum, der weit verbreiteten *Folgenlosigkeit* von Engagement (und auch Disengagement) eine aufmerksame Wertschätzung entgegenzusetzen und auf diese Weise die Verbindlichkeit von Vereinbarungen einzulösen. Auf Dekanatsebene können die Verantwortlichen die Gemeinden und Einrichtungen dadurch unterstützen, dass sie deren Umsetzungsbemühungen bei der Zuteilung von finanziellen oder personellen

Ressourcen berücksichtigen. Ebenso signalisieren Zwischenchecks und Rückmeldungen der „Terrier“ an die „Kümmerer“, der „Kümmerer“ an die „Matrosen“: „Du bist nicht allein! Es gilt noch! Andere fragen danach! Es ist noch relevant!“ Diese Grundbotschaften sind ebenso wichtig wie konkrete Hinweise, die die Einzelnen aus Zwischenauswertungen und Rückmeldungen nehmen können: Was hat uns weitergebracht? Was könnten die nächsten Schritte sein?

8.4.2 Werktag und Sonntag – ein Schlusswort

Kirchliche Gemeinschaften und Gruppierungen aller Größe haben nach ihrem eigenen Selbstverständnis die Verheißung, dass sie – wie einst Abraham – ein Zeichen sein können für Gottes Nähe zu seiner Welt. Sie sind – das Sakrament der Taufe ist die Basis dafür – dieses Zeichen durch ihr bloßes Da-Sein als „ekklesia“, d.h. als „Herausgerufene“, sie machen durch ihr bloßes Da-Sein die Nähe Gottes deutlich und ausgesprochen, die an anderen Orten undeutlich und verschwiegen ist. Kirchliche Gemeinschaften und Gruppierungen aller Größe sind außerdem ein Zeichen durch das, was sie tun und lassen, sagen und nicht sagen. Christen bitten darum, dass Gott ihr Tun segnen möge, dass ihnen das richtige Wort zur richtigen Zeit einfällt, dass sie für ihre Nächsten „nützlich“ sind[22] und dass sie so zu einem klaren, befreienden, wirksamen Zeichen der Gottesnähe werden können, zum Segen. Sie beziehen sich auf die einst Abraham gegebene Verheißung: *„Ich will Dich segnen und du sollst ein Segen sein.“ (Gen 12,3)* „Segen“ ist ein schöner Korrespondenzbegriff zu „Management“, weil er dem menschlichen Tun und Machen den Horizont malt. Deswegen sind Gebet und Gottesdienst die Orte, von denen die Entwicklung kirchlicher Zielsysteme und die Kraft strategischen Managements in der Kirche ausgehen werden und wohin sie zurückkehren – freudig mit Erfolgen und heiter mit den Fehlschlägen, die natürlich auch dazu gehören.

22 Vgl. Evangelisches Gesangbuch 343,1

Literaturverzeichnis

Abromeit, Hans-Jürgen (2001): Was ist Spirituelles Gemeindemanagement? Notwendige Standards für die Ausbildung von Pfarrerinnen und Pfarrern, in: Abromeit u.a. (Hrsg.) (2001): Spirituelles Gemeindemanagement. Chancen – Strategie – Beispiele, S. 9-30, Göttingen

Allen, John L. (2005): Joseph Ratzinger, 2. Aufl., Düsseldorf

Amery, Carl (2002) in: Bündnis 2008 / Martin Hoffmann (Hrsg.) (2002): Die einzige Alternative – Warum wir eine mutige Kirche bräuchten, S. 75-77

Baldenius Andreas (2004): Zutrauen zur religiösen und spirituellen Kompetenz von Schülern, in: Pastoralblätter 11/November 2004, S. 851-856

Bammessel, Michael / Bickermann, Heide / Borger, Andrea / Halfar, Bernd / Hauck, Barbara / Mederer, Rainer / Praetorius, Pia / Schuck, Annette / Thorwart, Susanne (Hrsg.) (2002): Evangelisch in Nürnberg: Den Menschen sehen. Entwicklungsprogramm für das evang.-lutherische Dekanat Nürnberg, Nürnberg (evang.-luth. Dekanat)

Bammessel, Michael / Borger, Andrea (Hrsg.) (2005): Bilanz und Perspektiven. Abschlussbericht zum Dekanatsentwicklungsprojekt „Evangelisch in Nürnberg", Nürnberg (evang.-luth. Dekanat)

Bammessel, Michael / Oechslen, Rainer (Hrsg.) (2000): Zeit für's Evangelium. Das Evangelium an der Zeitenwende. Theologische Beiträge aus dem Dekanat Nürnberg, Nürnberg

Berg, Hans Georg / Schmidt, Eva Renate (1995): Beraten mit Kontakt. Gemeinde- und Organisationsberatung in der Kirche, Offenbach/M.

Borger, Andrea (2001): „Türen zur Kirche wurden ganz weit geöffnet". Kirchenreform zwischen praktischen Möglichkeiten und Praktischer Theologie. Erfahrungen beim Dekanatsentwicklungsprojekt „E.i.N." (Evangelisch in Nürnberg), in: Lernort Gemeinde 4/2001, S. 66-70, Hamburg

Breitenbach, Günter (1994): Gemeinde leiten. Eine praktisch-theologische Kybernetik, Stuttgart

Bündnis 2008 / Martin Hoffmann (Hrsg.) (2002): Kanzel und Kontrolle. Über Freiheit und Frechheit der kirchlichen Rede, Tübingen

Dietzfelbinger, Daniel / Teuffel, Jochen (Hrsg.) (2002): Heils-Ökonomie? Zum Zusammenwirken von Kirche und Wirtschaft, Gütersloh

Dietzfelbinger, Daniel (2002): Kirche, höre die Signale: Vom Nutzen des Managements, in: Dietzfelbinger, Daniel / Teuffel, Jochen (Hrsg.) (2002), S. 85-106

Doppler, Claus / Lauterburg, Christoph (2005): Change Management. Den Unternehmenswandel gestalten. Frankfurt/New York

Douglass, Klaus (2001): Die neue Reformation. 96 Thesen zur Zukunft der Kirche, Stuttgart

Ebertz, Michael N. (o.J.): Lebensraumorientierte Seelsorge im Bistum Mainz.www.los-mainz.de/05_texte/theologische_texte/ebertz_los.htm

Ebertz, Michael N. (2003): Aufbruch in der Kirche. Anstöße für ein zukunftsfähiges Christentum, Freiburg im Breisgau

Ebertz, Michael N. (1997): Kirche auf dem Markt. Eine Struktur des religiösen Feldes, in: Thomé, Martin (Hrsg.)(1998), S. 68-84

Ebertz, Michael N. (1997): Kirche im Gegenwind. Zum Umbruch der religiösen Landschaft, Freiburg im Breisgau

Eisenreich, Thomas/Halfar, Bernd/Moos, Gabriele (2005): Steuerung sozialer Betriebe und Unternehmen mit Kennzahlen, Baden-Baden

Eschenbach, Rolf/Horak, Christian (Hrsg.) (2003): Führung der Nonprofit Organisation, 2. überarbeitete und erweiterte Auflage, Stuttgart

Evangelische Kirche von Westfalen: Die Kirchenleitung (Hrsg.) (2000): Kirche mit Zukunft. Zielorientierungen für die Evangelische Kirche von Westfalen, Bielefeld

Evang.- Luth. Landeskirche in Bayern / Landeskirchenamt, Abteilung F: Personal (Hrsg.) (2002): Leitung wahrnehmen in der Kirche. Leitfaden für Leitungspersonen der mittleren Ebene (Pfarrer und Pfarrerinnen) in der Evang.- Luth. Kirche in Bayern, München

Evangelisches Gesangbuch (o.J.). Ausgabe für die Evangelisch-Lutherischen Kirchen in Bayern und Thüringen, München

Famos, Cla Reto (2003): Auftragsbestimmte Bedürfnisorientierung. Ein Beitrag zur ökonomischen Reflexionsperspektive in der Praktischen Theologie, in: Pastoraltheologie 92/ 2003, S. 385-402

Fassbender, Pantaleon (1998): Kirche(n) zwischen Wirtschaft und Non-Profit-Organisationen. Eine schwierige Standortbestimmung, in: Thomé, Martin (Hrsg.) (1998), S. 156-166

Först, Johannes/Kügler, Joachim (Hrsg.) (2006): Die Unbekannte Mehrheit. Mit Taufe, Trauumg und Bestattung durchs Leben?, Berlin

Frerk, Carsten (2002): Finanzen und Vermögen der Kirchen in Deutschland, Aschaffenburg

Friedag, Herwig R./Schmidt, Walter (2004): My Balanced Scorecard, Stuttgart

Friedrich, Johannes (2002): in: Bündnis 2008 / Martin Hoffmann (Hrsg.) (2002): Gottes Liebe weitersagen – Warum die Kirche sich wandeln muß, S. 61-64

Fuchs, Peter: Religion, Konfession, Konfussion. Zum Problem von Überzeugungsverlusten in der modernen Gesellschaft, in: Horstmann, J. (Hrsg.), Katholisch, evangelisch oder nichts? Konfessionslose in Deutschland, Schwerte 2000 (Akademie-Vorträge 48), S. 13-19.

Fuchs, Peter (2002): Hofnarren und Organisationsberater. Zur Funktion der Narretei, des Hofnarrentums und der Organisationsberatung. In: Organisationsentwicklung Jg.21, Heft 3, S.4-15

Fuchs, Peter (2002a): Vom Hofnarren zum Berater und zurück. In: Das gepfefferte Ferkel – Online Journal für systemisches Denken und Handeln. Februar, www.ibs-networked.de/altesferkel/fuchs-hofnarren.shtml

Galler, Klaus (2004): Leiten, Leisten, Leben – wirksam führen in wirtschaftlich schwierigen Zeiten, in: König, Joachim / Oerthel, Christian / Puch, Hans-Joachim (2004): Soziale Arbeit zwischen Ethik, Qualität und leeren Kassen. Ziele, Inhalte, Strategien. ConSozial 2003, Starnberg, S. 89-97

Garhammer, Erich (1998): Zwischen Identität und Relevanz. Kirche und Mangementtheorien, in: Thomé, Martin (Hrsg.) (1998), S. 49-57

Geschäftsstelle für das Bamberger Pastoralgespräch (Hrsg.) (1998): Arbeitsbuch zum 1. Diözesanforum. Zusammenfassung der Eingaben und Stellungnahmen zum Bamberger Pastoralgespräch, Bamberg

Geschäftsstelle für das Bamberger Pastoralgespräch (Hrsg.) (2000): Beschlüsse des Diözesanforums und Stellungnahmen des Erzbischofs. Bamberger Pastoralgespräch, Bamberg

Geyer, Hermann (2000): Kirche als Dienstleistungsunternehmen?, in: Ratzmann /Ziemer (Hrsg.) (2000) S. 136-149

Gronemeyer, Reimer / Rompel, Matthias (1998): Erfolg ist keiner der Namen Gottes, in: Thomé, Martin (Hrsg.) (1998), S. 101-106

Halfar, Bernd (1987): Nicht-intendierte Handlungsfolgen. Zweckwidrige Effekte zielgerichteter Handlungen als Steuerungsproblem der Sozialplanung, Stuttgart

Halfar, Bernd (1999): Zum Konsum kollektiver Güter, in: Schneider, Norbert/Rosenkranz, Doris (Hrsg.): Konsum, Opladen, S. 67–78

Halfar, Bernd (2000): Quantitatives und qualitatives Controlling in der Sozialarbeit, in: König, Joachim/Oerthel, Christian/Puch, Hans-Joachim (Hrsg.): Qualitätsmanagement und Informationstechnologien im Sozialmarkt, Starnberg S. 67–88

Halfar, Bernd (2004): Eckpunkte für ein neues Selbstverständnis der freien Wohlfahrtspflege, in: Evangelische Akademie Tutzing (Hrsg.): Abschied vom barmherzigen Samariter? Tutzing

Hartmann, Richard: Visionsprozess in der KHG St.Albertus Mainz, in: Hilberath, Bernd Jochen / Nitsche, Bernhard (Hrsg.) (2002), S. 69-85

Hauschildt, Eberhard (1998): Milieus in der Kirche. Erste Ansätze zu einer neuen Perspektive und ein Plädoyer für vertiefte Studien, in: Pastoraltheologie 87/1998, S.392-404, Göttingen

Herbst, Michael (2001): Kirche wie eine Behörde verwalten oder wie ein Unternehmen führen? Zur Theologie des Spirituellen Gemeindemanagements, in: Abromeit u.a. (Hrsg.) (2001): Spirituelles Gemeindemanagement. Chancen – Strategie – Beispiele, S. 82-110, Göttingen

Hermelink, Jan (1998): Pfarrer als Manager? Gewinn und Grenzen einer betriebswirtschaftlichen Perspektive auf das Pfarramt, in: ZThK 4/1998, S. 537-563

Herold, Gerhart / Kretzschmar, Gerald / Kormann-Lassas, Monika (2004): Evangelisches München-Program (eMp). Tätigkeitsbericht, München (evang.-luth. Dekanat)

Hilberath, Bernd Jochen / Nitsche, Bernhard (Hrsg.) (2002): Ist Kirche planbar? Organisationsentwicklung und Theologie in Interaktion, Mainz

Hilmer, Frederick G. / Donaldson, Lex (1997): Jenseits der Management-Mythen. Kontinuität statt Trendhopping, Landsberg/Lech

Hirschler, Horst (1998): Die Chancen der geistlichen Erneuerung des Christenstandes in einer Volkskirche unserer Zeit, Hauptgedanken aus einem Referat, gehalten auf der Jahrestagung der „Stiftung Geistliches Leben“ in Schloss Craheim, Mitschrift und Auswahl von Stephan Ranke

Höhn, Hans Joachim (2001): Kirche in der Stadt – Kirche für die Stadt. Plädoyer für eine ‚Passantenpastoral‘, in: Lernort Gemeinde 4/2001, S. 35-39, Hamburg

Horvath, Peter (2004): Controlling, 9. Auflage, München

Horvath, Peter & Partner (2004): Balanced Scorecard umsetzen, 3. Auflage, Stuttgart

Jäger, Alfred (1993), Konzepte der Kirchenleitung für die Zukunft. Wirtschaftsethische Analysen und theologische Perspektiven, Gütersloh

Josuttis, Manfred (1988): Der Traum des Theologen. Aspekte einer zeitgenössischen Pastoraltheologie 2, München

Kaplan, Robert S./Norton, David P. (1997): Balanced Scorecard – Strategien erfolgreich umsetzen, Stuttgart

Kaplan, Robert S./Norton, David P. (2001): Die strategiefokussierte Organisation, Stuttgart

Kapfer, Ludwig / Putzer, Hans / Schnider, Andreas (1997): Die Jesusmanager. Kirche & Marketing, Innsbruck/Wien

Klausegger,Claudia / Scharitzer, Detlev (2003): Instrumente für das Qualitätsmanagement in NPOs, in: Eschenbach Rolf/Horak Christian (Hrsg.) (2003: 425-460)

Klostermann, Siegfried (1997): Management im kirchlichen Dienst. Über Sinn und Sorge kirchengemäßer Führungspraxis und Trägerschaft, Paderborn

Knobloch, Stefan: Praktische Theologie: Ein Lehrbuch für Studium und Pastoral, Freiburg im Breisgau 1996

Kock, Manfred (Hrsg.) (2004): Kirche im 21. Jahrhundert – Vielfald wird sein, Stuttgart

Landeskirchenrat der Evangelisch-Lutherischen Kirche in Bayern (Hrsg.) (2005): Leitlinien zur Musik in Kasualgottesdiensten, Az. 30/2 – 1 / 2 - 2, in: Amtsblatt für die evang.-luth. Kirche in Bayern Nr. 9/2004, S. 195 f.

Lehnerer, Thomas (1994): Methode der Kunst, Würzburg

Lindner, Herbert (1997): Unternehmen Kirche. Ekklesiologischer Paradigmenwechsel oder modische Fehlentwicklung?, Vortrag vor der Augustana-Hochschule, unveröffentlichtes Manuskript (www.herbert-lindner.de)

Linder, Herbert (1994): Kirche am Ort. Eine Gemeindetheorie, Stuttgart

Lindner, Herbert (2000): Kirche am Ort. Ein Entwicklungsprogramm für Ortsgemeinden. Völlig überarbeitete Neuausgabe, Stuttgart

Löhr, Hans (1999): Die Zukunft gestalten. Drei Jahre McKinsey und das Evangelische Münchenprogramm eMp. Beitrag für den Kongress „Unternehmen Kirche“ am 5. März 1999 in Dresden, München (Manuskript der eMp-Geschäftsstelle)

Löhr, Hans/Nürnberger, Christian (2004): Effizienz oder Evangelium?, in Kock, Manfred (2004), S. 77 ff.

Lütz, Manfred (1998): Auf die Kräfte bauen. Moderne Psychotherapie und katholische Kirche – ein unzeitgemäßes Fragment, in: Thomé, Martin (Hrsg.) (1998), S. 107-120

Luhmann, Niklas (1982): Funktion der Religion, Frankfurt/M.

Luhmann, Niklas (1984): Soziale Systeme. Frankfurt/M

Luhmann, Niklas (2000): Die Religion der Gesellschaft, Frankfurt/M.

Menne, Günter A. (1998): Management- und Marketingkonzepte für die Kirche. Versuch einer Annäherung aus der Praxis, in: Thomé, Martin (Hrsg.) (1998), S. 167-176

Menne, Günter A. (2004): Scheitern vorprogrammiert. Anmerkungen eines protestantischen Gebrauchsintellektuellen zum Abschlussbericht des „Evangelischen Münchenprogramms“ (eMp), in: Nachrichten der ELKiB 11/2004, S. 352-355

Mertes, Martin (2000): Controlling in der Kirche. Aufgaben, Instrumente und Organisation dargestellt am Beispiel des Bistums Münster, Gütersloh

Michels, Robert (1925): Soziologie des Parteiwesens, Stuttgart

Mildenberger, Friedrich: Das Recht aufs Evangelium, in: Bündnis 2008 / Martin Hoffmann (2002): S. 41-48

Möller, Christian (2002): Mit Piercing auf dem Weg ins Ghetto – Hessen, Bayern, Baden: Wie die evangelische Kirche sich lächerlich macht, in: Bündnis 2008 / Martin Hoffmann (Hrsg.)(2002), S. 64-66

Mörchen, Ulrich (2003): Fetisch Erreichbarkeit – Ein Stück babylonischer Verwirrung in unserer Kirche, in: Deutsches Pfarrerblatt 11/2003, S. 579 ff

Nethöfel, Wolfgang (1998): Unternehmen Kirche? Bedeutung und Perspektiven einer Begriffsbestimmung, in: Thomé, Martin (Hrsg.) (1998), S. 58-66

Noppeney, Hanns G. (1998): Das „Moses-Modell". Impulse für Verantwortungsträger unserer Zeit, in: Thomé, Martin (Hrsg.) (1998), S. 198-214

Nürnberger, Christian (2002): Es kann der Frömmste nicht in Frieden beten ..., in: Bündnis 2008 / Martin Hoffmann (Hrsg.) (2002), S. 56-59

Oechslen, Rainer (2000): Kirche – Was spricht lauter: Die Institution oder das Wort? In: Bammessel / Oechslen (2000), S. 41-55

Olson, Mancur (1968): Die Logik des kollektiven Handelns, Tübingen

Peetz, Hans (2000): Kirche – Was spricht lauter: Die Institution oder das Wort?. In: Bammessel / Oechslen (2000), S. 57-69

Perels, Hans-Ulrich (1990): Wie führe ich eine Kirchengemeinde? Möglichkeiten des Managements, Gütersloh

Perels, Hans-Ulrich (1991): Wie führe ich eine Kirchengemeinde? Modelle des Marketing, Gütersloh

Pohl-Patalong, Uta (2003): Ortsgemeinde und übergemeindliche Arbeit im Konflikt, Göttingen

Ratzinger, Joseph: (1968) Einführung in das Christentum, München

Ratzinger, Joseph (1996): Salz der Erde, Ein Gespräch mit Peter Seewald, Stuttgart 1996

Ratzmann, Wolfgang / Ziemer, Jürgen (Hrsg.) (2000): Kirche unter Veränderungsdruck. Wahrnehmungen und Perspektiven, Leipzig

Rössler, Dietrich (1978): Gelebte Religion als Frage an wissenschaftliche Theologie, in: Hanselmann, Johannes / Rössler, Dietrich (1978): Gelebte Religion. Fragen an wissenschaftliche Theologie und kirchenleitendes Handeln, München

Rohloff, Jürgen (2002), Die Torheit des Kreuzes und die Weisheit der Personalentwicklung – Acht Thesen, in: Bündnis 2008/ Martin Hoffmann (Hrsg.) (2002), S. 31-40

Schmelzer, Hermann J. / Sesselmann, Wolfgang (2003): Geschäftsprozessmanagement in der Praxis. Kunden zufrieden stellen – Produktivität steigern – Wert erhöhen, München – Wien

Schmidt-Rost (1996), Amtshandlungen und kirchliche Lebensordnung, in: Pastoraltheologische Informationen 16/1996, S. 113-127, S. 11 (zitiert nach Stempin 1999:183)

Schmitz-Peiffer, Heinz (1998): Scenario 2000 oder: Quo vadis Kirche? Möglichkeiten und Grenzen von Organisationsberatungen in kirchlichen Institutionen, in: Thomé, Martin (Hrsg.) (1998), S. 224-229

Schreiber, Matthias (2002): Da ist der Augenblick – Wider den Alarmismus der Besorgten, in: Bündnis 2008 / Martin Hoffmann (Hrsg.) (2002), S. 80-83

Schulze, Gerhard (1993): Die Erlebnisgesellschaft. Kultursoziologie der Gegenwart, Frankfurt a.M./New York: Campus

Schwarz, Christian A. (1993): Die Dritte Reformation. Paradigmenwechsel in der Kirche, Emmelsbüll

Schwöbel, Marlene (2003): Kirche auf dem Prüfstand. Eine Untersuchung zu den theologischen Orientierungen kirchlicher Strukturplanung, Marburg

Scobel, Gert (2002): Freundliche Übernahme – Wie die Kirche zum Hochtechnologischen wurde, in: Bündnis 2008 / Martin Hoffmann (Hrsg.) (2002), S. 72-74

Stempin, Lothar (1999): Ordnung als Prozess. Veränderte Orientierungs- und Steuerungskonzepte christlicher Lebensgestaltung am Beispiel der „Leitlinien kirchlichen Lebens" der VELKD, Gütersloh

Stöber, Anna (2005): Kirche – gut beraten? Heidelberg

Thomé, Martin (Hrsg.) (1998): Theorie Kirchenmanagement. Potentiale des Wandels. Analysen – Positionen – Ideen, Bonn

Thomé, Martin (1998 a): Unternehmen Orientierung. Probleme und Perspektiven eines Jahrtausendprojektes, in: Thomé, Martin (Hrsg.) (1998): Theorie Kirchenmanagement. Potentiale des Wandels. Analysen – Positionen – Ideen, Bonn, S. 9 ff.

Weber, Jürgen (2002): Einführung in das Controlling. 9. komplett überarbeite Auflage, Stuttgart

Wegner, Gerhard (2003): Leiden als Bedingung der Freiheit. Kirchliche Organisation und geistliche Entscheidung, in: Pastoraltheologie 92, S. 403 ff.

Wegner (2003a): Auf dem Weg zur „Organisation Kirche"? Aktuelle Strukturfragen der Evangelischen Kirche in Deutschland, in: Brocker, Manfred / Behr, Hartmut / Hildebrandt, Mathias (Hrsg.) (2003): Religion – Staat – Politik. Zur Rolle der Religion in der nationalen und internationalen Politik, Wiesbaden, S. 275-292.

Werner, Jürgen (2002): Tröstliche Umwege – Wie die Kirche ihren eigenen Geist verrät, in: Bündnis 2008 / Martin Hoffmann (Hrsg.)

Wohlrab-Sahr, Monika (2000): Religiöse Kommunikation in Ostdeutschland. Vorläufige Thesen einer „Zugereisten", in: Ratzmann / Ziemer (Hrsg.) (2000), S. 91-96

Xit (2001): Datenbericht E.i.N., unveröffentlichtes Paper, Nürnberg

Zulehner, Paul M. (2003): Aufbrechen oder Untergehen. So geht Kirchenentwicklung. Das Beispiel des Passauer Pastoralplans, Ostfildern.

Abbildungsverzeichnis

Zeitfracht Medien GmbH
Ferdinand-Jühlke-Straße 7
99095 Erfurt, Deutschland
produktsicherheit@kolibri360.de